Kohlhammer | Deutscher Gemeindeverlag

SCHRIFTENREIHE
DES FREIHERR-VOM-STEIN-INSTITUTES
WISSENSCHAFTLICHE FORSCHUNGSSTELLE
DES LANDKREISTAGES NORDRHEIN-WESTFALEN
AN DER UNIVERSITÄT MÜNSTER

BAND 67

Matthias Stork

Interkommunale Zusammenarbeit und mehrstufige Aufgabenwahrnehmung

Eine Analyse von Organisationsmodellen für Pflichtaufgaben im kreisangehörigen Raum

Verlag W. Kohlhammer
Deutscher Gemeindeverlag

Die Rechtswissenschaftliche Fakultät der Westfälischen Wilhelms-Universität Münster hat diese Arbeit als Dissertation angenommen.

D 6

2012
Deutscher Gemeindeverlag GmbH
Verlagsort: 70565 Stuttgart
Gesamtherstellung Deutscher Gemeindeverlag GmbH/Verlag W. Kohlhammer GmbH, Stuttgart

ISBN 978-3-555-01568-2

Vorwort

Die Begriffe »gestuftes Aufgabenmodell« oder »mehrstufige Aufgabenwahrnehmung« dienen zur Umschreibung eines Zuständigkeitsmodells in den Gemeindeordnungen der meisten Bundesländer. Kreisangehörigen Gemeinden wird ab einer bestimmten Einwohnerzahl die Möglichkeit eröffnet, einen gesetzlich festgelegten Katalog an Kreisaufgaben wahrzunehmen.

Der nordrhein-westfälische Gesetzgeber hat durch das Gesetz zur Stärkung der kommunalen Selbstverwaltung vom 09.10.2007 die Zuständigkeitsordnung im kreisangehörigen Raum zugunsten von kreisangehörigen Gemeinden umgestaltet. Das gestufte Aufgabenmodell in § 4 der Gemeindeordnung beruht auf zwei Einwohnerschwellenwerten, die den Status der Mittleren sowie der Großen kreisangehörigen Stadt begründen. Die Absenkung der Einwohnerschwellenwerte um 5.000 bzw. 10.000 Einwohner erlaubt mehr kreisangehörigen Gemeinden einen Zugriff auf bestimmte Kreisaufgaben. Noch weitergehend ist die Reformmaßnahme, die sich hinter dem Begriff der »aufgabenträgerunabhängigen Zusammenarbeit« verbirgt und die Verbindung zwischen gestuftem Aufgabenmodell und interkommunaler Zusammenarbeit herstellt. Auch ohne selbst die neuen Einwohnerschwellenwerte zu erreichen, können Gemeinden nunmehr durch öffentlich-rechtliche Vereinbarungen in der Summe ihrer Einwohnerzahlen die erforderlichen Schwellenwerte übertreffen.

Diese Arbeit nimmt die Neuerungen durch das GO-Reformgesetz zum Anlass, die rechtlichen Beziehungen zwischen Kreisen und kreisangehörigen Gemeinden zu betrachten.

Die Arbeit wurde im März 2011 abgeschlossen und im Wintersemester 2011/12 von der rechtswissenschaftlichen Fakultät der Universität Münster als Dissertation angenommen.

Münster, im Januar 2012

Professor Dr. Janbernd Oebbecke
Geschäftsführender Direktor
des Freiherr-vom-Stein-Instituts

Vorwort des Verfassers

Die vorliegende Arbeit entstand unter optimalen Rahmenbedingungen während meiner Tätigkeit als Wissenschaftlicher Mitarbeiter am Freiherr-vom-Stein-Institut in Münster. Diese Rahmenbedingungen haben eine Vielzahl von Personen mitgestaltet. Zunächst möchte ich mich bei dem geschäftsführenden Direktor des Freiherr-vom-Stein-Instituts, Herrn Professor Dr. Janbernd Oebbecke, für die vorbildliche Betreuung bedanken. Für die zügige Erstellung des Zweitgutachtens danke ich Herrn Professor Dr. Bernd Holznagel, LL.M.

Das Freiherr-vom-Stein-Institut bietet ein ausgezeichnetes Forschungsumfeld. Für diese Möglichkeit danke ich dem Landkreistag Nordrhein-Westfalen, namentlich dessen Hauptgeschäftsführer, Herrn Dr. Martin Klein. Der ehemaligen Leiterin des Instituts, Frau Dr. Sabrina Desens, danke ich für die konstruktive Begleitung der Arbeit. Das Arbeitsumfeld geprägt haben auch meine Kollegen/-innen. Angesichts der förderlichen, aufbauenden und fröhlichen Atmosphäre am Institut denke ich gerne an die gemeinsame Zeit mit Herrn Dr. Jan Lüdde, Herrn Dr. Carsten Lund, Frau Dr. Katharina Kallerhoff, Herrn Dr. Thomas Jungkamp und Frau Jessica Isenburg zurück. Großer Dank gebührt Frau Hiltrud Martellock für die organisatorische Unterstützung und stetige Hilfsbereitschaft bei allen Fragen. Ihr Engagement trägt erheblich zu den sehr guten Arbeitsbedingungen bei. Eine wesentliche Erleichterung bei der Literaturbeschaffung war die Arbeit der studentischen Hilfskräfte des FSI und des KWI. Ihnen danke ich für die organisatorische Unterstützung. Dank gebührt in diesem Zusammenhang auch Herrn Hans-Jürgen Richard für die Erstellung der Druckfassung.

Abschließend, aber besonders hervorgehoben, danke ich meinen Eltern. Sie haben mich uneingeschränkt unterstützt, gefördert und mir stets einen sicheren Rückhalt geboten. Ihnen widme ich diese Arbeit.

Münster, im Januar 2012

Matthias Stork

Inhaltsübersicht

Abkürzungsverzeichnis XIX

Einleitung 1

A. Allgemeine Einführung in die Problematik 1

B. Gang der Untersuchung 6

Kapitel 1: Die Grundzüge des Rechts der kommunalen Gemeinschaftsarbeit und das gestufte Aufgabenmodell in NRW . . . 9

A. Rechtsformen der kommunalen Gemeinschaftsarbeit nach dem GkG . . . 9

B. Die Implementierung der kommunalen Gemeinschaftsarbeit in das gestufte Aufgabenmodell 32

Kapitel 2: Das Spannungsfeld zwischen interkommunaler Zusammenarbeit und der Selbstverwaltungsgarantie der Kreise 53

A. Europarechtliche und kommunalverfassungsrechtliche Vorgaben für den Aufgabenentzug von der Kreisebene 53

B. Rangverhältnis zwischen gemeindlicher Kooperationshoheit und Aufgabenwahrnehmung der Kreise? 69

C. Der Genehmigungsvorbehalt im gestuften Aufgabenmodell 107

Kapitel 3: Finanzierung von Aufgabenverlagerungen im Rahmen der dualen Finanzgarantie 123

A. Konnexitätsprinzip 124

B. Kommunale Finanzausstattung 138

Kapitel 4: Folgewirkungen von Aufgabenverlagerungen im kreisangehörigen Raum 187

A. Die Aufsicht bei kreis- bzw. regierungsgebietsübergreifender interkommunaler Zusammenarbeit 187

B. Rechtsnachfolge und Personalüberleitung 192

C. Vereinbarkeit der Förderung eines dezentralen Aufgabenmodells mit der demografischen Entwicklung 207

Schlussbetrachtung und Ausblick 217

Zusammenfassung in Leitsätzen 219

Literaturverzeichnis 227

Sachverzeichnis 255

Inhaltsverzeichnis

Abkürzungsverzeichnis XIX

Einleitung 1

A. Allgemeine Einführung in die Problematik 1
B. Gang der Untersuchung 6

Kapitel 1: Die Grundzüge des Rechts der kommunalen Gemeinschaftsarbeit und das gestufte Aufgabenmodell in NRW . . . 9

A. Rechtsformen der kommunalen Gemeinschaftsarbeit nach dem GkG . 9

I. Kommunale Arbeitsgemeinschaft, §§ 2 f. GkG 10
II. Zweckverband, §§ 4 ff. GkG 11

1. Entstehung 11
2. Organe 12
3. Hoheitsbefugnisse 13
4. Sonderzweckverbände 14

III. Öffentlich-rechtliche Vereinbarung, §§ 23 ff. GkG 14

1. Ausgestaltung 15

a. Delegierende Vereinbarung 15
b. Mandatierende Vereinbarung 18

2. Mitwirkungsrechte nach § 23 Abs. 3 GkG 19
3. Pflichtregelung 20
4. Rechtsetzungshoheit 20
5. Kündigung 21
6. Aufsicht 21
7. Gemeindeverbände als Beteiligte 22

a. Gemeindeverbandsbegriff nach Art. 28 Abs. 2 S. 2 GG 23
b. Gemeindeverbandsbegriff nach Art. 78 Abs. 2 LV 24
c. Gemeindeverbandsbegriff nach dem GkG 26

aa. Gemeindeverbände als Beteiligte bei der öffentlich-rechtlichen Vereinbarung 26
bb. Gemeindeverbände als Beteiligte beim Zweckverband 27

IV. Das gemeinsame Kommunalunternehmen ... 27

1. Die Anstalt des öffentlichen Rechts als rechtliche Grundlage des gemeinsamen Kommunalunternehmens ... 27
2. Möglichkeiten der Trägerschaft mehrerer Kommunen vor Einführung des gemeinsamen Kommunalunternehmens ... 29

a. Die »Kooperations-Anstalt« öffentlichen Rechts ... 29
b. Zwischenschaltung eines Zweckverbands ... 29

3. Gründung eines gemeinsamen Kommunalunternehmens ... 30

B. Die Implementierung der kommunalen Gemeinschaftsarbeit in das gestufte Aufgabenmodell ... 32

I. Das gestufte Aufgabenmodell ... 32

1. Gebietsreform ... 32
2. Funktionalreform und das System der Einwohnerschwellenwerte ... 33
3. Übersicht über die Aufgaben des gestuften Modells ... 35
4. Senkung der Einwohnerschwellenwerte ... 37

a. Antragslösung ... 37
b. Bestimmung von Amts wegen ... 38
c. Auswirkungen auf die Aufgabenverteilung ... 38
d. Genehmigung durch das Innenministerium ... 39

II. Die Einführung neuer Zusammenarbeitsmodelle ... 39

1. Die Sperrwirkung der Funktionalreform als Hemmnis für die Zusammenarbeit ... 40
2. Aufhebung der Sperrwirkung durch Neuordnung der Zusammenarbeit ... 40

a. Horizontale öffentlich-rechtliche Vereinbarungen ... 41
b. Verbindung von horizontalen und vertikalen Aufgabenverlagerungen durch die aufgabenträgerunabhängige Zusammenarbeit ... 42

3. Voraussetzungen und Einschränkungen des § 4 Abs. 8 GO ... 43

a. Der Begriff »benachbart« ... 43
b. Übertragung von Teilaufgaben ... 45
c. Gemeinschaftliche Aufgabenübernahme oder -durchführung ... 46
d. Die Vereinbarkeit der Aufgabenträgerunabhängigkeit mit dem Delegations- und Mandatsbegriff ... 47
e. Der additive Schwellenwert ... 48

aa. Anzahl der beteiligten Gemeinden ... 49
bb. Pflichtregelungen ... 49

f. Benehmen des Kreises ... 50
g. Der Verzicht auf Merkmal der Effizienzsteigerung in § 4 Abs. 8 GO ... 51

Kapitel 2: Das Spannungsfeld zwischen interkommunaler Zusammenarbeit und der Selbstverwaltungsgarantie der Kreise ... 53

A. Europarechtliche und kommunalverfassungsrechtliche Vorgaben für den Aufgabenentzug von der Kreisebene ... 53

I. Europarechtliche Einflüsse ... 53

1. EU-Reform-Vertrag von Lissabon ... 53
2. Europäische Charta der kommunalen Selbstverwaltung ... 54

II. Selbstverwaltungsgarantie nach Art. 28 Abs. 2 GG ... 55

1. Art. 28 Abs. 2 GG als institutionelle Garantie ... 55
2. Die gemeindliche Selbstverwaltungsgarantie ... 56

a. Inhalt der Selbstverwaltungsgarantie ... 56

aa. Angelegenheiten der örtlichen Gemeinschaft ... 56
bb. Eigenverantwortlichkeit ... 57

b. Schutz der Selbstverwaltungsgarantie ... 58

aa. Kernbereich ... 58
bb. Randbereich ... 59
cc. Die Anwendbarkeit des Verhältnismäßigkeitsprinzips ... 60

3. Die kreisliche Selbstverwaltungsgarantie ... 61

a. Aufgabenverteilungsprinzip ... 61
b. Schutz vor Aufgabenentziehung ... 61

III. Selbstverwaltungsgarantie nach Art. 78 Abs. 2 LV ... 62

1. Verhältnis von Art. 78 Abs. 2 LV zu Art. 28 Abs. 2 GG ... 62
2. Gewährleistungsumfang des Art. 78 Abs. 2 LV ... 63

a. Selbstverwaltungsgarantie der Gemeindeverbände ... 63
b. Art. 78 Abs. 2 LV als Ausprägung der monistischen Aufgabenordnung ... 64

aa. Das Aufgabensystem nach dem Weinheimer Entwurf ... 65
bb. Die Umsetzung in Art. 78 LV ... 65
cc. Die Auswirkungen des Weisungsrechts bei Pflichtaufgaben zur Erfüllung nach Weisung ... 66

(1) Pflichtaufgaben zur Erfüllung nach Weisung als »Selbstverwaltungsaufgaben« . . . 66
(2) Originäres oder gesetzlich begründetes Selbstverwaltungsrecht . . . 67

B. Rangverhältnis zwischen gemeindlicher Kooperationshoheit und Aufgabenwahrnehmung der Kreise? . . . 69

I. Aus den Erfordernissen zur Gebietsreform ableitbare verfassungsrechtliche Maßstäbe . . . 69
II. Reichweite der Kooperationshoheit . . . 70

1. Negative Kooperationshoheit . . . 71
2. Positive Kooperationshoheit . . . 72

a. Positive Kooperationshoheit und Ausgleichs- und Ergänzungsaufgaben der Kreise . . . 73

aa. Klassifizierung der freiwilligen Kreisaufgaben . . . 73
bb. Folgerungen aus dem Aufgabenverteilungsprinzip für die Existenz von Ergänzungs- und Ausgleichsaufgaben . . . 74

b. Rangverhältnis nach § 2 Abs. 1 KrO . . . 76

3. Kooperationshoheit und Allzuständigkeit . . . 78

III. Politisch-demokratische Funktion . . . 80

1. Demokratische Legitimierung kommunaler Selbstverwaltung . . . 80
2. Vereinbarkeit der Anforderungen demokratischer Legitimation mit der Kooperationshoheit . . . 81

a. Einschränkung im Rahmen interkommunaler Kooperation . . . 82

aa. Zweckverband . . . 82
bb. Öffentlich-rechtliche Vereinbarung . . . 84

(1) Legitimationsvermittlung bei der mandatierenden Vereinbarung . . . 84
(2) Legitimationsvermittlung bei der delegierenden Vereinbarung . . . 85
(3) Grenzen der Ausgestaltung von Mitwirkungsrechten . . . 86

b. Verbleibende Beeinträchtigung demokratischer Legitimation . . . 87

IV. Das Kriterium der Wirtschaftlichkeit . . . 88

1. Effizienz und Effektivität . . . 88
2. Wirtschaftlichkeit als Rechtsprinzip . . . 90

3. Berücksichtigungsfähigkeit des Effizienz- und Effektivitätsgebots vor dem Hintergrund des Aufgabenverteilungsprinzips 91

a. Abwägung zwischen demokratischer Beteiligung und wirtschaftlichen Vorteilen einer zentraleren Verwaltungsorganisation ... 91
b. Gesteigerte Bedeutung der Wirtschaftlichkeit bei Dezentralisierung ... 92
c. Vergleichende Wirtschaftlichkeitsbetrachtung ... 93

V. Übersichtlichkeit der Zuständigkeitsordnung als Ausprägung des Rechtsstaatsprinzips ... 94
VI. Sozialstaatsprinzip ... 95

1. Schaffung gleichwertiger Lebensverhältnisse ... 95
2. Mangelnde Konkretisierungsmöglichkeit ... 96

VII. Kreistreue ... 97

1. Analogie zur Bundestreue ... 97
2. Grundsatz von Treu und Glauben ... 98
3. Vorgaben der Kreisordnung ... 99
4. Bewertung ... 99

VIII. Kommunale Mischverwaltung ... 101

1. Der Begriff der Mischverwaltung ... 102
2. Grundsatz der eigenverantwortlichen Aufgabenwahrnehmung ... 103
3. Die aufgabenträgerunabhängige Zusammenarbeit als unzulässige kommunale Mischverwaltung ... 103

IX. Zusammenfassende Beurteilung ... 106

C. Der Genehmigungsvorbehalt im gestuften Aufgabenmodell ... 107

I. Ausformung des Genehmigungsvorbehalts in § 4 Abs. 6 und § 4 Abs. 8 GO i. V. m. § 3 Abs. 6 GO ... 107

1. Zulässigkeit ermessensgesteuerter Genehmigungsvorbehalte bei Selbstverwaltungsaufgaben ... 108
2. Aufgabenzuordnung als Kompetenz des Gesetzgebers ... 108
3. Kompensationswirkung der Genehmigung ... 109

a. Genehmigung bei delegierenden Vereinbarungen ... 110
b. Genehmigung bei mandatierenden Vereinbarungen ... 111
c. Erfordernis einer Zweckmäßigkeitskontrolle ... 112

II. Gesetzliche Ausschlussgründe oder Einschränkungen für eine aufgabenträgerunabhängige Zusammenarbeit ... 113

1. Vergaberecht ... 113
2. Zweckverbände ... 113

3. Gemeinsames Kommunalunternehmen 115
4. Rechnungsprüfung 116

III. Konkretisierung der schutzwürdigen Belange Dritter bzw. der Gründe des öffentlichen Wohls 118

1. Verfassungsrechtliche Anforderungen und Verfassungsprinzipien . 118
2. Berücksichtigung der gemeindlichen Haushaltssituation 118

a. Pflicht zum Haushaltsausgleich und Haushaltssicherungskonzept 119
b. Stadt oder Gemeinde mit genehmigtem/ungenehmigtem Haushaltssicherungskonzept 120
c. Stadt oder Gemeinde mit genehmigter Verringerung des Eigenkapitals 121

3. Finanzielle Auswirkungen auf den kreisangehörigen Raum 122

Kapitel 3: Finanzierung von Aufgabenverlagerungen im Rahmen der dualen Finanzgarantie 123

A. Konnexitätsprinzip 124

I. Grundlagen 125

1. Grundgesetzliches Konnexitätsprinzip 125
2. Konnexitätsprinzipien in den Landesverfassungen 126

II. Art. 78 Abs. 3 LV i. V. m. KonnexAG 127

1. Tatbestandsvoraussetzungen 129

a. Konnexitätsrelevante Verpflichtung 129

aa. Aufgabenverlagerung als Folge kommunaler Organisationsentscheidung 130
bb. Drittschützende Wirkung des Konnexitätsprinzips 132

b. Konnexitätsrelevante Aufgabenübertragung 133

aa. Anwendbarkeit des Konnexitätsprinzips im kreisangehörigen Raum 133
bb. Die Übertragung »neuer« Aufgaben 135
cc. Konnexitätsrelevante Belastung 136

(1) Bagatellschwelle 136
(2) Kostenfolgeabschätzung 137

2. Ergebnis 137

B. Kommunale Finanzausstattung . . . 138

I. Auswirkungen von Aufgabenverlagerungen auf das Kreisfinanzsystem . . . 138

1. Umlagefinanzierung der Kreise . . . 138

a. Die Kreisumlage als bedeutendste Einnahmequelle trotz Subsidiarität . . . 139
b. Funktionen der Kreisumlage . . . 139

2. Die Kreisumlage im Spannungsfeld kommunalverfassungsrechtlicher, haushaltsrechtlicher und aufgabenspezifischer Vorgaben . . . 141

a. Die zulässige Höhe der Umlagesätze . . . 141
b. Pflicht zur Rücksichtnahme der Kreise bei gleichzeitiger Pflicht zum Haushaltsausgleich? . . . 144

aa. Haushaltssicherungskonzept . . . 145
bb. Rücklagen . . . 148

3. Sonderkreisumlage als Mittel zur Vermeidung einer Doppelbelastung? . . . 150

a. Grenzen der gegenstandslos gezahlten Umlage . . . 150
b. Anwendbarkeit der Sonderkreisumlage auf Mittlere oder Große kreisangehörige Städte . . . 151

aa. Begriff der Einrichtung . . . 151
bb. Die Aufgaben des gestuften Aufgabenmodells . . . 153
cc. Weitere Voraussetzungen des § 56 Abs. 4 KrO . . . 153

c. Die Jugendamtsumlage als nach Aufgaben differenzierte Kreisumlage . . . 154

aa. Die Voraussetzungen der Zusammenarbeit im Bereich des Jugendamtes . . . 155
bb. Ausschluss des additiven Schwellenwerts . . . 156
cc. Auswirkungen der Schwellenwertsenkung auf die Jugendamtsumlage . . . 157

(1) Gesetzliches Organisationsmodell zur Verhinderung einer ineffizienten Restzuständigkeit des Kreises . . . 158
(2) Zulässigkeit eines gesonderten Abrechnungsverfahrens . . . 160

4. Modelle zur Neustrukturierung einer gesonderten Kreisumlage . . . 160

a. Einrichtungsunabhängige Sonderumlage . . . 160

b. Partielle Entlastung von neuen Aufgabenträgern 163
c. Stellungnahme 164

II. Ausgleich von Mehrbelastungen durch Pflichtaufgaben im System des Finanzausgleichs 165

1. Verfassungsrechtliche Ausgestaltung eines Finanzausstattungsanspruchs 165

a. Finanzielle Mindestausstattung 166
b. Finanzausstattung und Dezentralisierung 167

2. Der kommunale Finanzausgleich nach dem Finanzausgleichsgesetz 168

a. Funktion des Finanzausgleichs 168
b. Grundzüge des horizontalen Finanzausgleichs 169

3. Anspruch auf Bedarfszuweisungen 170

a. Individuell-rechtlicher Anspruch auf finanzielle Mindestausstattung 170
b. Bedarfszuweisungen nach § 19 Abs. 3 GFG 173

aa. Bedarfszuweisungen als ultima-ratio 173
bb. Systematik des § 19 GFG 175
cc. Fehlender Bedarf für ein Anreizsystem 176

4. Ausgabenorientierte Mindestausstattung 177
5. Aufgabenorientierte Mindestausstattung 179
6. Lösungsversuch: Abundanzumlage-finanzierter Kommunalisierungsfonds 182

Kapitel 4: Folgewirkungen von Aufgabenverlagerungen im kreisangehörigen Raum 187

A. *Die Aufsicht bei kreis- bzw. regierungsgebietsübergreifender interkommunaler Zusammenarbeit* 187

I. Rechtsaufsicht 187

1. Aufsicht bei der delegierenden öffentlich-rechtlichen Vereinbarung 187
2. Aufsicht bei der mandatierenden öffentlich-rechtlichen Vereinbarung 188
3. Keine Begründung von Doppelzuständigkeiten der Aufsichtsbehörden durch Mitwirkungsrechte 188

II. Sonderaufsicht ... 189

1. Organisatorische Grundlagen der Sonderaufsicht ... 189
2. Notwendigkeit einer gesetzlichen Regelung der Sonderaufsicht bei Aufgabenverlagerungen? ... 190

B. Rechtsnachfolge und Personalüberleitung ... 192

I. Überleitung von Beamten ... 193

1. Landesrechtliche Regelung ... 193
2. Voraussetzungen einer Überleitung nach § 128 BRRG ... 194

a. Anwendbarkeit ... 194
b. Erfordernis der Auswahlentscheidung ... 195
c. Überleitungsverfügung der Aufsichtsbehörde bei Weigerung zur Personalübernahme ... 197
d. Verteilung der Versorgungslasten ... 198

II. Überleitung von Tarifbeschäftigten ... 200

1. Überleitung »ipso jure« in Anwendung des Gedankens einer Funktionsnachfolge ... 201
2. Überleitung nach § 613 a BGB ... 202

a. Ausschluss von zwischenbehördlichen Aufgabenverlagerungen . 202
b. Fehlendes Erfordernis für die Ausdehnung des Geltungsbereichs ... 203

3. Analoge Anwendung der §§ 128 ff. BRRG ... 205

C. Vereinbarkeit der Förderung eines dezentralen Aufgabenmodells mit der demografischen Entwicklung ... 207

I. Grundlagen der Demografieforschung ... 207
II. Demografische Entwicklung in Deutschland ... 208

1. Nordrhein-Westfalen ... 209
2. Demografische Trends im Verhältnis der Kreise zu den kreisfreien Städten in Nordrhein-Westfalen ... 209

III. Folgen der demografischen Entwicklung ... 211

1. Interkommunaler Wettbewerb ... 211
2. Handlungsempfehlung für Aufgabenverlagerungen im gestuften Modell ... 212
3. Finanzielle Belastungen ... 214

IV. Berücksichtigung der Demografieauswirkungen im Genehmigungsverfahrungen 216

Schlussbetrachtung und Ausblick 217

Zusammenfassung in Leitsätzen 219

Literaturverzeichnis 227

Sachverzeichnis 255

Abkürzungsverzeichnis

APuZ	Aus Politik und Zeitgeschichte
BK	Bonner Kommentar
BR-Drs.	Bundesrats-Drucksachen
BT-Drs.	Bundestags-Drucksachen
DG-KoFSchwbR	Gesetz zur Durchführung der Kriegsopferfürsorge und des Schwerbehindertenrechts
difu	Deutsches Institut für Urbanistik
GesE	Gesetzesentwurf
GO Bay	Gemeindeordnung Bayern
GO Bbg	Gemeindeordnung Brandenburg
GO NRW	Gemeindeordnung Nordrhein-Westfalen
GVBl.	Gesetzes- und Verordnungsblatt
GVR	Gemeindeverbandsrecht
HandwO	Gesetz zur Ordnung des Handwerks
HdbKWP	Handbuch der kommunalen Wissenschaft und Praxis
HdbStR	Handbuch des Staatsrechts
HGZ	Hessische Städte- und Gemeindezeitung
KommP spezial	KommunalPraxis spezial
KopoBl.	Kommunalpolitische Blätter
KVR	Kommunalverfassungsrecht
LKO Bbg	Landkreisordnung Brandenburg
LKT NRW	Landkreistag Nordrhein-Westfalen
LT-Drs.	Landtags-Drucksachen
LReg	Landesregierung
LV	Landesverfassung
LVerfG	Landesverfassungsgericht
NdsGVBl.	Niedersächsisches Gesetzes- und Verordnungsblatt
ÖPNVG NRW	Gesetz über den öffentlichen Personennahverkehr in Nordrhein-Westfalen
StGB NRW	Städte- und Gemeindebund Nordrhein-Westfalen
StT	Der Städtetag
StuGR	Städte- und Gemeinderat

ThürKWG	Thüringer Kommunalwahlgesetz
TVöd	Tarifvertrag für den öffentlichen Dienst
VerfGH	Verfassungsgerichtshof
VerfGH Bbg	Verfassungsgerichtshof Brandenburg
VerwR	Verwaltungsrecht

Einleitung

A. Allgemeine Einführung in die Problematik

»Die Klassifikation der Städte in große, mittlere und kleine wird verworfen, da die Bevölkerung schwankt und sie nicht allein die Bedeutenheit einer Stadt ausspricht. Es bleibt aber nichtsdestoweniger eine Verschiedenheit unter den Städten in Beziehung auf Bevölkerung, Gewerbsamkeit, Bildung bestehen, die bei der Einführung der Städteordnung berücksichtigt werden muß.«[1]

Eine Entwicklung, die der Freiherr vom Stein zu Beginn der kommunalen Selbstverwaltung kritisch begleitet, ist in der Gegenwart in vielen Bundesländern vorzufinden. Innerhalb der kommunalen Ebene ermöglichen die Gemeindeordnungen kreisangehörigen Gemeinden ab einer bestimmten Einwohnerzahl den Zugriff auf Aufgaben, die für den restlichen kreisangehörigen Raum vom Kreis wahrgenommen werden. Die Ausgestaltungen in den einzelnen Bundesländern sehen unterschiedliche Bezeichnungen der Abstufungen und unterschiedliche Voraussetzungen für die Erlangung des Status vor. Während in Nordrhein-Westfalen[2] und Brandenburg[3] eine doppelte Abstufung in Form von Mittleren und Großen kreisangehörigen Städten vorgenommen wird, sehen die Gemeindeordnungen in Baden-Württemberg[4], Bayern[5], Hessen[6], Niedersachsen[7], Rheinland-Pfalz[8], Saarland[9], Sachsen[10] und Thüringen[11] keine Unterscheidung innerhalb des Sonder-

1 *Freiherr vom Stein,* Bemerkungen über die Städte- und Landgemeindeordnung in einem Brief vom 15.3.1829 an Freiherr von Stuckmann (königlich preußischer Innenminister), abgedruckt in: Hubatsch (Hrsg.), Freiherr Vom Stein, Bd. 7, 537 (540).

2 § 4 Abs. 2 u. 3 GO NRW.

3 § 2 Abs. 3 GO Bbg: »Große kreisangehörige Stadt« ab 25.000 Einwohner und »Mittlere kreisangehörige Stadt« ab 45.000 Einwohner.

4 »Große Kreisstadt« ab 20.000 Einwohner, § 3 Abs. 3 GemO BW.:

5 »Große Kreisstadt« ab 30.000 Einwohner, § 5 a Abs. 4 GO Bay.

6 »Sonderstatusstädte« ab 50.000 Einwohner, § 4 a HGO.

7 »Große selbstständige Städte« und »selbstständige Gemeinden« ab 30.000 Einwohner, auf Antrag ab 20.000 Einwohner, §§ 11, 12 NGO.

8 »Große kreisangehörige Städte« ab 25.000 Einwohner durch Gesetz oder auf Antrag, § 6 GemO RP.

9 »Mittelstadt« ab 30.000 Einwohner auf Antrag, § 4 Abs. 3 KSVG SL.

10 »Große Kreisstädte« ab 17.500 Einwohner auf Antrag, § 3 Abs. 2 SächsGemO.

11 »Große kreisangehörige Städte« auf Antrag, § 6 Abs. 4 ThürKO.

status vor. In Mecklenburg-Vorpommern, Sachsen-Anhalt und Schleswig-Holstein gibt es keinen entsprechenden Aufgabenstatus für kreisangehörige Gemeinden.[12]

Eine interkommunale Mehrstufigkeit lässt sich neben einwohnergestaffelten Aufgabenbündelungen auch mit Hilfe der verschiedenen Rechtsformen der Gesetze über die kommunale Gemeinschaftsarbeit herstellen. Insbesondere der Zweckverband und die öffentlich-rechtliche Vereinbarung bieten die Möglichkeit, Verwaltungskraftdefizite der gemeindlichen Ebene zu kompensieren und für einen bestimmten, vertraglich festgelegten Zeitraum eine oder mehrere Aufgaben unter Bündelung der gemeindlichen Verwaltungskraft wahrzunehmen.

Soweit für diese Aufgabenstufung der Begriff der »kommunalen Mehrstufigkeit« Verwendung findet, ist eine Abgrenzung zu anderen Erscheinungsformen einer gestuften Aufgabenerfüllung notwendig. Der Begriff der Mehrstufigkeit bezeichnet als »institutionalisierte«[13] oder »echte«[14] Mehrstufigkeit auf Dauer angelegte und für eine Vielzahl von Aufgaben zuständige Organisationseinheiten. Hierbei handelt es sich um die Verbands- bzw. Samtgemeinde, das Amt und die Verwaltungsgemeinschaft.[15] In Rheinland-Pfalz ist für das ganze Land die Organisationseinheit der Verbandsgemeinde eingeführt worden, die mit den Ortsgemeinden eine zweistufig aufgebaute Gemeinde bildet.[16] Die Verbandsgemeinde als Föderalgemeinde hat eine gemeindeähnliche Stellung und ist kein Gemeindeverband.[17] Gleiches gilt für die Samtgemeinden in Niedersachsen als Gebietskörperschaft. Samtgemeinden beruhen auf einer von den Mitgliedern zu vereinbarenden Hauptsatzung und sollten 7.000 Einwohner besitzen. Die in Schleswig-Holstein, Brandenburg und Mecklenburg-Vorpommern vorzufindende

12 Durch das Kreisstrukturgesetz in Mecklenburg-Vorpommern (Gesetz v. 12.7.2010, GVBl. M-V, S. 366) können die von einer Einkreisung betroffenen Städte Greifswald, Stralsund, Wismar und Neubrandenburg die Bezeichnung »Große kreisangehörige Stadt« führen. Vgl. für Schleswig-Holstein den GesE der LReg zur Einführung der Bezeichnung »Große kreisangehörige Stadt« im Rahmen einer interkommunalen Funktionalreform, LT-Drs. 16/2632, S. 7.

13 *Loschelder,* in: v. Mutius (Hrsg.), FS v. Unruh, S. 381 (386).

14 *v. Mutius,* in: ders./Schmidt-Jortzig (Hrsg.), Probleme mehrstufiger Erfüllung von Verwaltungsaufgaben, S. 19 (36).

15 Einen Überblick über die verschiedenen Erscheinungsformen bietet *Bogner,* in: Mann/Püttner (Hrsg.), HdbKWP, 3. Aufl., Bd. 1, § 13.

16 *Bogner,* ThürVBl. 1992, 217 (219); *v. Mutius,* in: ders./Schmidt-Jortzig (Hrsg.), Probleme mehrstufiger Erfüllung von Verwaltungsaufgaben, S. 19 (37).

17 *Bogner,* in: Mann/Püttner (Hrsg.), HdbKWP, 3. Aufl., Bd. 1, § 13, Rn. 14.

Organisationseinheit des Amtes ist grundsätzlich keine Gebietskörperschaft und kein Gemeindeverband.[18] Erfolgt jedoch eine zunehmende Verlagerung von Selbstverwaltungsaufgaben auf Ämter, können sich diese zu Gemeindeverbänden entwickeln.[19] Die Verwaltungsgemeinschaft ist eine Körperschaft des öffentlichen Rechts ohne die Merkmale einer Gebietskörperschaft und eines Gemeindeverbands.[20] Dieser Zusammenschluss von Gemeinden ist gesetzlich in den Bundesländern Baden-Württemberg, Bayern, Sachsen, Sachsen-Anhalt und Thüringen vorgesehen. In Stadt-Umland-Verdichtungsräumen hat sich unter der Bezeichnung Stadt-Umland-Verbände ein Sammelbegriff für verschiedene Formen von Kooperationen herausgebildet. Den Organisationstyp der eigenständigen Gebietskörperschaft bzw. Körperschaft mit gebietskörperschaftlichen Elementen und mit Gemeindeverbandseigenschaft nach Art. 28 Abs. 2 S. 2 GG bilden die Regionalkreismodelle des Stadtverbands Saarbrücken und der Region Hannover.[21] Auf einem Zweckverbandsmodell beruhen der Regionalverband Ruhr und die Region Stuttgart, während der Planungsverband Ballungsraum Frankfurt/Rhein-Main ein Beispiel für einen Regionalplanungsverband darstellt.[22] Diese hier im Einzelnen vorgestellten institutionalisierten Organisationseinheiten als Ergänzungsverbände oder Stadt-Umland-Verbände werden im Folgenden nicht vertiefend behandelt.

Der Begriff der Funktionalreform war in den vergangenen Jahren eng verknüpft mit einem Kommunalisierungstrend auf die Kreisebene.[23] In Nordrhein-Westfalen bildete die Auflösung der staatlichen Versorgungsverwaltung und die Übertragung wesentlicher Aufgabenbereiche auf Kreise und kreisfreie Städte ebenso wie die Verlagerung der Genehmigung und Überwachung von genehmigungsbedürftigen Anlagen nach der 4. BImSchV auf

---

18 *Bogner,* in: Mann/Püttner (Hrsg.), HdbKWP, 3. Aufl., Bd. 1, § 13, Rn. 16.

19 § 5 Abs. 1 S. 1 AO SH offenbart die Problematik, dass sich das Amt infolge einer zunehmenden Verlagerung von Aufgaben zum Gemeindeverband entwickelt, § 9 AO SH aber keine unmittelbare Wahl der Mitglieder des Amtsausschusses vorsieht. Diese mangelnde demokratische Legitimation der Ämter hat das LVerfG SH (Urt. v. 26.2.2010 – 1/09 –, in: NordÖR 2010, 155, 155 ff.) als unvereinbar mit Art. 2 Abs. 2 S. 2 und Art. 3 Abs. 1 LV SH bezeichnet.

20 *Bogner,* in: Mann/Püttner (Hrsg.), HdbKWP, 3. Aufl., Bd. 1, § 13, Rn. 18.

21 *Schink,* in: Henneke (Hrsg.), Optimale Aufgabenerfüllung im Kreisgebiet, S. 61 (84 ff.).

22 *Schliesky,* in: Mann/Püttner (Hrsg.), HdbKWP, 3. Aufl., Bd. 1, § 30, Rn. 16.

23 Näher dazu *Mehde,* DVBl. 2010, 465 (469 ff).

die Kreisebene[24] Beispiele dafür, dass die Kreise als effiziente Verwaltungsebene die Landesverwaltung entlasten können. Die »Schattenseite« der Aufwertung zeigt sich in erheblichen finanziellen Belastungen, die die Anwendbarkeit der strikten Konnexitätsregelung in der Landesverfassung in den Mittelpunkt rückte.

Innerhalb der kommunalen Ebene in Nordrhein-Westfalen führte die Gemeindeordnungsreform 2007 zu einigen wichtigen Änderungen. Die Amtszeit des Bürgermeisters beträgt gem. § 65 Abs. 1 S. 1 GO neuerdings sechs Jahre und ist von den Wahlen zum Rat abgekoppelt.[25] Die Abschaffung der Stichwahl in § 46 c KWahlG war insofern beachtenswert, als damit das bundesweit auf kommunaler Ebene vorherrschende Wahlsystem[26] bei einer Personenwahl zugunsten einer relativen Mehrheitswahl in Nordrhein-Westfalen abgelöst wurde.[27] Beachtung verdient das Akteneinsichtsrecht für Ratsmitglieder und Bezirksvertreter in § 55 Abs. 5 GO[28] bzw. für Kreistagsmitglieder in § 26 Abs. 4 KrO. Um einen Einblick in Akten zu erhalten, die der Vorbereitung oder der Kontrolle von Beschlüssen des Rates, des Ausschusses oder der Bezirksvertretung dienen, bedarf es nicht mehr eines Ratsbeschlusses oder des Verlangens eines Fünftels der Ratsmitglieder. Eine Angleichung an die Kommunalverfassungen anderer Bundesländer findet im Hinblick auf das Initiativrecht zu einem Bürgerbegehren statt. Zulässiger Antragsteller ist neben allen Bürgern nach der Neuregelung in § 26 Abs. 1 S. 2 GO auch der Rat, der mit einer Mehrheit von zwei Dritteln der gesetzlichen Mitglieder einen Beschluss für die Durchführung eines Bürgerentscheids fassen kann. Besondere Beachtung – aber auch Kritik[29] – haben das Erfordernis eines »dringenden« öffentlichen Zwecks in § 107 Abs. 1

24 Ausführlich zur Verwaltungsstrukturreform *Palmen/Schönenbroicher,* in: Burgi/Palmen (Hrsg.), Verwaltungsstrukturreform NRW, S. 9 (15).

25 Ab dem Jahr 2014 werden keine zeitgleichen Wahlen aller Bürgermeister mehr stattfinden, dazu *Sundermann,* DVP 2007, 494 (496); im Gleichklang dazu wurde die Amtszeit des Landrats ebenfalls auf sechs Jahre verlängert, § 44 Abs. 1 S. 1 KrO.

26 Einzige Ausnahme neben NRW bildet Thüringen, vgl. § 24 ThürKWG.

27 Der Verfassungsgerichtshof sah in der Einführung der relativen Mehrheitswahl keinen Verstoß gegen das Demokratieprinzip oder den Grundsatz der Wahlgleichheit sowie Chancengleichheit im politischen Wettbewerb, *VerfGH NRW,* Urt. v. 26.5.2009 – 2/09 –, in: NVwZ 2009, 1096 (1097 ff.). Die neue Landesregierung beabsichtigt, die Stichwahl wieder einzuführen, vgl. den entsprechenden GesE der LReg, LT-Drs. 15/975, S. 1 ff.

28 Näher *Gollan,* VR 2008, 78.

29 Kritisch zu den Änderungen in § 107 GO n. F.: *Hamacher,* NWVBl. 2008, 81 (81 ff.)

Nr. 1 GO und der Nachweis in § 107 Abs. 1 Nr. 3 GO, dass der öffentliche Zweck von der Privatwirtschaft »nicht ebenso gut und wirtschaftlich erfüllt werden kann«, hervorgerufen.[30] Die neue Landesregierung hat die Änderungen der Vorgängerregierung zurückgenommen. Das Merkmal »dringend« ist wieder entfallen und in § 107 Abs. 1 Nr. 3 GO ist nur noch der Nachweis erforderlich, dass der öffentliche Zweck nicht besser und wirtschaftlicher erfüllt werden kann.[31]

Im Mittelpunkt der folgenden Untersuchung steht ein weiterer Aspekt der Gemeindeordnungsreform 2007, der infolge der Veränderungen bei der Zuständigkeitsordnung im kreisangehörigen Raum erhebliches Konfliktpotential aufweist und deshalb einer ausführlichen Analyse bedarf. Ein Teil der Reformmaßnahme betrifft die Absenkung der Einwohnerschwellenwerte in § 4 Abs. 2 – 5 GO. Im Vergleich zu den anderen Bundesländern ist damit, wie zu Beginn dargestellt, noch keine wesentliche Neuerung im Verhältnis von Kreis zu den kreisangehörigen Gemeinden vorgenommen worden, da ein gestuftes Modell in unterschiedlicher Ausgestaltung auch in anderen Flächenländern existiert. Die Besonderheit und besondere Brisanz in Nordrhein-Westfalen besteht in der Einführung einer aufgabenträgerunabhängigen Zusammenarbeit, die in das gestufte Aufgabenmodell eingefügt wurde. Dieser zweite Teil der Reformmaßnahme ist nach der Einführung des gestuften Aufgabenmodells 1978 die weitreichendste Änderung im Recht der kommunalen Gemeinschaftsarbeit. Während im Jahr 2004 das Gesetz zur Stärkung der regionalen und interkommunalen Zusammenarbeit erweiterte Möglichkeiten zu einer verstärkten Zusammenarbeit von Mittleren und Großen kreisangehörigen Städten in Form von horizontalen Kooperationsmodellen anbot, blieb die Aufgabenträgerbindung jedoch unberührt. Dieses Erfordernis ist mit der Gemeindeordnungsreform 2007 entfallen. Auch ohne selbst die neuen Einwohnerschwellenwerte zu erreichen, können Gemeinden nunmehr durch öffentlich-rechtliche Vereinbarungen in der Summe ihrer Einwohnerzahlen die erforderlichen Schwellenwerte übertreffen. Ferner können sie bisher vom Kreis für sie erledigte Aufgaben von benachbarten Gemeinden wahrnehmen lassen, wenn diesen die Aufgaben bereits übertragen wurden. Mit Wirkung zum 1.1.2011 werden Bedburg und

30 Überblick bei: *Dünchheim/Schöne,* DVBl. 2009, 146 (146 ff.); *Jungkamp,* NVwZ 2010, 546 ff.

31 Gesetz zur Revitalisierung des Gemeindewirtschaftsrechts v. 21.12.2010, GVBl. NRW, S. 688.

Elsdorf[32] neue Mittlere kreisangehörige Städte in Nordrhein-Westfalen und folgen Attendorn, Verl und Xanten nach, die bereits seit dem 1.1.2010[33] diesen Status besitzen.

Anders als bei Aufgaben der Sozialhilfe, bei denen der Kreis kreisangehörige Gemeinden durch Satzung zur Durchführung verpflichten kann,[34] liegt die Ausgestaltungsbefugnis im gestuften Modell bei den kreisangehörigen Gemeinden. Den Vorteilen bei einigen Gemeinden, einen Zugriff auf bislang vom Kreis für sie wahrgenommene Aufgaben zu erlangen, stehen zumindest in einigen Kreisen Qualitätseinbußen und relativ höhere Kosten für die Aufgabenerledigung zulasten der übrigen kreisangehörigen Gemeinden gegenüber.

B. Gang der Untersuchung

Kapitel 1 bietet eine Einführung in das Recht der kommunalen Gemeinschaftsarbeit. Besondere Beachtung kommt dabei der Zusammenarbeitsform der öffentlich-rechtlichen Vereinbarung als Grundlage für aufgabenträgerunabhängige Zusammenarbeitsvarianten im gestuften Modell zu. Ferner erfolgt eine Darstellung des gestuften Aufgabenmodells von der Entstehung im Rahmen der Funktionalreform bis zur Ausgestaltung durch die Gemeindeordnungsreform 2007. Dabei werden die Voraussetzungen und Einschränkungen des § 4 GO ausführlich behandelt.

Kapitel 2 widmet sich dem Spannungsverhältnis zwischen der interkommunalen Zusammenarbeit und der Selbstverwaltungsgarantie der Kreise. Ausgehend von einer Darstellung der gemeindlichen und kreislichen Selbstverwaltungsgarantie nach Art. 28 Abs. 2 GG und Art. 78 Abs. 2 LV findet vertiefend eine Betrachtung der Auswirkungen der gemeindlichen Kooperation für die Bildung eines Rangverhältnisses zwischen Gemeinden und

32 17. Verordnung zur Änderung der Verordnung zur Bestimmung der Großen kreisangehörigen Städte und der Mittleren kreisangehörigen Städte nach § 4 der Gemeindeordnung für das Land Nordrhein-Westfalen v. 27.10. 2009, GVBl. NRW, S. 635.

33 16. Verordnung zur Änderung der Verordnung zur Bestimmung der Großen kreisangehörigen Städte und der Mittleren kreisangehörigen Städte nach § 4 der Gemeindeordnung für das Land Nordrhein-Westfalen v. 11.11. 2008, GVBl. NRW, S. 679.

34 § 3 Abs. 1 AG-SGB XII NRW, näher dazu: *Hörster,* Wahrnehmung der Sozialhilfeaufgaben im kreisangehörigen Raum, S. 89 ff. und *Wolffgang,* Interkommunales Zusammenwirken, S. 77 ff.

Kreisen statt. Das gestufte Modell und die gemeindliche Kooperation werden nach verschiedenen verfassungsrechtlichen Kriterien wie dem Demokratie- und Sozialstaatsprinzip durchleuchtet und mit der Aufgabenwahrnehmung auf der Kreisebene verglichen. Die daraus gewonnenen Erkenntnisse finden bei der Beurteilung Verwendung, ob eine Rechtmäßigkeitskontrolle bei der Genehmigung von Aufgabenverlagerungen ausreichend ist. Kapitel 2 enthält ferner Ausführungen zu Ausschlussgründen und Einschränkungen von Zusammenarbeitsmodellen.

Kapitel 3 umfasst die finanziellen Auswirkungen von Aufgabenverlagerungen. Zunächst wendet sich die Untersuchung dem Konnexitätsprinzip zu. Dabei erfolgt eine Befassung mit der Frage, ob die im Antragsverfahren zum Ausdruck kommende Freiwilligkeit der Aufgabenherabzonung und die Wahrnehmung der gleichen Aufgaben auf einer anderen kommunalen Stufe Raum für die Anwendung des strikten Konnexitätsprinzips lassen. Eingekleidet in eine Darstellung der kommunalen Finanzausstattung werden Instrumente gesucht, um einerseits eine finanzielle Doppelbelastung der neuen Aufgabenträger abzumildern, andererseits aber auch eine Belastung der Kreise und übrigen kreisangehörigen Gemeinden gering zu halten. Der Blick wendet sich als kreisinterne Lösung der Ausgestaltung der Kreisumlage zu und richtet sich anschließend als kreisübergreifender Ansatz auf das Gemeindefinanzierungsgesetz. Zum Abschluss des Kapitels findet sich ein eigener Lösungsvorschlag.

Kapitel 4 gewährt einen Überblick über Problempunkte, die infolge von Aufgabenverlagerungen entstehen können. Behandelt werden Zuständigkeitsfragen bei der Kommunalaufsicht und die Rechtsnachfolgeproblematik, wie mit dem Personal zu verfahren ist, für das beim alten Aufgabenträger keine Verwendung mehr besteht. Eine Verbindung von aktueller Verwaltungsorganisation und zukünftigen Anforderungen bei schrumpfender Bevölkerung vermittelt die Präsentation der demografischen Entwicklung. Das Hauptaugenmerk liegt auf einer kritischen Betrachtung einer dezentralen Aufgabenansiedlung bei gleichzeitiger Reurbanisierungstendenz.

Kapitel 1: Die Grundzüge des Rechts der kommunalen Gemeinschaftsarbeit und das gestufte Aufgabenmodell in NRW

A. Rechtsformen der kommunalen Gemeinschaftsarbeit nach dem GkG

Das nordrhein-westfälische Gesetz über die kommunale Gemeinschaftsarbeit vom 26.4.1961[35] bietet mit der kommunalen Arbeitsgemeinschaft, dem Zweckverband, der öffentlich-rechtlichen Vereinbarung und dem gemeinsamen Kommunalunternehmen derzeit vier Rechtsformen für eine gemeinschaftliche Aufgabenwahrnehmung an, wobei letzteres erst im Jahr 2007 eingefügt worden ist. Das Gesetz beschränkt sich nicht auf eine Anpassung des bis dahin geltenden Reichszweckverbandsgesetzes[36], sondern ist eine darüberhinausgehende Neuregelung der kommunalen Gemeinschaftsarbeit.[37] Zugleich machte der Gesetzgeber mit der Bezeichnung »Gesetz über kommunale Gemeinschaftsarbeit« deutlich, dass neben dem Zweckverband Regelungen für weitere Zusammenarbeitsmodelle aufgestellt werden.[38] Die vier oben genannten Zusammenarbeitsmodelle in § 1 Abs. 2 GkG schließen interkommunale Zusammenarbeit auf der Grundlage von spezialgesetzlichen Ermächtigungen, eventuell mit Rückgriff auf die Bestimmungen des GkG, nicht aus.[39] Die Befugnis, sich zur gemeinsamen Wahrnehmung von Aufgaben der Gestaltungsmöglichkeiten des Privatrechts zu bedienen, wird durch das GkG nach § 1 Abs. 3 nicht eingeschränkt.

---

35 GVBl. NRW, S. 190, gültig i. d. F. d. Bek. v. 1.10.1979, GVBl. NRW, S. 621, zuletzt geändert durch Gesetz v. 9.10.2007, GVBl. NRW, S. 380, im Folgenden als GkG bezeichnet.

36 RZwVG v. 7.6.1939, RGBl. I, S. 979.

37 *Grafe,* DÖV 1961, 521 (521).

38 *Rothe,* DÖV 1960, 921 (922).

39 *Köhler/Held,* in: Held/Becker u. a., KVR, Bd. 2, § 1 GkG, Erl. 3.

I. Kommunale Arbeitsgemeinschaft, §§ 2 f. GkG

Die kommunale Arbeitsgemeinschaft wird unter allen Zusammenarbeitsmodellen als die »lockerste« Art eines Zusammenschlusses qualifiziert.[40] Im Gegensatz zu der Vorläuferregelung der zwischengemeindlichen Arbeitsgemeinschaft[41] ist sie keine Körperschaft des öffentlichen Rechts und nicht rechtsfähig.[42] Diese Vereinigungsform beruht auf einem koordinationsrechtlichen öffentlich-rechtlichen Vertrag, entfaltet nur gegenüber den Mitgliedern eine Bindungswirkung und hat keine Außenwirkung gegenüber den Bürgern.[43] Zumindest eine indirekte politische Bindung kann in der Verpflichtung der Beteiligten bestehen, die Anregungen einer Prüfung und Beratung zu unterziehen.[44] Der Mindestinhalt der Regelung beschränkt sich auf die Angabe der Mitglieder, die Aufgabenfelder sowie die Geschäftsführung.[45] Beteiligte können neben Gemeinden und Gemeindeverbänden auch Körperschaften, Anstalten und Stiftungen des öffentlichen Rechts sowie natürliche und juristische Personen des Privatrechts sein. In den formalen Anforderungen auf der einen Seite sowie der fehlenden Außenwirkung auf der anderen Seite liegen die größten Schwächen der kommunalen Arbeitsgemeinschaft. Als Beratungs-, Koordinations- und Vorbereitungsgremien sind in der Praxis formlose Arbeitskreise und Konferenzen auf Gemeinde- und Kreisebene ebenso zielführend wie der Umweg über die vertragliche Regelung.[46] Die fehlende Bindungswirkung bedingt eine

---

40 *Gern,* Deutsches Kommunalrecht, Rn. 929; *Schneider,* in: ders. (Hrsg.), Handbuch Interkommunale Zusammenarbeit, S. 7; *Rengeling,* in: Püttner (Hrsg.), HdbKWP, 2. Aufl., Bd. 2, S. 398; *Erichsen,* Kommunalrecht NRW, S. 328.

41 § 41 des Einführungsgesetzes zum Gesetz über die kommunale Neugliederung des rheinisch-westfälischen Industriegebiets v. 28.7.1929.

42 *Oebbecke,* GVR NRW, Rn. 345; *Grafe,* DÖV 1961, 521 (522).

43 *Oebbecke,* GVR NRW, Rn. 391; *Köhler/Held,* in: Held/Becker u. a., KVR, Bd. 2, § 2 GKG, Erl. 1.

44 *Wagener,* GVR, § 3 GkG, Rn. 1; die Gesetze über die kommunale Zusammenarbeit in anderen Bundesländern sehen z. T. eine Unterscheidung hinsichtlich der Bindungswirkung vor. Näher zu den Regelungen in Bayern, Hessen und Schleswig-Holstein: *Rengeling,* in: Püttner (Hrsg.), HdbKWP, Bd. 2, S. 385 (400).

45 *Wagener,* GVR, § 2 GkG, Rn. 4.

46 *Köhler/Held,* in: Held/Becker u. a., Bd. 2, § 2 GkG, Erl. 5, die weiterführend die Überlegung anstellen, ob de lege ferenda nicht gänzlich auf das Modell der kommunalen Arbeitsgemeinschaft verzichtet werden kann; in diese Richtung auch *Oebbecke,* GVR NRW, Rn. 397.

gleichgerichtete Interessenauslegung, um eine erfolgreiche Arbeit zu gewährleisten.[47]

II. Zweckverband, §§ 4 ff. GkG

Der Zweckverband ist eine rechtsfähige Verbandskörperschaft mit dem Ziel der gemeinsamen Erfüllung der den zusammenwirkenden Mitgliedern zugewiesenen Aufgaben.[48] Eine vom Gesetzgeber 2007 vorgenommene Klarstellung in § 4 Abs. 1 GkG durch die Streichung des Wortes »einzelne« diente dazu, ein Missverständnis über die Anzahl der Aufgaben eines Zweckverbands zu beseitigen.[49] Im Laufe des Gesetzgebungsverfahrens zum GkG wurde das Wort »bestimmte« Aufgaben durch das Wort »einzelne« Aufgaben ersetzt, um damit zum Ausdruck zu bringen, dass die Gemeinde nur einen Teil ihrer Aufgaben übertragen kann.[50] Aus dem Wort »einzelne« ist zum Teil der nicht zutreffende Rückschluss gezogen worden, dass mehrere Aufgaben nicht auf den Zweckverband übertragen werden können.[51]

Primäre Mitglieder sind Gemeinden und Gemeindeverbände, nach § 4 Abs. 2 GKG ferner auch alle Körperschaften, Anstalten und Stiftungen des öffentlichen Rechts, solange nicht Ausschluss- oder Beschränkungsregelungen entgegenstehen. Natürlichen und juristischen Personen des Privatrechts steht die Mitgliedschaft unter der Einschränkung zu, dass die Verbandsaufgaben gefördert werden und keine Gründe des öffentlichen Wohls[52] entgegenstehen.

1. Entstehung

Die Bildung des Zweckverbands vollzieht sich durch die Vereinbarung einer Verbandssatzung mit dem nach § 9 Abs. 2 GkG erforderlichen Inhalt. Die

---

47 *Luppert,* Der kommunale Zweckverband, S. 44; *Dierksmeier,* Nicht rechtsfähige kommunale Zusammenschlüsse, S. 161: »Der Vorteil besteht darin, dass überhaupt eine Beratung aufgenommen wird«.

48 *Kluth,* in: Wolff/Bachof/Stober/u. a., VerwR, Bd. II, § 98, Rn. 44.

49 Gesetzesbegründung der LReg, GO-Reformgesetz, LT-Drs. 14/3979, S. 162.

50 Gesetzesbegründung der LReg, GO-Reformgesetz, LT-Drs. 14/3979, S. 162 f. m. w. N.

51 So z. B. die missverständliche Forderung von »zusammenhängenden Aufgaben« bei *Becker,* in: Held/Becker u. a., KVR, (a. F., Ergänzungslieferung Stand September 1999), § 4 GkG, Erl. 1.

52 Zur Auslegung des Begriffs s. unten Kap. 2 C III.

Vereinbarung der Beteiligten ist ein koordinationsrechtlicher Vertrag, der nach § 57 VwVfG NRW der Schriftform bedarf und den Erfordernissen der § 64 Abs. 1 S. 2 GO bzw. § 43 Abs. 1 S. 2 KrO unterliegt.[53] Zur Entstehung des Zweckverbands ist eine Genehmigung der Verbandsversammlung nach § 10 GkG erforderlich. Dabei handelt es sich um ein Anzeigeverfahren mit Genehmigungsfiktion. Innerhalb einer Vierwochenfrist muss die Aufsichtsbehörde mitteilen, dass sie die Genehmigung versagen oder nur bei Änderung erteilen wird und innerhalb einer weiteren Vierwochenfrist muss sie einen Erörterungstermin mit den Beteiligten anberaumen.[54] Die Entscheidung zur Bildung eines Zweckverbands beruht bei den Beteiligten auf autonomen Motiven. Ist eine Zusammenarbeit auf einem bestimmten Aufgabenfeld geboten, besteht aber keine Bereitschaft zur Kooperation bei Gemeinden, ist nach § 13 GkG bei Pflichtaufgaben[55] die Bildung eines Pflichtverbands möglich. Der zwangsweise Zusammenschluss zu Zweckverbänden beeinträchtigt das Selbstverwaltungsrecht der Gemeinden in Form der negativen Kooperationshoheit[56]. Die Einschränkung ist nur zulässig, wenn dringende Gründe des öffentlichen Wohls die Verpflichtung zum Zusammenschluss gebieten und vorher eine angemessene Frist zur Bildung eines Freiverbands ohne Ergebnis verstrichen ist.[57]

2. Organe

Organe des Zweckverbands sind die Verbandsversammlung und der Verbandsvorsteher. Jedes Verbandsmitglied entsendet mindestens einen Vertreter in die Verbandsversammlung.[58] Als Hauptorgan des Zweckverbands ist diese mit dem Gemeinderat vergleichbar.[59] Während nach der Neuregelung der kommunalen Gemeinschaftsarbeit in NRW die Frage der Weisungsgebundenheit sowie die Abberufung von Vertretern der Verbandsmit-

---

53 *Erichsen,* Kommunalrecht NRW, S. 320.

54 Zur Frage des genauen Zeitpunkts des Anschlusses der zweiten Vierwochenfrist für den Erörterungstermin *Plückhahn,* in: Held/Becker u. a., KVR, Bd. 2, § 10 GkG, Erl. 3.

55 Pflichtaufgaben bezeichnet nur pflichtige Selbstverwaltungsaufgaben, nicht erfasst werden Pflichtaufgaben zur Erfüllung nach Weisung, deren Delegation auf einen Zweckverband nicht möglich ist, vgl. § 3 Abs. 5 GO. Vgl. dazu aber die Ausführungen unter Kap. 2 C II 1.

56 *Oebbecke,* GVR NRW, S. 67.

57 § 13 Abs. 1 GkG.

58 § 15 Abs. 1 S. 1 GkG.

59 *Theobald,* Probleme des Zweckverbandsrechts, S. 65.

glieder anhand von § 15 Abs. 2 S. 4 GkG kontrovers beurteilt wurde, kann aufgrund der zwischenzeitlichen Reaktion des Gesetzgebers und des nunmehr eindeutigen Wortlauts des § 113 Abs. 1 GO[60] die Möglichkeit der Abberufung nicht in Zweifel gezogen werden. Grenzen bestehen insoweit, als dass ein sachlicher Zusammenhang mit der Amtsausübung bestehen muss[61] und die Abberufung nicht auf geänderten Mehrheitsverhältnissen im Rat beruhen darf[62]. Der Aufgabenbereich der Verbandsversammlung erfährt eine nähere Konkretisierung durch die Verbandssatzung[63] und konkrete Zuständigkeitszuweisungen im GkG.[64] Die Führung der Geschäfte der laufenden Verwaltung, die übrige Verwaltung sowie die gerichtliche und außergerichtliche Vertretung des Verbands obliegen dem Verbandsvorsteher, der von der Verbandsversammlung aus dem Kreis der Hauptverwaltungsbeamten oder der allgemeinen Vertreter bzw. leitenden Bediensteten gewählt wird.[65]

3. Hoheitsbefugnisse

Der Zweckverband verfügt über Personalhoheit und ist dienstherrenfähig.[66] Zugleich ist die Rechtsetzungshoheit Ausdruck seiner Befugnisse. Begrenzt auf sein Aufgabengebiet kann der Zweckverband gem. § 8 Abs. 4 GkG i. V. m. § 7 GO Satzungen erlassen und einen Anschluss- und Benutzungszwang nach § 9 GO vorschreiben. Im Rahmen seiner Finanzhoheit steht es dem Zweckverband unter Verweis auf die Vorschriften des Kommunalabgabenrechts zu, Gebühren und Beiträge zu erheben. Subsidiär gegenüber weiteren Einnahmequellen besitzt der Zweckverband die Befugnis, eine Umlage von seinen Mitgliedern zu erheben.[67] Die Aufsicht über den Zweckverband führt die Bezirksregierung für den Fall, dass eine Gemeinde

---

60 Zur Weisungsgebundenheit: *Theobald,* Zweckverbandsrecht, S. 70 f.; zur Abberufung: *Roters,* in: Rauball/Pappermann/ders., GO NRW, § 55, Rn. 8; *Oebbecke,* GVR NRW, Rn. 424 (jeweils zur Vorgängerregelung in § 55 Abs. 2 GO).

61 *Witte-Wegmann,* KopoBl. 1981, 651 (651); *Cronauge,* in: Rehn/ders. u. a., GO NRW, Bd. 2, § 113 GO, Erl. III. 3.

62 *OVG Münster,* Beschl. v. 12.2.1990 – 15 B 35/90 –, in: DÖV 1990, 834 (834).

63 § 15 Abs. 6 GkG.

64 Z. B. § 16 GkG.

65 § 16 Abs. 1 S. 1 GkG.

66 *Gern,* Deutsches Kommunalrecht, Rn. 942; *Erichsen,* Kommunalrecht NRW, S. 324; *Theisen,* in: Hofmann/ders./Bätge, Kommunalrecht NRW, S. 588.

67 Rechtsprechungsübersicht zu kommunalen Umlagen: *Oebbecke,* Verw. 2009, 247; zur Problematik des Anwendungsbereichs der Ausgleichsrücklage bei Zweckverbänden: *Müller,* Gemhlt 2009, 131.

oder ein Gemeindeverband eines anderen Bundeslandes beteiligt ist sowie bei Beteiligung von Kreisen oder kreisfreien Städten.[68] In allen anderen Fällen ist der Landrat als untere staatliche Verwaltungsbehörde zuständig.[69]

4. Sonderzweckverbände

Sonderzweckverbände unterscheiden sich von den im GkG aufgeführten Zweckverbandszusammenschlüssen durch eine eigene, auf die spezielle Form der Aufgabendurchführung zugeschnittene gesetzliche Regelung. Als Beispiele lassen sich der Altlastenentsorgungs- und Abfallsanierungsverband Nordrhein-Westfalen (AAV), der Kommunalverband Ruhrgebiet (KVR) sowie die Sparkassenverbände anführen.

III. Öffentlich-rechtliche Vereinbarung, §§ 23 ff. GkG

Die öffentlich-rechtliche Vereinbarung zeichnet sich gegenüber der kommunalen Arbeitsgemeinschaft durch die Bindung der Mitglieder an die vertraglich festgelegte Aufgabenübernahme bzw. Aufgabenübertragung aus und erzielt konkrete Ergebnisse, die sich in der Außenwirkung der Aufgabenwahrnehmung, z. B. in Form von Zuständigkeitsverlagerungen, auswirken. Das Fehlen organisatorischer Vorschriften gewährleistet eine flexible Anpassung an die Bedürfnisse des Einzelfalles.[70] Gegenüber dem Zweckverband unterscheidet sich die öffentlich-rechtliche Vereinbarung maßgeblich dadurch, dass keine neue juristische Person des öffentlichen Rechts begründet wird.[71] Grundlage der öffentlich-rechtlichen Vereinbarung ist ein koordinationsrechtlicher öffentlich-rechtlicher Vertrag, der der Schriftform bedarf.[72] Es liegt kein Austauschvertrag nach § 56 VwVfG NRW vor.[73] Zwischen den Beteiligten einer Vereinbarung lässt sich zwar ein Leistungs- und Gegenleistungsgefüge erkennen, indem für die Aufgabendurchführung bzw. -übernahme eine angemessene Entschädigung gezahlt werden kann[74] oder der zur Erfüllung der Aufgaben verpflichteten

---

68 § 29 Abs.1 S. 1 Nr.1 GkG.

69 § 29 Abs.1 S. 1 Nr. 2 GkG.

70 *Rengeling,* in: Püttner (Hrsg.), HdbKWP, 2. Aufl., Bd. 2, S. 385 (404).

71 *Burgi,* Kommunalrecht, § 19, Rn. 6; *Gahlen,* Die öffentlich-rechtliche Vereinbarung, S. 25; *Flasnöcker,* Rechtsformen der interkommunalen Zusammenarbeit, S. 23.

72 *Schink,* DVBl. 1982, 769 (771); *Rothe,* Das Recht der interkommunalen Zusammenarbeit, S. 42.

73 A. A. *Gahlen,* Die öffentlich-rechtliche Vereinbarung, S. 55.

74 § 23 Abs. 4 S. 1 GkG.

Gemeinde das Recht zur Satzungsgebung eingeräumt wird.[75] Der Leistungsaustausch ist aber nur Folge des Vertrages, Grundlage und Zweck ist die gemeinsam erstrebte Erzielung eines Rechtseffektes.[76] § 23 GkG ist im Hinblick auf die Beteiligten an einer öffentlich-rechtlichen Vereinbarung enger gefasst als § 4 Abs. 2 GkG für Zweckverbände. Nur Gemeinden und Gemeindeverbänden[77] steht dieses Kooperationsmodell offen.

1. Ausgestaltung

Im Rahmen der öffentlich-rechtlichen Vereinbarung stellt das Gesetz über kommunale Gemeinschaftsarbeit zwei Ausgestaltungsmöglichkeiten zur Verfügung. Gemeinden und Gemeindeverbände können zum einen im Rahmen einer delegierenden Vereinbarung sich dahingehend einigen, dass einer der Beteiligten die Aufgabe in seine Zuständigkeit übernimmt. Alternativ hierzu kann sich einer der Beteiligten in Form der mandatierenden Vereinbarung verpflichten, die Aufgabe für den oder die anderen Vertragspartner durchzuführen.

a. Delegierende Vereinbarung

Delegation ist ein Rechtsakt, durch den ein Hoheitsträger oder ein Hoheitsorgan seine ihm durch Rechtssatz begründete Befugnis zum Erlass von Hoheitsakten ganz oder zum Teil auf ein anderes Subjekt überträgt.[78] Begrifflich nicht immer eindeutig unterschieden wird, was mittels der Delegation übertragen wird: die Zuständigkeit oder die Kompetenz. Zuständigkeit bedeutet die endgültige Zugehörigkeit einer Pflicht oder eines Rechts zu einem Rechtsträger.[79] Kompetenz ist den staatlichen Stellen und Organen eingeräumte und zugeteilte Handlungsmacht, zur Verwirklichung des staatlichen Gemeinwohlauftrages und in Erfüllung staatlicher Aufgaben festgelegte und genau bezeichnete hoheitliche Akte zu setzen.[80] Kurz zusammengefasst bietet sich folgende, in der Literatur vertretene Unterscheidung an:

75 *Gahlen,* Die öffentlich-rechtliche Vereinbarung, S. 55.

76 *Flasnöcker,* Rechtsformen der interkommunalen Zusammenarbeit, S. 24.

77 Zur Reichweite des Begriffs Gemeindeverband s. unter Kap. 1 A III 7.

78 Grundlegend: *Triepel,* Delegation und Mandat, S. 23; *Schenke,* VerwArch 68 (1977), 118 (120); *Erichsen,* in: v. Mutius/Schmidt-Jortzig (Hrsg.), Probleme mehrstufiger Erfüllung von Verwaltungsaufgaben, S. 8; *Wolffgang,* Interkommunales Zusammenwirken, S. 16; *Reinhardt,* Delegation und Mandat, S. 20 ff.

79 *Wolff,* in: ders./*Bachof,* VerwR II, 4. Aufl., § 72 I b 1, S. 14.

80 S*tettner,* Grundfragen einer Kompetenzlehre, S. 35.

Während Zuständigkeit die Grenzen der Wahrnehmungsbefugnis von Aufgaben beschreibt, bezieht sich Kompetenz auf den Inhalt sowie die Art und Weise der Aufgabenwahrnehmung.[81] Die Zuständigkeit ist danach untrennbar mit dem Subjekt verbunden und kann nicht übertragen werden, während die Kompetenz Gegenstand einer Delegation sein kann.[82] Ob die Begriffe synonym[83] oder wie hier vorgeschlagen, getrennt verwendet werden, ist für die Beurteilung der Zulässigkeit der Delegation unerheblich, so lange nicht daraus die Ansicht hergeleitet wird, dass die Zuständigkeit, gleichgesetzt mit Kompetenz, beim Deleganten untergeht und beim Delegatar in konstituierender Weise neu entsteht.[84] Im Rahmen der kommunalen Selbstverwaltung wird nur die Kompetenz übertragen, bestimmte Aufgaben in dem Gebiet des Deleganten zu erledigen. Das einer Gemeinde aus Art. 28 Abs. 2 und Art. 78 Abs. 2 GG zustehende Selbstverwaltungsrecht geht nicht unter und erwächst bei der aufgabenübernehmenden Gemeinde neu.

Ob es sich bei § 23 Abs. 1 1. Alt. GkG um eine Delegation i. S. d. oben genannten Definition handelt, ist davon abhängig, ob eine vollständige Übertragung der Kompetenz erforderlich ist. Diese als »devolvierende« Delegation bezeichnete Übertragung ist abzugrenzen von der »konservierenden« Delegation, bei der sich der Delegant die Ausübung der übertragenden Zuständigkeit noch vorbehält.[85] Bei der übertragenden Gemeinde verbleibt die Verantwortung für die vertraglich vereinbarte Deckung des Finanzbedarfs.[86] Die delegierte Aufgabe bleibt eine örtliche Angelegenheit der abgebenden Gemeinde, da die Aufgabe weiterhin im Bereich dieser Körper-

---

81 *Wolff,* in: ders./Bachof, VerwR II, 4. Aufl., § 72 I b 1, S. 14; *Böckenförde,* Organisationsgewalt, S. 47; *Rasch,* Die staatliche Verwaltungsorganisation, S. 26; *Wolffgang,* Interkommunales Zusammenwirken, S. 28; anders *Kenntner,* Grundfragen der Kompetenzlehre, S. 35.

82 *Wolffgang,* Interkommuales Zusammenwirken, S. 29; *Lauscher,* Delegation von Hoheitsrechten, S. 8.

83 *Kenntner,* Grundfragen der Kompetenzlehre, S. 35 ff., auch unter Verweis auf die Rechtsprechung des Bundesverfassungsgerichts; wohl auch *Erichsen,* in: v. Mutius/ Schmidt-Jortzig (Hrsg.), Probleme mehrstufiger Erfüllung von Verwaltungsaufgaben, S. 8.

84 So vertreten von *Barbey,* Rechtsübertragung und Delegation, S. 50 f.

85 *Triepel,* Delegation und Mandat, S. 53 f., bezeichnet die konservierende Delegation als »unecht« und nimmt sie aus dem Begriff der Delegation heraus. *Schenke,* VerwArch 68 (1977), 118 (121), sieht zwar auch keine Übertragung im eigentlichen Sinne als gegeben an, ordnet die konservierende Delegation aber unter den Delegationsbegriff ein.

86 *Donhauser,* Formen und Möglichkeiten gemeindlicher Zusammenarbeit, S. 64.

schaft wurzelt.[87] Nur die aus diesem Befund, der Örtlichkeit der Aufgabe, ableitbaren Rechte werden mit der Einschränkung eines fakultativen Mitspracherechts sowie mit Ausnahme der Satzungsbefugnis[88] übertragen. Nach der Terminologie *Triepels* handelt es sich trotz dieser Einschränkungen in § 23 Abs.1 GkG nicht um eine konservierende Delegation. Die bei der übertragenden Gemeinde verbleibenden Kompetenzen stehen nicht in Konkurrenz zu der übergegangenen Kompetenz. Vielmehr liegt eine Teilübertragung von Kompetenzen vor. Der Verbleib des Satzungsrechts bis zur ausdrücklichen Übertragung sowie die Mitwirkungsrechte sind Ausdruck der sachlich-inhaltlichen demokratischen Legitimation der abgebenden Gemeinde.

Der Abschluss einer entsprechenden Vereinbarung bewirkt einen Übergang der Kompetenz, wodurch bei freiwilligen Selbstverwaltungsaufgaben eine selbstbestimmte Einschränkung des Wirkungskreises eintritt.[89] Mit dem Kompetenzverlust der abgebenden Gemeinde geht ein Zuwachs der Aufgabenverantwortung bei der übernehmenden Gemeinde einher. Die Änderung in der Zuständigkeitsordnung hat Auswirkungen auf die Aufsicht. Die Aufsichtsbehörde kann im Rahmen der Kommunalaufsicht nur noch gegenüber dem neuen Aufgabenträger tätig werden.[90] Die delegierende öffentlich-rechtliche Vereinbarung unterliegt, ähnlich wie der Zweckverband, durch den Eingriff in die Zuständigkeitsregelungen der kommunalen Aufgabenträger und die Schwächung des demokratischen Elements besonderen Rechtfertigungsanforderungen. Mit der Delegation einhergehende Zuständigkeitsverschiebungen bewirken eine Durchbrechung des § 2 GO mit Außenwirkung gegenüber Dritten. Die öffentlich-rechtliche Vereinbarung besitzt insoweit Rechtssatzcharakter.[91] Daraus folgen besondere Formerfordernisse wie die Bekanntmachung der Vereinbarung und ihrer Genehmigung im amtlichen Veröffentlichungsblatt der Aufsichtsbehörde.

---

87 *Donhauser,* Formen und Möglichkeiten gemeindlicher Zusammenarbeit, S. 64.

88 § 23 Abs. 3 GkG bzw. § 25 Abs. 1 GkG.

89 § 23 Abs. 2 GkG; *Wagener,* GVR, § 23 GkG, Rn. 8; *Erichsen,* Kommunalrecht NRW, S. 326.

90 *Gahlen,* Die öffentlich-rechtliche Vereinbarung, S. 52; *Schink,* DVBl. 1982, 769 (771 f.); dies gilt nicht für die Sicherstellung der Finanzierung. Zu Problemen infolge der Vereinbarung kreis- oder regierungsgebietsübergreifender öffentlich-rechtlicher Vereinbarungen, s. unten Kap. 4 A.

91 *Triepel,* Delegation und Mandat, S. 29; *Schink,* DVBl. 1982, 769 (771); *Gahlen,* Die öffentlich-rechtliche Vereinbarung, S. 56; *Donhauser,* Formen und Möglichkeiten gemeindlicher Zusammenarbeit, S. 61.

b. Mandatierende Vereinbarung

Im Gegensatz zur Delegation äußert sich die Mandatierung nicht in der Aufgabenübertragung, sondern in der Beauftragung einer Gemeinde, eine Aufgabe im Namen des beauftragenden Vertragspartners durchzuführen.[92] Vom Mandatsträger im Rahmen seiner Sachentscheidungsbefugnis vorgenommene Rechtshandlungen betreffen in ihren Rechtswirkungen die beauftragende Gemeinde.[93] Diese bleibt auch Vollstreckungsbehörde, so dass es einer Ermächtigung seitens der beauftragenden Gemeinde zur Durchführung von Vollstreckungsmaßnahmen oder Rechtsstreitigkeiten bedarf.[94] Bei der Mandatserteilung im Rahmen des § 23 Abs. 1 2. Alt. GkG handelt es sich um ein zwischenbehördliches, externes Mandat.[95] Im Gegensatz zu einem Boten ist der Mandatar selbstentscheidungsbefugt.[96]

Ein Problem der mandatierenden öffentlich-rechtlichen Vereinbarung besteht in der Vereinbarkeit von mandatsbezogenen Weisungsrechten mit einer effizienten Aufgabenerledigung des Mandatars. Für eine effiziente Arbeitsweise ist der Abschluss einer Generalvollmacht denkbar, die widerruflich ausgestaltet werden kann, um die Unterscheidung zur Delegation hervorzuheben.[97] Die Generalvollmacht kann bei einem Interesse von Gemeinden an der externen Erledigung von Aufgaben eventuellen Abstimmungsschwierigkeiten vorbeugen. Der Nachteil der Generalvollmacht besteht in einer geringeren Einflussnahme der abgebenden Gemeinden auf die Aufgabenerledigung.

Sowohl für die mandatierende als auch für die delegierende Vereinbarung gilt, dass § 23 Abs. 2 GkG keine Ermächtigungsgrundlage für Maßnahmen bildet, die aus der Aufgabenerfüllung resultieren.[98]

---

92 Statt vieler: *Schenke,* VerwArch 68 (1977), 118 (148); *Köhler/Held,* in: Held/Becker u. a., KVR, Bd. 2, § 23 GKG, Erl. 3.4; *Grafe,* DÖV 1961, 521 (525).

93 *Wagener,* GVR, § 23 GkG, Rn. 9.

94 *Köhler/Held,* in: Held/Becker u. a., KVR, Bd. 2, § 23 GKG, Erl. 6.2.

95 *Triepel,* Delegation und Mandat, S. 135; *Rasch,* Die staatliche Verwaltungsorganisation, S. 178; *Schenke,* VerwArch 68 (1977), 118 (151 f.).

96 *Schenke,* VerwArch 68 (1977), 118 (148); *Reinhardt,* Delegation und Mandat, S. 47.

97 *Köhler/Held,* in: Held/Becker u. a., KVR, Bd. 2, § 23 GKG, Erl. 6.2.

98 *VG Köln,* Beschl. v. 5.7.2004 – 14 L 612/04 –, in: Juris, Rn. 18.

2. Mitwirkungsrechte nach § 23 Abs. 3 GkG

§ 23 Abs. 3 GkG erlaubt fakultativ die Einräumung von Mitwirkungsrechten der abgebenden Gemeinde. Der Anwendungsbereich erstreckt sich schwerpunktmäßig auf delegierende Vereinbarungen. Bei einer mandatierenden Vereinbarung bietet bereits der öffentliche Vertrag eine Grundlage, um die Vertretungsbefugnisse der durchführenden Körperschaft zu umgrenzen. Umfangreiche Mitwirkungsrechte dürften zu einer Verlangsamung der Verwaltungsabläufe führen.[99] Als Mitwirkungsrechte sind Anhörungs- und Zustimmungsrechte, eine Ausschussbildung bis hin zu Einvernehmenserfordernissen denkbar.[100] Ein Einvernehmenserfordernis steht in Widerspruch zur Kompetenzübertragung bei der Delegation. Eine Vetoposition besteht nur für Teilelemente, nicht hingegen für die gesamte übertragende Aufgabe. Missachtet die durchführende oder die Aufgabe übernehmende Gemeinde Einschränkungen, die sich aus Mitwirkungsrechten oder aus dem zu Grunde liegenden öffentlich-rechtlichen Vertrag ergeben, führt dies nicht zur Rechtswidrigkeit entsprechender Verwaltungsakte.[101] Sowohl die Delegation als auch die Mandatierung unterliegen dem Bestimmtheitserfordernis, dem interne Vorgaben für eine Kompetenzverlagerung mangels entsprechender Erkennbarkeit von außen nicht genügen.[102] Dies gilt auch für ein vereinbartes Einvernehmenserfordernis. Hierbei handelt es sich um ein Verwaltungsinternum ohne Außenwirkung.[103] Als stärkste Form der Mitwirkung folgt grundsätzlich eine Bindungswirkung gegenüber einer Verweigerung des Einvernehmens.[104] In Bezug auf andere Einvernehmenstatbestände[105] liegt aber eine veränderte Ausgangslage vor. Soweit eine Einschränkung des Selbstverwaltungsrechts im Rahmen der Organisationshoheit der Gemeinden zulässig ist, kann die Gemeinde eine Delegation von Aufgaben vornehmen und damit verbunden, den Einfluss auf die Aufgabenwahrnehmung bewusst abgeben.

---

99 *Köhler/Held u. a.,* in: Held/Becker u. a., KVR, Bd. 2, § 24 GkG, Erl. 6.

100 *Wagener,* GVR, § 23 GkG, Rn. 12; *Rengeling,* in: Püttner (Hrsg.), HdbKWP, Bd. 2, S. 385 (403).

101 *Wagener,* GVR, § 23 GkG, Rn. 8; *Oebbecke,* GVR NRW, Rn. 401.

102 *Schön,* in: Bennemann/Beinlich/Brodbeck, Kommunalverfassungsrecht Hessen, Bd. IV, § 25 KGG, Erl. 5.5.

103 *BVerwG,* Urt. v. 19.11.1965 – IV C 184/65 –, in: BVerwGE 22, 342 ff. = NJW 1966, 513 (514).

104 *BVerwG,* Urt. v. 19.11.1965 – IV C 184/65 –, in: BVerwGE 22, 342 ff. = NJW 1966, 513 (514); *Söfker,* in: Ernst/Zinkahn/Bielenberg u. a., BauGB, § 36, Rn. 26.

105 Z. B. § 36 BauGB.

3. Pflichtregelung

Ebenso wie die Regelungen zum Zweckverband sieht das GkG auch bei öffentlich-rechtlichen Vereinbarungen, neben der aus freiwilligen Motiven begründeten Vereinbarung, eine von der Aufsichtsbehörde unter Fristsetzung angeordnete Verpflichtung zu einem Zusammenschluss vor. Eine Verpflichtung ist nur möglich bei Pflichtaufgaben. Zusätzlich müssen Gründe des öffentlichen Wohls den Abschluss der Vereinbarung dringend gebieten.[106] Die betroffene Gemeinde oder der Gemeindeverband müssen selbst zunächst Träger der Pflichtaufgabe sein und dürfen die Aufgabenzuständigkeit nicht erst durch Abschluss einer entsprechenden delegierenden öffentlich-rechtlichen Vereinbarung erhalten haben.[107] Die Formulierung »einzelne« Pflichtaufgaben in § 26 Abs. 1 GkG mag mangels Bestimmtheit als gesetzliche Grundlage für den Eingriff in das Selbstverwaltungsrecht zwar bedenklich erscheinen, eine nähere Eingrenzung erscheint angesichts möglicher Fallkonstellationen miteinander verbundener Aufgaben aber schwierig. Zugleich lässt sich hieraus entnehmen, dass erzwungene Kooperationen nicht einen wesentlichen oder den vollständigen Bestand an Pflichtaufgaben einer Gemeinde betreffen dürfen.[108] Das Gesetz verwendet die Bezeichnung »Pflichtregelung« anstatt »Pflichtvereinbarung«, da bei nicht erfolgtem Abschluss innerhalb der gesetzten Frist die Aufsichtsbehörde die von den Beteiligten abzugebenden Verpflichtungserklärungen fingiert und insoweit nicht mehr von einer Vereinbarung gesprochen werden kann.[109] Eine Pflichtregelung kommt sowohl in Bezug auf delegierende als auch mandatierende Vereinbarungen in Betracht.[110]

4. Rechtsetzungshoheit

Unabhängig von der Vereinbarung eines Mitwirkungsrechtes verbleibt die Zuständigkeit zum Erlass von Satzungen bei einer Delegation im Aufgabenbereich der abgebenden Gemeinde und es bedarf einer gesonderten Verein-

---

106 § 26 Abs. 1 GkG; zum Begriff der dringenden Gebotenheit: *VerfGH NRW,* Urt. v. 9.2.1979 – 7/78 –, in: NJW 1979, 1201 (1201); *VerfGH NRW,* Urt. v. 9.2.1979 – 13/77 –, in: DVBl. 1979, 668 (668).

107 Wagener, GVR, § 26 GkG, Rn. 2.

108 *Gahlen,* Die öffentlich-rechtliche Vereinbarung, S. 68, mit einem Vergleich mit §§ 13, 19 Reichszweckverbandsgesetz, wonach eine Pflichtregelung nur eine bestimmte Aufgabe umfassen konnte; zur verfassungsrechtlichen Zulässigkeit einer Pflichtregelung auch: *Grafe,* DÖV 1961, 521 (525 f.) m. w. N.

109 *Gahlen,* Die öffentlich-rechtliche Vereinbarung, S. 64 f.

110 *Köhler/Held,* in: Held/Becker u. a., KVR, Bd. 2, § 26 GkG.

barung, um diese auf den neuen Aufgabenträger zu übertragen.[111] Eine Ermächtigung im Vertrag ist nur im Rahmen einer Aufgabendelegation zulässig.[112] Betreibt die übernehmende Gemeinde eine öffentliche Einrichtung, deren Tätigkeit zukünftig auch das Gemeindegebiet der abgebenden Gemeinde umfassen soll, ist die Ausdehnung des Anschluss- und Benutzungszwanges wesentliche Voraussetzung für einen wirtschaftlichen Betrieb und eine Grundvoraussetzung für den Abschluss der Vereinbarung.[113] Die Übertragung von Satzungsbefugnissen ist verfassungsrechtlich zulässig, solange keine vollständige Delegation der Satzungsautonomie stattfindet.[114]

5. Kündigung

Abgesehen von § 23 Abs. 5 GkG, der bei fehlender Befristung oder einer Laufzeit von mehr als 20 Jahren eine Regelung über die Kündigungsmöglichkeiten vorschreibt, enthält das GkG keine weiteren Anforderungen für die Kündigung einer öffentlich-rechtlichen Vereinbarung. Die Aufnahme einer bestimmten Laufzeit der Kooperation in den Vertrag erscheint ebenso sinnvoll wie die Aufnahme von wichtigen Gründen, die ein außerordentliches Kündigungsrecht gestatten.[115] Ein wichtiger Grund könnte sich beispielsweise auf die Verletzung von Mitwirkungsrechten erstrecken. Die Kündigung einer Vereinbarung bedarf der Zustimmung der Aufsichtsbehörde.

6. Aufsicht

Die Vereinbarung unterliegt dem Genehmigungserfordernis der Aufsichtsbehörde, die sich je nach Beteiligten nach § 24 Abs. 2 S. 1 GkG i. V. m. § 29 Abs. 4 S. 2 GkG bestimmt. Letztere Regelung sieht die Bestimmung der Aufsichtsbehörde für die Fälle des Abschlusses und der Kündigung einer Vereinbarung sowie die Genehmigung der Anordnung und der Kündigung einer Pflichtregelung vor. Unter Kündigung ist dabei nicht nur der Fall

---

111 § 25 Abs. 1 GkG.

112 *Pagenkopf,* Kommunalrecht, Bd. I, S. 194; *Köhler/Held,* in: Held/Becker u. a., KVR, Bd. 2, § 25 GkG; *Lauscher,* Die Delegation von Hoheitsrechten, S. 67; v. *Lennep,* in: Schneider (Hrsg.), Handbuch Interkommunale Zusammenarbeit, S. 22.

113 Beispiel bei *Wagener,* GVR, § 25 GkG, Rn. 4; vgl. ferner *Pagenkopf,* Kommunalrecht, Bd. I, S. 194.

114 *Lauscher,* Die Delegation von Hoheitsrechten, S. 67.

115 *Gahlen,* Die öffentlich-rechtliche Vereinbarung, S. 78.

der Aufnahme einer entsprechenden Regelung in den öffentlich-rechtlichen Vertrag zu verstehen, der die Genehmigung der Aufsichtsbehörde voraussetzt. Als actus contrarius zur Vereinbarung ist insbesondere infolge des Rechtssatzcharakters der delegierenden Vereinbarung auch für die Auflösung der Zusammenarbeit und damit die Ausübung des Kündigungsrechtes die Genehmigung erforderlich, da durch die Beendigung eine Zuständigkeitsrückverlagerung ausgelöst wird.[116] Wenn Änderungen der Vereinbarungen infolge des Fehlens einer § 20 Abs. 2 GKG entsprechenden Regelung als genehmigungspflichtig erachtet werden[117], muss die Kündigung, die die folgenschwerste Änderung darstellt, auch dem Genehmigungsvorbehalt unterstellt werden.[118] Das Genehmigungserfordernis erschöpft sich nicht in einem reinen Informationsinteresse der Aufsichtsbehörde, welches für sich genommen den Genehmigungsvorbehalt nicht zu rechtfertigen vermag. Die Kooperationshoheit der Kommunen gebietet aber, dass die Aufsichtsbehörde die Ablehnung der Kündigung, entsprechend den Anforderungen für die Pflichtregelungen, mit einem dringenden Grund des öffentlichen Wohls belegen muss. Bei einer befristeten Vereinbarung entfällt das Genehmigungserfordernis für die Auflösung des Zusammenarbeitsabkommens. Die Folgen des Auslaufens der Vereinbarung hat die Aufsichtsbehörde bereits bei der Vertragsgenehmigung zu berücksichtigen. Die Verlängerung einer Vereinbarung bedarf einer Genehmigung, wenn die beteiligten Körperschaften eine befristete in eine unbefristete Vereinbarung umwandeln oder eine wesentliche Änderung der Vertragsgrundlagen, wie beispielsweise die Erweiterung um eine Aufgabe, vornehmen.[119]

7. Gemeindeverbände als Beteiligte

Als Beteiligte an einer öffentlich-rechtlichen Vereinbarung führt § 23 Abs. 1 GkG neben Gemeinden auch Gemeindeverbände an. Auch die kommunale Arbeitsgemeinschaft sowie der Zweckverband sehen Gemeindeverbände als Mitglieder vor. Bei dem Begriff des »Gemeindeverbands« handelt es sich um einen Sammelbegriff, der im Hinblick auf eine nähere

116 A. A.: *Oebbecke,* GVR NRW, Rn. 404.

117 *Oebbecke,* GVR NRW, Rn. 404.

118 A. A.: *Gahlen*: Die öffentlich-rechtliche Vereinbarung, S. 79. Dies gilt infolge der weitreichenden Wirkung von Generalvollmachten auch für die mandatierende Vereinbarung.

119 Zum Umfang des Aufsichtsrechts s. unten Kap. 2 C I.

Definition ohne feste Konturen geblieben ist.[120] Zur genauen Bestimmung der Reichweite dieses Begriffes und möglichen Unterschieden bei der Auslegung in Art. 28 Abs. 2 S. 2 GG, in der Landesverfassung (Art. 78 Abs. 2 LV NRW) sowie im GkG bedarf es einer näheren Betrachtung.

a. Gemeindeverbandsbegriff nach Art. 28 Abs. 2 S. 2 GG

Ausgangspunkt für die Bestimmung des Begriffes »Gemeindeverband« ist der Kreis in Art. 28 Abs. 1 S. 2 GG. Die besondere Erwähnung in Abs. 1 des Art. 28 GG verdeutlicht, dass der Grundgesetzgeber nur für den Kreis ein unmittelbares Demokratiegebot vorschreiben wollte.[121] Aus der Systematik des Art. 28 Abs. 1 S. 2 GG und Abs. 2 S. 2 GG lässt sich der Kreis[122] als klassisches Beispiel des Gemeindeverbandes qualifizieren.[123] Eine Konzentration auf die Gebietskörperschaft Kreis als Vergleichsmaßstab folgt daraus nicht ohne weiteres. Das fehlende Erfordernis einer Direktwahl für alle Gemeindeverbandstypen verdeutlicht, dass Unterschiede zwischen den Gemeindeverbandstypen bestehen können und oberhalb und unterhalb der Kreisebene den Landesgesetzgebern die Möglichkeit der Einrichtung von anderen Gemeindeverbänden eröffnet ist.[124]

Der Begriff Gemeindeverband verlangt nach Art. 28 Abs. 2 S. 2 GG unstreitig zunächst, dass es sich um eine übergemeindliche Zusammensetzung

---

120 *BVerfG,* Urt. v. 24.7.1979 – 2 BvK 1/78 –, in: BVerfGE 52, 95 (111); *VerfGH Brandenburg,* Beschl. v. 21.1.1998 – 8/97 –, in: LVerfGE 8, S. 71 ff.

121 Ausführlich zur Historie der Begriffe »Gemeindeverband« und »Landkreis«: *Pinksi,* Der Gemeindeausschuss im Gemeindeverband Landkreis, S. 54 ff.

122 *Pinski,* Der Gemeindeausschuss im Gemeindeverband Landkreis, S. 47, verweist darauf, dass die Wortwahl »Kreis« anstatt »Landkreis« in einem Formulierungsvorschlag des Allgemeinen Redaktionsausschusses des Parlamentarischen Rates eher als unglücklich zu bezeichnen sei, da nach bayerischem und badischem Recht die Bezeichnung Kreis für Verbände üblich war, die wesensmäßig den preußischen Provinzen nahe standen. Von letzteren sollte sich der Kreis durch das Gebot der unmittelbaren Demokratie aber gerade unterscheiden.

123 *BVerfG,* Beschl. v. 23.11.1988 – 2 BvR 1619/83, 1628/83 (»Rastede«) –, in: BVerfGE 79, 127 = NVwZ 1989, 347 (349 f.); *Tettinger/Schwarz,* in: v. Mangoldt/Klein/Starck, GG, Bd. 2, Art. 28 Abs. 2 Rn. 240 f. ; *Schmidt-Aßmann/Röhl,* in: ders./Schoch, Besonderes Verwaltungsrecht, 1. Kap., Rn. 136; *Maurer* in: Schoch, Selbstverwaltung der Kreise in Deutschland, S. 20; für NRW: *VerfGH NRW,* Urt. v. 26.6.2001 – VerfGH 28/00 und 30/00 –, NWVBl. 2001, 340 (343); *Tettinger,* in: Löwer/Tettinger, Verfassung NRW, Art. 78, Rn. 72.

124 *Bovenschulte,* Gemeindeverbände, S. 458; *Pinski,* Der Gemeindeausschuss im Gemeindeverband Landkreis, S. 48.

handelt.[125] Ob der Gemeindeverband zusätzlich eine Gebietskörperschaft sein muss, unterliegt höchst unterschiedlicher Beurteilung.[126] Das Erfordernis des Merkmals Gebietskörperschaft als wesentliches Abgrenzungskriterium in Art. 28 Abs. 2 S. 2 GG kann nicht auf den gesetzgeberischen Willen gestützt werden, ansonsten hätte der Gesetzgeber eine entsprechende Abgrenzung vornehmen können.[127] Ein weiteres Eingrenzungskriterium ist die Frage, welchen Aufgabenbestand ein Gemeindeverband vorweisen muss. An diesem Punkt variieren die Ansichten zwischen einer einzigen zugewiesenen Aufgabe[128] und Gebietskörperschaften in Umfang und Gewicht vergleichbaren[129] bzw. umfänglichen[130] Aufgabenzuständigkeiten. Eine einzelne Aufgabe wird dem Wirkungskreis möglicher kommunaler Mitglieder nicht gerecht. Soweit Gesetze über kommunale Gemeinschaftsarbeit in den Ländern ein anderes Erfordernis aufstellen, ist dies für die Anforderung des Art. 28 Abs. 2 GG ohne Belang.

b. Gemeindeverbandsbegriff nach Art. 78 Abs. 2 LV

Art. 78 LV NRW verlangt eine andere Bewertung, indem Abs. 1 Gemeinden und Gemeindeverbände zu Gebietskörperschaften mit dem Recht der Selbstverwaltung bestimmt. Das Wort Gebietskörperschaft ist mit Blick auf die Entstehungsgeschichte der Norm als einziges weiterführendes Auslegungskriterium notwendiges Tatbestandsmerkmal.[131] Kennzeichen einer Gebietskörperschaft ist die Gebietshoheit. Darunter ist die Fähigkeit zu verstehen, gegenüber allen Personen und Sachen innerhalb des Gebiets rechtserhebliche Handlungen vornehmen zu können.[132] Weitergehend ist die in Teilen der Literatur erhobene Forderung einer aus dem Wohnsitz

---

125 *Oebbecke,* GVR NRW, Rn. 3; *Gönnenwein,* Gemeinderecht, S. 377.

126 Für das Erfordernis einer Gebietskörperschaft statt vieler: *Stern,* in: BK, GG, Bd. 6, Art. 28, Rn. 80; *Pieroth,* in: Jarass/ders., GG, Art. 28 Rn. 29; als nicht relevant wird das Merkmal erachtet von: *Pagenkopf,* Kommunalrecht, S. 270; *Bovenschulte,* Gemeindeverbände, S. 459; *Tepe,* Zuständigkeitsverlagerungen zwischen Gemeindeverbandsebenen, S. 43.

127 *BVerfG,* Urt. v. 24.7.1979 – 2 BvK 1/78 –, : in BVerfGE 52, 95 (111).

128 *Bovenschulte,* Gemeindeverbände, S. 460 ff.

129 *BVerfG,* Urteil v. 24.7.1979 – 2 BvK 1/78 –, in: BVerfGE 52, 95 (116).

130 *Tettinger/Schwarz,* in: v. Mangoldt/Klein/Starck, GG, Bd. 2, Art. 28 Abs. 2 GG, Rn. 241; *Erichsen,* NWVBl. 1995, 1 (3).

131 *Tepe,* Zuständigkeitsverlagerungen zwischen Gemeindeverbänden, S. 60 f. m. w. N.

132 Ausführlich zum Begriff: *Hoppe,* Gebietskörperschaft und Gemeindeverband, S. 12 ff.; *Bovenschulte,* Gemeindeverbände, S. 146; *Tepe,* Zuständigkeitsverlagerungen zwischen Gemeindeverbandsebenen, S. 63.

folgenden Mitgliedschaft.[133] Aus der Entstehungsgeschichte des Art. 78 Abs. 1 LV NRW lässt sich dieses Erfordernis nicht ableiten, da im Verfassungsausschuss die Bezeichnung Gebietskörperschaft nicht in bewusster Abgrenzung zur Verbundkörperschaft benutzt wurde.[134]

Zweckverbände sind nach vorgenannten Kriterien keine Gemeindeverbände i. S. v. Art. 28 Abs. 2 GG und Art. 78 Abs. 2 LV.[135] Auch ohne das Erfordernis einer Universalität besitzt ein Zweckverband in der Regel nicht den erforderlichen umfänglichen Aufgabenbereich, den der Begriff des Gemeindeverbands erfordert. Die nach Art. 78 Abs. 2 LV notwendige Gebietshoheit[136] kann ein Zweckverband nicht aufweisen. Zum einen ist zweifelhaft, ob der Begriff Gebietskörperschaft auch Verbände von juristischen Personen umfasst, zum anderen führt nicht das Zweckverbandsgebiet, sondern der vertragliche Eintritt zur Mitgliedschaft.[137] Den Landschaftsverbänden sind nach § 5 Abs. 1 LVerbO Aufgabenbündel aus verschiedenen Aufgabenbereichen zugewiesen, die die Anforderungen des Art. 28 Abs. 2 S. 2 GG an einen umfänglichen Aufgabenbestand erfüllen. Ferner genügen die Landschaftsverbände den Anforderungen an den Begriff der Gebietskörperschaft in Art. 78 Abs. 2 LV. Bezogen auf das Gebiet der Mitgliedskörperschaften und ihren Aufgabenkreis üben die Landschaftsverbände Hoheitsgewalt aus.[138]

---

133 *Hoppe,* Gebietskörperschaft und Gemeindeverband, S. 23; *Gönnenwein,* Gemeinderecht, S. 46.

134 Dieses Argument erachtet der *VerfGH NRW,* – VerfGH 28/00 und 30/00 –, in: NWVBl. 2001, 340 (343 f.) als maßgeblich.

135 *Dreier,* in: ders: (Hrsg.), GG, Art. 28, Rn. 168; *Wagener,* GVR, § 5 GKG, Rn. 2; *Oebbecke,* Zweckverbandsbildung und Selbstverwaltungsgarantie, S. 6; *Theobald,* Probleme des Zweckverbandsrechts, S. 83; a. A.: *Rengeling,* in: Püttner (Hrsg.), HdbKWP, 2. Aufl., Bd. 2, S. 408, mit nicht zutreffendem Verweis auf *Rothe,* Recht der interkommunalen Zusammenarbeit, S. 75; undeutlich *Maunz* in ders./Dürig, GG, Bd. IV, Art. 28 Abs. 2, Rn. 55: »wohl auch manche Zweckverbände«.

136 Zusätzlich wird teilweise noch eine demokratische Legitimation gefordert: *Ehlers,* Anmerkung zu VerfGH NRW, Urt. v. 26.6.2001, DVBl. 2001, 1601 (1602); a. A.: *VerfGH NRW* – 28/00 und 30/00 –, in: NWVBl. 2001, 340 (343 f.).

137 *Falk,* Kommunale Aufgaben unter dem Grundgesetz, S. 88; in diese Richtung auch: *Schröder,* Verw. 34 (2001), 205 (214).

138 *VerfGH NRW,* Urt. v. 26.6.2001 – VerfGH 28/00 und 30/00 –, in: NWVBl. 2001, 340 (343); *Tettinger,* in: Löwer/Tettinger, Verfassung NRW, Art. 78, Rn. 77 f.; *Dästner,* Landesverfassung NRW, Art. 78, Rn. 3; *Hoppe,* Gebietskörperschaft und Gemeindeverband, S. 113; a. A.: *Görisch,* NWVBl. 2002, 418 (420); *Ehlers,* DVBl. 2001, 1601 (1602); *Tepe,* Zuständigkeitsverlagerungen zwischen Gemeindeverbandsebenen, S. 73.

c. Gemeindeverbandsbegriff nach dem GkG

Nach § 5 Abs.1 S. 2 GkG verwaltet der Zweckverband seine Angelegenheiten selbst und wird nach § 5 Abs. 2 GkG auch zum Gemeindeverband bestimmt, soweit sich aus dem Gesetz nicht etwas anderes ergibt. Aus dieser einfach-rechtlichen Regelung kann aber kein Rückschluss auf den Umfang des Gemeindeverbandsbegriffes sowie auf die Erstreckung des Gewährleistungsumfangs der kommunalen Selbstverwaltungsgarantie nach Art. 28 Abs. 2 GG und Art. 78 Abs. 2 LV NRW auf Zweckverbände gezogen werden. Einfachrechtliche landesrechtliche Qualifikationen als Gemeindeverband stellen nur einen Auftrag an den Rechtsanwender dar, eine Einzelfallprüfung für die Anwendbarkeit dieser Vorschriften vorzunehmen.[139] Die Regelung in § 5 Abs. 2 S. 1 GkG ist insoweit unglücklich. Während der preußische Gesetzgeber bis 1914 begrifflich keine Unterscheidung zwischen dem Begriff des Zweckverbands und des Kommunalverbands vornahm, ist seit 1930 eine Unterscheidung zwischen Zweckverband und dem wesentlich engeren, eingedeutschten Begriff des Gemeindeverbands notwendig.[140] Dieser Sprachgebrauch lag auch bei Inkrafttreten des Grundgesetzes und der Landesverfassung zu Grunde.[141]

aa. Gemeindeverbände als Beteiligte bei der öffentlich-rechtlichen Vereinbarung

§ 23 GkG enthält durch die Begrenzung der Beteiligten auf Gemeinden und Gemeindeverbände insoweit eine Einschränkung, als dass ein kommunaler Aufgabenbezug gegeben sein muss.[142] Eine weitergehende Einschränkung, z. B. in der Form, dass ein den Gemeinden vergleichbarer Aufgabenbestand gewährleistet sein muss, lässt sich den Regelungen der §§ 23 ff. GkG nicht entnehmen. Vor dem Hintergrund einer möglichen Übertragung von Satzungsbefugnissen ist der körperschaftliche Charakter im Sinne einer Zweckverbandsstruktur mit zumindest überwiegend kommunalen Körperschaften erforderlich.[143] Nach diesen Kriterien gehören Wasser- und Bodenverbände, Landesplanungsgesellschaften und andere sondergesetzliche Verbände mit überwiegend staatlich-kommunalen Gemeinschaftsaufgaben nicht zum

---

139 *Oebbecke,* GVR NRW, Rn. 4.

140 *Jestaedt,* Kommunale Gemeinschaftsarbeit, S. 34 ff.

141 *Wagener,* GVR, § 5 GkG, Rn. 2.

142 *Wagener,* GVR, § 23 GkG, Rn. 6.

143 *Wagener,* GVR, § 23 GkG, Rn. 6.

Beteiligtenkreis, während Landschaftsverbänden, sondergesetzlich kommunalen Zweckverbänden, wie dem Kommunalverband Ruhrgebiet, sowie den Sparkassen- und Giroverbänden diese interkommunale Zusammenarbeitsform zur Verfügung steht.[144]

bb. Gemeindeverbände als Beteiligte beim Zweckverband

§ 4 Abs. 2 GkG eröffnet für den Zweckverband ein weites Beteiligungsspektrum, indem Bund, Länder und andere Körperschaften, Anstalten und Stiftungen Mitglieder eines Zweckverbands sein können. Gemeindeverband ist damit auch ein Zweckverband. Das heißt, es sind Verschachtelungskonstellationen denkbar, in denen ein Zweckverband Mitglied eines Zweckverbands ist. Eine Orientierung an der Zweckverbandsstruktur mit überwiegend kommunalen Körperschaften als Mitgliedern ist Voraussetzung für andere Gemeindeverbände.[145] Insoweit gelten die für Gemeindeverbände als Mitglieder von öffentlich-rechtlichen Vereinbarungen vorgestellten Einschränkungen entsprechend.

IV. Das gemeinsame Kommunalunternehmen

§ 27 GkG ermöglicht seit der GO-Reform 2007 Gemeinden und Kreisen eine gemeinsame Aufgabenerledigung in der Rechtsform einer Anstalt des öffentlichen Rechts als gemeinsamer Träger.

1. Die Anstalt des öffentlichen Rechts als rechtliche Grundlage des gemeinsamen Kommunalunternehmens

Das Kommunalunternehmen als Rechtsform ist in Nordrhein-Westfalen in § 114 a GO mit dem 1. Gesetz zur Modernisierung von Rat und Verwaltung v. 15.6.1999[146] eingeführt worden.[147] Diese Angebotserweiterung an Rechtsformen diente dazu, der Gemeinde mehr Spielraum als bei einem unselbstständigen Eigenbetrieb zu gewährleisten und sollte zu einer

144 *Köhler/Held,* in: Held/Becker u. a., KVR, Bd. 2, § 23 GkG, Erl. 5.1.

145 *Wagener,* GVR, § 4 GkG, Rn. 1 f.

146 GVBl. NRW, S. 386.

147 Vorreiter war Berlin im Jahr 1993 (vgl. GVBl. BE 1993, S. 319) sowie als erstes Flächenland Bayern im Jahr 1995 (vgl. BayGVBl. 1995, S. 376); dazu ausführlich auch *Cronauge,* in: Rehn/ders. u. a., GO NRW, Bd. 2, § 114 a, Erl. I.; zum Kommunalunternehmen insgesamt ausführlich *Lübbecke,* Das Kommunalunternehmen, S. 15 ff.

wirkungsvolleren Steuerung als privatrechtliche Organisationsformen führen.[148] Als entscheidender Nachteil von Eigengesellschaften in Form der GmbH oder AG erweisen sich die mangelnden hoheitlichen Befugnisse.[149] Vor dem Hintergrund einer verstärkten Flucht in das Privatrecht ist die Anstalt des öffentlichen Rechts als Bindeglied zwischen Vorteilen privatrechtlicher Organisationsformen wie Unabhängigkeit, Selbstständigkeit sowie Flexibilität und Vorteilen des öffentlichen Rechts zu verstehen.[150] Die Anstalt des öffentlichen Rechts nach § 114 a GO ist rechtsfähig und als juristische Person des öffentlichen Rechts an der Schwelle zwischen Eigenbetrieb und GmbH einzuordnen.[151] Träger kann gem. §§ 114 a Abs. 1 S. 1 GO bzw. § 53 Abs. 1 KrO eine Gemeinde oder ein Kreis sein. Neben der Anstaltsträgerschaft sieht § 114 a Abs. 5 GO die Gewährträgerschaft vor, die sich auf eine subsidiäre Haftung der Gemeinde oder des Kreises für Verbindlichkeiten der Anstalt erstreckt. Die Rechtsverhältnisse der Anstalt regelt die Gemeinde durch Satzung.[152] Die Geschäftsführung obliegt einem auf fünf Jahre bestellten Vorstand[153], der wiederum von einem Verwaltungsrat überwacht wird. Eine Kontrollfunktion gegenüber dem Verwaltungsrat nimmt der Rat der Gemeinde nach Maßgabe der § 114 a Abs. 7 S. 4 – 7 GO durch eine vorherige Entscheidung oder mittels Weisungsrechten wahr. Bei einzelnen oder allen mit einem bestimmten Zweck versehenen Aufgaben der Anstalt kann es sich um wirtschaftliche oder nichtwirtschaftliche handeln. Zusätzlich zur Aufgabenübertragung kann der Anstalt das Satzungsrecht für das jeweilige Aufgabengebiet übertragen werden.[154] Die Beteiligung der Anstalt an anderen Unternehmen oder Einrichtungen ist durch das GO-Reformgesetz im Gleichklang mit den verschärften Regelungen für die wirtschaftliche Betätigung von Gemeinden

148 Gesetzesbegründung zum 1. Modernisierungsgesetz von Rat und Verwaltung, LT-Drs. 12/3730, S. 109; *Lübbecke,* Das Kommunalunternehmen, S. 11.

149 *Menzel/Hornig,* ZKF 2000, 178 (179).

150 *Tomerius/Huber,* Gemhlt 2009, S. 126 (127); *Lindt,* KommP spezial 2008, 76 (77); *Kronawitter,* KommJur 2008, 401 (404).

151 *Held,* in: Held/Becker u. a., KVR, Bd. 1, § 114 a GO, Erl. 3; *Cronauge,* in: Rehn/ders., GO NRW, § 114 a; Erl. II.

152 § 114 a Abs. 2 GO mit den weiteren Erfordernissen zur Satzung.

153 Weitere Bestimmungen enthält § 3 KUV.

154 Zur Frage der Verfassungsmäßigkeit der Übertragung des Satzungsrechts im Hinblick auf den Vorbehalt des Gesetzes und des Demokratiegebots ausführlich: *Prahl,* KStZ 2002, S. 81 (81 ff.); ders., KStZ 2005, 7 (7 ff.); *Beyer,* KStZ 2004, S. 61 (61 f.).

unter den Vorbehalt eines besonders wichtigen Interesses gestellt worden.[155]

2. Möglichkeiten der Trägerschaft mehrerer Kommunen vor Einführung des gemeinsamen Kommunalunternehmens

Vor Einführung des gemeinsamen Kommunalunternehmens mussten zur gemeinsamen Wahrnehmung von Aufgaben durch ein Kommunalunternehmen umständliche rechtliche Hilfskonstruktionen in Anspruch genommen werden.

a. Die »Kooperations-Anstalt« öffentlichen Rechts

Unter der Prämisse, dass nur eine einzelne Gemeinde oder ein einzelner Kreis Träger eines Kommunalunternehmens nach dem Wortlaut des § 114 a GO sein kann, schließen die an einer Zusammenarbeit interessierten Gemeinden eine öffentlich-rechtliche Vereinbarung, in der sie alle ausgewählten Aufgaben auf eine bestimmte, zur Anstaltsgründung befugte Körperschaft übertragen.[156] Diese errichtet in einem zweiten Schritt ein Kommunalunternehmen und überträgt die vorher auf sie übertragenen Aufgaben einschließlich ihrer Aufgaben auf die neue Anstalt, wobei die Beteiligten alle Rechte und Pflichten im Zusammenhang mit dem Betrieb der Anstalt in der öffentlich-rechtlichen Vereinbarung festgelegt haben.[157]

b. Zwischenschaltung eines Zweckverbands

Eine Alternative zur Kooperations-Anstalt stellt der Vorschlag über die Zwischenschaltung eines Zweckverbands dar.[158] Der Zweckverband wird von zwei oder mehreren Gemeinden mit dem Ziel des Betriebs eines Kommunalunternehmens gegründet. Hierin beschränken sich bei weitgehender

---

155 § 114 a Abs. 4 S. 3 GO; nach Auffassung der *LReg* diene diese Einschränkung dazu, die mit der Schaffung der Anstalt des öffentlichen Rechts verfolgten Ziele nicht zu verwässern, GesE der LReg, Gesetz zur Stärkung der kommunalen Selbstverwaltung, (im Folgenden GesE GO-Reformgesetz), LT-Drs. 14/3979, S. 152; kritisch dazu *Cronauge,* in: Rehn/ders. u. a., GO NRW, § 114 a GO, Erl. IV. 2.

156 *Lübbecke,* Das Kommunalunternehmen, S. 53, hat dafür den Begriff der »Kooperations-Anstalt« geprägt.

157 *Lübbecke,* Das Kommunalunternehmen, S. 53.

158 *Menzel/Hornig,* ZKF 2000, S. 178 (179); *Wambach,* in: ders. (Hrsg.), Die AöR, S. 36.

personeller Identität die Aufgaben des Verbands.[159] Dieses Modell offenbart aber zwei grundlegende Probleme. Die Zwischenschaltung des Zweckverbands erfordert neben dem Verwaltungsrat und dem Vorstand beim Kommunalunternehmen zusätzlich die Bestellung eines Verbandsvorstehers und der Verbandsversammlung beim Zweckverband. Es entsteht ein hoher organisatorischer Aufwand für die Bestellung und personelle Besetzung von vier Organen sowie eine längere Entscheidungskette mit einem geringeren Maß an Transparenz.[160] Ferner gestattet der Wortlaut des § 114 a Abs. 1 S. 1 GO nur einer »Gemeinde« die Gründung einer Anstalt des öffentlichen Rechts. Die Zwischenschaltung eines Zweckverbands hat *Held* deshalb als unzulässig gewertet.[161] § 114 a GO lässt sich indes keine Sonderregelung zur Zusammenarbeit nach dem GkG entnehmen, wie sie beispielsweise § 102 GO für die Rechnungsprüfung enthält. Demnach kann eine Gemeinde grundsätzlich auch unter Rückgriff auf eine Zusammenarbeitsform eine Anstalt gründen.[162]

3. Gründung eines gemeinsamen Kommunalunternehmens

Zur Errichtung eines gemeinsamen Kommunalunternehmens[163] ist die Regelung der Rechtsverhältnisse in einer gemeinsamen Satzung erforderlich.[164] Als Möglichkeit einer gemeinsamen Trägerschaft bietet sich ferner der Beitritt zu einem bestehenden Kommunalunternehmen oder einem bestehenden gemeinsamen Kommunalunternehmen an, indem eine Änderung der Unternehmenssatzung erfolgt. Wie bei einer Anstalt des öffentlichen Rechts ist zusätzlich die Ausgliederung von Regie- und Eigenbetrieben sowie eigenbetriebsähnlicher Einrichtungen vorgesehen.[165] Eine weitere

---

159 *Lübbecke,* Das Kommunalunternehmen, S. 54 f., nennt dieses Modell einen »ausgehöhlten Zweckverband«.

160 *Lübbecke,* Das Kommunalunternehmen, S. 55.

161 *Held,* in: Held/Becker u. a., KVR, Bd. 1, § 114 a GO, Erl. 5.1.

162 Zu den Einschränkungen bei Verschachtelungskonstruktionen s. unter Kap. 1 A IV 3.

163 Neben Nordrhein-Westfalen existiert die Rechtsform des gemeinsamen Kommunalunternehmens in Niedersachsen (§§ 3, 4 NKomZG), Bayern (§§ 49, 50 KommZG), Rheinland-Pfalz (§§ 14a, 14 b ZwVG) sowie in Schleswig-Holstein (§§ 19 b - 19 d GkZ).

164 § 27 Abs. 2 GkG; die notwendigen Regelungsinhalte enthält § 28 Abs. 1 GkG.

165 § 27 Abs. 2 S. 3 GkG; *Held,* in: Held/Becker u. a., KVR, Bd. 1, § 114 a GO, Erl. 11.2.2, erachtet eine Ausgliederung von Regiebetrieben angesichts der nicht eindeutigen Unternehmenseigenschaften und der fehlenden leitungs- sowie haushaltsmäßigen Verselbstständigung als zweifelhaft.

Form der Umwandlung ist nach § 27 Abs. 3 GkG die Verschmelzung von zwei bestehenden Kommunalunternehmen zu einem gemeinsamen Kommunalunternehmen unter entsprechender Änderung der Unternehmenssatzung.[166] Gewährträger[167] des gemeinsamen Kommunalunternehmens sind die beteiligten Gemeinden und Kreise als Gesamtschuldner. Sofern die Träger keine abweichende Regelung in der Unternehmenssatzung treffen, richtet sich der Ausgleich im Innenverhältnis nach dem Verhältnis der von jedem Träger auf das Stammkapital zu leistenden Einlage.[168] Weiterhin nicht möglich ist eine Verschachtelungskonstruktion dergestalt, dass neben Gemeinden und Kreisen auch ein Kommunalunternehmen Träger eines gemeinsamen Kommunalunternehmens sein kann bzw. ein gemeinsames Kommunalunternehmen ein Tochterunternehmen in öffentlicher Rechtsform gründet. Dafür wäre eine Änderung der jetzigen gesetzlichen Regelung erforderlich. Diese müsste berücksichtigen, dass an die Stelle des Gemeinderats der Verwaltungsrat der Trägeranstalt tritt.[169]

Die übereinstimmenden Beschlüsse der Vertretungen der Träger bedürfen der Genehmigung der Aufsichtsbehörde nach § 27 Abs. 4 S. 2 GkG. Die Aufsichtsbehörde ist nach § 29 Abs. 1 S. 2 GkG, entsprechend den Bestimmungen für Zweckverbände, die Bezirksregierung bei Beteiligung von Kreisen, kreisfreien Städten und Gemeinden anderer Länder. Ansonsten übt der Landrat als untere staatliche Verwaltungsbehörde das Aufsichtsrecht aus. Das Genehmigungsverfahren ist wie bei Zweckverbänden als Anzeigeverfahren mit Genehmigungsfiktion ausgestaltet. Im Unterschied zu den Zweckverbänden sieht das Gesetz aber keine Erörterungspflicht mit den Beteiligten vor. Die Frist beträgt abweichend von § 10 GkG nicht vier, sondern sechs Wochen. Daran können sich für einen Erörterungstermin zwar keine weiteren vier Wochen anschließen, jedoch kann die Aufsichtsbehörde die Frist aus einem besonderen Grund ohne nähere gesetzliche Vorgabe verlängern.[170]

---

166 Die Kompetenz des Landesgesetzgebers zur Regelung dieser Umwandlungsformen ergibt sich aus § 1 Abs. 2 UmwG.

167 Zum Begriff des Anstalts- und Gewährträgers: *Thode/Peres,* BayVBl. 1999, 6 (8).

168 § 28 Abs. 3 S. 2 GkG.

169 *Lübbecke,* Das Kommunalunternehmen, S. 51: Die Ersetzung des Bürgermeisters durch den Vorstand der Trägeranstalt sei auf Grund geringerer kommunaler Steuerungsmöglichkeiten bedenklich; zur Sicherung der gemeindlichen Belange im Tochterunternehmen solle der Bürgermeister oder Beigeordnete auch dort den Vorsitz im Verwaltungsrat übernehmen.

170 § 27 Abs. 4 S. 4 GkG.

B. Die Implementierung der kommunalen Gemeinschaftsarbeit in das gestufte Aufgabenmodell

§ 4 GO enthält ein sog. gestuftes Aufgabenmodell für pflichtige Selbstverwaltungsaufgaben und Pflichtaufgaben zur Erfüllung nach Weisung. Die Grundlage für den Status einer Mittleren oder Großen kreisangehörigen Stadt bilden zwei Einwohnerschwellenwerte von 25.000 bzw. 50.000 Einwohnern. § 4 Abs. 8 GO trifft zugleich Regelungen über die Zusammenarbeit im gestuften Modell, indem auf die Bestimmungen über die öffentlich-rechtliche Vereinbarung nach dem Gesetz über kommunale Gemeinschaftsarbeit zurückgegriffen wird. Die gesetzliche Ausformung des gestuften Modells und die Anforderungen an eine Zusammenarbeit sind Gegenstand des folgenden Abschnitts.

I. Das gestufte Aufgabenmodell

Das »gestufte Aufgabenmodell« im kreisangehörigen Raum ist das Ergebnis einer seit Anfang der 70er Jahre diskutierten und ab 1978 in drei Gesetzen umgesetzten Funktionalreform.[171] Einen Anknüpfungspunkt für die Funktionalreform in Nordrhein-Westfalen bildete die vorausgegangene Gebietsreform mit einem zweistufigen Neugliederungsprogramm in den Jahren 1967 - 1975.[172]

1. Gebietsreform

Eine kleinräumige Gemeinde- und Kreisstruktur, wirtschaftliche Umstrukturierungen, schwerpunktmäßig im Ruhrgebiet, sowie Störungen im Stadt-Umland-Verhältnis veranlassten die Landesregierung in Nordrhein-Westfalen, ähnlich wie in anderen Flächenländern, zu einer kommunalen Territorialreform.[173] Unter dem Konzept einer Neuordnung von oben nach unten

---

171 Ausführlich zur Entwicklungsgeschichte der Funktionalreform: *Schäfer,* Zentralisation und Dezentralisation, S. 204 ff.; *Stüer,* Funktionalreform und kommunale Selbstverwaltung, S. 44 ff.; *Köstering,* in: difu (Hrsg.), Funktionalreform in NRW, S. 147 ff.

172 Übersicht über die Gemeindegebietsreform bei *Köstering,* in: Berkenhoff/Dahm (Hrsg.), Gemeinden und Kreise nach der kommunalen Gebietsreform, S. 1 ff.; *Andriske,* Aufgabenneuverteilung im Kreis, S. 10 ff.; *Thieme/Prillwitz,* Durchführung und Ergebnisse der kommunalen Gebietsreform, S. 317 ff.

173 *Köstering,* in: Berkenhoff/Dahm (Hrsg.), Gemeinden und Kreise nach der kommunalen Gebietsreform, S. 2 ff.; *Leidinger,* Der Landkreis 1981, 35 (35).

erfolgte eine Neugliederung der kreisangehörigen Gemeinden sowie eine Reform der Kreisstruktur.[174] Die Gebietsreform beinhaltete durch die Neugliederung bereits Ansätze einer Funktionalreform, weil mit ihr eine Leistungskraftverstärkung der Gemeinden und eine gleichzeitige Verringerung von Ergänzungsaufgaben bei den Kreisen einhergingen.[175] Die Veränderungen in der Gemeinde- und Kreisstruktur verlangten die Anpassung und Neuausrichtung des Aufgabenbestands.[176]

2. Funktionalreform und das System der Einwohnerschwellenwerte

Vor dem Hintergrund des Festhaltens am Städte- und Kreismodell und der ausschließlichen Verwirklichung der Einheitsgemeinde verfolgte das 1. Funktionalreformgesetz[177] u. a. die Leitlinien eines möglichst klaren dreistufigen Verwaltungsaufbaus, einer orts- und bürgernahen Aufgabenwahrnehmung sowie einer Realisierung des Bündelungsprinzips.[178] Der Schwerpunkt des Gesetzes betraf die Neuregelung der Aufgabenverteilung zwischen Kreisen und kreisangehörigen Gemeinden. Dabei galt es, zwei Hemmnisse für eine geordnete Aufgabenstruktur in Form des bisherigen Systems der widerruflichen Privilegien sowie des Negativkatalogs der Kreiszuständigkeits-Verordnung zu beseitigen.[179] Danach waren die eingekreisten Städte für alle ansonsten der Kreisebene zugewiesenen Pflichtaufgaben und Auftragsangelegenheiten zuständig, solange sie nicht nach der Kreiszuständigkeits-Verordnung von den Kreisen zu erledigen waren.[180] Als Lösung wählte der Gesetzgeber das System eines gestuften Aufgabenmodells, das sich durch die Einführung von zwei Einwohnerschwellen

---

174 *Leidinger,* Der Landkreis 1981, 35 (35 f.); *Andriske,* Aufgabenneuverteilung im Kreis, S. 15 f.

175 *Pappermann/Roters/Vesper,* Maßstäbe für die Funktionalreform, S. 12.

176 *Pappermann/Roters/Vesper,* Maßstäbe für die Funktionalreform, S. 11; einen Überblick über die auf Städte und Gemeinden übertragenden Aufgaben bieten *Rehn,* StuGR 1981, 35 (36 f.); *Leidinger,* Der Landkreis 1981, 35 (35 ff.); *Köstering,* DÖV 1986, 767 (771 ff.); *Rauball,* in: Rauball/Pappermann/Roters, GO NRW, § 3 a, Rn. 5 ff.

177 GVBl. NRW, 1978, S. 290.

178 *Stüer,* Funktionalreform und kommunale Selbstverwaltung, S. 46; *Kruse,* Funktionalreform in NRW, S. 29.

179 *Köstering,* VR 1978, 117 (118).

180 GVBl. NRW 1974, S. 1480; GVBl. NRW 1975, S. 382; GVBl. NRW 1976, S. 274.

(25.000[181] und 60.000 Einwohner) und durch die Bündelung von verlagerungsfähigen Kreisaufgaben auf den neu geschaffenen Stufen auszeichnete.[182] Mit den Begriffen Mittlere kreisangehörige Stadt[183] (über 25.000 Einwohner) und Große kreisangehörige Stadt (über 60.000 Einwohner) ist die Einführung eines einheitlichen Maßstabs für die Messung der kommunalen Leistungsfähigkeit und die Einführung einer originären Aufgabenzuständigkeit der Gemeinden verbunden.[184]

Die Bezeichnung als Mittlere oder Große kreisangehörige Stadt begründet keinen Sonderstatus kommunalverfassungsrechtlicher Art, sondern kennzeichnet den Bezug zwischen Einwohnerzahl und Aufgabenbestand.[185] Als erster Stichtag für die Bestimmung der per Rechtsverordnung mit Wirkung zum 01.01.1981 neu als Mittlere bzw. Große kreisangehörige Stadt einzuordnenden Gemeinden diente der 30.6.1979. Die folgenden Beurteilungsstichtage waren in einem Fünf-Jahres-Rhythmus vorgesehen, wobei bei ununterbrochenem Unterschreiten der Schwellenwerte nach zwei Jahren ein Aufgabenverlust und nach unterunterbrochenem Überschreiten nach einem Jahr der entsprechende Aufgabenzuwachs eintrat.[186]

An das erste schloss sich ein zweites Funktionalreformgesetz[187] an mit Zuständigkeitsänderungen vorwiegend im Bereich der Errichtung und Unterhaltung gesetzlich gebundener Einrichtungen, wie der Trägerschaft von Rettungswachen oder Aufgabenblöcken für die Überwachung des ruhenden Verkehrs.[188] Nicht mehr von wesentlichen Aufgabenverlagerungen geprägt war das dritte Gesetz zur Funktionalreform mit Schwerpunkten auf der

181 Im GesE waren zunächst 30.000 Einwohner vorgesehen, GesE der LReg, 1. Funktionalreformgesetz (im Folgenden GesE 1. FRG), LT-Drs. 8/3140, S. 60; zu den verschiedenen Modellen eines Einwohnerschwellenwerts: *Andriske,* Aufgabenneuverteilung im Kreis, S. 165 ff.

182 GesE 1. FRG, LT-Drs. 8/3140, S. 60.

183 Im GesE 1. FRG, LT-Drs. 8/3140, S. 63, wurde noch der Begriff »Mittelstadt« verwendet, dann aber wegen einer nicht beabsichtigten möglichen Kombination mit landesplanerischen Begriffen umbenannt, Beschlussempfehlung des Ausschusses für Landesplanung und Verwaltungsreform, LT-Drs. 8/3390, S. 8.

184 GesE 1. FRG, LT-Drs. 8/3140, S. 63.

185 GesE 1. FRG, LT-Drs. 8/3140, S. 63; zum Begriff des Sonderstatus und zur Sonderstellung kreisangehöriger Gemeinden in anderen Bundesländern: *Kulartz,* StT 1980, 591 (592 ff.).

186 GesE 1. FRG, LT-Drs. 8/3140, S. 63.

187 GVBl. NRW 1979, S. 552.

188 *Zacharias,* DÖV 2000, 56 (59).

Neuabgrenzung der Aufgaben der Landschaftsverbände sowie der Neuordnung der Schulaufsicht.[189]

1989 erfolgte eine Änderung des § 3a GO a. F.[190] als Reaktion auf die Probleme mit den starren Schwellenwerten von 25.000 und 60.000 Einwohnern, die schon bei geringen Einwohnerschwankungen zu einer Herausnahme bzw. erneuten Aufnahme in die Rechtsverordnung führen konnten.[191] Als neue Stichtage zur Bestimmung der Einwohnerzahl wurden der 30. Juni und der 31. Dezember eines jeweiligen Jahres bestimmt. Für eine Aufnahme in die Rechtsverordnung war ein Überschreiten der Einwohnerschwellenwerte an drei Stichtagen erforderlich. Eine Streichung erfolgte bei Unterschreiten der erforderlichen Einwohnerzahlen um mehr als 10 Prozent an fünf Stichtagen auf Antrag der Gemeinde oder von Amts wegen bei fünfmaligem Unterschreiten von 20 Prozent.[192]

3. Übersicht über die Aufgaben des gestuften Modells

Mittlere kreisangehörige Städte nehmen in Nordrhein-Westfalen nach der Funktionalreform und den später erfolgten Zuständigkeitszuweisungen folgende Aufgaben wahr[193]:

- Untere Bauaufsichtsbehörde[194]
- Zuständigkeiten im Wohnungs- und Kleinsiedlungswesen[195]

---

189 GesE der LReg, Drittes Gesetz zur Funktionalreform, LT-Drs. 9/2972; *Zacharias,* DÖV 2000, 56 (59).

190 GVBl. NRW 1989, S. 362.

191 GesE der LReg, Gesetz zur Änderung der GO, LT-Drs. 10/3959, S. 1.

192 GesE der LReg, Gesetz zur Änderung der GO, LT-Drs. 10/3959, S. 9; als weitere Neuerung sah das GO-Änderungsgesetz vor, dass kreisangehörige Gemeinden, denen auf Grund der Ausnahmetatbestände in Art. 30 und 31 des 1. Funktionalreformgesetzes trotz Nichterreichens der Schwellenwerte die Zuständigkeit im Bereich der Bauordnung und Jugendhilfe belassen wurde, auf Antrag zu einer Mittleren kreisangehörigen Stadt bestimmt werden konnten.

193 Eine Übersicht über die Aufgaben des gestuften Aufgabenmodells findet sich bei *Becker/Winkel,* in: Held/Becker, KVR, Bd. 1, § 4 GO, Erl. 9 und bei *Schink,* Rechtsnachfolge bei Zuständigkeitsveränderungen, S. 17. Zur Aufgabenverteilung bei der Städteregion Aachen, vgl. § 6 des Gesetzes zur Bildung der Städteregion Aachen v. 26.2.2008, GVBl. NRW, S. 162.

194 § 60 Abs. 1 BauO. Die Aufgabe der unteren Bauaufsichtsbehörde umfasst auch Überwachungstätigkeiten nach § 1 der VO zur Umsetzung der Energieeinspar-VO (EnEV-UFO) v. 31.5.2002, GVBl. NRW, S. 210.

195 § 2 der VO über Zuständigkeiten im Wohnungs- und Kleinsiedlungswesen v. 2.6.1992, GVBl. NRW, S. 190.

- Trägerschaft von Rettungswachen[196]
- Errichtung und Unterhaltung von Weiterbildungseinrichtungen[197]
- Aufgaben der Verkehrslenkung und Verkehrssicherung[198]
- Einrichtung einer örtlichen Rechnungsprüfung[199]
- Einstellung hauptamtlicher Kräfte der Freiwilligen Feuerwehr für den Betrieb einer ständig besetzten Feuerwache[200]
- Planung, Organisation und Ausgestaltung des ÖPNV[201]
- Jugendamt, jedoch nur nach zusätzlichem Antrag gem. § 2 S. 1 1. AG-KJHG NRW bei der obersten Landesjugendbehörde[202]

Große kreisangehörige Städte besitzen zusätzlich die Zuständigkeit für folgende Aufgaben:

- Wohnungsbaubewilligungsbehörde[203]
- Aufgaben nach dem Schwerbehindertenrecht[204]
- Ausländeraufsicht[205]
- Gewerbeüberwachungsaufgaben[206]
- Aufgaben nach der Handwerksordnung[207]

---

196 § 6 Abs. 2 RettG.

197 § 10 Abs. 1 WbG.

198 Art. I der VO zur Änderung der VO über die Bestimmung der zuständigen Behörden nach der StVO v. 16.11.1979, GVBl. NRW, S. 875, und Art. I der VO zur Änderung der Verordnung über die Bestimmung der zuständigen Behörden nach der StVO v. 17.12.1980, GVBl. NRW S. 1093.

199 § 102 GO.

200 § 13 Abs. 1 FSHG.

201 § 3 ÖPNVG.

202 zu den Besonderheiten bei Einrichtung eines eigenen Jugendamtes ausführlich unter Kap. 3 B II 3 c.

203 § 2 Wohnungsbaubewilligungsgesetz.

204 § 6 DG-KoFSchwbR.

205 § 1 der VO über Zuständigkeiten im Ausländerwesen v. 6.12.1990, GVBl. NRW, S. 661.

206 Art. I der 4. VO zur Änderung der VO zur Regelung von Zuständigkeiten auf dem Gebiet der Gewerbeüberwachung, GVBl. NRW, S. 653.

207 § 2 der VO über die Zuständigkeiten nach der Handwerksordnung v. 16.11.1979, GVBl. NRW, S. 872.

- Teilaufgaben im Bereich des Staatsangehörigkeitsrechts[208]
- Verfolgung und Ahndung von Ordnungswidrigkeiten nach dem Gesetz zur Bekämpfung der Schwarzarbeit[209]
- Bildung von Gutachterausschüssen[210]
- Feststellung und Bewilligung von Leistungen zur Unterhaltssicherung, Ahndung von Ordnungswidrigkeiten[211]
- Betreuungsangelegenheiten nach dem Landesbetreuungsgesetz[212]
- Überwachung der Einhaltung von Höchstgeschwindigkeiten und der Befolgung von Lichtzeichenanlagen an Gefahrenstellen[213]

4. Senkung der Einwohnerschwellenwerte

a. Antragslösung

Mit der GO-Reform 2007 erfolgte die Senkung der Einwohnerschwellenwerte und eine Neuordnung des § 4 GO. Nach § 4 Abs. 2 S. 1 GO ist eine Bestimmung zur Mittleren kreisangehörigen Stadt bereits bei Überschreiten einer Einwohnerzahl von 20.000 an drei aufeinander folgenden Stichtagen möglich. Die Absenkung ist verbunden mit einer Antragslösung, die die bisherige Regelung nur in Bezug auf die Streichung aus der Verordnung vorsah. Für große kreisangehörige Städte beträgt diese neue Schwelle 50.000 Einwohner. Nicht nur die Aufnahme in den Kreis der Großen und Mittleren kreisangehörigen Städte durch die Rechtsverordnung der Landesregierung, sondern auch die Rückstufung von Großen kreisangehörigen Städten sowie die Streichung von Mittleren kreisangehörigen Städten, jeweils auf eigenen Antrag, weist eine Senkung der dafür notwendigen Einwohnerzahlen auf. Für die Rückstufung sind an fünf aufeinander folgen-

---

208 § 1 der VO über die Zuständigkeit in Staatsangehörigkeitssachen v. 9.12.1997, GVBl. NRW, S. 441.

209 § 1 der VO zur Bestimmung der für die Verfolgung und Ahndung von Ordnungswidrigkeiten nach wirtschaftsrechtlichen Vorschriften zuständigen Verwaltungsbehörden v. 6.7.1993, GVBl. NRW, S. 465.

210 § 1 der VO über die Gutachterausschüsse für Grundstückswerte v. 7.3.1990, GVBl. NRW, S. 156.

211 § 1 f. der VO zur Regelung der Zuständigkeiten nach dem Unterhaltssicherungsgesetz v. 2.9.1980, GVBl. NRW, S. 825.

212 § 1 LBtG.

213 Art. I des Gesetzes zur Änderung von § 48 OBG v. 20.12.1994, GVBl. NRW, S. 1115.

den Stichtagen weniger als 50.000 Einwohner notwendig, für die Streichung 20.000 Einwohner.[214]

b. Bestimmung von Amts wegen

Für die Bestimmung von Amts wegen gilt weiterhin die Einwohnerschwelle von 25.000 für Mittlere kreisangehörige Städte sowie von 60.000 Einwohnern für Große kreisangehörige Städte. Für die Rückstufung Großer kreisangehöriger Städte von Amts wegen sind seit der Neuregelung 45.000 Einwohner an fünf Stichtagen notwendig. Die Streichung von Amts wegen verlangt ein fünfmaliges Unterschreiten von 15.000 Einwohnern.

c. Auswirkungen auf die Aufgabenverteilung

Der Vorschlag zur Gestaltung dieser Schwellenwerte ist nicht erst im Rahmen der Reform 2007 unterbreitet worden, sondern bereits bei der Einführung des gestuften Aufgabenmodells durch die Funktionalreform waren Schwellenwerte von 20.000 und 50.000 Einwohnern diskutiert worden.[215] Ebenso sah insbesondere ein Teil der kommunalen Spitzenverbände die Reform im Jahr 2004 als geeigneten Zeitpunkt, um eine Senkung vorzunehmen und eine weitergehende Aufgabenverlagerung auf die Gemeinden zu erreichen.[216] Durch die Absenkung der Schwellenwerte haben 43 Kommunen die Aussicht zur Bestimmung zur Mittleren kreisangehörigen Stadt sowie 19 Kommunen zur Bestimmung zur Großen kreisangehörigen Stadt.[217] Würden alle Gemeinden von der Antragslösung Gebrauch machen, hätte dies in einigen Kreisen erhebliche Auswirkungen auf die Aufgabenverteilung und die Restzuständigkeiten der Kreise. So verbliebe im

---

214 Die Stichtage haben keine Änderung erfahren. Befürchtungen des *StGB NRW* (Stellungnahme zum GesE der LReg, LT-Drs. 14/1318, S. 2), dass Überschreitungen der erforderlichen Schwellenwerte erst nach Inkrafttreten des Gesetzes als maßgeblich erachtet werden, waren deshalb unbegründet, vgl. 16. ÄndVO v. 11.11.2008 zur Verordnung zur Bestimmung der Großen und Mittleren kreisangehörigen Städte nach § 4 GO, GVBl. NRW 2008, S. 687 (für die Bestimmung von Attendorn, Verl und Xanten zur Mittleren kreisangehörigen Stadt).

215 *StGB NRW,* Zwischenbilanz zur Funktionalreform, StuGR 1978, 309; *Rehn,* StuGR 1981, 35 (39); *Landtagsfraktion der CDU,* LT-Drs. 8/3431; dagegen *LKT NRW,* EILDIENST LKT NRW 1977, 199 (203); vgl. dazu bereits den Bericht Zuständigkeitsverteilung Jugendhilfe 1977, LT-Vorlage 8/1114, S. 191, sowie den Zuständigkeitsbericht Bauaufsicht 1976, LT-Vorlage 8/749, S. 94 ff.

216 Stellungnahme des StGB NRW zum GesE der LReg 2004, LT-Drs. 13/2835, S. 3 f.

217 Stellungnahme des StGB NRW zum GesE der LReg 2007, LT-Drs. 14/1318, S. 2.

Rhein-Kreis Neuss und im Rhein-Erft-Kreis für den Aufgabenbereich der Mittleren kreisangehörigen Städte nur noch eine Kreiszuständigkeit für jeweils eine Gemeinde.[218]

d. Genehmigung durch das Innenministerium

Über die Anträge nach § 4 Abs. 2 – 5 GO entscheidet das Innenministerium nach § 4 Abs. 6 GO mit der Maßgabe, dass keine »zwingenden übergeordneten Interessen« entgegenstehen.[219] Die Gesetzesbegründung beschränkt sich bei der Erläuterung des Merkmals auf die Anführung der Interessen des Kreises und der kreisfreien Städte.[220] Das Merkmal »öffentliche Interessen« ist ein unbestimmter Rechtsbegriff[221], der der vollständigen gerichtlichen Überprüfung unterliegt. Das Innenministerium besitzt keinen Beurteilungsspielraum. Die Entscheidungsmaßstäbe des Innenministeriums enthalten kein so hohes Maß an prognostischen Elementen, dass eine Prognoseentscheidung[222] vorliegt. Auf Rechtsfolgenseite handelt es sich um einen gebundenen Anspruch. Ermessenserwägungen kann das Innenministerium nicht anstellen. Durch Anfügung des Merkmals »zwingend« verdeutlicht der Gesetzgeber, dass die übergeordneten Interessen ein besonderes Gewicht besitzen müssen, um eine Ablehnung des Antrags zu rechtfertigen. Um dem gesteigerten Begründungserfordernis gerecht zu werden, sollten betroffene Kreise und kreisangehörige Gemeinden deshalb angehört werden[223]. Als Ablehnungsgründe kommen verfassungsrechtliche und finanzielle Erwägungen in Betracht.[224] Diese Ausgestaltung des Genehmigungserfordernisses begegnet erheblichen Bedenken.[225]

II. Die Einführung neuer Zusammenarbeitsmodelle

Bis zum Jahr 2004 enthielt die Gemeindeordnung keine Regelungen oder Beschränkungen zum Recht der kommunalen Gemeinschaftsarbeit in den

---

218 Stellungnahme des *LKT NRW* zum GesE der LReg 2007, LT-Drs. 14/1200, S. 8, mit weiteren Beispielen.
219 § 4 Abs. 6 S. 1 und 2 GO.
220 GesE GO-Reformgesetz, LT-Drs. 14/3979, S. 131.
221 Näher dazu: *Maurer,* Allgemeines Verwaltungsrecht, § 7, Rn. 26 ff., m. w. N.
222 Zur eingeschränkten Überprüfbarkeit von Prognoseentscheidungen: *BVerwG,* Urt. v. 15.4.1988 – 7 C 94/86 –, in: DVBl. 1989, 52 (53 f.).
223 *Becker/Winkel,* in: Held/Becker u. a., KVR, Bd. 1, § 4 GO, Erl. 5.
224 Dazu ausführlich in Kap. 2 u. 3.
225 S. unten Kap. 2 C I.

Rechtsformen des GkG. Die Möglichkeiten und Grenzen der Zusammenarbeit waren nur dem GkG zu entnehmen.

1. Die Sperrwirkung der Funktionalreform als Hemmnis für die Zusammenarbeit

Die gemeinsame Wahrnehmung von Aufgaben nach § 1 Abs. 1 S. 2 GkG ist nicht möglich, wenn das Gesetz einen Ausschluss vorsieht. Diesen Ausschlusstatbestand konkretisierte das OVG Münster im Jahr 1986.[226] Im zu Grunde liegenden Fall hatte eine Große kreisangehörige Stadt mit dem Kreis eine mandatierende öffentlich-rechtliche Vereinbarung dergestalt geschlossen, dass der Kreis für die Stadt Aufgaben der Ausländerbehörde, der Kriegsopferfürsorge, Vormundschaften bzw. Pflegschaften über Volljährige sowie Aufgaben der Wohnungsbauförderung wahrnehmen sollte. Diese Pflichtaufgaben zur Erfüllung nach Weisung waren im Rahmen der Funktionalreform den Großen kreisangehörigen Städten ab 60.000 Einwohnern übertragen worden. Die durch die Vereinbarung vorgenommene Rückübertragung bewertete das OVG als nicht genehmigungsfähig. Der Anwendungsbereich der Regelung des § 1 Abs. 1 S. 2 GkG erstrecke sich laut OVG auf die Fälle, in denen der Auslegung einer gesetzlichen Regelung zu entnehmen sei, dass sie der vorgesehenen Art der Aufgabenerledigung entgegenstehe. Eine entsprechende Regelung sei das 1. Gesetz zur Funktionalreform mit der Übertragung eines bestimmten Aufgabenkatalogs auf die Mittleren bzw. Großen kreisangehörigen Städte. Bei einer Rückübertragung von Kompetenzen werde die gesetzgeberische Grundentscheidung zur Zuständigkeitsverteilung unterlaufen.[227]

2. Aufhebung der Sperrwirkung durch Neuordnung der Zusammenarbeit

Ein erster Schritt zur Aufhebung der nach Auffassung der Rechtsprechung bestehenden Sperrwirkung erfolgte durch das Gesetz zur Stärkung der regionalen und interkommunalen Zusammenarbeit der Städte, Gemeinden und Kreise in NRW vom 3.2.2004[228]. § 4 Abs. 5 a. F. GO zählte die neu-

226 *OVG Münster,* Urt. v. 6.5.1986 – 15 A 943/82 –, in: NVwZ 1987, 153 (153).

227 *OVG Münster,* Urt. v. 6.5.1986 – 15 A 943/82 –, in: NVwZ 1987, 153 (153); das Gericht ließ offen, ob die Sperrwirkung umfassend gilt oder eine atypische Fallgestaltung eine andere Beurteilung rechtfertigt; vgl. auch: *Wagener,* GVR, § 1 GkG, Rn. 4.

228 GVBl. NRW 2004, S. 96.

en Zusammenarbeitsmöglichkeiten auf, die insbesondere für die Mittleren und Großen kreisangehörigen Städte eine Erweiterung des Anwendungsfeldes der kommunalen Gemeinschaftsarbeit bot und im Jahr 2007 mit Ergänzungen im neuen § 4 Abs. 8 GO aufging. Als einzig zulässige Zusammenarbeitsform steht die öffentlich-rechtliche Vereinbarung zur Verfügung.[229]

a. Horizontale öffentlich-rechtliche Vereinbarungen

Der Begriff »horizontales Zusammenarbeitsmodell« beschreibt eine Vereinbarung, an der nur Körperschaften der gleichen (kommunalen) Verwaltungsstufe beteiligt sind.[230] Davon erfasst werden zum einen die nach § 4 Abs. 8 S. 1 lit. a) GO vorgesehene Kooperation zwischen Mittleren und Großen kreisangehörigen Städten bzw. den kreisfreien Städten, zum anderen Rückübertragungen von Mittleren bzw. Großen kreisangehörigen Städten auf die Kreise nach § 4 Abs. 8 S. 1 lit. b) GO. Auch im letzteren Fall der Rückübertragung handelt es sich um eine horizontale öffentlich-rechtliche Vereinbarung.[231] Der Begriff der horizontalen Vereinbarung ist insoweit missverständlich und darf nicht auf die Einwohnerschwellenregelung in § 4 GO bezogen werden. Präzise ausgedrückt müsste von einer originären Aufgabenzuständigkeitsstufe gesprochen werden. Mittlere und Große kreisangehörige Städte nehmen die ihnen im Rahmen der Funktionalreform zugewiesenen Aufgaben in örtlicher Trägerschaft wahr, wobei die überörtliche Wahrnehmungskompetenz für die restlichen, kleineren Gemeinden des Kreisgebiets beim Kreis verbleibt.[232] Die Rückverlagerung bietet die Gelegenheit, die sich aus der Funktionalreform für einige Mittlere oder Große kreisangehörige Städte ergebenden strukturellen Defizite bei gleichzeitiger Schonung öffentlicher Mittel auszugleichen.[233]

Sinnvoll für eine Milderung der Stadt-Umland-Problematik ist die delegierende oder mandatierende Vereinbarung zwischen kreisangehöriger Stadt

229 Vgl. dazu aber die Überlegungen unter Kap. 2 C II. 1 u.2.

230 *Schink,* DVBl. 1982, 769 (772).

231 *Schink,* in: Oebbecke/Ehlers/ders. u. a. (Hrsg.), Kommunalverwaltung in der Reform, S. 62 (74).

232 GesE der LReg, Gesetz zur Stärkung der regionalen und interkommunalen Zusammenarbeit der Städte, Gemeinden und Kreise in NRW (im Folgenden GO-Reform 2004), LT-Drs. 13/3538, S. 56.

233 Stellungnahme des LKT NRW zur GO-Reform 2004, LT-Drs. 13/2836, S. 6: Als Beispiel wird eine Vereinbarung zwischen kreisangehörigen Städten, die zugleich Sitz der Kreisverwaltung sind, und den Kreisen genannt.

und benachbarter kreisfreier Stadt. Gleichzeitig wirft sie aber ebenso wie eine kreisgebietsüberschreitende Kooperation das Problem einer Durchbrechung des Grundsatzes der Einräumigkeit der Verwaltung auf.[234] Soweit die Neuregelung der Zusammenarbeitsmodelle eine Durchbrechung der Zuständigkeitszuweisungen der Funktionalreform bewirkt, erscheint eine Begrenzung auf das Kreisgebiet wenig sinnvoll, um den Anwendungsbereich von Zusammenarbeitsmodellen nicht zu stark einzugrenzen. Lokale Beweggründe für den Abschluss von Vereinbarungen orientieren sich nicht an Kreisgrenzen.

b. Verbindung von horizontalen und vertikalen Aufgabenverlagerungen durch die aufgabenträgerunabhängige Zusammenarbeit

Im Gegensatz zur horizontalen Vereinbarung werden bei der vertikalen öffentlich-rechtlichen Vereinbarung Zuständigkeiten zwischen den verschiedenen Verwaltungsebenen verschoben.[235] Prägend für die GO-Reform 2004 blieb das Festhalten an der Aufgabenzuständigkeit gem. § 1 Abs.1 GkG. Nicht möglich war eine Vermischung von örtlicher und überörtlicher Trägerschaft. Mittlere und Große kreisangehörige Gemeinden konnten keine Aufgabe örtlich für sich und im Übrigen überörtlich für den Kreis wahrnehmen.[236]

Die Reform 2007 vollführte den weiteren Schritt zur Einführung einer durchgreifenden Öffnungsklausel. Die Zulässigkeit der Kooperationen nach § 1 Abs. 1 GkG wird durch § 4 Abs. 8 S. 1 lit. a) GO dahingehend erweitert, dass eine Aufgabenträgerbindung entfällt. Eine kreisangehörige Gemeinde kann auf der Grundlage einer delegierenden oder mandatierenden öffentlich-rechtlichen Vereinbarung mit einer Mittleren oder Großen kreisangehörigen Stadt vereinbaren, dass diese anstatt des Kreises bestimmte Aufgaben des gestuften Modells übernimmt bzw. durchführt. Ein maßgebliches Ziel dieser Maßnahme liegt in der Ermöglichung von Kooperationen zwischen kreisangehörigen Gemeinden und kreisfreien Städten in Ballungsrandzonen sowie zwischen kreisangehörigen Gemeinden und Mittleren bzw. Großen kreisangehörigen Städten.[237]

---

234 Stellungnahme des LKT NRW zur GO-Reform 2004, LT-Drs. 13/2836, S. 6.
235 *Schink*, DVBl. 1982, 769 (771).
236 GesE GO-Reform 2004, LT-Drs. 13/3538, S. 56.
237 Gesetzesbegründung, LT-Drs. 14/3979, S. 131.

3. Voraussetzungen und Einschränkungen des § 4 Abs. 8 GO

Gegenüber der Regelung in § 4 Abs. 5 lit. a) GO a. F. stellt § 4 Abs. 8 S. 1 lit. a) GO deutlich heraus, dass eine Vereinbarung nicht nur mit »einer« benachbarten Gemeinde möglich ist, sondern mehr als zwei Gemeinden eine delegierende oder mandatierende Vereinbarung schließen können.

a. Der Begriff »benachbart«

§ 4 Abs. 8 S. 1 lit. a) GO enthält – wie die vorherige Regelung des § 4 Abs. 5 GO sowie die aktuelle Regelung für Pflichtaufgaben zur Erfüllung nach Weisung gem. § 3 Abs. 5 GO – die Einschränkung, dass öffentlichrechtliche Vereinbarungen nur zwischen »benachbarten« Gemeinden bzw. Kreisen möglich sind. Weder der Gesetzesbegründung zur GO-Reform im Jahr 2004[238] noch den Ausführungen zur Reform im Jahr 2007[239] lässt sich eine Auslegung des Begriffs entnehmen. Andere Vorschriften des öffentlichen Rechts enthalten nur anwendungsbezogene Konkretisierungen, die nur teilweise auf die Gemeindeordnung übertragbar sind.[240] Der Begriff benachbart ist eine Ableitung vom Nomen Nachbar und bezeichnet jemanden, der in der Nähe wohnt.[241] Benachbarte Gemeinden oder Kreise sind nach dem Wortlaut somit Gebietskörperschaften in unmittelbarer räumlicher Nähe, ohne zwingend auch eine gemeinsame Grenze haben zu müssen.[242] Die Intention des Gesetzgebers war bei Einführung des Merkmals 2004 darauf gerichtet, die Sperrwirkung der Funktionalreform zu durchbrechen, gleichzeitig aber die Gestaltungsmöglichkeiten durch Kooperationen maßvoll zu regeln, insbesondere den Grundsatz einer orts- und bürgernahen Verwaltungsstruktur nach § 5 Abs. 5 LOG zu gewährleisten.[243] Dementsprechend soll die übernehmende oder durchführende Gemeinde an die abgebende Gemeinde angrenzen, wobei nicht alle Gemeinden

---

238 GesE GO-Reform 2004, LT-Drs. 13/3538, S. 51 ff.

239 GesE GO-Reformgesetz, LT-Drs. 14/3979, S. 127 ff.

240 Vgl. dazu *Söfker,* in: Ernst/Zinkahn/Bielenberg u. a., BauGB, § 2, Rn. 106, zum Begriff der benachbarten Gemeinde in § 2 Abs. 2 S. 1 BauGB, wonach benachbart mindestens die angrenzenden Gemeinden umfasst, aber zusätzlich auch jede Gemeinde, die durch die Bauleitplanung unmittelbar berührt sein kann.

241 *VG Oldenburg,* Urt. v. 20.04.2005 – 7 A 3318/04 –, GesR 2005, 357 ff.

242 *VG Oldenburg,* Urt. v. 20.04.2005 – 7 A 3318/04 –, GesR 2005, 357 ff.

243 GesE GO-Reform 2004, LT-Drs. 13/3538, S. 55.

aneinander angrenzen müssen.[244] Scheidet bei einer öffentlich-rechtlichen Vereinbarung mit drei beteiligten Gemeinden die übernehmende Gemeinde als Mittelpunktgemeinde aus und bleiben zwei Gemeinden übrig, die keine gemeinsame Grenze besitzen und nur über die Mittelpunktgemeinde miteinander verbunden waren, fällt die Aufgabe kraft Gesetzes wieder an die beiden Gemeinden zurück.[245] Zu fragen ist, ob eine derartige Auslegung des Merkmals benachbart nach der Reform 2007 weiterhin geboten ist.[246] Angesichts der Gefahr einer zunehmenden Unübersichtlichkeit infolge von aufgabenträgerunabhängigen Zusammenarbeitsmodellen[247] verdienen übersichtliche Verwaltungsstrukturen eine besondere Beachtung. Eine räumliche Nähe in Form eines eng miteinander verflochtenen Wirtschafts- und Verkehrsraumes ist erforderlich.[248] Im Hinblick auf ein bürgerschaftlich-demokratisches Element werden die Einflussmöglichkeiten durch eine gemeinsame Grenze aber nicht vergrößert. Die Sicherstellung einer ausreichenden Partizipation gelingt nur durch vertragliche Einräumung von Mitwirkungsbefugnissen. Zudem wird beim Ausscheiden der sogenannten Mittelpunktgemeinde ein indirekter gesetzlicher Kündigungsgrund für den öffentlich-rechtlichen Vertrag eingeführt, der einer Fortführung der Vereinbarung mit den verbleibenden, nicht aneinander angrenzenden Gemeinden entgegensteht, obwohl bei Vorliegen der übrigen Voraussetzungen nach § 4 Abs. 8 GO eine Fortführung gewünscht und genehmigungsfähig ist. Das Gesetz nennt auf Grund des Kriteriums benachbart keine zahlenmäßige Obergrenze für beteiligte Gemeinden. Bei einem Verzicht auf das Erfordernis einer gemeinsamen Grenze können sich in einem regional begrenzten Raum Gemeinden mit einem besonderen Spezialisierungsgrad bei bestimmten Aufgaben als zentrale neue Verwaltungsstelle etablieren. Um die Attraktivität der Zusammenarbeitsmodelle zu erhöhen, muss der Gesetzgeber konsequenterweise auch größere räumliche Entfaltungsmöglichkeiten bei der

---

244 *StGB NRW,* in: Mitt. StGB NRW 318/2004 unter Verweis auf eine entsprechende Stellungnahme des Innenministeriums, abrufbar unter www.kommunen-in-nrw.de/mitgliederbereich/mitteilungen/detailansicht/dokument/interkommunale-zusammenarbeit-bei-pflichtaufgaben-zur-erfuellung-nach-weisung.html, Stand: 7.3.2011.

245 *StGB NRW,* in: Mitt. StGB NRW 318/2004.

246 kritisch zum Merkmal »benachbart«: *Oebbecke,* in: ders/Ehlers/Schink u. a. (Hrsg.), Kommunalverwaltung in der Reform, S. 58, mit dem Verweis auf den gleichzeitigen Entfall des Merkmals bei der Bildung von Sparkassenzweckverbänden, § 27 SpkG NRW (vormals § 32 SpkG NRW a. F.).

247 Dazu näher Kap. 2 B V.

248 *Dünchheim,* Kommunalrecht NRW, S. 39.

Suche nach anderen Kommunen für öffentliche-rechtliche Vereinbarungen zugestehen.

b. Übertragung von Teilaufgaben

Ebenso wie bei dem Begriff benachbart, fehlen nähere Ausführungen zur Umschreibung des Begriffs »Aufgaben« in § 4 Abs. 8 GO. Unter »mehreren« Aufgaben sind mehrere einzelne Aufgaben zu verstehen, nicht hingegen ein gesamtes Aufgabengebiet. So ist eine Vereinbarung zur Durchführung oder Übernahme der »sozialen Aufgaben« nicht zulässig.[249] Teilaufgaben sind unselbstständige Unteraufgaben, die über die reine Art der Modalität der Aufgabenerfüllung hinausreichen.[250] Der Begriff Teilaufgaben kann wiederum in zwei unterschiedliche Bereiche unterteilt werden. Zum einen ist die Übertragung bestimmter Teilbereiche einer Aufgabe denkbar, zum anderen kann sich die Vereinbarung auf einen Teil des Gemeindegebiets beschränken.

Als Teilbereich der Aufgabe der Verkehrslenkung und Sicherung ließen sich beispielsweise die Ausnahmegenehmigungen nach § 46 StVO von einer Übertragung ausschließen. Bei anderen Aufgaben aus dem Aufgabenpaket der Mittleren oder Großen kreisangehörigen Städte gestaltet sich diese Trennung schwieriger. Eine Unterteilung der Kompetenzen der unteren Bauaufsichtsbehörde, z. B. nach Art der baulichen Anlage, ist im Hinblick auf die Verteilung der Gebühreneinnahmen und die Erzielung von Synergieeffekten beim Personaleinsatz kaum praktikabel. Die größten Schwierigkeiten ergeben sich dann, wenn Aufgaben von der Kreisebene herabgezont werden. Folgeprobleme, wie Fragen des Personalübergangs, die Finanzierung der Teilaufgaben, die Aufsicht über den auf die Gemeinde übergehenden Teil sowie die Übersichtlichkeit der Zuständigkeitsordnung, würden eine erhebliche Steigerung der Komplexität der Aufgabenverteilung hervorgerufen. Die Klarheit der Zuständigkeitsordnung muss dem Drang nach größtmöglicher Flexibilität an diesem Punkt Einhalt gebieten. Eine Unterteilung von einzelnen Aufgaben bei Kompetenzverlagerungen ist damit nicht

249 Beispiel bei *Oebbecke,* GVR NRW, Rn. 401.

250 *Püttner,* in: ders. (Hrsg.), HdbKWP, 2. Aufl., Bd. 3, S. 5, mit dem Hinweis des fließenden Übergangs von Teilaufgaben und dem Grad der Aufgabenerfüllung.

genehmigungsfähig nach § 29 Abs. 4 S. 2 GkG i. V. m. § 3 Abs. 6 GO.[251]

Etwas anderes gilt für Vereinbarungen, die sich nur auf einen Teil des Gemeindegebiets beziehen. Eine derartige Beschränkung dient bei lokalen Aufgabenschwerpunkten[252] in der Nähe von Gemeindegrenzen der effizienten Ausnutzung von Ressourcen und der Vermeidung von doppelten Aufgabenstrukturen. Wie bei der Aufteilung der einzelnen Aufgaben tritt eine parallele Aufgabenwahrnehmung ein. Es erfolgt die Übertragung einer Teilzuständigkeit, jedoch nur im Hinblick auf den räumlichen Wirkungskreis, nicht bezogen auf den gesetzlich beschriebenen Umfang der Aufgaben. Die Neuordnung des räumlichen Aufgabengebiets ist als zulässig zu erachten. Unter dem Aspekt der Klarheit der Zuständigkeitsordnung ist eine räumliche Unterteilung von Aufgaben aber auf Fälle zu begrenzen, in denen die personellen bzw. sachlichen Ressourcen einer Gemeinde die Mitversorgung von Teilbereichen eines anderen Gemeindegebiets als geboten erscheinen lassen.

c. Gemeinschaftliche Aufgabenübernahme oder -durchführung

Sowohl § 23 Abs. 1 S. 1 GKG als auch § 4 Abs. 8 S. 1 lit. a) GO regeln, dass »eine« der Gemeinden im zu Grunde liegenden öffentlich-rechtlichen Vertrag sich verpflichten kann, für die übrigen Beteiligten eine oder mehrere Aufgaben wahrzunehmen, indem sie Aufgaben bei der delegierenden Vereinbarung in eigener Verantwortung übernimmt oder im Rahmen eines Mandats für die Kooperationspartner durchführt. Eine gemeinschaftliche Aufgabenwahrnehmung hat der Gesetzgeber bewusst ausgeschlossen. In Abgrenzung zum Zweckverband wird durch die öffentlich-rechtliche Vereinbarung kein neuer Rechtsträger mit eigener Rechtspersönlichkeit geschaffen. Um im Fall der Übertragung der Satzungsermächtigung erforderliche Maßnahmen mit Außenwirkung treffen zu können, müsste innerhalb der Aufgabendurchführungsgemeinschaft eine weitere Vereinbarung mit Unterdelegation oder Untermandatierung erfolgen. Die Folge wäre eine ver-

---

251 Zur Frage der Übertragung von Teilaufgaben der Abwasserentsorgung auf Zweckverbände: *ThürOVG,* Urt. v. 29.9.2008 – 4 KO 1313/05 –, in: DVBl 2009, 534 (LS), Juris, Rn. 51 ff.

252 *Schink,* DVBl. 1982, 769 (770), mit dem Beispiel der Einrichtung von Rettungswachen.

schachtelte Zuständigkeitsrangfolge, die der Übersichtlichkeit der Zuständigkeitsordnung in noch größerem Maße entgegenstehen würde.[253]

d. Die Vereinbarkeit der Aufgabenträgerunabhängigkeit mit dem Delegations- und Mandatsbegriff

Im Gegensatz zur Vorgängerregelung, die die Befugnis zur Delegation und Mandatierung nur den Mittleren oder Großen kreisangehörigen Gemeinden eröffnete, ist herausragendes Kennzeichen der neuen Regelung in § 4 Abs. 8 GO, dass alle kreisangehörigen Gemeinden alle Aufgaben[254] des gestuften Modells im Wege der Delegation und des Mandats verschieben können. Wie der Begriff der Aufgabenträgerunabhängigkeit es bereits vorzeichnet, ist es zum Abschluss eines öffentlich-rechtlichen Vertrages über Aufgaben des § 4 Abs. 1 GO nicht erforderlich, selbst Träger dieser disponiblen Aufgaben zu sein. Der Abschluss einer öffentlich-rechtlichen Vereinbarung bewirkt eine Aufgabenverlagerung vom Kreis auf den Delegatar oder Mandatar. Wie dargestellt, setzt der Delegationsbegriff aber auch das Mandat die Übertragung bzw. Innehabung eigener Kompetenzen voraus. Aufgabenträgerunabhängige Zusammenarbeit und Terminologie von Delegation und Mandat scheinen nicht vereinbar zu sein. Es ist eine Erweiterung der Begrifflichkeiten auf die Übertragung von bzw. Beauftragung mit fremden Kompetenzen im Rahmen einer außerordentlichen Kompetenz denkbar. In Abweichung vom Delegationsbegriff *Triepels* versteht diese Ansicht eine Kompetenz als außerordentlich, wenn »die kompetenzgewährende Norm inhaltlich in Widerspruch zu einer Zuständigkeitsnorm höheren Ranges steht, jedoch ausnahmsweise kraft einer Norm vom Range mindestens dieser höheren Norm gilt«.[255] Neben der berechtigten Kritik, dass diese Auslegung des Begriffs Delegation bei nahezu jeder organisatorischen Regelung über die Einräumung von Verwaltungskompetenzen anwendbar wäre[256], ist bei der aufgabenträgerunabhängigen Zusammenarbeit die »Systemwidrigkeit« bereits in der Zuständigkeitsordnung angelegt. Anders ausgedrückt, bewirkt nicht die Delegation eine außerordentliche Zuständigkeit, sondern § 4 GO enthält eine »flexibilisierte Zuständigkeitsordnung«. Die Gemeinden, die nicht selbst Aufgabenträger sind, besitzen eine eingeschränkte

253 *Grafe,* DÖV 1961, 521 (525).

254 Zur Ausnahme des Jugendamtes, das aus dem Modell des additiven Schwellenwerts herausgenommen wurde, vgl. Kap. 3 B II 3 c.

255 *Barbey,* Rechtsübertragung und Delegation, S. 77.

256 *Schenke,* VerwArch 68 (1977), 118 (121); *Reinhardt,* Delegation und Mandat, S. 24.

Kompetenz-Kompetenz. Eingeschränkt ist ihre Kompetenz, in den Aufgabenbestand der Kreise einzugreifen, weil sie selbst unterhalb des Status einer Mittleren kreisangehörigen Stadt nur über das Hilfsmittel des additiven Schwellenwerts die Aufgaben zur selbstständigen Erledigung herabzonen können, dann aber belastet mit Mitwirkungsrechten bzw. Weisungsrechten von den anderen Vertragspartnern.[257] Ansonsten sind sie gezwungen, die Aufgaben von einer Mittleren oder Großen kreisangehörigen Stadt im Rahmen eines Mandats oder mittels Delegation erledigen zu lassen. Die Kompetenz der unteren kommunalen Verwaltungsebene, ihren Kompetenzbereich im Aufgabenbereich des § 4 GO selbst erweitern zu können, ist Ausdruck eines gesetzlich vorgegebenen Örtlichkeitsbezuges. Die Gemeinden sind damit Kompetenzinhaber und die Begrifflichkeiten von Delegation und Mandat lassen sich bei der aufgabenträgerunabhängigen Zusammenarbeit anwenden.

e. Der additive Schwellenwert

§ 4 Abs. 8 S. 2 und 3 GO beinhalten das zentrale Element für eine Entbindung der Zusammenarbeitszulässigkeit von der Aufgabenträgerschaft, den sog. additiven Schwellenwert. Die übernehmende oder die Aufgaben durchführende Gemeinde wird unabhängig von der eigenen Einwohnerzahl als Mittlere oder Große kreisangehörige Stadt behandelt. Voraussetzung ist ein Überschreiten der entsprechenden Schwellenwerte in § 4 Abs. 2 und 3 GO durch die beteiligten Gemeinden. Es erfolgt keine Aufnahme in die Rechtsverordnung. Die fiktive Einstufung dient nur dazu, eine sonderaufsichtliche Behandlung als Mittlere oder Große kreisangehörige Stadt sicherzustellen.[258] Der additive Schwellenwert ist ein gesetzgeberisches Hilfsmittel, um dem Gedanken einer durchgreifenden Öffnungsklausel für kommunale Kooperationen, unabhängig von der im Rahmen der Funktionalreform erfolgten Aufgabenverteilung, zur Anwendung zu verhelfen. Die Fiktion bezieht sich auf die im öffentlich-rechtlichen Vertrag vereinbarte Aufgabenübertragung.[259] Um den gesamten, an die jeweilige Einwohnerstufe gebun-

---

257 In Rheinland-Pfalz besitzen die Verbandsgemeinden eine Kompetenz-Kompetenz unter den Voraussetzungen des § 67 Abs. 4 GemO RP. Es liegt dabei aber der umgekehrte Fall der Hochzonung von Aufgaben zur Wahrnehmung in eigener Kompetenz vor.

258 GesE GO-Reformgesetz, LT-Drs. 14/3979, S. 131; *Sommer,* in: Kleerbaum/Palmen (Hrsg.), GO NRW, § 4 GO, Rn. 5; *Becker/Winkel,* in: Held/Becker, KVR, u. a., Bd. 1, § 4 GO, Erl. 11.

259 *Hartmann,* in: Articus/Schneider (Hrsg.), Gemeindeordnung NRW, § 4, Erl. 3.

denen Aufgabenbestand zu erlangen, ist nur die Einwohnerzahl der einzelnen Gemeinde maßgeblich.

aa. Anzahl der beteiligten Gemeinden

Eine zahlenmäßige Begrenzung der für den additiven Schwellenwert maßgeblichen Gemeinden sieht das Gesetz nicht vor. In Anbetracht der im Vergleich zu anderen Bundesländern großen Gemeindestrukturen und der Notwendigkeit, bei der übernehmenden oder durchführenden Gemeinde der Aufgabe angemessene Personal- und Sachressourcen bereitzuhalten, wirkt das System selbstbegrenzend. Zur Ausnutzung von Synergieeffekten ist es aus Sicht der beteiligten Gemeinden gleichwohl vorteilhaft, eine möglichst große Zahl von Gemeinden an einer Vereinbarung teilnehmen zu lassen, wenn dies mit den beim Kreis verbleibenden Zuständigkeiten und den Folgen für die Kreisumlage vereinbar ist.

bb. Pflichtregelungen

Das infolge der Öffnungsklausel und dem additiven Schwellenwert breitere Angebot an Zusammenarbeitsmodellen könnte die Aufsichtsbehörde auch dazu nutzen, um den Anwendungsbereich der Pflichtregelung auszuweiten. Dies ist zum einen unter Rückgriff auf den additiven Schwellenwert denkbar. Als wahrscheinlichere Variante kann zum anderen eine Mittlere oder Große kreisangehörige Stadt verpflichtet werden, für eine benachbarte Gemeinde bislang vom Kreis für sie wahrgenommene Aufgaben zu erfüllen.[260] Eine aus Gründen des öffentlichen Wohls dringend gebotene Pflichtregelung ist im Bereich der aufgabenträgerunabhängigen Zusammenarbeit nach der derzeitigen Regelung nicht möglich. Voraussetzung für eine Anordnung der Aufsichtsbehörde ist es, dass Gemeinden oder Gemeindeverbände selbst bereits Aufgabenträger sind und die Aufgabenträgerschaft nicht erst durch eine öffentlich-rechtliche Vereinbarung erworben wird.[261] Der Wortlaut des § 26 GkG ist insoweit eindeutig. § 4 Abs. 8 S.1 lit. a) GO enthält keine anderweitige Bestimmung. Der nur fiktive Status einer Mittleren oder Großen kreisangehörigen Stadt ist das Ergebnis eines freiwilligen Zusammenschlusses. Gleiches gilt für die Wahrnehmung von Kreisaufgaben für andere Gemeinden durch Mittlere oder Große kreisangehörige Städte.

---

260 Als Anwendungsfall wäre z. B. denkbar, dass der Kreis bei einzelnen Aufgaben die Restzuständigkeit für nur ein oder zwei Gemeinden abgeben möchte.

261 *Wagener,* GVR, § 26 GkG, Rn. 2.

Die größere Flexibilität bei Zusammenarbeitsmodellen soll nicht die Grundsätze des gestuften Aufgabenmodells und die Zuständigkeitsverteilung ändern.[262] Soweit lokale Besonderheiten für die Aufgaben nach § 4 Abs. 1 GO Zwangszusammenschlüsse außerhalb der jetzigen Zuständigkeitsverteilung erfordern, muss eine entsprechende Ergänzung des § 4 Abs. 8 GO erfolgen.

f. Benehmen des Kreises

§ 4 Abs. 8 S. 5 GO sieht ein Benehmenserfordernis mit dem betroffenen Kreis vor, wenn Aufgaben von der Kreisebene auf die Gemeinden verlagert werden. Unter dem Begriff des Benehmens wird im Verwaltungsrecht als Minus zum Einvernehmen mindestens eine Anhörungspflicht verstanden.[263] Die Stellungnahme des betroffenen Kreises besitzt keine Bindungswirkung für die antragstellende Gemeinde und die genehmigende Aufsichtsbehörde. Der Mitwirkungsbehörde kommt lediglich eine beratende Funktion zu, so dass der Mitwirkungsakt selbst keine Verwaltungsakt-Qualität aufweist.[264] Das herzustellende Benehmen soll der Streitvermeidung dienen und einen Abwägungsprozess einleiten, in den sich alle beteiligten Gebietskörperschaften einbringen können, ohne mit Veto-Befugnissen ausgestattet zu sein.[265] Ein schriftliches Zustimmungserfordernis gem. § 58 Abs. 1 VwVfG NRW besteht nicht.[266] Unter Dritter i. S. v. § 58 Abs.1 VwVfG NRW fallen nur Privatrechtssubjekte. Die Mitwirkung von öffentlich-rechtlichen Aufgabenträgern richtet sich nach § 58 Abs. 2 VwVfG NRW.[267] Unterbleibt die Mitwirkung der Kreise, hat dies für nachfolgende Rechtsakte gem. § 59 Abs. 2 Nr. 1 i. V. m. § 44 Abs. 3 Nr. 4 VwVfG keine Nichtigkeit, sondern nur die Fehlerhaftigkeit zur Folge, die nach § 45 Abs. 1 Nr. 5 VwVfG geheilt werden kann.[268]

---

262 GesE GO-Reformgesetz, LT-Drs. 14/3979, S. 131.

263 *OVG Münster,* Beschl. v. 25.9.2008 – 15 B 1449/08 –, in: Juris, Rn. 32; *BVerwG,* Urt. v. 9.4.1993 – 7 A 2/92 –, in: NVwZ 1993, 890 (891).

264 *Stober,* in: Wolff/Bachof/ders./u. a., VerwR I, § 45, Rn. 62; *Weidemann,* VR 2000, 95 (95 f.).

265 GesE GO-Reformgesetz, LT-Drs. 14/3979, S. 131; eine andere systematische Ausgestaltung besteht im Denkmalrecht NRW mit der Möglichkeit der Ministeranrufung durch die Landschaftsverbände, vgl. § 21 Abs. 4 DSchG NRW.

266 *Dünchheim,* Kommunalrecht NRW, S. 40.

267 *Bonk,* in: Stelkens/ders./Sachs, VwVfG, § 58 VwVfG, Rn. 12.

268 *Dünchheim,* Kommunalrecht NRW, S. 40.

Der Verzicht auf ein Vetorecht des Kreises bei Herabzonung von Aufgaben bedeutet jedoch nicht, dass Einwände des Kreises unerheblich sind. Auf Grund der weitreichenden Folgen für den Aufgabenbestand des Kreises und die Folgewirkungen auf die übrigen kreisangehörigen Gemeinden ist das Benehmen i. S. v. § 4 Abs. 8 S. 6 GO mehr als ein reines formales Anhörungsrecht.[269] Für die beteiligten Gemeinden besteht eine Rücksichtnahmepflicht sowohl gegenüber dem Kreis als auch gegenüber den übrigen kreisangehörigen Gemeinden. Bleibt der Abwägungsprozess zwischen Gemeinden und Kreis ergebnislos, sind die Gemeinden im Hinblick auf die fehlende Bindungswirkung des Benehmenserfordernisses zwar nicht gehindert, den öffentlich-rechtlichen Vertrag zu schließen. Die Interessenkollision wird in diesem Fall auf die Ebene der Aufsichtsbehörde verlagert.[270] Im Rahmen des Benehmens vorgetragene Kreisinteressen sind u. U. als Gründe des öffentlichen Wohls bei der Genehmigung zu berücksichtigen.

g. Der Verzicht auf Merkmal der Effizienzsteigerung in § 4 Abs. 8 GO

§ 3 Abs. 5 und § 4 Abs. 8 GO wurden im Rahmen des Gesetzes zur Stärkung der regionalen und interkommunalen Zusammenarbeit vom 3.2.2004[271] in die Gemeindeordnung eingefügt. § 3 Abs. 5 GO regelt seitdem die Zulässigkeit von Zusammenarbeitsmodellen bei Pflichtaufgaben zur Erfüllung nach Weisung. § 4 Abs. 8 GO enthält als Nachfolgeregelung von § 4 Abs. 5 a. F. GO die Zulässigkeit von Zusammenarbeitsmodellen in Bezug auf die Aufgaben des gestuften Aufgabenmodells. Soweit eine Vereinbarung im Anwendungsbereich des § 4 Abs. 1 GO für eine Pflichtaufgabe zur Erfüllung nach Weisung angestrebt wird, ist § 4 Abs. 8 GO lex specialis zu § 3 Abs. 5 GO. Als problematisch erweist sich, dass mit der GO-Reform 2007 das Erfordernis der Effizienzsteigerung[272] in § 4 Abs. 8 GO fallengelassen und in § 3 Abs. 5 GO weiterhin als Tatbestandsmerkmal beibehalten wurde. Der Gesetzgeber setzt beim gestuften Aufgabenmodell auf die Vernunft der Verantwortungsträger und deren Einsicht, dass durch Aufgabenverlagerungen die Qualität der Aufgabenerfüllung nicht leiden darf

---

269 Zur Eingrenzung des Begriffs Benehmen, *Simnacher,* BayVBl. 1983, 103 (104).

270 Aufsichtsbehörde ist im Fall der Beteiligung des Kreises die Bezirksregierung gem. § 4 Abs. 8 S. 6 GO i. V. m. § 29 Abs. 4 S. 2 Nr. 1 lit. b GkG.

271 S. oben Kap. 1 B. II.

272 Kritisch hierzu *Oebbecke,* in: ders./Ehlers/Schink u. a. (Hrsg.), Kommunalverwaltung in der Reform, S. 58.

und möglichst eine kostengünstige Gesamtorganisation entstehen soll.[273]. Bei § 3 Abs. 5 GO ist zu berücksichtigen, dass diese Norm für alle Pflichtaufgaben zur Erfüllung nach Weisung, die den Gemeinden übertragen sind, Anwendung findet und durch die Bandbreite möglicher öffentlich-rechtlicher Vereinbarungen Einschränkungen eher geboten sind, als bei den einzelnen Aufgaben des § 4 GO. Ob die haushaltspolitische Vernunft stets dem Reiz des Status einer Mittleren kreisangehörigen Stadt und der damit verbundenen Einflussvergrößerung über die untere Bauaufsichtsbehörde sowie eventuell über ein eigenes Jugendamt Einhalt gebietet, ist aber nicht nur vor dem Hintergrund des prognostischen Charakters der zukünftigen Kosten für Mehraufgaben äußerst fraglich. Eine Kostenersparnis ist durch das Fehlen finanzieller Begleitregelungen bei der Herabzonung von Aufgaben von der Kreis- auf die Gemeindeebene zum Teil schwer erreichbar, zumindest soweit eine Restzuständigkeit für einzelne Gemeinden beim Kreis verbleibt. Der Vertrauensvorschuss für die Gemeinden bei Vereinbarungen nach § 4 Abs. 8 GO ist damit letztendlich auch der Tatsache geschuldet, dass viele Vereinbarungen am Merkmal der »Effizienzsteigerung« bei strikter Anwendung scheitern würden. Bei einem Verstoß gegen die Pflicht zum Haushaltsausgleich sind aber die besonderen Anforderungen an die Genehmigung von Aufgabenverlagerungen zu beachten.[274]

---

273 GesE GO-Reformgesetz, LT-Drs. 14/3979, S. 131.
274 Dazu näher unter Kap. 2 C III 2.

Kapitel 2: Das Spannungsfeld zwischen interkommunaler Zusammenarbeit und der Selbstverwaltungsgarantie der Kreise

Die Gemeindeordnungsreform 2007 eröffnet den kreisangehörigen Gemeinden die Möglichkeit, mit Hilfe des Status der Mittleren oder Großen kreisangehörigen Stadt und der aufgabenträgerunabhängigen Zusammenarbeit dem Kreis Aufgaben zu entziehen, ohne dass dieser über ein Vetorecht verfügt. Die gemeindlichen Dezentralisierungsbestrebungen berühren das Selbstverwaltungsrecht der Kreise und gestalten die Zuständigkeitsordnung im Kreis um. Das folgende Kapitel beleuchtet die verfassungsrechtlich zulässige Reichweite gemeindlicher Herabzonungsentscheidungen und zieht Rückschlüsse auf den staatlichen Genehmigungsvorbehalt.

A. Europarechtliche und kommunalverfassungsrechtliche Vorgaben für den Aufgabenentzug von der Kreisebene

In einem ersten Schritt sind europarechtliche Vorgaben sowie das aus Art. 28 Abs. 2 GG und Art. 78 Abs. 2 LV folgende Prinzip der Aufgabenverteilung zwischen Kreisen und Gemeinden sowie die daraus ableitbaren Folgen für den Entzug von Kreisaufgaben näher zu beleuchten.

I. Europarechtliche Einflüsse

1. EU-Reform-Vertrag von Lissabon

Der EU-Reform-Vertrag von Lissabon enthält in Art. 4 Abs. 2 im Gegensatz zum Maastricht- oder Nizza-Vertrag zum ersten Mal einen Schutz der kommunalen Selbstverwaltungsebene.[275] Es bedarf aber einer Ausfüllung des Merkmals der »nationalen Identität« für die Betrachtung des Schutzumfangs der Selbstverwaltungsgarantie, ähnlich der dogmatischen Figur des Kernbereichs.[276] Für die konkrete Frage des Bestehens und der Reichweite

---

275 *Stern,* NdsVBl. 2010, 1 (6); *Steiner,* DVP 2010, 2 (4); *Schmidt-Eichstaedt,* KommJur 2009, 249 (249).

276 *Stern,* NdsVBl. 2010, 1 (6).

einer Kooperationshoheit lassen sich aus dieser Bestimmung der europäischen Primärrechtsebene keine Vorgaben entnehmen.

2. Europäische Charta der kommunalen Selbstverwaltung

Konkretere Anhaltspunkte für gemeindliche Kooperationen sind der Europäischen Charta der kommunalen Selbstverwaltung zu entnehmen. Hierbei handelt es sich um einen vom Europarat ausgearbeiteten völkerrechtlichen Vertrag, der nach der Ratifizierung in Deutschland am 1.9.1988 in Kraft trat.[277] Bedeutsam für die Kooperationshoheit ist Art. 10 Abs. 1 der Europäischen Charta (EKC). Demnach sind »die kommunalen Gebietskörperschaften bei der Ausübung ihrer Zuständigkeiten berechtigt, zusammenzuarbeiten und im Rahmen der Gesetze Verbände zu bilden, um Aufgaben von gemeinsamem Interesse durchzuführen.« Der Begriff Gebietskörperschaften umfasst grundsätzlich alle kommunalen Gebietskörperschaften, soweit diese nicht durch Art. 13 EKC ausdrücklich ausgenommen wurden.[278] Ausweislich des Wortlauts wäre demnach die nichtverbandliche Organisation schrankenlos gewährleistet, während auf der Verbandsebene die Zusammenarbeit nur unter Gesetzesvorbehalt möglich wäre.[279] Diese Unterscheidung erscheint im Hinblick auf die negative Kooperationshoheit sinnwidrig. Der einen erheblich stärkeren Eingriff in das Selbstverwaltungsrecht bewirkende gesetzliche Pflichtverband wäre nach dieser Auslegung zulässig, nicht hingegen die keine neue Körperschaft begründende Pflichtvereinbarung.[280] Ferner ist der fehlende Gesetzesvorbehalt bei der nichtverbandlichen Zusammenarbeit systemwidrig, da der allgemeinere Art. 3 Abs. 1 EKC sowie der speziellere Art. 10 Abs. 1 Alt. 2 EKC jeweils einen Gesetzesvorbehalt vorsehen.[281] Deshalb bedarf es keiner weiterführenden Überlegungen zur Vereinbarkeit der Chartaregelung mit verfassungsrechtlichen Vorgaben wie dem Vorbehalt des Gesetzes.[282] Auch die nichtverbandliche Zusammenarbeit steht nach dem EKC unter Gesetzesvorbehalt.

---

277 *Hobe/Biehl/Schroeter,* Europarechtliche Einflüsse auf die kommunale Selbstverwaltung, S. 92; die Charta ist abgedruckt bei *Schaffarzik,* Europäische Charta der kommunalen Selbstverwaltung, Anhang 1, S. 661 ff.

278 *Schmidt,* Kommunale Kooperation, S. 95.

279 So die Auslegung von *Schaffarzik,* Europäische Charta der kommunalen Selbstverwaltung, § 24, Rn. 2.

280 *Schmidt,* Kommunale Kooperation, S. 97 f.

281 *Schmidt,* Kommunale Kooperation, S. 97 f.

282 Hierzu kommt aber *Schaffarzik,* Europäische Charta der kommunalen Selbstverwaltung, § 24, Rn. 13.

Inwieweit die Delegation von Zuständigkeiten im Rahmen kommunaler Kooperation von Art. 10 Abs. 1 EKC umfasst ist, erscheint fraglich. § 10 Abs. 1 EKC verlangt eine »Ausübung von Zuständigkeiten«. Wird dieser Passus dahingehend ausgelegt, dass jede Einzelkommune weiterhin selbst in bestimmtem Umfang an der Aufgabenerledigung beteiligt ist[283], wären zumindest delegierende öffentlich-rechtliche Vereinbarungen zweifelhaft. Die Finanzbedarfsdeckung, fakultative Mitspracherechte und der grundsätzliche Verbleib der Satzungsbefugnis erhalten der abgebenden Gemeinde ein gewisses Maß an Einfluss. Das Merkmal »bei Ausübung ihrer Zuständigkeiten« bezieht sich auch auf die 2. Alternative der Verbandszusammenarbeit. Im Gleichlauf mit der Mitwirkung in einer Verbandsversammlung müssen Mitwirkungsrechte von der bloßen Anhörung bis hin zu einem Einvernehmenserfordernis als ausreichend erachtet werden. Der EKC kommt nur insoweit eine Bedeutung zu, als dass sie unter Beachtung der Völkerrechtsfreundlichkeit des Grundgesetzes eine Auslegungshilfe des Art. 28 Abs. 2 GG bildet. Als einfaches Bundesgesetz kann sie aber nicht Prüfungsmaßstab einer Kommunalverfassungsbeschwerde sein.[284]

II. Selbstverwaltungsgarantie nach Art. 28 Abs. 2 GG

Vor der Bestimmung der Reichweite des Selbstverwaltungsrechts aus Art. 78 Abs. 2 LV ist eine Befassung mit Art. 28 Abs. 2 GG erforderlich. Die Interpretation der landesverfassungsrechtlichen Normen orientiert sich weitestgehend am dogmatischen Verständnis der grundgesetzlichen Gewährleistung der kommunalen Selbstverwaltungsgarantie.[285]

1. Art. 28 Abs. 2 GG als institutionelle Garantie

Art. 28 Abs. 2 GG wird das Recht auf kommunale Selbstverwaltung für Gemeinden in S. 1 und für Gemeindeverbände in S. 2 entnommen. Der Begriff der Selbstverwaltung[286] erfährt in dieser Norm keine nähere Präzisierung. Die kommunale Selbstverwaltung in Art. 28 Abs. 2 GG ist als institutionelle Garantie in den Ausprägungen einer institutionellen Rechtssubjektsgarantie, einer objektiven Rechtsinstitutionsgarantie sowie einer sub-

---

283 *Schaffarzik,* Europäische Charta der kommunalen Selbstverwaltung, § 24, Rn. 15.
284 *Schmidt,* Kommunale Kooperation, S. 104.
285 *Tettinger,* in: Mann/Püttner (Hrsg.), HdbKWP, 3. Aufl., Bd. 1, § 11, Rn. 2.
286 Zum Begriff der Selbstverwaltung: *Hendler,* in: Isensee/Kirchhof (Hrsg.), HdbStR, Bd. IV, S. 1133 (1133 ff.).

jektiven Rechtsstellungsgarantie ausgestaltet.[287] Die institutionelle Rechtssubjektsgarantie gewährleistet den Bestand der Institution Gemeinde sowie der Gemeindeverbände, nicht hingegen den Bestand einer einzelnen Gemeinde.[288] Die subjektive Rechtsstellungsgarantie bildet die Rechtsschutzkomponente bei einer Verletzung der institutionellen Rechtssubjektsgarantie oder der objektiven Rechtsinstitutionsgarantie.[289] Unter Berufung auf sämtliche Gewährleistungen des kommunalen Selbstverwaltungsrechts stehen Abwehr-, Teilhabe- sowie Unterlassungsansprüche zur Verfügung, die mit verfassungs- und verwaltungsprozessualen Rechtsbehelfen durchgesetzt werden können.[290] Die Garantie kommunaler Selbstverwaltung besitzt Bindungswirkung gegenüber allen Trägern öffentlicher Gewalt mit Auswirkung auch auf das interkommunale Verhältnis.[291]

2. Die gemeindliche Selbstverwaltungsgarantie

Die Rechtsinstitutionsgarantie als zentrale Garantieausweisung des Art. 28 Abs. 2 GG sichert den Gemeinden den in Art. 28 Abs. 2 GG mit »alle Angelegenheiten der örtlichen Gemeinschaft« umschriebenen Aufgabenbestand sowie eine eigenverantwortliche Aufgabenerledigung zu.

a. Inhalt der Selbstverwaltungsgarantie

aa. Angelegenheiten der örtlichen Gemeinschaft

Angelegenheiten der örtlichen Gemeinschaft umfassen solche Aufgaben, die in der örtlichen Gemeinschaft wurzeln oder auf sie einen spezifischen Bezug haben und das Zusammenleben und -wohnen der Menschen in der Gemeinde betreffen.[292] Im Hinblick auf die Einschätzung der örtlichen

---

287 Grundlegend *Stern,* Staatsrecht, Bd. 1, S. 409; *ders.* in: BK, Bd. 6, Art. 28, Rn. 66.

288 *Stern,* in: BK, GG, Bd. 6, Art. 28, Rn. 78; *Kluth,* in: Wolff/Bachof/Stober u. a., VerwR II, § 96, Rn. 54 ff.; *Gebhardt,* Das kommunale Selbstverwaltungsrecht, S. 28.

289 *Henneke,* in: Schmidt-Bleibtreu/Hofmann/Hopfauf, Art. 28, Rn. 45; *Tettinger/Schwarz,* in: v. Mangoldt/Klein/Starck, GG, Bd. 2, Art. 28, Rn. 158; *Nierhaus,* in: Sachs, GG, Art. 28, Rn. 45; *Knemeyer,* in: v. Mutius (Hrsg.), FS v. Unruh, S. 209 (S. 211).

290 *Schoch,* Jura 2001, 121 (125).

291 *Henneke,* in: Schmidt-Bleibtreu/Hofmann/Hopfauf, Art. 28, Rn. 46 ff.

292 *BVerfG,* Urt. v. 30. 7. 1958 – 2 BvG 1/58 –, in: BVerfGE 8, 122 = NJW 1958, 1341 (1342). Der in dieser Entscheidung noch verwendete Zusatz »und von der örtlichen Gemeinschaft eigenverantwortlich und selbstständig bewältigt werden können« hat das Gericht in der Rastede-Entscheidung unter Hinweis darauf zu-

Bezüge einer Aufgabe ist dem Gesetzgeber vor dem Hintergrund, dass die Örtlichkeit für Teilaspekte einer Aufgabe und für unterschiedliche Gemeinden nicht gleichbewertet werden kann, ein Einschätzungsspielraum zuzugestehen.[293] Eine Typisierung ist zulässig und eine individuelle Berücksichtigung jeder Gemeinde nicht erforderlich.[294] Dem Begriff der Angelegenheit der örtlichen Gemeinschaft kommt damit eine doppelte Funktion zu: Die Abgrenzung des gemeindlichen Zuständigkeitsbereichs von der allgemeinen Politik die Zuordnung des Aufgabenspektrums zur grundgesetzlich gewollten Teilnahme der Bürger an der öffentlichen Verwaltung.[295]

bb. Eigenverantwortlichkeit

Eigenverantwortlichkeit umschreibt die Freiheit, unabhängig von Zweckmäßigkeitsvorgaben anderer Hoheitsträger, eigene Entscheidungsspielräume zu besitzen.[296] Die modale Gewährleistung bedingt, dass den Gemeinden ein gewisser Mindestaufgabenbestand zur Verfügung steht, greift aber gleichzeitig weiter als die inhaltliche Autonomie. Die Eigenverantwortlichkeit umfasst nicht nur bestimmte Sachaufgaben, sondern die gesamte Verwaltung einschließlich einem die Aufgabenerfüllung vorgelagerten Raum.[297] In ihr manifestiert sich der Ausdruck der Gemeinden als selbstständiges politisches Gemeinwesen und die lokale Identifikation der politischen Beteiligungsmöglichkeit der Bürger.[298] Unter dem Stichwort der Gemeindehoheiten haben sich einzelne Rechte der Gemeinden zur eigenverantwortlichen Gestaltung herausgebildet. Hierbei handelt es sich um die Personalhoheit, die Gebietshoheit, die Finanzhoheit, die Rechtsetzungshoheit, die Sparkas-

---

rückgenommen, dass es auf die Verwaltungskraft der Gemeinde nicht ankomme, vgl. *BVerfG,* Beschl. v. 23.11.1988 – 2 BvR 1619/83, 1628/83 (»Rastede«) –, in: BVerfGE 79, 127 = NVwZ 1989, 347 (348 f.).

293 *BVerfG,* Beschl. v. 23.11.1988 – 2 BvR 1619/83, 1628/83 (»Rastede«) –, in: BVerfGE 79, 127 = NVwZ 1989, 347 (350).

294 *BVerfG,* Urt. v. 26.10.1994 – 2 BvR 445/91 –, in: BVerfGE 91, 228 = DVBl. 1995, 290 (291); *Tettinger/Schwarz,* in: v. Mangoldt/Klein/Starck, GG, Bd. 2, Art. 28, Rn. 169.

295 *Schoch,* VerwArch 81 (1990), 18 (35).

296 *Schmidt-Aßmann,* in: FS Sendler, S. 121 (132); *Stern,* Staatsrecht, Bd. I, S. 413.

297 *BVerfG,* Beschl. v. 19.11.2002 – 2 BvR 329/97 –, BVerfGE 107, 1 = NVwZ 2003, 850 (852); *BVerfG,* Beschl. v. 7.2.1991 – 2 BvL 24/84 –, BVerfGE 83, 363 = DVBl. 1991, 691 (693).

298 *BVerfG,* Beschl. v. 19.11.2002 – 2 BvR 329/97 –, BVerfGE 107, 1 = NVwZ 2003, 850 (852).

senhoheit[299] sowie die Kooperationshoheit und Organisationshoheit.[300] Letztere erfährt durch staatliche Regelungen eine inhaltliche Ausformung und unterliegt nur einer relativen Gewährleistung. Die mit der Regelungskompetenz des Gesetzgebers verbundene Einflussnahme auf die Gemeinde darf die Gemeinden aber nicht aus ihrer Mitverantwortung zurückdrängen, sondern muss ihnen eine Ausfüllungskompetenz belassen.[301]

b. Schutz der Selbstverwaltungsgarantie

Der Gesetzesvorbehalt des Art. 28 Abs. 2 S. 1 GG erstreckt sich sowohl auf den sachlich-gegenständlichen Bereich der Allzuständigkeit als auch auf das modale Gewährleistungselement der Eigenverantwortlichkeit.[302]

aa. Kernbereich

Der Wesensgehalt ist das Essentiale der verfassungsrechtlich garantierten gemeindlichen Selbstverwaltungsgarantie, das nicht entfernt werden darf, ohne dass Struktur und Typus dieser Institution eine Änderung erfahren.[303] Diesen zentralen Bereich hat die Rechtsprechung mit Kernbereich umschrieben, der die Grenze für die Ausgestaltung der gemeindlichen Selbstverwaltung bildet.[304] Mit Ausnahme der Feststellung, dass der Wesensgehalt der gemeindlichen Selbstverwaltung sich in der Befugnis äußert, alle – nicht bereits anderen Hoheitsträgern durch Gesetz übertragene – Angelegenheiten der örtlichen Gemeinschaft anzunehmen, ist eine nähere Umschreibung

---

299 *Hoppe,* DVBl. 1982, 45 (51).

300 *Knemeyer/Wehr,* VerwArch 92 (2001), 317 (334 f.); *Stern,* in: BK, GG, Bd. 6, Art. 28, Rn. 96 ff.; *Tettinger/Schwarz,* in: v. Mangoldt/Klein/Starck, GG, Bd. 2, Art. 28, Rn. 179 ff.

301 *BVerfG,* Urt. v. 26.10.1994 – 2 BvR 445/91 –, in: BVerfGE 91, 228 = DVBl. 1995, 290 (292); für den Bereich der Organisationshoheit bezieht sich die Eigenverantwortlichkeit auch auf den übertragenen Wirkungskreis, *BVerfG,* Beschl. v. 13.3.2000 – 2 BvR 860/95 –, in: NVwZ 2001, 317 (317).

302 *BVerfG,* Beschl. v. 19.11.2002 – 2 BvR 329/97 –, BVerfGE 107, 1 = NVwZ 2003, 850 (852); *Gebhardt,* Das kommunale Selbstverwaltungsrecht, S. 34.

303 *Stern,* in: BK, GG, Bd. 6, Art. 28, Rn. 123.

304 *BVerfG,* Beschl. v. 23.11.1988 – 2 BvR 1619/83, 1628/83 (»Rastede«) –, in: BVerfGE 79, 127 = NVwZ 1989, 347 (348 f.); BVerfG, Urt. v. 12.07.1960 – 2 BvR 373/60, 2 BvR 442/60 –, in: BVerfGE 11, 266 = DÖV 1960, 705 (705); BVerfG, Beschl. v. 21. 5. 1968 – 2 BvL 2/61 –, in: BVerfGE 23, 353 = NJW 1968, 1619 (1619).

durch das *Bundesverfassungsgericht* unterblieben.[305] Von daher verwundert es nicht, dass das Kriterium des Wesensgehalts sich vielfältiger Kritik ausgesetzt sieht.[306] Ein Grundproblem offenbart sich in der Schwierigkeit, eine geeignete Abgrenzungsformel zur genaueren Bestimmung des unmittelbaren Kernbereichs zu entwickeln. Die Wesensgehaltsgarantie versagt, wenn der Gesetzgeber mit kleinen, »wohl dosierten« Eingriffen das Institut der Selbstverwaltung aushöhlt. Erst bei der positiven Feststellung, dass der verbleibende Aufgabenbestand für die Ausübung der Selbstverwaltung nicht mehr ausreichend ist, greift die Kernbereichsgarantie.[307] Der Kernbereich muss als weitgehend inhaltsloser Begriff bewertet werden.

bb. Randbereich

In Erkenntnis dieses unzureichenden Schutzniveaus betonte das *Bundesverfassungsgericht* die Notwendigkeit eines Vorfeldschutzes des Kernbereichs. Dieser Randbereich zeichnet sich durch ein Aufgabenverteilungsprinzip zugunsten der Gemeinden aus.[308] Das Regel-Ausnahme-Verhältnis entfaltet seine Wirkung auch im kreisangehörigen Raum. Der Zuständigkeitsvorrang zugunsten der kreisangehörigen Gemeinden gegenüber den Kreisen ist laut *Bundesverfassungsgericht* Ausdruck der Stärkung der dezentralen Verwaltungsebene mit den Gemeinden als Keimzelle der Demokratie. Ein Entzug der Aufgaben mit örtlichem Charakter sei nur zulässig, wenn dies Gemeininteressen erforderten, worunter aber die Verwaltungsvereinfachung und Zuständigkeitskonzentration nicht zu fassen seien.[309]

---

305 *BVerfG,* Beschl. v. 23.11.1988 – 2 BvR 1619/83, 1628/83 (»Rastede«) –, in: BVerfGE 79, 127 = NVwZ 1989, 347 (348 f.); bei Gebietsänderungen hat das Bundesverfassungsgericht den Kernbereich der Selbstverwaltung dahingehend bestimmt, dass Neugliederungen nur aus Gründen des öffentlichen Wohls und nur nach Anhörung der betroffenen Gemeinde zulässig sind: *BVerfG,* Beschl. v. 12.5.1992 – 2 BvR 470, 650 und 707/90 –, in: BVerfGE 86, 90 = DVBl. 1992, 960 (961).

306 *Ipsen,* ZG 2004, 194 (195); *Knemeyer,* in: v. Mutius (Hrsg.), FS v. Unruh, S. 209 (215 ff.); *Ehlers,* DVBl. 2000, 1301 (1304); *Schink,* VerwArch 81 (1990), 385 (396 f.); *Rothe,* Kreisgebietsreform, S. 63.

307 *BVerfG,* Beschl. v. 23.11.1988 – 2 BvR 1619/83, 1628/83 (»Rastede«) –, in: BVerfGE 79, 127 = NVwZ 1989, 347 (349).

308 *BVerfG,* Beschl. v. 23.11.1988 – 2 BvR 1619/83, 1628/83 (»Rastede«) –, in: BVerfGE 79, 127 = NVwZ 1989, 347 (349); BVerfG, Beschl. v. 19.11.2002 – 2 BvR 329/97 –, in: BVerfGE 107, 1 = NVwZ 2003, 850 (852); *Möller,* Subsidiaritätsprinzip und kommunale Selbstverwaltung, S. 144.

309 *BVerfG,* Beschl. v. 23.11.1988 – 2 BvR 1619/83, 1628/83 (»Rastede«) –, in: BVerfGE 79, 127 = NVwZ 1989, 347 (349).

cc. Die Anwendbarkeit des Verhältnismäßigkeitsprinzips

Das Kern-/Randbereichsmodell ersetzt in der Rastede-Entscheidung des *Bundesverfassungsgerichts* das Verhältnismäßigkeitsprinzip, das keine Erwähnung findet.[310] In der Literatur hat die Rastede-Entscheidung eine erneute Kontroverse über die Anwendung des Verhältnismäßigkeitsprinzips entfacht.[311] Hinter der unterschiedlichen Beurteilung verbirgt sich auch ein dogmatischer Streit über das grundsätzliche Verständnis der Selbstverwaltungsgarantie in Art. 28 Abs. 2 GG, die nach einer Ansicht nicht mehr als Institutionsgarantie, sondern als subjektives Recht aufzufassen sei.[312] Trotz einiger Einwände[313] ist die Beurteilung einer »vertretbaren« Ausfüllung des gemeindlichen Selbstverwaltungsrechts eine selbstverwaltungsspezifische Verhältnismäßigkeitsprüfung. Wenn das *Bundesverfassungsgericht* formuliert, dass Wirtschaftlichkeitserwägungen dann einen Aufgabenentzug rechtfertigen, wenn die gemeindliche Aufgabenzuständigkeit zu einem »unverhältnismäßigen« Kostenanstieg führen würde[314], steht mehr die Auseinandersetzung um Begrifflichkeiten als der Unterschied des Prüfungsmaßstabs im Raum.

310 Nach der vom Bundesverfassungsgericht vertretenen Auffassung zeichne sich das Verhältnismäßigkeitsprinzip durch eine, die individuelle Rechts- und Freiheitssphäre verteidigende Situation aus, die nicht auf Kompetenzabgrenzungen übertragbar sei, *BVerfG,* Urt. v. 22.5.1990 – 2 BvG 1/88 –, in: BVerfGE 81, 310 (338) = NVwZ 1990, 955 (959). Anders stellt sich die Rechtsprechung nur für Beschränkungen der Selbstverwaltungsgarantie von einzelnen Gemeinden dar. Zumindest bei Eingriffen in die Planungshoheit hat das BVerfG das Verhältnismäßigkeitsprinzip herangezogen, vgl. *BVerfG,* Beschl. v. 7.10.1980 – 2 BvR 584/76 –, in: BVerfGE 56, 298 (313 f.) = DVBl. 1981, 535 (536); *BVerfG,* Beschl. v. 17.7.1996 – 2 BvF –, in: BVerfGE 95, 1 (26) = DVBl. 1997, 43 (45).

311 Gegen eine Anwendbarkeit des Verhältnismäßigkeitsprinzips: *Clemens,* NVwZ 1990, 834 (835); *Schmidt-Aßmann* in: FS Sendler, S. 121 (137); *Frenz,* Verw. 28 (1995), 33 (58 ff.); für eine Anwendbarkeit sprechen sich aus: *Ehlers,* in: ders./ Krebs (Hrsg.), Grundfragen des Verwaltungsrechts und des Kommunalrechts, S. 58 (83 ff.); *Erichsen,* Kommunalrecht NRW, S. 375; *Blümel,* in: v. Mutius (Hrsg.), FS v. Unruh, S. 265 (284).

312 *Kenntner,* DÖV 1998, 701 (706); *Ipsen,* ZG 1994, 194 (195 ff.).

313 *Ehlers,* in: ders./Krebs (Hrsg.), Grundfragen des Verwaltungsrechts und des Kommunalrechts, S. 58 (68); *Schmidt-Aßmann,* in: FS Sendler, S. 121 (136), sehen für eine Anwendbarkeit des Verhältnismäßigkeitsgrundsatzes bei einer Institutionsgarantie keinen Raum.

314 *BVerfG,* Beschl. v. 23.11.1988 – 2 BvR 1619/83, 1628/83 (»Rastede«) –, in: BVerfGE 79, 127 = NVwZ 1989, 347 (351); *Kronisch,* Aufgabenverlagerung und gemeindliche Aufgabengarantie, S. 69, bewertet diese Formulierung als Kennzeichen einer Angemessenheitsprüfung.

3. Die kreisliche Selbstverwaltungsgarantie

a. Aufgabenverteilungsprinzip

28 Abs. 2 S. 2 GG weist für die Kreise ebenfalls eine Rechtssubjektsgarantie, eine Rechtsinstitutionsgarantie sowie eine subjektive Rechtsstellungsgarantie aus.[315] Die Rechtsinstitutionsgarantie ist in Ansehnung des Aufgabenverteilungsprinzips mit dem Makel des Rangverhältnisses zu Lasten der Kreise versehen. In bewusster Abkehr vom Komplementärmodell des *Bundesverwaltungsgerichts*[316] verweist das *Bundesverfassungsgericht* bei Gemeindeverbänden zwar auf die demokratisch gewählte Vertretung, die in ihrer Bedeutung nahe an eine Allzuständigkeit heranreichen, um sogleich das als maßgeblich erachtete Argument vorzubringen, dass den Gemeindeverbänden anstatt eines universellen nur ein gesetzlich ausgeformter Aufgabenbereich verbleibt.[317]

b. Schutz vor Aufgabenentziehung

Das *Bundesverfassungsgericht* hat über die Ausprägung des Aufgabenverteilungsprinzips hinaus keine nähere Ausformung der den Kreisen verbleibenden Selbstverwaltungsaufgaben vorgenommen. Allerdings, so das Gericht, sei den Gemeindeverbänden ein bestimmter Bestand an Selbstverwaltungsaufgaben mit der Befugnis zur eigenverantwortlichen Aufgabenerledigung zuzuweisen.[318] Ferner besitze der Kreis eine Ergänzungs- und Ausgleichsfunktion.[319] Diese Rechtsprechung wurde von Teilen der Literatur im Hinblick auf den Entzug von Aufgaben aber nicht als Hindernis angesehen, um dem aufgabenverteilenden Gesetzgeber die Befugnis zu verleihen, jede den Kreisen zugewiesene Aufgabe durch einen actus contrarius auch wieder zu entziehen.[320] Abgesehen von einem Mindestbestand

---

315 *Schmidt-Aßmann/Röhl,* in: Schmidt-Aßmann/Schoch, Besonderes Verwaltungsrecht, 1. Kap., Rn. 137 ff.; *Gern,* Deutsches Kommunalrecht, Rn. 95 ff.; *Beutling,* Ergänzungs- und Ausgleichsaufgaben der Kreise, S. 58 ff.

316 *BVerwG,* Urt. v. 4.8.1983 – 7 C 2.81 –, in: DVBl. 1983, 1152 (1153); vgl. bereits vorher *Friauf/Wendt,* Rechtsfragen der Kreisumlage, S. 8 f.

317 *BVerfG,* Beschl. v. 23.11.1988 – 2 BvR 1619/83, 1628/83 (»Rastede«) –, in: BVerfGE 79, 127 = NVwZ 1989, 347 (350); *Tettinger* in: Mann/Püttner (Hrsg.), HdbKWP, 3. Aufl., Bd. 1, § 11, Rn. 39.

318 *BVerfG,* Beschl. v. 7.2.1991 – 2 BvL 24/84 –, BVerfGE 83, 363 = DVBl. 1991, 691 (693).

319 *BVerfG,* Beschl. v. 23.11.1988 – 2 BvR 1619/83, 1628/83 (»Rastede«) –, in: BVerfGE 79, 127 = NVwZ 1989, 347 (350).

320 *Wächter,* Kommunalrecht, Rn. 178; *Bovenschulte,* Gemeindeverbände, S. 222.

an Selbstverwaltungsangelegenheiten besitze der Gesetzgeber eine weitreichende Umgestaltungsbefugnis.[321] Diese Ansicht ist 2007, unter Änderung seiner bisherigen Rechtsprechung, durch das Bundesverfassungsgericht bestätigt worden.[322] Den Gemeindeverbänden stehe in der Regel kein Abwehranspruch gegen eine Veränderung des gesetzlichen Aufgabenbestands zu, da eine Änderung des Aufgabenbestands nur eine neue Umschreibung seines Umfangs darstelle.[323]

Es besteht eine Rückbindung des Selbstverwaltungsrechts der Kreise an das Partizipationsrecht der Bürger, welches nicht nur bei einer Verlagerung auf nicht direkt demokratisch legitimierte Aufgabenträger zur Anwendung kommt. Die in Art. 28 Abs. 1 S. 2 GG verankerte demokratische Legitimation als wesentliche Säule des Selbstverwaltungsrechts der Kreise ist abhängig vom Umfang des Aufgabenbestands.[324] Im Rahmen der kommunalen Verfassungsbeschwerde machen die Kreise nicht nur ihr eigenes institutionelles Recht geltend, sondern verteidigen zugleich die Partizipationsrechte der Bürger. Das demokratische Fundament der zugewiesenen Kreisaufgaben verlangt denselben Schutzmaßstab wie bei einem Aufgabenentzug von der Gemeindeebene. Als Einschränkung bei Aufgabenverlagerungen im Verhältnis zwischen Kreis und kreisangehöriger Gemeinde gilt für den zuteilenden Gesetzgeber die Prämisse des Aufgabenverteilungsprinzips.

III. Selbstverwaltungsgarantie nach Art. 78 Abs. 2 LV

1. Verhältnis von Art. 78 Abs. 2 LV zu Art. 28 Abs. 2 GG

Art. 28 Abs. 2 GG stellte eine Mindestgewährleistung auf, die von den landesverfassungsrechtlichen Gewährleistungen nicht unterlaufen werden darf.[325] Sofern die Landesverfassung einen geringeren Schutz gewährt, tritt Art. 28 Abs. 2 GG ergänzend hinzu und vervollständigt die Gewährleis-

321 *Nierhaus,* in: Sachs, GG, Art. 28, Rn. 81.

322 *BVerfG,* Urt. v. 20.12.2007 – 2 BvR 2433/04 (Hartz IV-Arbeitsgemeinschaften) –, NVwZ 2008, 183 (184).

323 *BVerfG,* Urt. v. 20.12.2007 – 2 BvR 2433/04 (Hartz IV-Arbeitsgemeinschaften) –, NVwZ 2008, 183 (184).

324 *Kluth,* ZG 2008, 292 (301).

325 *Knemeyer,* in: v. Mutius (Hrsg.), FS v. Unruh, S. 209 (214); *Stern,* in: BK, GG, Bd. 6, Art. 28, Rn. 178; *Waechter,* Kommunalrecht, Rn. 169 a; *Tettinger,* in: Löwer/ders., Verfassung NRW, Art. 78, Rn. 12; *v. Mutius,* Gutachten Juristentag, S. E 46.

tungsdefizite.[326] Aus der Umschreibung als Mindestgewährleistung lässt sich entnehmen, dass die Landesverfassung über die Garantien des Grundgesetzes hinausgehen darf.[327] Der Homogenitätsklausel des Art. 28 Abs. 1 S. 1 GG entspringt die Forderung nach einem bundeseinheitlichen Mindeststandard, der aber nicht mit Uniformität oder Konformität gleichzusetzen ist.[328]

2. Gewährleistungsumfang des Art. 78 Abs. 2 LV

Art. 78 Abs. 2 LV bestimmt Gemeinden und Gemeindeverbände in ihrem Gebiet zu alleinigen Trägern der öffentlichen Verwaltung. Nach dem Wortlaut ist der Gewährleistungsumfang im Hinblick auf die Gemeindeverbände weitreichender als bei Art. 28 Abs. 2 GG. Dies erfordert die Untersuchung, welchen Schutzumfang sowie welche Abgrenzung gemeindlicher und kreislicher Wirkungskreis zueinander aufweisen.

a. Selbstverwaltungsgarantie der Gemeindeverbände

Die Frage nach Unterschieden von Art. 78 Abs. 2 LV zu Art. 28 Abs. 2 S. 2 GG beantwortet der *Verfassungsgerichtshof Nordrhein-Westfalen* mit Teilen der Literatur dahingehend, dass der Gewährleistungsumfang für Gemeindeverbände keine Erweiterung aufweise.[329] Weder aus Art. 28 Abs. 2 GG noch Art. 78 Abs. 2 LV lasse sich ein bestimmter Aufgabenbereich entnehmen.[330] Die Verfassungsnorm enthalte nur eine Zuständigkeitszuweisung als alleiniger Verwaltungsträger im kommunalen Raum, nicht hingegen eine Garantie für die Universalität des Wirkungskreises sowohl für Gemeinden als auch für Gemeindeverbände.[331] Einer Deutung als Aufgabenzuweisungsregelung stehe entgegen, dass Art. 78 Abs. 2 LV keine Kriterien für die Kompetenzabgrenzung zwischen Gemeinden und Kreisen enthalte.[332]

---

326 *Stern,* in: BK, GG, Bd. 6, Art. 28, Rn. 179; vgl. dazu auch *BVerfG,* Beschl. v. 29.1.1974 – 2 BvN 1/69 –, in: NJW 1974, 1181 (1182).

327 *Waechter,* Kommunalrecht, Rn. 169 a.

328 *Bovenschulte,* Gemeindeverbände, S. 232.

329 *VerfGH* NRW, Urt. v. 13.8.1996 – VerfGH 23/94 –, in: NWVBl. 1996, 426 (428); *VerfGH NRW,* – VerfGH 28/00 und 30/00 –, in: NWVBl. 2001, 340 (343 f.).

330 *VerfGH* NRW, Urt. v. 13.8.1996 – VerfGH 23/94 –, in: NWVBl. 1996, 426 (428).

331 *VerfGH NRW,* – VerfGH 28/00 und 30/00 –, in: NWVBl. 2001, 340 (343 f.).

332 *Lusche,* Selbstverwaltungsaufgaben der Landkreise, S. 106.

Diesen Thesen ist, zugunsten einer Gewährleistung der Allzuständigkeit auch für die Gemeindeverbandsebene, zu Recht entgegengehalten worden, dass die fehlende Möglichkeit einer Ableitung des Aufgabenkreises aus dem Wortlaut eine Unterscheidung nicht unmöglich macht.[333] Der vermeintliche Widerspruch löst sich auf, wenn die Vorgaben des Art. 28 Abs. 2 GG Beachtung finden. Das Aufgabenverteilungsprinzip des Bundesverfassungsgerichts aus der Rastede-Entscheidung muss zu Art. 78 Abs. 2 LV hinzugezogen werden.[334] Der zugunsten der Gemeinden in Art. 28 Abs. 2 S. 1 GG verortete Schutz wird somit nicht unterlaufen, gleichzeitig kann eine Universalität der verfassungsrechtlichen Kreisaufgaben aufrecht erhalten bleiben. Die Allzuständigkeit der Gemeindeverbände reicht bis zur Allzuständigkeit der Gemeinden.[335] Hinsichtlich eines Aufgabenentzugs sind bei Kreisaufgaben die gleichen Maßstäbe anzusetzen wie bei gemeindlichen Aufgaben.

b. Art. 78 Abs. 2 LV als Ausprägung der monistischen Aufgabenordnung

Die Reichweite des landesverfassungsrechtlichen Schutzgehaltes bei der für das gestufte Aufgabenmodell wichtigen Gruppe der Pflichtaufgaben zur Erfüllung nach Weisung ist davon abhängig, ob und inwieweit die nordrhein-westfälische Verfassung dem sog. Weinheimer Entwurf gefolgt ist.

---

333 *Krüger,* NWVBl. 1987, 97 (101); *Leidinger,* NWVBl. 1991, 325 (329); *Dietlein,* in: ders./Burgi/Hellermann, Öffentliches Recht in NRW, § 1, Rn. 194; *Fleck,* in: Geller/ Kleinrahm/ders., Landesverfassung NRW, 2. Aufl., Art. 78, Anm. 6 c; *Sundermann,* Kommunalverfassung NRW, Kap. B, Rn. 35; *Brems,* Aufgabenverlagerung auf die Kommunen, S. 116.

334 *Oebbecke,* GVR NRW, Rn. 38 ff: Art. 28 Abs. 2 ist in Art. 78 »einzulesen«. *Tepe,* Zuständigkeitsverlagerungen zwischen Gemeindeverbandsebenen, S. 77; *Krüger* NWVBl. 1987, 97 (101); *Erichsen,* Kommunalrecht NRW, S. 361; *Leidinger,* NWVBl. 1991, 325 (329).

335 *Fleck,* in: Geller/Kleinrahm/ders., Landesverfassung NRW, 2. Aufl., Art. 78, Anm. 6 c, der allerdings noch nicht auf das Aufgabenverteilungsprinzip, sondern u. a. auf die nach der Rastede-Entscheidung nicht mehr haltbare Leistungskraft als Abgrenzungskriterium abstellt. Generell ist zu fragen, ob bei der Begrenzung der verfassungsrechtlichen Kreisaufgaben in Richtung der gemeindlichen Ebene noch von einer »Allzuständigkeit« zu sprechen ist oder nicht eher von einer universalen Wirkungskreisgarantie.

aa. Das Aufgabensystem nach dem Weinheimer Entwurf

Der Aufgabendualismus mit der Unterscheidung in staatliche und kommunale Aufgaben hat seinen Ursprung im 19. Jahrhundert.[336] Der Weinheimer Entwurf vom 3.7.1948[337] sah eine Überwindung dieser Zweiteilung der Aufgabenstruktur vor. Die Neubestimmung der kommunalen Aufgabenordnung beruhte auf dem Grundgedanken einer sach- und bürgernahen Verwaltung mit gleichzeitigen Einspareffekten bei staatlichen Behörden auf der kommunalen Ebene.[338] Gleichzeitig wurde hervorgehoben, dass die demokratische Legitimation der Gemeinde als Gebietskörperschaft der Rolle eines bloßen Ausführungsorgans von Staatsaufträgen entgegensteht.[339] So bestimmte § 2 Abs. 1 des Entwurfs[340]: »Die Gemeinden verwalten in ihrem Gebiet alle öffentlichen Aufgaben unter eigener Verantwortung.«

bb. Die Umsetzung in Art. 78 LV

Zur Klärung der Reichweite der Aufgabengewährleistung trägt das Verständnis von Art. 78 Abs. 3 und 4 LV bei. Trotz gelegentlicher Zweifel[341] ist in Art. 78 LV eine Verwirklichung der Ziele des Weinheimer Entwurfs zu erblicken.[342] Der Vorbehalt eines Weisungsrechts in Art. 78 Abs. 4 S. 2 LV und damit die Unterteilung der Pflichtaufgaben in weisungsgebundene und weisungsfreie ergibt nur Sinn, wenn dem monistischen Entwurf

---

336 *Pagenkopf,* Kommunalrecht, S. 168.

337 Benannt nach dem Konferenzort Weinheim an der Bergstraße, in dem die Beratungen zwischen Ländern-Innenministerien und den kommunalen Spitzenverbänden zur Verabschiedung eines gemeinsamen Entwurfs einer Gemeindeordnung stattfanden, dazu ausführlich *Vietmeier,* Staatliche Aufgaben der Kommunen, S. 56.

338 *Stober,* Kommunalrecht, S. 33; dem Weinheimer Entwurf sind die Bundesländer Baden-Württemberg, Brandenburg, Bremen, Hessen, Nordrhein-Westfalen, Sachsen und Schleswig-Holstein gefolgt, ausführlich *Henkel,* Kommunalisierung von Staatsaufgaben, S. 76 ff.

339 *Brems,* Aufgabenverlagerung auf die Kommunen, S. 121; *Möller,* Subsidiaritätsprinzip und kommunale Selbstverwaltung, S. 159 ff.

340 Auszugsweise abgedruckt bei *Vietmeier,* Staatliche Aufgaben der Kommunen, S. 56 f., und *Pagenkopf,* Kommunalrecht, S. 168.

341 *Schmitt-Kammler,* in: Burmeister (Hrsg.), FS Stern, S. 763 (770 f.).

342 *VerfGH* NRW, Urt. v. 15.2.1985 – VerfGH 17/83 –, in: DVBl. 1985, 685 (687); *VerfGH* NRW, Urt. v. 9.7.1998 – VerfGH 16/96 –, in: NVwZ-RR 1999, 81 (84); *Brems,* Aufgabenverlagerung auf die Kommunen, S. 122 ff.; *Erichsen,* Kommunalrecht NRW, S. 68 f.; *Wansleben,* in: Held/Becker u. a., KVR, Bd. 2, § 2 KrO, Erl. 3.1.

entsprochen wird.[343] Ein Vergleich des Weinheimer Entwurfs mit Art. 78 LV bringt die weitreichende Übereinstimmung im Wortlaut hervor. Ebenso deutlich offenbart die kommunalverfassungsrechtliche Aufgabenzuweisung in §§ 2, 3 und 116 GO sowie in § 2 Abs. 1 KrO die Orientierung am Weinheimer Entwurf. Ferner sieht Art. 78 Abs. 3 LV einen Gesetzesvorbehalt vor, der es dem Gesetzgeber ermöglicht, die Aufgaben auf Grund ihrer Bedeutung oder spezifischen Anforderungen einer höheren Ebene zuzuweisen.

cc. Die Auswirkungen des Weisungsrechts bei Pflichtaufgaben zur Erfüllung nach Weisung

Schon der Weinheimer Entwurf sah in § 3 die Möglichkeit vor, Pflichtaufgaben mit einem Weisungsrecht zu versehen, um der Notwendigkeit einer staatlichen Einflussnahme in bestimmten Bereichen gerecht zu werden.[344] Dieser in Art. 78 Abs. 4 S. 2 LV verankerte Weisungsvorbehalt und die daraus entstandene Aufgabenart der Pflichtaufgaben zur Erfüllung nach Weisung kollidieren mit dem Selbstverwaltungsbegriff des Art. 28 Abs. 2 GG.

(1) Pflichtaufgaben zur Erfüllung nach Weisung als »Selbstverwaltungsaufgaben«

Der im Weisungsrecht manifestierte, verbliebene staatliche Einfluss hat zu einem breiten Meinungsspektrum bei der dogmatischen Einordnung der Pflichtaufgaben zur Erfüllung nach Weisung geführt. Die vertretenen Ansichten lassen sich im Wesentlichen auf drei Modelle[345] zusammenführen. Zum einen werden die Pflichtaufgaben nach Weisung weiterhin als Auftragsangelegenheiten angesehen[346] oder unter dem Begriff der kommunalen Fremdverwaltung[347] zusammengefasst. Als Aufgabenart sui generis,

343 *Erichsen,* Kommunalrecht NRW, S. 69; *Vietmeier,* Staatliche Aufgaben der Kommunen, S. 58 f., 107, der dazu auch die Ausführungen des Abgeordneten Scholtissek im Verfassungsausschuss des Landtages wiedergibt.

344 S. oben Fn. 340.

345 Vgl. zu den einzelnen Unteransichten: *Vietmeier,* Staatliche Aufgaben der Kommunen, S. 58 f.; *Schönenbroicher,* in: Heusch/ders., Landesverfassung NRW, Art. 78, Rn. 66.

346 *Gönnenwein,* Gemeinderecht, S. 105 f.

347 *Wolffgang,* Interkommunales Zusammenwirken, S. 68 ff.; zu den Unterschieden zwischen den beiden Unteransichten: *Vietmeier,* Staatliche Aufgaben der Kommunen, S. 71 f.; *Brems,* Aufgabenverlagerung auf die Kommunen, S. 136 ff.

die weder Selbstverwaltungsangelegenheit noch Auftragsangelegenheit sei, bewertete das Oberverwaltungsgericht Münster zwischenzeitlich diesen Aufgabentyp.[348] Von dieser Ansicht ist das Gericht 1995 abgerückt und hat sich den Vertretern der Selbstverwaltungsthese angeschlossen.[349]

Zum Verständnis des Weisungsrechts ist zu klären, welche Zielsetzung es verfolgt. Es bedarf eines zwingenden Weisungsrechts, wenn höherrangiges Recht dem Land eine besondere Verantwortung für die Aufgabenerledigung zuweist.[350] Für alle anderen Fälle kann der Gesetzgeber ein Weisungsrecht statuieren, wenn er ein Rechtfertigungserfordernis für die Abweichung von der eigenverantwortlichen Wahrnehmung vorbringt, wobei ein weiter Einschätzungsspielraum zuzuerkennen ist.[351] Von einer auf die kommunale Ebene reichenden »Behörden-Hierarchie« kann keine Rede sein.[352] Der Weinheimer Entwurf begründet eine Organisationsmaxime. Das Weisungsrecht als Reservekompetenz des Landes hat nicht eine ausschließliche Verminderung der kommunalen Steuerung zur Folge, sondern erweitert sie gleichzeitig, indem Bedenken des Landesgesetzgebers an der Eignung zur Kommunalisierung durch die verbleibende Einflussnahme kompensiert werden. Ein Unterlaufen des Selbstverwaltungsrechts aus Art. 28 Abs. 2 S. 1 GG findet nicht statt. Die Einräumung eines Weisungsrechts vermindert das »gesetzgeberische Misstrauen« gegenüber der kommunalen Eigenverantwortlichkeit.

(2) Originäres oder gesetzlich begründetes Selbstverwaltungsrecht

Bei Pflichtaufgaben zur Erfüllung nach Weisung ist des Weiteren von Bedeutung, wie sich die Einstufung als »Selbstverwaltungsaufgabe« für die Beurteilung des Aufgabenentzugs auswirkt. Im Mittelpunkt steht die Frage nach einer Transformationswirkung des landesrechtlichen, monistischen

---

348 *OVG* Münster, Urt. v. 15.7.1958 – VII A 1063/56 –, in: OVGE 13, 356 (359); in diese Richtung auch *Schmitt-Kammler,* in: Burmeister (Hrsg.), FS Stern, S. 763 (765 ff.).

349 *OVG* Münster, Beschl. v. 16.3.1995 – 15 B 28369/93 –, in: NWVBl. 1995, 300 (301); *Riotte/Waldecker,* NWVBl. 1995, 401 (401ff.); *Vietmeier,* Staatliche Aufgaben der Kommunen, S. 78 ff.; *Brems,* Aufgabenverlagerung auf die Kommunen, S. 145; *Erichsen,* Kommunalrecht NRW, S. 70.

350 Z. B. die Kommunalaufsicht, § 78 Abs. 4 S. 1 LV; vgl. dazu *Henkel,* Kommunalisierung von Staatsaufgaben, S. 241 mit weiteren Beispielen.

351 *Henkel,* Kommunalisierung von Staatsaufgaben, S. 246 f.

352 So aber *Schmitt-Kammler,* in: Burmeister (Hrsg.), FS Stern, S. 763 (770).

Aufgabensystems dergestalt, dass weisungsgebundene Aufgaben auch materiell zu Selbstverwaltungsaufgaben werden.

Nach Auffassung des *Verfassungsgerichtshofs Nordrhein-Westfalens* und Teilen der Literatur bestehe die Selbstverwaltung bei Pflichtaufgaben zur Erfüllung nach Weisung in der gesetzlichen Beschränkung von Weisungsrechten und führe keine Transformationswirkung herbei.[353] Art. 78 Abs. 4 S. 2 LV errichte für das gegenstandsbezogene Weisungsrecht eine äußere Ingerenzgrenze.[354]

Demgegenüber wird die Umsetzung des monistischen Modells in Art. 78 LV nicht nur auf die eigenverantwortliche Wahrnehmung, sondern auch auf den Gegenstand der Wahrnehmung erstreckt.[355] Aus Art. 78 Abs. 4 S. 2 LV lässt sich herauslesen, dass Pflichtaufgaben zur Erfüllung nach Weisung eine Unterkategorie von Pflichtaufgaben sind und kein aliud zu diesen.[356] Ausgehend von der Prämisse des Weinheimer Modells, die Erfahrungen eines zentralistischen Modells zu überwinden und die Gemeinden als Zentrum demokratischen Lebens zu gestalten[357], greift ein formelles Selbstverwaltungsverständnis zu kurz. Das Landesverfassungsrecht wäre mit einem Systemwiderspruch belastet, wenn einerseits ein Kommunalisierungsgebot für den Landesgesetzgeber besteht, auf der anderen Seite aber Pflichtaufgaben zur Erfüllung nach Weisung beliebig wieder entziehbar sind.[358] Der Aufgabentyp stellt keine Experimentiermasse für den Landesgesetzgeber dar. Bei der Zuweisung einer Aufgabe auf die gemeindliche oder kreisliche Ebene als Pflichtaufgabe zur Erfüllung nach Weisung ist ein Entzug rechtfertigungsbedürftig. Möchte der Landesgesetzgeber eine begründungsfreie Disponierbarkeit für eine seiner Einschätzung nach (kreis)überörtliche Aufgabe behalten, muss er beispielsweise auf das Institut der Organleihe zurückgreifen, wenn eine Aufgabe nicht von Landesbehörden wahrgenom-

353 *VerfGH NRW* – VerfGH 28/00 und 30/00 –, in: NWVBl. 2001, 340 (345); *Vietmeier,* Staatliche Aufgaben der Kommunen, S. 96.

354 *Löwer,* Stellungnahme der LReg NRW im Verfahren VerfGH 28/00 u. 30/00, LT-Drs. 13/693, S. 9 ff.

355 *Henneke,* ZG 2002, 72 (100); *Erichsen,* Kommunalrecht NRW, S. 70; *Ehlers,* DVBl. 2001, 1601 (1603); *Wansleben,* in: Held/Becker u. a., KVR, Bd. 2, § 2 KrO, Erl. 8.1; *Riotte/Waldecker,* NWVBl. 1995, 401 (405); *Brems,* Aufgabenverlagerung auf die Kommunen, S. 145 ff.; vgl. für Art. 97 *VerfGH Bbg,* LVerfGE 5, 79 (88).

356 *Wansleben,* in: Held/Becker u.a., KVR, Bd. 2, § 2 KrO, Erl. 8.1; *Henneke,* ZG 2002, 72 (100).

357 *Schmidt-Eichstaedt,* in: Püttner (Hrsg.), HdbKWP 2. Aufl., Bd. 3, S. 17; *Möller,* Subsidiariätsprinzip und kommunale Selbstverwaltung, S. 165.

358 *Henkel,* Kommunalisierung von Staatsaufgaben, S. 299.

men werden soll. Allerdings ist die im Weisungsrecht verbleibende Kompetenz des Gesetzgebers beim Schutzniveau zu berücksichtigen. Die Begründungsanforderungen bei einem Aufgabenentzug von der Kreisebene sind bei Pflichtaufgaben zur Erfüllung nach Weisung geringer als bei pflichtigen Selbstverwaltungsaufgaben. Letzteren kommt wiederum gegenüber den freiwilligen Selbstverwaltungsaufgaben ein geringes Schutzniveau zu.[359]

B. Rangverhältnis zwischen gemeindlicher Kooperationshoheit und Aufgabenwahrnehmung der Kreise?

Die aufgezeigte verfassungsrechtliche Ausgangslage, insbesondere das Aufgabenverteilungsprinzip zwischen Kreisen und Gemeinden, ist vor dem Hintergrund der Rechtsposition einer einzelnen kreisangehörigen Gemeinde vorgenommen worden. Die Beurteilung der Herabzonung von Aufgaben im Anwendungsbereich des § 4 GO erfolgt unter dem Gesichtspunkt, ob die Zusammenarbeit von Gemeinden eine andere Bewertung der verfassungsrechtlichen Maßstäbe herbeiführt.

I. Aus den Erfordernissen zur Gebietsreform ableitbare verfassungsrechtliche Maßstäbe

Während der Terminus »Gebietsreform« die Veränderung des territorialen Zuschnitts innerhalb von bestehenden Verwaltungsstrukturen beschreibt[360], ist Funktionalreform die Verlagerung von Aufgaben bzw. die Überprüfung und Neuzuordnung von Verwaltungszuständigkeiten auf verschiedene staatliche und kommunale Ebenen.[361] Gebietsreform und Funktionalreform stehen in einem engen Zusammenhang, wobei die Funktionalreform als Fortsetzung der Gebietsreform dieser oftmals nachfolgt.[362] Insbesondere bei Einkreisungen können sich Gebiets- und Funktionalreform überschnei-

---

359 *Gebhardt,* Das kommunale Selbstverwaltungsrecht, S. 107; *Tepe,* Zuständigkeitsverlagerungen zwischen Gemeindeverbandsebenen, S. 102 f.

360 *Henneke,* in: Mecking/Oebbecke (Hrsg.), Zwischen Effizienz und Legitimiät, S. 213 (213).

361 *Stüer,* Funktionalreform und kommunale Selbstverwaltung, S. 18 ff.; *Siedentopf,* in: difu (Hrsg.), Funktionalreform in NRW, S. 7 (7 f.).

362 *Andriske,* Aufgabenneuverteilung im Kreis, S. 25; *Stüer,* Funktionalreform und kommunale Selbstverwaltung, S. 23.

den.[363] Die Nähe beider Reformmaßnahmen und dasselbe Schutzgut der kommunalen Selbstverwaltungsgarantie legen es nahe, für die Gebietsreform entwickelte verfassungsrechtliche Maßstäbe auch im Rahmen der Funktionalreform zu berücksichtigen, sofern eine Übertragbarkeit der Grundsätze möglich ist.[364] Die wesentlichen bundes- und landesverfassungsrechtlichen Anforderungen für Gebietsreformen bestehen in einem Anhörungsgebot, dem Gemeinwohlvorbehalt, einer Motiv-, Ziel- und Prognosekontrolle, dem Abwägungsgebot sowie einer Eignungs- und Verhältnismäßigkeitsprüfung.[365] Für die Funktionalreform ist dieses Prüfungschema für Eingriffe in den Randbereich der kommunalen Selbstverwaltung durch Aufgabenverlagerungen ebenfalls heranzuziehen.[366] Das Prüfprogramm entfaltet für den Landesgesetzgeber bei der Neugestaltung der Zusammenarbeitsmodelle im gestuften Modell Wirkung. Hierauf wird bei den einzelnen verfassungsrechtlichen Maßstäben eingegangen. Da die neu geschaffenen Regelungen in § 4 GO aber nur eine Ermächtigungsgrundlage für die Kommunen zur Verfügung stellen, Aufgabenverlagerungen vorzunehmen, muss auch über die Genehmigungsvorbehalte für Anträge auf Mittlere und Große kreisangehörige Städte sowie für öffentlich-rechtliche Vereinbarungen als der eigentliche Übertragungsakt eine entsprechende Kurzversion dieses Prüfungsprogrammes Berücksichtigung finden.

II. Reichweite der Kooperationshoheit

Die Organisationshoheit von Gemeinden und Gemeindeverbänden bildet ein Teilelement der Eigenverantwortlichkeit nach Art. 28 Abs. 2 GG und Art. 78 Abs. 2 LV.[367] Diese beschränkt sich nicht auf Angelegenheiten der örtlichen Gemeinschaft, sondern gilt auch für den übertragenen Wir-

---

363 Beispiel bei *Stüer,* Funktionalreform und kommunale Selbstverwaltung, S. 25.

364 *Stüer,* Funktionalreform und kommunale Selbstverwaltung, S. 138.

365 *Gebhardt,* Das kommunale Selbstverwaltungsrecht, S. 57 ff.; *Wallerath,* in: Butzer (Hrsg.), FS Schnapp, S. 695 (701).

366 *Stüer,* Funktionalreform und kommunale Selbstverwaltung, S. 303 ff.

367 *BVerfG,* Urt. v. 26.10.1994 – 2 BvR 445/91 –, in: BVerfGE 91, 228 = DVBl. 1995, 290 (292); *Suerbaum,* in: Oebbecke/Ehlers/Klein u. a., Kommunale Kooperation und Verwaltungsreform, S. 49 (54); *Schaffarzik,* Europäische Charta der kommunalen Selbstverwaltung, § 23, Rn. 7, ordnet die Organisationshoheit als Attribut der verfassungsunmittelbar bestimmten Rechtssubjektivität der Kommunen ein und nicht als Bestandteil der grundgesetzlichen Selbstverwaltungsgarantie.

kungskreis, jedoch nur mit einer relativen Gewährleistung.[368] Eine Ausprägung der Organisationshoheit stellt die Kooperationshoheit dar.[369] Die Entscheidung zur Kooperation ist ein Ausdruck von organisatorischen Zweckmäßigkeitsüberlegungen und wird im Rahmen der Gesamtorganisation einer Aufgabe getroffen.[370]

1. Negative Kooperationshoheit

Die negative Kooperationshoheit ist Garant für eine positive Kooperationshoheit, da sie Gemeinden und Gemeindeverbänden das Recht gewährleistet, keine Kooperationen eingehen zu müssen und die Entscheidung der Gemeinde für eine alleinige oder gemeinsame Aufgabenerfüllung offen hält.[371] Allerdings ist die Freiheit nicht schrankenlos gewährleistet. Durch Gesetz kann ein Zwang zur Zusammenarbeit vorgesehen werden.[372] Zwangskooperationen lassen den Aufgabentypus unangetastet, bewirken

---

368 *BVerfG,* Urt. v. 13.3.2000 – 2 BvR 860/95 –, in: NVwZ 2001, 317 (317); *BVerfG,* Urt. v. 26.10.1994 – 2 BvR 445/91 –, in: BVerfGE 91, 228 = DVBl. 1995, 290 (291 ff.): Relative Gewährleistung bedeutet, dass den Gemeinden hinsichtlich der inneren Organisation ein Organisationsspielraum und Grundbestand an organisatorischer Ausgestaltung verbleiben muss. Bei Einhaltung dieses Gewährleistungsmaßstabs findet keine weitere Kontrolle der Organisationsentscheidung des Gesetzgebers statt.

369 *BVerfG,* Beschl. v. 27.11.1986 – 2 BvR 1241/82 –, in: NVwZ 1997, 123 (124); *Henneke,* in: Schmidt-Bleibtreu/Hofmann/Hopfauf, Art. 28, Rn. 82; *Schmidt-Jortzig,* in: v. Mutius (Hrsg.), FS v. Unruh, S. 525 (526). Der Begriff der Kooperationshoheit wird nicht einheitlich verwendet. Z. T. wird auch die Bezeichnung Koalitionshoheit (*Oebbecke,* Zweckverbandsbildung und Selbstverwaltungsgarantie, S. 67, dagegen aber: *Schmidt-Jortzig,* in: v. Mutius (Hrsg.), FS v. Unruh, S. 525, 526; *Suerbaum,* in: Oebbecke/Ehlers/Klein u. a., Kommunale Kooperation und Verwaltungsreform, S. 49, 54) bzw. Organisationsfreiheit (*Schmidt-Jortzig,* Kommunale Organisationshoheit, S. 184) verwendet.

370 *Schmidt-Jortzig,* in: v. Mutius (Hrsg.), FS v. Unruh, S. 525 (528); *Stober,* Kommunalrecht, S. 88, leitet die Kooperationshoheit aus der spezifischen Stellung der Gemeinden zwischen Staat, anderen Gemeinden und Verwaltungsträgern und nicht aus der Organisationshoheit ab. Diese Ansicht vermag nicht zu überzeugen. Die Verortung der Gemeinde im Verwaltungsgefüge begründet u. U. einen Bedarf an kooperativer Aufgabenerfüllung, kann aber keine verfassungsrechtliche Verortung für entsprechende Organisationsentscheidungen bieten.

371 *Pieroth,* in: Jarass/ders., GG, Art. 28, Rn. 13; *Oebbecke,* in: Mann/Püttner (Hrsg.), HdbKWP, 3. Aufl., Bd. 3, § 29, Rn. 23; *ders.,* Zweckverbandsbildung und Selbstverwaltungsgarantie, S. 67; *Schmidt,* Kommunale Kooperation, S. 59, der auch darauf hinweist, dass die negative kommunale Kooperationshoheit nicht durch die Eingemeindung ausgeschlossen wird, da es sich bei letzteren um eine gebietsreformerische Maßnahme handelt, die als aliud zu der die kommunalen Gebietsstrukturen unverändert lassenden Zusammenarbeit anzusehen ist.

372 *Schmidt-Jortzig,* in: v. Mutius (Hrsg.), FS v. Unruh, S. 525 (535 f.).

aber aus Sicht der Gemeinden eine räumlich beschränkte faktische Aufgabenumwandlung.[373] Dementsprechend sind die Rechtfertigungsanforderungen für Zwangskooperationen nicht anders zu beurteilen als bei vollständiger Aufgabenumwandlung. Die Gründe für die erzwungene Zusammenarbeit müssen ein hohes Gewicht besitzen und die Anordnung muss unerlässlich sein, um die Aufgaben erfüllen zu können oder um eine Benachteiligung der Gemeinden im Hinblick auf die Erfüllung anderer Selbstverwaltungsaufgaben abzuwenden.[374] Im GKG NRW sind in Bezug auf Zweckverbände sowie öffentlich-rechtliche Vereinbarungen Pflichtkooperationen nach Anordnung durch die Aufsichtsbehörde bei Pflichtaufgaben möglich.[375] Der gesetzliche Zweckverband in § 22 GkG, für freiwillige Selbstverwaltungsaufgaben, verlangt ein Gesetz. Aus der negativen Kooperationshoheit lässt sich auch die Freiheit der Gemeinden ableiten, geschlossene Kooperationen wieder zu beenden.[376] Aus der gesetzlichen Aufgabenzuweisung lässt sich keine Einschränkung bei der Anordnung von Zwangskooperationen ableiten. Das kreisliche Selbstverwaltungsrecht besitzt insoweit den gleichen Gewährleistungsumfang.

2. Positive Kooperationshoheit

Die positive Kooperationshoheit als Grundlage der Zusammenarbeit bedarf einer näheren Betrachtung. Dies gilt für Aufgaben, die die einzelne Gemeinde mangels Leistungsfähigkeit oder finanziellem Spielraum nicht erfüllen kann und sich einer Form der kommunalen Zusammenarbeit zur Erfüllung bedienen will. Im Bereich der freiwilligen Selbstverwaltungsaufgaben kollidiert die kooperative Aufgabenerfüllung mit den Ergänzungs-

---

373 Nach *Schmidt-Jortzig,* in: v. Mutius (Hrsg.), FS v. Unruh, S. 525 (535 f.), kann eine Pflichtigkeitserklärung nur durch einen ausdrücklichen staatlichen Akt erfolgen. In der Kooperationsanordnung liegt aber gerade keine Pflichtigkeitserklärung, sondern letztendlich ein milderes Mittel, um örtliche aufgabenspezifische Besonderheiten durch die gemeinsame Aufgabenerfüllung sicherzustellen. Die Zweckverbandszusammenarbeit bietet über Einflussnahmen in der Verbandsversammlung die Möglichkeit, die Aufgabenwahrnehmung zu steuern.

374 Dies gilt insbesondere für spezialgesetzliche Aufgaben, vgl. § 27 Abs. 5 S. 1 SpkG NRW; dazu auch *VerfGH NRW,* Urt. v. 11.7.1980 – VerfGH 8/79 –, in: DVBl. 1981, 216 (216 ff.); *Suerbaum,* in: Oebbecke/Ehlers/Klein u. a., Kommunale Kooperation und Verwaltungsreform, S. 49 (54).

375 § 13 Abs. 1 GkG NRW zum Pflichtverband, § 26 Abs. 1 GkG NRW zur Pflichtregelung, s. dazu auch oben unter Kap. 1 A III 3.

376 *Schmidt,* Kommunale Kooperation, S. 59; *Suerbaum,* in: Oebbecke/Ehlers/Klein u. a., Kommunale Kooperation und Verwaltungsreform, S. 49 (58 f.).

und Ausgleichsaufgaben auf Kreisebene. Die Untersuchung des Verhältnisses von kommunaler Gemeinschaftsarbeit und Kreiskompetenz im freiwilligen Aufgabenbereich besitzt Aussagekraft auch für den pflichtigen Bereich, vornehmlich hinsichtlich einer Kompetenzstufung.

a. Positive Kooperationshoheit und Ausgleichs- und Ergänzungsaufgaben der Kreise

Mit der Betonung eines Aufgabenverteilungsprinzips in der Rastede-Entscheidung des Bundesverfassungsgerichts geht zugleich die Frage einher, ob und in welchem Umfang den Kreisen freiwillige Selbstverwaltungsaufgaben zustehen.

Einige Jahre später folgte die Klarstellung, dass die gesetzliche Aufgabenausstattung nicht gleichbedeutend mit Aufgaben ausschließlich aus dem übertragenen Wirkungskreis ist.[377] Den Kreisen müssen bestimmte Aufgaben als kreiskommunale Aufgaben im eigenen Wirkungskreis verbleiben.[378] Als freiwillige Kreisaufgaben kommen die übergemeindlichen, ergänzenden und ausgleichenden Aufgaben in Betracht.[379]

aa. Klassifizierung der freiwilligen Kreisaufgaben

Übergemeindlich sind alle Aufgaben, die im Verwaltungsraum einer kreisangehörigen Gemeinde technisch nicht durchführbar und notwendig auf den Verwaltungsraum eines Kreises bezogen sind.[380] Hierunter fallen zum einen die den Bestand und die Funktion des Kreises gewährleistenden Existenzaufgaben, wie beispielsweise die Organisations- und Personalverwaltung.[381] Kreisintegrale Aufgaben zeichnen sich oftmals durch eine flächen- oder linienhafte Natur aus und können nur übergemeindlich wahrgenommen werden.[382] Ergänzungs- oder Komplementäraufgaben rühren

---

377 *BVerfG,* Beschl. v. 7.2.1991 – 2 BvL 24/84 –, BVerfGE 83, 363 = DVBl. 1991, 691 (693).

378 *BVerfG,* Beschl. v. 7.2.1991 – 2 BvL 24/84 –, BVerfGE 83, 363 = DVBl. 1991, 691 (693).

379 Ausführlich *Wagener,* GVR, § 2 KrO, Rn. 9 ff.; *Beutling,* Ergänzungs- und Ausgleichsaufgaben, S. 11.

380 *Wagener,* GVR, § 2 KrO, Rn. 9 ff; *v. Mutius,* in: v. Mutius (Hrsg.), FS v. Unruh, S. 227 (248).

381 *Kirchhof,* Kreisordnung NRW, § 2 Rn. 10; *Henneke,* Aufgabenzuständigkeit im kreisangehörigen Raum, S. 42; *Beckmann,* DVBl. 1990, 1193 (1195).

382 *Wagener,* GVR, § 2 KrO, Rn. 10; *Kirchhof,* Kreisordnung NRW, § 2, Rn. 11.

aus der mangelnden Leistungsfähigkeit einer Gemeinde her und können grundsätzlich jede gemeindliche Aufgabe erfassen.[383] Kennzeichen der ausgleichenden Aufgaben ist die gezielte Herbeiführung eines lastenverteilenden Effektes, z. B. durch finanzielle Zuwendungen an Gemeinden.[384] Die Ausgleichsaufgaben sind nicht gleichbedeutend mit der Ausgleichsfunktion der Kreise, die sich in der Erhebung der Kreisumlage sowie der Wahrnehmung von ergänzenden Aufgaben widerspiegelt.[385]

bb. Folgerungen aus dem Aufgabenverteilungsprinzip für die Existenz von Ergänzungs- und Ausgleichsaufgaben

Für Ergänzungs- und Ausgleichsaufgaben aber auch für einen Teilbereich von übergemeindlichen Aufgaben ist als Reaktion auf das in der Rastede-Entscheidung herausgestellte Aufgabenverteilungsprinzip die Schlussfolgerung gezogen worden, dass diese Kategorien von Kreisaufgaben nicht mehr existieren.[386] Die Rechtsprechung zeigt in Bezug auf die Ergänzungs- und Ausgleichsfunktion ein uneinheitliches Bild. In besonderem Maße variierend erscheinen die Aussagen des *Bundesverfassungsgerichts,* das nach dem Bekenntnis zur Ergänzungs- und Ausgleichsfunktion in der Rastede-Entscheidung, in der Entscheidung zu den Hartz IV-Arbeitsgemeinschaften[387], eine nicht nachvollziehbare Abkehr von einem freiwilligen Aufgabenbestand der Kreise vornimmt. Überzeugender ist die Auslegung des *Bundesverwaltungsgerichts.* Unter Verweis auf den subsidiären Charakter der ergänzenden oder ausgleichenden Aufgaben betont das Gericht den in Art. 28 Abs. 2 S. 2 GG verankerten und aus der geschichtlichen Entwicklung der Kreise zu entnehmenden Grundsatz einer Arbeitsteilung zwischen Gemeinden und Kreisen.[388] Die verfassungsrechtliche Verbürgung einer Eigenverantwortlichkeit der Kreise bedinge einen eigenen Wirkungskreis.[389] Die

383 *Henneke,* Aufgabenzuständigkeit im kreisangehörigen Raum, S. 44; *Wansleben,* in: Held/Becker u. a., KVR, Bd. 2, § 2 KrO, Erl. 4.8.

384 *Schnapp,* Zuständigkeitsverteilung, S. 10.

385 *Tiedeken,* in: FS für v. Unruh, S. 341 (348); *OVG Münster,* Urt. V. 16.6.1989 – 15 A 2407/85 –, in: NWVBl. 1989, 439 (440); so bereits das *BVerG,* Beschl. v. 23.11.1988 – 2 BvR 1619/83, 1628/83 (»Rastede«) –, in: BVerfGE 79, 127 = NVwZ 1989, 347 (350).

386 *Schmidt-Jortzig,* DÖV 1993, 973 (981).

387 S. unten Kap. 2 B II 3.

388 *BVerwG,* Beschl. v. 24.4.1996 – 7 NB2/95 –, in: NVwZ 1996, 1222 (1223).

389 *BVerwG,* Beschl. v. 28.2.1997 – 8 N 1/96 –, NVwZ 1998, 63 (65), unter Verweis auf *BVerfG,* Beschl. v. 7.2.1991 – 2 BvL 24/84 –, BVerfGE 83, 363 = DVBl. 1991, 691 (693).

Entscheidungen des *Bundesverwaltungsgerichts* befassen sich mit der Rechtslage in Schleswig-Holstein und Hessen, die, wie die meisten anderen Bundländer, eine Zuweisung von Ergänzungs- und Ausgleichsaufgaben durch eine Generalklausel vorsehen.

In Nordrhein-Westfalen besteht, wie in Bayern, dem Saarland und Thüringen[390], keine Zuweisung von Ergänzungs- oder Ausgleichsaufgaben mittels einer solchen Generalklausel. § 2 Abs. 1 KrO NRW weist den Kreisen ausdrücklich nur die überörtlichen Aufgaben zu. Gegen § 2 Abs. 1 KrO als Zuweisungsnorm ist unter Berufung auf das Bestimmtheitsgebot geltend gemacht worden, dass die Bestimmung gerade Zuständigkeitsüberlappungen vermeiden soll.[391] Dahinter verbirgt sich die Überzeugung, die Kompetenzkreise von Kreisen und Gemeinden gesetzlich eindeutig abgrenzen zu müssen. Dabei ist das System des § 2 KrO gerade Ausdruck dafür, dass die Abgrenzung von örtlichen und überörtlichen Bezügen nicht immer trennscharf gelingen kann. § 2 Abs. 1 S. 2 KrO, nach dem die Wahrnehmung örtlicher Aufgaben durch die Gemeinden unberührt bleibt, besitzt ohne Ergänzungs- und Ausgleichsfunktion keinen Anwendungsbereich. Eines erneuten Hinweises auf das Aufgabenverteilungsprinzip hätte es nicht bedurft, wenn keine Kompetenzüberschneidung zu befürchten wäre.[392] Noch deutlicher ist die Bestimmung des § 2 Abs. 1 S. 3 KrO, der Gemeinden für überörtliche, aber auf ihr Gebiet begrenzte Aufgaben den Anwendungsbereich der kommunalen Gemeinschaftsarbeit zuweist. Bei einer vollständigen Disharmonie von »überörtlichen Angelegenheiten« mit Angelegenheiten der örtlichen Gemeinschaft hätte der Gesetzgeber den Gemeinden zuständigkeitsfremde Aufgaben zugewiesen.[393] Mit der Beteiligung von Gemeinden an einem Zweckverband erhält eine Gemeinde Zugriff auf gemeindegebietsübergreifende Sachverhalte, die ihren Ausgangspunkt in einer örtlichen Angelegenheit besitzen. Die sich aus § 2 Abs. 1 KrO ergebende Ergänzungs- und Ausgleichsfunktion der Kreise ist damit keine Relativierung der gemeindlichen Allzuständigkeit, sondern eine Reaktion auf örtliche Verwaltungskraftdefizite und zwingenden überörtlichen

390 Art. 5 Abs. 1 LKO Bay; §§ 140 Abs.1, 143 Abs. 1 KSVG SL; § 87 Abs. 1 ThürKO.

391 *Beutling,* Ergänzungs- und Ausgleichsaufgaben, S. 80 ff.; *Schoch,* DVBl. 1995, 1047 (1051), gesteht den Kreisen nur Ergänzungsaufgaben zu.

392 *Ehlers,* DVBl. 1997, 225 (228).

393 *Ehlers,* DVBl. 1997, 225 (228).

Abstimmungsbedarf, um dezentrale Kostenstrukturen zu vermeiden, die das öffentliche Wohl tangieren.

b. Rangverhältnis nach § 2 Abs. 1 KrO

Nachdem das Bestehen von Ergänzungs- und Ausgleichsaufgaben durch den Kreis nachgewiesen wurde, verbleibt die Frage nach der Reichweite der Regelung in § 2 Abs. 1 S. 3 KrO. Im Gegensatz zu den landesrechtlichen Regelungen von Brandenburg[394] und Mecklenburg-Vorpommern[395], die jeweils ein Vorrangverhältnis zugunsten einer kommunalen Kooperation vorsehen, lässt sich ein solches Ergebnis für Nordrhein-Westfalen nicht ohne weiteres aus dieser Vorschrift herauslesen. § 2 Abs. 1 S. 3 KrO schränkt die kreisliche Allzuständigkeit für überörtliche Aufgaben ein.[396] Im Hinblick auf ein Rangverhältnis erachtet eine Ansicht das Aufgabenverteilungsprinzip als entscheidendes Argument zugunsten der gemeindlichen Kooperation.[397] Eine ergänzende Wahrnehmung durch den Kreis sei nur so lange zulässig, wie die Leistungsfähigkeit herabgesetzt sei. Werde der Mangel an gemeindlicher Leistungsfähigkeit durch kommunale Kooperation ausgeglichen, müsse mit Blick auf das Aufgabenverteilungsprinzip des Art. 28 Abs. 2 GG die kreisliche Aufgabenwahrnehmung zurücktreten.[398] Die Gegenansicht betont, dass dem Kreis auf Grund eines Überwiegens der demokratischen Legitimation, einer erhöhten Transparenz sowie der Einheitlichkeit der Verwaltung der Vorzug vor Kooperationen von Gemeinden einzuräumen sei.[399] Kein Vorrangverhältnis, sondern ein nebeneinander von Kreis und kommunaler Kooperation vertritt eine dritte Ansicht.[400]

Der Vorrang der kommunalen Gemeinschaftsarbeit stützt sich auf ein Subsidiaritätsprinzip, das die Vertreter dieser Ansicht aus Art. 28 Abs. 2

---

394 § 2 Abs. 1 S. 1 LKOBbg.

395 § 89 Abs. 2 S. 1 Verf M-V.

396 *Oebbecke,* Zweckverbandsbildung und Selbstverwaltungsgarantie, S. 76.

397 *Nordholtz,* Niedersächsisches Gesetz über kommunale Zusammenarbeit, S. 160 f.; *Schmidt,* Kommunale Kooperation, S. 299 f.

398 *Schmidt,* Kommunale Kooperation, S. 300; *Nordholtz,* Niedersächsisches Gesetz über kommunale Zusammenarbeit, S. 160; *Schmidt-Jortzig,* in: v. Mutius (Hrsg.), FS v. Unruh, S. 525 (534).

399 *v. Mutius,* in: ders./Schmidt-Jortzig (Hrsg.), Probleme mehrstufiger Erfüllung von Verwaltungsaufgaben, S. 54 f.; *Kirchhof,* Rechtsmaßstäbe der Kreisumlage, S. 44 f.; so wohl auch *Wagener,* GVR, § 2 LkrO, Rn. 17.

400 *Loschelder,* in: v. Mutius (Hrsg.), FS v. Unruh, S. 381 (400 f.); *Friauf/Wendt,* Rechtsfragen der Kreisumlage, S. 32 f.; *Schnapp,* Zuständigkeitsverteilung, S. 32; wohl auch *Möller,* Subsidiaritätsprinzip und kommunale Selbstverwaltung, S. 177.

S. 1 GG herauslesen. Mit der Allzuständigkeit des gemeindlichen Wirkungskreises wird gegenüber dem Funktionsfeld des Kreises, welches sich nur im Rahmen des gesetzlichen Aufgabenbereiches bewegt, zwar eine Vorrangregelung geschaffen. Der Gesetzesvorbehalt in Art. 28 Abs. 2 S. 1 GG verdeutlicht zugleich, dass der Gesetzgeber die grundsätzliche Definitionsmacht über die Zuteilung von Aufgaben behält. Die institutionelle Garantie als Sicherungsfigur gebietet nur, den Kernbereich der Selbstverwaltungsgarantie und die Regel-Ausnahme-Konstellation im Kreis-Gemeinde-Verhältnis zu beachten.[401] Mit dem Aufgabenverteilungsprinzip korrespondieren »negative« Faktoren, die aus der dezentralen Aufgabenansiedlung resultieren, wie z.B. geringere Verwaltungskraft mit Auswirkungen auf Effektivität und Effizienz der Aufgabenerledigung. Die Einschränkung der gesetzgeberischen Zuteilungsermächtigung ist nicht gleichbedeutend mit einem organisatorischen Verwaltungsaufbau orientiert am Subsidiaritätsprinzip. Insbesondere trifft Art. 28 Abs. 2 S. 1 GG keine Aussage über andere Verfassungsnormen. Ob die Kooperation einer Gemeinde dem gleichen verfassungsrechtlichen Schutz unterliegt wie die eigenständige Aufgabenwahrnehmung, lässt sich nicht allein aus Art. 28 Abs. 2 GG und Art. 78 Abs. 2 LV bestimmen, sondern verlangt die Beachtung weiterer Verfassungsprinzipien.

Die Untersuchung eines Rangverhältnisses für freiwillige Selbstverwaltungsaufgaben verdeutlicht zum einen, dass zwischen Angelegenheiten der örtlichen Gemeinschaft und überörtlichen Angelegenheiten ein Übergangsbereich besteht, der keine allgemeingültige Zuordnung zulässt. Dies zeigt sich für pflichtige Aufgaben im gestuften Aufgabenmodell, das einen Teilausschnitt aller Pflichtaufgaben in gemeindliche Verantwortung überträgt. Der Gesetzgeber nimmt bewusst keine Einordnung anhand der örtlichen Bezüge einer Aufgabe vor, sondern umgeht diese schwierige Auswahlentscheidung unter dem Stichwort Kommunalisierung, indem er der gemeindlichen Ebene eine Dispositionsmöglichkeit über das Aufgabenpaket eröffnet. Das gestufte Modell ist damit bei Pflichtaufgaben ein Stück weit der Umkehrschluss zur Ergänzungs- und Ausgleichsfunktion der Kreise bei freiwilligen Aufgaben. Auch hier kommt dem Rangverhältnis zwischen gemeindlicher Kooperation und Kreiszuständigkeit entscheidende Bedeutung für die Auslegung der Frage zu, wer im Zweifel zuständig ist.

---

401 *Schmidt-Jortzig,* in: ders./Schink, Subsidiaritätsprinzip und Kommunalordnung, S. 1 (24).

Zugleich verdeutlicht die Auslegung für freiwillige Selbstverwaltungsaufgaben, dass Art. 28 Abs. 2 GG und Art. 78 Abs. 2 LV nicht den alleinigen Maßstab für die Gewichtung der kommunalen Zusammenarbeit gegenüber der Kreiszuständigkeit aufstellen. Für die folgende Untersuchung weiterer Verfassungsprinzipien speziell für den Pflichtaufgabenbereich gilt dies im Besonderen. Örtliche Bezüge bestehen nur teilweise und das Aufgabenverteilungsprinzip streitet, sofern es überhaupt zur Anwendung gelangt, nicht mit der Deutlichkeit für die gemeindliche Ebene, wie es bei freiwilligen Selbstverwaltungsaufgaben der Fall ist.

3. Kooperationshoheit und Allzuständigkeit

Vom Gesetzgeber initiierte Aufgabenverlagerungen, z. B. von der Gemeinde auf die Kreisebene, bedürfen vor dem Hintergrund des Aufgabenverteilungsprinzips und der gemeindlichen Allzuständigkeit einer besonderen Rechtfertigung. Für freiwillige Aufgabenverlagerungen ist die Allzuständigkeit nicht nur als eine besonders geschützte Rechtsposition der Gemeinden, sondern gleichfalls als Schranke für die Disposition über den eigenen Aufgabenbestand angesehen worden.[402] Die Eigenverantwortlichkeit nimmt damit neben der abwehrrechtlichen Komponente auch eine Bedeutung als verpflichtendes Element im Rahmen der Selbstverwaltung ein. Eigenverantwortlichkeit lässt sich aber auch dahingehend deuten, dass mit Zuerkennung eines eigenen Organisationsraumes auch die bewusst gewollte Beschränkung des Einflusses auf die Aufgabenerledigung verbunden ist.[403] Die Auslegung verengt sich auf die Frage, ob kommunale Zusammenarbeit noch die Wahrnehmung gemeindlicher Angelegenheiten ist. Unter dem Stichwort der Selbstverwaltungspflicht beschränkt sich die Diskussion nicht nur auf interkommunale Kooperation, sondern ist Schwerpunkt von Privatisierungsfragen.[404] Das *Bundesverwaltungsgericht* hat 2009 der Debatte neuen Anschub gegeben, indem es für die freiwillige Selbstverwaltungsaufgabe des Betriebs eines kommunalen Weihnachtsmarktes eine materielle Privatisierung als nicht vereinbar mit Art. 28 Abs. 2 S. 1 GG erachtet hat.[405] Das Gericht hebt die Gefahr der Aushöhlung des Selbstverwaltungsrechts hervor, indem die Gemeinden durch Abstoßen oder Nichtwahr-

402 *Oebbecke,* Zweckverbandsbildung und Selbstverwaltungsgarantie, S. 71 ff.; *Schink,* in: Schmidt-Jortzig/ders., Subsidiaritätsprinzip und Kommunalordnung, S. 104.

403 *Schmidt-Jortzig,* in: v. Mutius (Hrsg.), FS v. Unruh, S. 525 (530).

404 Vgl. dazu die Übersicht bei *Tomerius/Breitkreuz,* DVBl. 2003, 426 ff.

405 *BVerwG,* Urt. v. 27.5.2009 – 8 C 10/08 –, in: JZ 2009, 1167.

nehmung den Aufgabenbestand reduzieren.[406] In der Literatur hat die Entscheidung erheblichen Widerspruch erfahren.[407] Die Aufgabenwahrnehmungspflicht ist nicht in Art. 28 Abs. 2 GG verankert, sondern bedarf der gesetzlichen Ausgestaltung.[408] Eigenverantwortlichkeit umfasst die Befugnis zur Aufgabe der Eigenverantwortlichkeit.[409] Auch die institutionelle Rechtssubjektsgarantie in Art. 28 Abs. 2 ist nur auf die Existenz der Gemeinden als Organisationsform im Verwaltungsaufbau ausgerichtet und bietet keinen Schutz vor Aushöhlung der Selbstverwaltungsgarantie.[410]

Angesichts der engen finanziellen Spielräume für freiwillige Selbstverwaltungsverwaltungsaufgaben vieler Gemeinden ist eine Auswahlentscheidung innerhalb dieses Aufgabentyps erst die notwendige Voraussetzung, um sich auf ausgewählte freiwillige Aufgaben konzentrieren zu können. Die Entscheidung zwischen Qualitätsstandards und Anzahl an Aufgaben ist Voraussetzung dafür, einer Beschränkung des gemeindlichen Handlungsspielraums, z. B. durch ein Haushaltssicherungskonzept, zu entgehen.[411] Eine Selbstverwaltungspflicht gestützt auf die Allzuständigkeit ist abzulehnen.

Kann der gemeindlichen Allzuständigkeit, abgesehen von gesetzlichen Verboten, kein materielles Privatisierungsverbot entnommen werden, ist auch die Aufgabenwahrnehmung im Rahmen der kommunalen Zusammenarbeit mit der gemeindlichen Allzuständigkeit vereinbar. Die Selbstverwaltung wird durch Aufgabenverlagerung auf einen Zweckverband oder im Rahmen einer delegierenden Vereinbarung nicht vollständig aufgegeben, sondern ist mit gesetzlich vorgesehenen Mitwirkungsrechten milderes Mittel gegenüber der Ausgliederung aus der öffentlichen Einflusssphäre. Dieser Befund lässt indes noch keine Aussage darüber zu, ob auf die Kooperationshoheit gestützte Zusammenarbeitsmodelle von Gemeinden Vorrang gegenüber Gemeindeverbänden im gestuften Aufgabenmodell besitzen und in welchem Umfang staatliche Mitentscheidungsbefugnisse bei Aufgabenverlagerungen bestehen müssen. Es ist lediglich für den eigenen gemeindlichen

---

406 *BVerwG,* Urt. v. 27.5.2009 – 8 C 10/08 –, in: JZ 2009, 1167.

407 *Schoch,* DVBl. 2009, 1533 (1538), bezeichnet das Urteil als Fehlentscheidung. Ähnlich *Ehlers,* DVBl. 2009, 1456 (1456 f.); *Winkler,* JZ 2009, 1169 (1170), nimmt eine Selbstverwaltungspflicht an, differenziert aber bei der Reichweite.

408 *Schoch,* DVBl. 2009, 1533 (1534).

409 *Schmidt-Jortzig,* in: v. Mutius (Hrsg.), FS v. Unruh, S. 525 (530).

410 *Diemert,* Haushaltssicherungskonzept, S. 194.

411 Zur Frage eines selbstverwaltungsgerechten Finanzausstattungsanspruchs, s. unten Kap. 3 B I.

Wirkungskreis festzuhalten, dass der Allzuständigkeit keine grundsätzliche Begrenzung von Kooperationen zu entnehmen ist.

III. Politisch-demokratische Funktion

Art. 20 Abs. 2 GG ordnet an, dass alle Staatsgewalt vom Volk ausgeht. Mit der Rückführung des staatlichen Handelns auf den Volkswillen gibt das Demokratieprinzip eine Verfassungsstrukturentscheidung vor.[412] Das *Bundesverfassungsgericht* hat, entsprechend dem Wortlaut des Art. 20 Abs. 2 GG, jedes amtliche Handeln mit Entscheidungscharakter als Staatsgewalt bestimmt.[413]

1. Demokratische Legitimierung kommunaler Selbstverwaltung

Auch Gemeinden und Gemeindeverbände üben Staatsgewalt aus. Art. 28 Abs. 1 S. 1 GG gibt vor, dass die verfassungsmäßige Ordnung »in« den Ländern den demokratischen Grundsätzen des Grundgesetzes entsprechen muss. Das verlangt eine ausreichende Legitimierung kommunalen Handelns.[414] Das Gemeindevolk in Art. 28 Abs. 1 S. 2 GG ist ein Teilvolk des gesamten Staatsvolkes und Ausgangspunkt demokratischer Legitimation.[415] Die Volksbegriffe in Art. 28 Abs. 1 S. 2 GG und Art. 20 Abs. 2 GG sind identisch. Art. 28 Abs. 1 S. 2 GG stellt die Einheitlichkeit der demokratischen Legitimationsgrundlage im Staatsaufbau sicher.[416] Die personelle und die sachlich-inhaltliche Legitimation formen den Zurechnungszusammenhang zwischen Staatsgewalt und Volkswillen aus. Der in Wahlen und Abstimmungen geäußerte Volkswille ist Richtschnur für die staatlichen Organe und Amtswalter und bedarf einer effektiven Einfluss-

---

412 *Schmidt-Aßmann,* AöR 116 (1991), 329 (331).

413 *BVerfG,* Beschl. v. 15.02.1978 – 2 BvR 134/76, 2 BvR 268/76 –, in: NJW 1978, 1967 (1967 f.); *BVerfG,* Urt. v. 31.10.1990 – 2 BvF 3/89 –, in: DVBl. 1990, 1401 (1401 f.); *Böckenförde,* in: Isensee/Kirchhof (Hrsg.), HdbStR II, § 24, Rn. 12.

414 *Bovenschulte,* Gemeindeverbände, S. 501.

415 *Löwer,* in: v. Münch/Kunig, GG, Bd. 2, Art. 28, Rn. 25; *Mehde,* Neues Steuerungsmodell und Demokratieprinzip, S. 237 f.; *Jestaedt,* Demokratieprinzip und Kondominalverwaltung, S. 527; a. A.: *Merten,* VVDStRL 55 (1996), 7 (35 f.); *Böckenförde,* in: Isensee/Kirchhof (Hrsg.), HdbStR II, § 24, Rn. 32, die u. a. auf den Widerspruch zwischen Legitimationsfähigkeit und Rechtsaufsicht hinweisen. Diese Gegenansicht vermag nicht überzeugend darzulegen, wie im Rahmen der kommunalen Selbstverwaltung eine personelle Legitimationskette zu Stande kommt, vgl. *Oebbecke,* Weisungs- und unterrichtungsfreie Räume in der Verwaltung, S. 88 f.

416 *BVerfG,* Urt. v. 31. 10.1990 – 2 BvF 6/89 –, in: DVBl. 1990, 1397 (1398).

nahme auf die Akte der Verwaltung.[417] Die sachlich-inhaltliche Legitimation vermittelt die inhaltliche Rückbindung der Ausübung von Staatsgewalt an das Legitimationssubjekt Volk.[418] In der kommunalen Selbstverwaltung treten neben die parlamentarischen Gesetze gemeindliche Rechtsetzungsakte. Diese duale Legitimationsstruktur ist hinsichtlich der normativen Vorgaben der kommunalen Vertretungsorgane wiederum eingeschränkt, da die Vertretungsorgane der Kommunen keine Parlamentseigenschaft besitzen und dem Vorrang und Vorbehalt des Gesetzes unterliegen.[419] Die personelle Komponente reicht die originäre Legitimation vom Volk auf den Amtswalter weiter, indem sie eine ununterbrochene Legitimationskette schafft.[420]

2. Vereinbarkeit der Anforderungen demokratischer Legitimation mit der Kooperationshoheit

Neben den Anforderungen des Demokratieprinzips ist der Begriff der Bürgerschaftlichkeit geprägt worden. Darunter ist die »Entscheidung aller wichtigen Angelegenheiten der Gemeinde durch eine Mehrzahl von Bürgervertretern« zu verstehen.[421] Eine Identität zwischen Bürgerschaftlichkeit und demokratischer Legitimation besteht nicht.[422] Das Demokratieprinzip übernimmt die Ausformung des bürgerschaftlichen Gedankens. Bürgerschaftlichkeit ist ein gemeinsames Produkt von Selbstverwaltung und demokratischer Legitimation.

Interkommunale Zusammenarbeit auf der Grundlage der Kooperationshoheit zwingt zu Einschränkungen bei Bürgerschaftlichkeit und demokratischer Legitimation. Kooperation bedeutet Interessenkoordinierung unterschiedlicher Kommunen, die dazu führen kann, dass einzelne kommunale Interessen dem Ziel einer gemeinsamen Aufgabenerfüllung untergeordnet werden.

---

417 *BVerfG,* Urt. v. 31.10.1990 – 2 BvF 3/89 –, in: DVBl. 1990, 1401 (1401 f.); *Schmidt-Aßmann,* AöR 116 (1991), 329 (355).

418 *Sommermann,* in: v. Mangoldt/Klein/Starck, GG, Art. 20 Abs. 2, Rn. 168; *Dreier,* in: ders. (Hrsg.), GG, Bd. II, Art. 20, Rn. 116.

419 *BVerfG,* Beschl. v. 21.6.1988 – 2 BvR 975/83 –, in: DVBl. 1989, 146 (146); *BVerwG,* Urt. v. 27.3.1992 – 7 C 20/91 –, in: DVBl. 1993, 204 (205); *Dreier,* in: ders. (Hrsg.), GG, Bd. II, Art. 20, Rn. 116.

420 *BVerfG,* Beschl. v. 24.5.1995 – 2 BvF 1/92 –, in: NVwZ 1996, 574 (575); *Jestaedt,* Demokratieprinzip und Kondominialverwaltung, S. 273; *Voßkuhle/Kaiser,* JuS 2009, 803 (804).

421 *Oebbecke,* GVR NRW, Rn. 51.

422 *Oebbecke,* GVR NRW, Rn. 54.

Unabhängig davon, welche Motive dem Wunsch nach Zusammenarbeit zu Grunde liegen, ist die Vereinbarkeit von Kooperationen mit der Partizipation der Gemeinde- bzw. Kreisbürger an den Entscheidungen zu untersuchen.

a. Einschränkung im Rahmen interkommunaler Kooperation

Der Zweckverband kommt im gestuften Aufgabenmodell nach § 4 Abs. 8 GO als Zusammenarbeitsform nicht in Betracht[423], dient bei der Beurteilung von Auswirkungen interkommunaler Kooperation auf die demokratische Legitimation aber als Vergleichsmaßstab gegenüber öffentlich-rechtlichen Vereinbarungen.

aa. Zweckverband

Nach § 6 Abs. 1 GkG geht bei der Mitgliedschaft im Zweckverband das Recht und die Pflicht zur Erfüllung der Aufgaben auf den Zweckverband über. Die Kommune erhält mindestens einen Sitz in der Verbandsversammlung des Zweckverbands. Für den Verlust der gemeindlichen Alleinbestimmung erhält die Kommune ein Mitbestimmungsrecht über die Belange des Kooperationsverbands.[424] Die Mitentscheidung im Verband weist gegenüber der Alleinentscheidung unter mehreren Gesichtspunkten eine geringere demokratische Legitimation auf. Die personelle demokratische Legitimationskette verläuft ausgehend vom Teilvolk der Zweckverbandsmitglieder über die kommunale Vertretungskörperschaft zu den Vertretern in der Verbandsversammlung. Die Vertretungskörperschaft besitzt ein Weisungsrecht gegenüber den Vertretern in der Verbandsversammlung, jedoch nur verbunden mit einer Innenwirkung. Eine weisungswidrige Abstimmung hat keinen Einfluss auf die Gültigkeit der Stimmabgabe.[425] Zweckverbandsvertretern droht eine Interessenkollision, wenn die Vertretungskörperschaft nach Kommunalwahlen einen anderen politischen Kurs vorgibt, als die Fraktion im Zweckverband verwirklicht sehen möchte. Eine verbandsmitgliederübergreifende Organisation in Fraktionen und ein unterschiedliches

---

423 Zum Ausschluss des Zweckverbands s. unten Kap. 2 C II 2.; zur Einschränkung beim gemeinsamen Kommunalunternehmen, s. unten Kap. 2 C II 3.

424 *Suerbaum,* in: Oebbecke/Ehlers/Klein u. a., Kommunale Kooperation und Verwaltungsreform, S. 49 (68).

425 Ein Überschreiten der Vertretungsmacht oder die vollständige Missachtung von Weisungen kann disziplinarrechtliche oder haftungsrechtliche Folgen nach sich ziehen, dazu *Cronauge,* in: Rehn/ders. u. a., GO NRW, § 113 GO Erl. II.

Abstimmungsverhalten von mehreren Vertretern einer Kommune sind vor dem Hintergrund der personellen demokratischen Rückanbindung an die entsendende Kommune und der Bestimmung des § 113 Abs. 1 S. 1 GO als problematisch zu erachten, wenn, bei fehlenden oder nicht alle Entwicklungen in der Verbandsversammlung umfassenden Weisungen, keine Rücksprache der Vertreter mit der Kommune erfolgt. Zwar folgt aus § 113 Abs. 1 S. 1 GO kein generelles Verbot zur Fraktionsbildung im Zweckverband, wohl aber eine Vorrangregelung zugunsten der kommunalen Interessen im Kollisionsfall. Die Verbandsversammlung im Zweckverband ist Koordinationsorgan zur Vereinigung der Interessen der Zweckverbandsmitglieder und kein politisches Korrektiv zu Räten und Kreistagen.

In der Verbandsversammlung droht ferner die Majorisierung. Die grundsätzliche Gefahr der Überstimmung ist Auswirkung des Mehrheitsprinzips in Kooperationsorganen. Das Mehrheitsprinzip gründet auf Praktikabilitätserwägungen sowie auf dem Prinzip der demokratischen Freiheit und Gleichheit.[426] Das Gleichheitspostulat wiederum verlangt, dass möglichst viele in ihrer Entscheidung frei sein sollen, um eine größtmögliche Autonomie sowie einen möglichst geringen Widerspruch zur sozialen Ordnung zu schaffen.[427] Die demokratische Gleichheit droht aber dann nicht mehr gewährleistet zu sein, wenn sich innerhalb des Zweckverbands Fraktionen und Allianzen verschiedener kommunaler Größenklassen, auch abseits der erwähnten politischen Fraktionen, bilden. Eine Blockbildung ist möglich bei einer heterogenen Mitgliederstruktur, wenn größere Gebietskörperschaften kleinere mit nur einem Überläufer aus dessen Reihen überstimmen können.[428] Nicht weniger bedenklich ist ein Großzweckverband, in dem das Stimmgewicht des einzelnen Mitglieds und der Einfluss auf die Aufgabenerfüllung äußerst gering sind. Während eine geringe Mitgliederzahl die demokratische Legitimation der Zweckverbandsentscheidungen fördert, gilt für die Anzahl der Vertreter der Verbandsmitglieder die genau gegenteilige Forderung. Die Entsendung nur eines Vertreters kann erhebliche Nachteile für kleine Parteien oder Wählergemeinschaften im Rat bzw. Kreistag zur Folge haben.[429] Die vorgenannten Ausführungen beziehen sich nur auf

---

426 *Grzeszick,* in: Maunz/Dürig, GG, Bd. III, Art. 20 II GG, Rn. 42; *Hillgruber,* AöR 127 (2002), 460 (463 ff.).

427 *Böckenförde,* in: Isensee/Kirchhof (Hrsg.), HdbStR II, § 24, Rn. 52; *Hillgruber,* AöR 127 (2002), 460 (462 f.).

428 *VerfGH* Sachsen-Anhalt, Urt. v. 22.10.2008 – 7.07 –, in: LKV 2009, 123 (124).

429 *Oebbecke,* Zweckverbandsbildung und Selbstverwaltungsgarantie, S. 36 ff.

einen Zweckverband mit ausschließlich öffentlich-rechtlichen Mitgliedern. Sind Private am Zweckverband beteiligt, eröffnen sich im Hinblick auf deren Einfluss und Stimmrecht in der Verbandsversammlung weitere Legitimationsprobleme.[430] Insgesamt gesehen ist für die Zusammenarbeit im Zweckverband von einer dem Demokratieprinzip noch entsprechenden demokratischen Legitimation auszugehen. Gegenüber der selbstständigen Erledigung ist aber infolge der weniger transparenten innerverbandlichen Entscheidungsprozesse ein nicht unerheblicher Partizipations- und Kontrollverlust des Gemeindevolks festzustellen.[431]

bb. Öffentlich-rechtliche Vereinbarung

Bei der öffentlich-rechtlichen Vereinbarung ist zu unterscheiden, ob ein Beteiligter die Aufgaben im Rahmen einer Delegation übernimmt, oder als Mandat für die übrigen Beteiligten nur durchführt.

(1) Legitimationsvermittlung bei der mandatierenden Vereinbarung

Die Ausgestaltung als Mandat belässt alle Rechte und Pflichten bei der aufgabenabgebenden Gemeinde. Die übernehmende Gemeinde tritt nach außen nur als Stellvertreter der beauftragenden Gemeinde auf. Die Aufgaben verbleiben im Einflussbereich der Gemeinde. Gleichwohl darf nicht übersehen werden, dass die personelle Legitimationskette bei der Ausführung der Aufgabe durch die andere Gemeinde unterbrochen wird.[432] Das Mandat ist kein individueller Einsetzungsakt und die aufgabenübernehmende Kommune kann nicht als personeller Vermittler für die Legitimation auftreten, die sich auf das Gemeindevolk der abgebenden Gemeinde zurückführen lässt. Eine gemeindeübergreifende Legitimation ist angesichts eines jeweils eigenen, legitimationsstiftenden Kommunalvolks nicht möglich. Damit verbleibt nur der sachlich-inhaltliche Legitimationsstrang in Form der Ausgestaltung des Vertrages mit Weisungsrechten. Um die öffentlich-rechtliche Vereinbarung nicht als Verstoß gegen Art. 20 Abs. 2 GG anzusehen, ist es zwingend erforderlich, dass die sachlich-inhaltliche Legitimation die

---

430 Dazu ausführlich *Stork,* DVBl. 2011, 69 (69 ff.).

431 *v. Mutius,* Gutachten Juristentag, S. E 21 f.; *Schink,* in: Schmidt-Jortzig/ders., Subsidiaritätsprinzip und Kommunalordnung, S. 108 f.

432 *Oebbecke,* in: Mann/Püttner (Hrsg.), HdbKWP, 3. Aufl., Bd. 1, § 29, Rn. 78; *Koch,* NdsVBl. 2004, S. 150 (153); *Nordholtz,* Niedersächsisches Gesetz über kommunale Zusammenarbeit, S. 224.

fehlende personelle ersetzen kann, mithin eine Totalsubstitution zulässig ist. In der Literatur erachten einige Vertreter lediglich Einschränkungen bei einem Legitimationsstrang als mit Art. 20 Abs. 2 GG vereinbar, nicht hingegen eine vollständige Ersetzung.[433] Diese Ansicht vermag nicht zu überzeugen. Das *Bundesverfassungsgericht* hat einen hinreichenden Gehalt und eine effektive Gewährleistung demokratischer Legitimation eingefordert.[434] Beide Legitimationsstränge vermitteln den Volkswillen und sind in ihrem Gehalt gleichrangig.[435] Art. 20 Abs. 2 GG nimmt eine ergebnisorientierte Betrachtung des Zusammenwirkens der beiden Stränge vor, ohne die Verbindung näher vorzugeben. Dies gilt insbesondere für das duale Legitimationsgefüge der kommunalen Selbstverwaltung, das Ersetzungsmöglichkeiten auch zwischen der parlamentsabgeleiteten Legitimation und der auf die gemeindlichen Volksvertreter zurückzuführenden Willensvermittlung vorsieht.

(2) Legitimationsvermittlung bei der delegierenden Vereinbarung

Bei der delegierenden öffentlich-rechtlichen Vereinbarung ist wie bei der mandatierenden Vereinbarung eine personelle Legitimation nicht gegeben. Als Steuerungsmöglichkeit steht nur das Mitwirkungsrecht nach § 23 Abs. 3 GkG zur Verfügung. Die Aufnahme eines Mitwirkungsrechts in den öffentlich-rechtlichen Vertrag ist im nordrhein-westfälischen Recht fakultativ. Verzichtet die aufgabenübertragende Kommune auf Einräumung eines Mitwirkungsrechts, wird die Aufgabe vollständig fremdbestimmt für die Kommune erledigt. Zwar lässt sich bei der Delegation anführen, dass eine Selbstverwaltungspflicht nicht besteht.[436] Insoweit könnte in der Entscheidung der Gemeinde, die Aufgaben nicht mehr selbst wahrzunehmen und sie zu übertragen, eine ausreichende Legitimation zu erblicken sein. Die vollständige Abgabe und Organisationsneuordnung sind aber nicht gleich zu

---

433 *Böckenförde,* in: Isensee/Kirchhof (Hrsg.), HdbStR II, § 24, Rn. 19; *Emde,* Demokratische Legitimation der funktionalen Selbstverwaltung, S. 329; *Tettinger/Mann,* in: dies./Salzwedel (Hrsg.), Demokratische Legitimation sondergesetzlicher Wasserverbände, S. 1 (9). *Schmidt-Aßmann,* AöR 116 (1991), 329 (368), unterscheidet zwischen der staatsunmittelbaren Verwaltung und der kommunalen Selbstverwaltung. Bei der unmittelbaren sei eine Totalsubstitution abzulehnen, während die kommunale Selbstverwaltung vielgestaltige Ersetzungmöglichkeiten bereitstelle.

434 *BVerfG,* Beschl. v. 5.12.2002 – 2 BvL 5/98 –, in: DVBl. 2003, 923 (924 ff.).

435 *Grzeszick,* in: Maunz/Dürig, GG, Bd. III, Art. 20 II GG, Rn. 169 f.; *Jestaedt,* Demokratieprinzip und Kondominialverwaltung, S. 281 ff.

436 Dazu unter Kap. 2 B II 3.

bewerten. Die Delegation im Rahmen des § 23 Abs. 3 GkG ist keine Totaldelegation[437], die eine Übertragung jeglicher Kompetenzen, vergleichbar einer Hochzonung, beinhaltet. Das Fortbestehen der Finanzierungsverantwortung, die Rückholmöglichkeit durch eine Kündigung sowie die zusätzliche Zustimmung zur Übertragung des Satzungsrechts nach § 25 GkG NRW zeigen, dass es sich weiterhin um Aufgaben der abgebenden Gemeinde handelt. Solange die Aufgabe im Aufgabenbestand der Gemeinde verbleibt, ist unabhängig von der Frage, wer die Aufgaben durchführt oder erfüllt, eine Kontrollfunktion der abgebenden Gemeinde erforderlich. Gegenüber einem Beitritt zum Zweckverband verbleibt zwar das Satzungsrecht erst einmal bei der aufgabenübertragenden Gemeinde und bedarf einer ausdrücklichen vertraglichen Übertragung. Die Satzungsgebung beinhaltet jedoch nur einen Teil der Aufgabenwahrnehmung. Angesichts des erforderlichen Plus der inhaltlichen Legitimationskomponente ist diese Regelung ebenso wie ein Kündigungsrecht nicht ausreichend.[438] Die Kündigung reagiert nur auf eine möglicherweise nicht interessengerechte Aufgabenerfüllung und offenbart, dass gerade keine ausreichende Lenkungswirkung auf die Aufgabe bestand. Mit den gleichen Erwägungen ist dem Argument zu begegnen, die Möglichkeit einer Befristung schaffe einen demokratischen Ausgleich. Ein Mangel an Demokratie findet nicht dadurch einen vollständigen Ausgleich, dass dieser nur eine vertraglich festgelegte Zeitspanne andauert. Zu der Forderung, ein Mitwirkungsrecht sei vor dem Hintergrund der Anforderungen des Art. 20 Abs. 2 GG zwingend[439], gibt es somit keine Alternative. § 23 Abs. 3 GkG ist teleologisch zu reduzieren, indem das »kann« als ein »muss« auszulegen ist.[440]

(3) Grenzen der Ausgestaltung von Mitwirkungsrechten

Gleichzeitig muss beachtet werden, dass die Mitwirkungsrechte nicht die Qualität eines gemeinsamen Abstimmungsgremiums, vergleichbar der

---

437 Zum Begriff *Reinhardt,* Delegation und Mandat im öffentlichen Recht, S. 152.

438 *Oebbecke,* in: Mann/Püttner (Hrsg.), HdbKWP, 3. Aufl., Bd. 1, § 29, Rn. 79; *Nordholtz,* Niedersächsisches Gesetz über kommunale Zusammenarbeit, S. 228.

439 *Oebbecke,* in: Mann/Püttner (Hrsg.), HdbKWP, 3. Aufl., Bd. 1, § 29, Rn. 79; *Nordholtz,* Niedersächsisches Gesetz über kommunale Zusammenarbeit, S. 224; *Scheps,* Das Örtlichkeitsprinzip im kommunalen Wirtschaftsrecht, S. 220 f.; *Schink,* DVBl. 1982, S. 769, (772), allerdings unter Berufung auf die Grenzen, die die Allzuständigkeit der Verlagerung von freiwilligen Selbstverwaltungsaufgaben setzt.

440 *Nordholtz,* Niedersächsisches Gesetz über kommunale Zusammenarbeit, S. 226 f., zur entsprechenden Norm des § 5 Abs. 4 S. 2 NKomZG.

Verbandsversammlung beim Zweckverband, erreichen dürfen. Die öffentlich-rechtliche Vereinbarung ist keine Körperschaft des öffentlichen Rechts und soll nach der Systematik des GkG die Lücke zwischen dem Beratungs-, Vorsondierungs-, und Planungsgremium der kommunalen Arbeitsgemeinschaft und dem Zweckverband als weitreichendste Zusammenarbeitsform ausfüllen. Ferner handelt es sich bei der Delegation i. S. v. § 23 Abs. 1 1. Alt. GkG nicht um eine konservierende Delegation[441]. Aus dem Blickwinkel der Kompetenzverlagerung bei der Delegation darf der vollständige Übergang von Rechten und Pflichten, abgesehen vom Satzungsrecht, nicht wieder teilweise rückgängig gemacht werden. Ein zu weitreichendes Mitwirkungsrecht dürfte sich als Hemmnis für den Abschluss einer delegierenden Vereinbarung erweisen, da die erstrebte Zuständigkeitszusammenführung in einer Hand relativiert wird.[442] Ein umfangreiches Mitwirkungsverfahren bindet personelle Ressourcen und kann die gewünschten Wirtschaftlichkeitsaspekte einer Aufgabenverlagerung beeinträchtigen.

b. Verbleibende Beeinträchtigung demokratischer Legitimation

Die Rechtsfolgen der öffentlich-rechtlichen Vereinbarung, im Besonderen der Delegation, und die Anforderungen des Demokratieprinzips lassen sich nicht vollständig miteinander harmonisieren. Als Mittelweg bietet sich an, ein Einvernehmenserfordernis oder Vetorecht der übertragenden Gemeinde nur auf einen Teilaspekt der Aufgabenerfüllung zu begrenzen. Dieses Modell wird insbesondere auch im Rahmen der aufgabenträgerunabhängigen Zusammenarbeit, genauer bei dem additiven Schwellenwert, für die Gemeinden von Bedeutung sein, die Aufgaben vom Kreis herunterzonen. Das Bestreben, von den neu gewonnenen Einflussnahmemöglichkeiten Gebrauch zu machen, ist ungleich höher, als wenn die Aufgaben vorher schon Bestandteil des eigenen Aufgabenspektrums waren. Das gesetzliche Erfordernis einer Kündigungsregelung in § 23 Abs. 5 GkG bei fehlender Befristung oder einer Frist von 20 Jahren erweist sich als zu weit gefasst. Es besteht

---

441 S. oben Kap. 1 A III 1 a.

442 *Oebbecke,* in: Mann/Püttner (Hrsg.), HdbKWP, 3. Aufl., Bd. 1, § 29, Rn. 80; *Nordholtz,* Niedersächsisches Gesetz über kommunale Zusammenarbeit, S. 227.

zwar stets ein außerordentliches Kündigungsrecht.[443] Hierfür sind die Begründungsanforderungen aber entsprechend hoch.

IV. Das Kriterium der Wirtschaftlichkeit

Die bereits aufgezeigten Probleme verdeutlichen, dass die interkommunale Zusammenarbeit neben einer Initiierungsphase, die mit der notwendigen Überzeugungsarbeit innerhalb der eigenen Verwaltung verbunden ist, in der Umsetzung zusätzliche Hürden zu überwinden hat. Der Impuls zur Zusammenarbeit ist dabei in den seltensten Fällen aus reinem Interesse an der Zusammenarbeit getragen, sondern wird durch Wirtschaftlichkeitserwägungen und Einsparpotenziale indiziert. Dieses Motiv wird im Bereich des gestuften Aufgabenmodells sowohl bei den Anträgen zur Erlangung des Status einer Mittleren oder Großen kreisangehörigen Stadt als auch bei der aufgabenträgerunabhängigen Zusammenarbeit von dem Anliegen begleitet oder ersetzt, die Aufgaben in eigener Verantwortung wahrzunehmen. Solange nur letztes Ansinnen besteht und eine Wirtschaftlichkeitsanalyse verdeutlicht, dass einer Aufgabenwahrnehmung auf der Ebene des Kreises der Vorzug vor der Wahrnehmung in kommunaler Kooperation zu geben ist, ist die Bedeutung des Wirtschaftlichkeitsprinzips für dieses Rangverhältnis zu bestimmen.

1. Effizienz und Effektivität

Eine gesetzliche Definition des Begriffs »Wirtschaftlichkeit« besteht nicht. Gleichwohl findet der Begriff in bundes- und landesrechtlichen Regelungen Anwendung.[444] Auch § 75 Abs. 1 S. 2 GO bestimmt, dass die Haushaltswirtschaft wirtschaftlich, effizient und sparsam zu führen ist. Wirtschaftlichkeit umschreibt die günstigste Relation zwischen dem Zweck und den einzusetzenden Mitteln, wobei entweder zur Erreichung eines bestimmten Ergebnisses ein möglichst geringer Einsatz von Mitteln stattfinden (sog. Minimalprinzip) oder mit einer bestimmten Mittelverwendung das best-

443 Das außerordentliche Kündigungsrecht ist aus Art. 28 Abs. 2 GG bzw. den landesverfassungsrechtlichen Bestimmungen zur Selbstverwaltung zu entnehmen, vgl. *OVG Koblenz,* Urt. v. 25.06.1962 – 1 A 21/62 –, in: DVBl 1964, 369; *Oebbecke,* GVR NRW, Rn. 417.

444 § 7 BHO, § 6 HGrG, § 7 LHO NRW, § 69 SGB IV.

möglichste Ergebnis erzielt werden sollte (sog. Maximalprinzip).[445] Das Minimalprinzip wird oftmals mit dem Begriff der Effizienz gleichgesetzt.[446] Auch das Effizienzprinzip beschreibt mit der Forderung, diejenige der zur Verfügung stehenden Alternativen zu wählen, die den größten Nettonutzen verspricht, eine optimale Zweck-Mittel-Relation.[447] Das Wirtschaftlichkeitsgebot in Ausprägung des Minimalprinzips ist mangels hinreichend konkretisierter Bezugsgrößen nicht geeignet, Maßstäbe für ein Verwaltungshandeln zu benennen.[448] Vielmehr bringt das Minimalprinzip mit dem Gebot der Kostenminimierung zum Ausdruck, was unter den Begriff der Sparsamkeit fällt.[449] Dem Gebot der Sparsamkeit kommt neben dem Gebot der Wirtschaftlichkeit keine eigene Bedeutung zu.[450] Statt nur ökonomische Aspekte zu berücksichtigen, kann der Effizienzbegriff dagegen zusätzlich politische, soziale und kulturelle Ziele erfassen.[451] Das Maximalprinzip entspricht mit dem Ansinnen, einen möglichst hohen Zielerreichungsgrad anzustreben, dem Effektivitätsgebot.[452] Die Verwendung der Begriffe Effizienz und Effektivität dienen dazu, sowohl eine ressourcen-

---

445 *v. Arnim,* Wirtschaftlichkeit als Rechtsprinzip, S. 19; *Korthals,* in: v. Arnim/Lüder (Hrsg.), Wirtschaftlichkeit in Staat und Verwaltung, S. 87 (94), jeweils unter Berufung auf die vorläufige Verwaltungsvorschrift des § 7 BHO; die aktuelle Fassung der Verwaltungsvorschrift zu § 7 BHO ist abrufbar unter www.verwaltungsvorschriften-im-internet.de/bsvwvbund_14032001_II.htm#ivz8, Stand 7.3.2011.

446 *Burgi,* in: Butzer (Hrsg.), Wirtschaftlichkeit durch Organisations- und Verfahrensrecht, S. 53 (54); *Hoffmann-Riem,* in: ders/Schmidt-Aßmann (Hrsg.), Effizienz als Herausforderung an das Verwaltungsrecht, S. 12 (23); mit weiteren Nachweisen: *Pünder,* Haushaltsrecht im Umbruch, S. 60.

447 *v. Arnim,* Wirtschaftlichkeit als Rechtsprinzip, S. 47; *Gersdorf,* Öffentliche Unternehmen, S. 415; *Gröpl,* VerwArch 93 (2002), 459 (463).

448 Vgl. *Diemert,* Haushaltssicherungskonzept, S. 224.

449 *v. Arnim,* Wirtschaftlichkeit als Rechtsprinzip, S. 49 f.

450 *Diemert,* Haushaltssicherungskonzept, S. 224; *Erichsen,* Kommunalrecht NRW, S. 210; nach der Auslegung des § 75 Abs. 1 S. 2 GO NRW durch das *Innenministerium NRW,* in: Neues Kommunales Finanzmanagement, Handreichung für Kommunen, abrufbar unter http://www.im.nrw.de/bue/doks/nkf_2gonrw.pdf, Stand: 7.3.2011, soll das Gebot der Sparsamkeit der Verschwendung von Haushaltsmitteln entgegenwirken und zur Nutzung von Ertrags- und Einzahlungsmöglichkeiten anhalten. Die damit zum Ausdruck gebrachte Schutzfunktion für das Budgetrecht des Rates ist bereits im Minimalprinzip angelegt. Neue Vorgaben kann der Begriff der Sparsamkeit nicht vermitteln.

451 *v. Arnim,* Wirtschaftlichkeit als Rechtsprinzip, S. 47; *Gersdorf,* Öffentliche Unternehmen, S. 415; *Gröpl,* VerwArch 93 (2002), 459 (463).

452 *Hoffmann-Riem,* in: ders./Schmidt-Aßmann (Hrsg.), Effizienz als Herausforderung an das Verwaltungsrecht, S. 12 (23); v. *Arnim,* Wirtschaftlichkeit als Rechtsprinzip, S. 51; *Tepe,* Zuständigkeitsverlagerungen zwischen Gemeindeverbandsebenen, S. 120 f.

schonende Mittel-Zweck-Relation als auch eine zielorientierte Evaluation der Steuerungswirkungen von Wirtschaftlichkeitserwägungen in den Vordergrund zu stellen.

2. Wirtschaftlichkeit als Rechtsprinzip

Das im Homogenitätsprinzip verankerte Rechtsstaatsgebot bietet der Effektivität als Gebot zu einer langfristigen sachgerechten Aufgabenwahrnehmung der pflichtigen sowie der freiwilligen gesetzlichen Aufgaben eine verfassungsrechtliche Anbindung.[453] Der Effizienzgedanke findet Berücksichtigung in Art. 114 Abs. 2 S. 1 GG. Diese Norm begründet neben einem materiellen Prüfungsrecht für den Bundesrechnungshof auch eine verbindliche Verhaltensmaxime für die Exekutive.[454] Wirtschaftlichkeit ist ein Optimierungsgebot, das ausgehend vom Minimal- und Maximalprinzip keinen eigenen Wert weiterreicht, sondern die bestehenden Werte optimieren bzw. verwirklichen soll.[455] In der Ausprägung des Effizienzgedankens, der wie in § 75 Abs. 1 S. 2 GO mit Leistungskennzahlen und Finanzzielen[456] angereichert werden kann, bildet die Wirtschaftlichkeit darüber hinausgehend ein Rechtsprinzip.[457] Im Zusammentreffen mit anderen Rechtsprinzipien muss der Effizienzgedanke mit kollidierenden Prinzipien ohne ein Vorrang- oder Nachrangverhältnis in Einklang gebracht werden.[458]

---

453 *Pünder,* Haushaltsrecht im Umbruch, S. 61.

454 *Schmidt-Jortzig,* in: Butzer (Hrsg.), Wirtschaftlichkeit durch Organisations- und Verfahrensrecht, S. 17 (21); v. *Arnim,* Wirtschaftlichkeit als Rechtsprinzip, S. 71; *Gersdorf,* Öffentliche Unternehmen, S. 430 f. *Gersdorf,* Öffentliche Unternehmen, S. 447 ff. und v. *Arnim,* Wirtschaftlichkeit als Rechtsprinzip, S. 72 ff. nehmen Stellung zur Frage, ob das Wirtschaftlichkeitsprinzip sich auch aus den Grundrechten, insbesondere Art. 14 GG herleiten lässt.

455 *v. Arnim,* Wirtschaftlichkeit als Rechtsprinzip, S. 36.

456 *Innenministerim NRW,* in: Neues Kommunales Finanzmanagement, Handreichung für Kommunen, S. 222.

457 *Eidenmüller,* Effizienz als Rechtsprinzip, S. 463 ff.; *Gröpl,* VerwArch 93 (2002), 459 (475 f.); *Hoffmann-Riem,* in: ders./Schmidt-Aßmann (Hrsg.), Effizienz als Herausforderung an das Verwaltungsrecht, S. 12 (23).

458 *Alexy,* Theorie der Grundrechte, S. 88: »Prinzipien entbehren eines Festsetzungsgehaltes«; *Gröpl,* VerwArch 93 (2002), 459 (475 f.); *Winter,* KJ 34 (2001), 300 (312).

3. Berücksichtigungsfähigkeit des Effizienz- und Effektivitätsgebots vor dem Hintergrund des Aufgabenverteilungsprinzips

Das Effizienz- und Effektivitätsgebot kann der Kooperationshoheit der Kommunen entgegenstehen. Das *Bundesverfassungsgericht* hat dem gerade bei Hochzonungen relevanten Wirtschaftlichkeitsaspekt in der Rastede-Entscheidung den politisch-demokratischen Gesichtspunkt der Teilnahme der örtlichen Bürgerschaft an der Erledigung der Aufgaben entgegengesetzt und letzterem den Vorzug gegeben.[459] Wirtschaftlichkeitserwägungen seien nur dann als Rechtfertigungsgrund für eine Hochzonung zulässig, wenn die Aufgabenerledigung auf gemeindlicher Ebene zu einer unverhältnismäßigen Kostenbelastung führe.[460]

a. Abwägung zwischen demokratischer Beteiligung und wirtschaftlichen Vorteilen einer zentraleren Verwaltungsorganisation

Die Rechtsprechung des Bundesverfassungsgerichts hat das *Landesverfassungsgericht Mecklenburg-Vorpommern* in einem Urteil zur Kreisgebietsreform aufgegriffen und ein Abwägungsdefizit zu Lasten der bürgerschaftlich-demokratischen Beteiligung gegenüber Effizienzgesichtspunkten festgestellt.[461] Das Urteil hat in der Literatur eine Debatte um die Bedeutung der kommunalen Selbstverwaltungsgarantie entfacht.[462] Dabei ist dem Urteil keine wesentliche Neubewertung der verfassungsrechtlichen Maßstäbe bei Gebietsreformen zu entnehmen. Das Rastede-Urteil des Bundesverfassungsgerichts darf im Hinblick auf Effizienz und Effektivität nicht mit der Konsequenz gelesen werden, die es vermeintlich auszustrahlen vermag. Wenn nur die Ordnungsgemäßheit der Aufgabenerfüllung und die Dezentralität maßgeblich sind, könnte die gemeindliche Ebene nahezu alle Aufgaben wahrnehmen, eine entsprechende Finanzausstattung vorausgesetzt.[463] Andere Gründe als eine Zuständigkeitskonzentration und damit

459 *BVerfG,* Beschl. v. 23.11.1988 – 2 BvR 1619/83, 1628/83 (»Rastede«) –, in: BVerfGE 79, 127 = NVwZ 1989, 347 (349 f.).

460 *BVerfG,* Beschl. v. 23.11.1988 – 2 BvR 1619/83, 1628/83 (»Rastede«) –, in: BVerfGE 79, 127 = NVwZ 1989, 347 (349 f.).

461 *LVerfG M-V,* Urt. v. 26.7.2007 – 9/06-17/06 –, in: DVBl. 2007, 1102 (1106 ff.).

462 Nach *Bull,* DVBl. 2008, 1 (3), ist die kommunale Selbstverwaltungsgarantie ein Rechtsprinzip, das mit dem Wirtschaftlichkeitsprinzip abgewogen werden muss und unter Umständen zurückzutreten hat. Demgegenüber *Katz/Ritgen,* DVBl. 2008, 1525 (1535); *Schliesky,* DVBl. 2007, 1453 (1459).

463 In diese Richtung *Oebbecke,* in: Henneke (Hrsg.), Optimale Aufgabenerfüllung im Kreisgebiet, 47 (54).

verbundene Einsparpotenziale sind für Aufgabenhochzonungen nicht ersichtlich. Vielmehr ist das Rastede-Urteil dahingehend zu deuten, dass Verwaltungsvereinfachung oder Zuständigkeitskonzentrationen nicht ohne ausführliche Abwägung mit der bürgerschaftlich-demokratischen Komponente der Selbstverwaltungsgarantie Aufgabenverlagerungen tragen können. Nichts anderes bestätigt das Urteil des Landesverfassungsgerichts.[464]

Die ordnungsgemäße Aufgabenerfüllung strahlt auf das gesamte Aufgabenspektrum der Gemeinden aus. Erfolgt durch eine kosten- und personalintensive Aufgabenerfüllung eine Beeinträchtigung anderer Aufgaben, kann in der Hochzonung auch ein Schutz der kommunalen Selbstverwaltung gesehen werden, um Gemeinden vor einer Verschuldung oder dem Zwang zu bewahren, freiwillige Aufgaben aufzugeben oder materiell zu privatisieren. Aus rein verwaltungspraktischer Sicht besteht ohnehin bei der aktuellen Finanzlage vieler Kommunen eher der Wunsch nach einer Aufgabenhochzonung, gerade im pflichtigen sozialen Bereich.

b. Gesteigerte Bedeutung der Wirtschaftlichkeit bei Dezentralisierung

Bei der Aufgabenherabzonung besteht ein anderer Ansatzpunkt. Ziel ist nicht die Beseitigung von Mängeln einer dezentralen Aufgabenansiedlung wie bei der Hochzonung, sondern es soll gerade eine Dezentralisierung begründet werden. Isoliert aus der Sicht von Wirtschaftlichkeitserwägungen betrachtet, besteht gegen eine Verlagerung von Aufgaben, z. B. auf Mittlere kreisangehörige Städte, keine Bedenken, soweit auf der gemeindlichen Ebene eine gleichermaßen effiziente und effektive Aufgabenwahrnehmung wie auf Kreisebene möglich ist. Bei Aufgaben mit örtlichem Charakter entspricht die Herabzonung dem verfassungsrechtlichen Aufgabenverteilungsprinzip. Bei vielen Aufgaben im gestuften Modell, wie beispielsweise bei Teilaspekten der Verkehrslenkung oder Verkehrssicherung[465], muss bezweifelt werden, ob ein örtlicher Bezug besteht oder ob dieser nicht im Dezentralisierungsbestreben bewusst hergestellt werden soll. Öffentlich-rechtliche Vereinbarungen offenbaren gegenüber der eigenständigen Aufgabenerledigung ein je nach Mitwirkungsrechten mehr oder minder ausge-

464 *LVerfG M-V,* Urt. v. 26.7.2007 – 9/06-17/06 –, in: DVBl. 2007, 1102 (1104).

465 Bei Ausnahmegenehmigungen von Sonntagsfahrverboten nach § 46 Abs. 1 S. 1 Nr. 7 StVO ist beispielsweise eine zu weitgehende Kommunalisierung auf Grund der drohenden unterschiedlichen Rechtsanwendung nicht nachvollziehbar.

prägtes Demokratiedefizit.[466] Die Auswirkung besteht in einer Abschwächung des gemeindlichen Vorrangs bis hin zur Nivellierung der Maßstäbe für die Aufgabenverteilung. Effizienz und Effektivität müssen nicht mehr die Hürde der unverhältnismäßig hohen Kosten überwinden, um Berücksichtigung zu finden, sofern dies mangels örtlichem Bezug nicht ohnehin der Fall ist. Effizienz- und Effektivitätserwägungen stehen dem bürgerschaftlichen Einfluss in der Abwägung gleichberechtigt gegenüber.

c. Vergleichende Wirtschaftlichkeitsbetrachtung

Die 2007 im Rahmen der GO-Reform geschaffenen Aufgabenverlagerungsmöglichkeiten halten sich damit im Rahmen der Vorgaben des Art. 28 Abs. 2 GG und Art. 78 Abs. 2 LV. Zu fragen ist aber, ob in der Genehmigung einer aufgabenträgerunabhängigen Zusammenarbeit den beteiligten Kommunen als Grund des öffentlichen Wohls die mangelnde Wirtschaftlichkeit ihres Gemeinschaftsprojekts vorgehalten werden kann. Grundsätzlich hat jede Kommune den eigenen Kompetenzbereich im Auge zu behalten und die Wirtschaftlichkeitsberechnungen hierauf zu beziehen.[467] Der Vorwurf, eine öffentlich-rechtliche Vereinbarung führe zu einer ineffizienten Aufgabenerledigung, setzt voraus, dass die Kommunen auch die Alternative der Aufgabenerfüllung durch den Kreis in ihre Wirtschaftlichkeitsüberlegungen miteinbeziehen. Hierin ist keine Überdehnung von Effizienz und Effektivität zu erblicken. Sofern, wie bei der aufgabenträgerunabhängigen Zusammenarbeit, die Kooperation kompetenzbegründend wirkt, folgt hieraus auch das Gebot der effizienten sowie effektiven Aufgabenerledigung. Da der Kreis der vorherige Aufgabenträger war, ist er in die Wirtschaftlichkeitsberechnungen mit aufzunehmen.

---

466 *Faber,* NWVBl. 2008, 54 (57), leitet aus dem Demokratiedefizit einen Zuständigkeitsvorrang von Kreisen gegenüber interkommunaler Zusammenarbeit her. Hingegen will *Dünchheim,* Kommunalrecht NRW, S. 37 f., die Argumentation aus der Rastede-Entscheidung für die Herabzonung unbesehen heranziehen, indem er die Dispositionsbefugnis über die Aufgabe als ausreichende demokratische Einflussnahme wertet. Diese Argumentation verkennt zum einen die Erfordernisse des Demokratieprinzips. Zum anderen verbleibt bei der delegierenden Vereinbarung keine Dispositionsbefugnis, wenn kein Mitwirkungsrecht eingeräumt wird, die Satzungsbefugnis übertragen wird und die Vereinbarung unter einem Zeitraum von 20 Jahren befristet ist, so dass nach § 23 Abs. 5 GkG kein Kündigungsrecht vereinbart werden muss.

467 *v. Arnim,* Wirtschaftlichkeit als Rechtsprinzip, S. 87.

V. Übersichtlichkeit der Zuständigkeitsordnung als Ausprägung des Rechtsstaatsprinzips

Ausprägung einer rechtsstaatlichen Verwaltungsorganisation ist, aus der Sicht des Bürgers betrachtet, die Klarheit der Kompetenzordnung, die Zuständigkeiten hinreichend deutlich erkennbar werden lässt.[468] Klarheit und Bestimmbarkeit sind die Grundlage für die Nutzung von grundrechtlichen Freiheitsräumen. Die Verwaltung kann ihre Leistungs- und Schutzaufträge nur entfalten, wenn ihre Organisationsstruktur eine zeitgerechte, effiziente und effektive Aufgabenerfüllung ermöglicht.[469] Machen mehrere Gemeinden und Städte im Kreis vom Modell der aufgabenträgerunabhängigen Zusammenarbeit Gebrauch, ist es selbst für Verwaltungsbedienstete einer anderen Kommune – und erst recht für den Bürger – schwer nachzuvollziehen, ob noch der Kreis oder irgendeine kreisangehörige Gemeinde bzw. Stadt der zuständige Ansprechpartner ist. Das Kriterium der Ortsnähe kann sich insoweit in sein Gegenteil verkehren. Unübersichtlichkeit bedeutet sachliche Ortsferne. Durch Behördenwegweiser, auch in elektronischer Form im Rahmen von E-Government[470], lässt sich die Unübersichtlichkeit begrenzen, aber nicht vollständig auflösen. Für eine Gemeinde, die Aufgaben mittels öffentlich-rechtlicher Vereinbarung übertragen hat, besteht eine bürgerfreundliche Ausgestaltungsoption darin, einen distributiven Front-Office-Bereich bereitzustellen, der Bürgeranfragen aus dem eigenen Gemeindegebiet an den Kooperationspartner weiterleitet. Um die beabsichtigten Entlastungszwecke aus der Aufgabenverlagerung nicht zu konterkarieren, dürfen aber keine Doppelstrukturen begründet werden.

Die virtuelle Kommunalverwaltung bietet gleichzeitig ein Mittel, das Argument der Ortsnähe als Argument der Aufgabenherabzonung zu relativieren. Dezentrale Strukturen lassen sich mit einem geringeren Aufwand durch eine Kreisnetzinfrastruktur vor Ort in den Gemeinden als Front-Office in Funktion einer Bürgeranlaufstelle verwirklichen. Die zentrale Steuerung erfolgt jedoch, z. B. auf der Basis einer Bauplattform mit integrierendem Informations- und Dokumentenaustausch[471], auf Kreisebene mit dem Kreis als Aufgabenträger.

---

468 *BVerfG,* Urt. v. 20.12.2007 – 2 BvR 2433/04 u. a –, in: NVwZ 2008, 183 (187).

469 *Schmidt-Aßmann,* in: Isensee/Kirchhof (Hrsg.), HdbStR II, § 26, Rn. 79.

470 Zu Kooperationsformen durch E-Government ausführlich *Mehlich/Postler,* Die virtuelle Kommunalverwaltung, S. 17 ff.

471 Beispiel bei *Mehlich/Postler,* Die virtuelle Kommunalverwaltung, S. 151.

VI. Sozialstaatsprinzip

Der Begriff des öffentlichen Wohls in § 3 Abs. 6 GO umfasst als zu beachtendes Verfassungsprinzip auch das Sozialstaatsgebot.[472] Leitgedanken des Sozialstaatsprinzips untergliedern sich in einen sozialen Ausgleich sowie in die Gewährung von sozialer Sicherheit und sozialer Gerechtigkeit.[473] Für den Bereich der kommunalen Selbstverwaltung gebietet das Sozialstaatsprinzip eine bestmögliche Daseinsvorsorge, eine hohe Qualität von Verwaltungsleistungen sowie ein weites Angebot an Veranstaltungen bei möglichst geringen Kosten und Mühen für die Bürger.[474]

1. Schaffung gleichwertiger Lebensverhältnisse

Aus dem Sozialstaatsprinzip lässt sich auch das Postulat der Schaffung gleichwertiger Lebensverhältnisse herleiten.[475] Dieser aus Art. 72 Abs. 2 und Art. 106 Abs. 3 S. 4 Nr. 2 GG[476] oder dem Gleichheitssatz[477] ableitbare Gedanke begründet ein Verfassungsgebot von gleichem Rang und Gewicht wie die Selbstverwaltungsgarantie.[478] Für die Aufgabenverteilung zwischen Kreisen und Gemeinden bedeutet dies eine Zuteilung, die strukturelle Unterschiede ausgleichen und ein Leistungsgefälle zwischen Stadt und ländlich geprägten Gebieten abmildern kann.[479] Soweit die Selbstverwaltungsgarantie mit dem Gebot der Herstellung gleichwertiger Lebensverhältnisse kollidiert, sind beide Rechtssätze miteinander zu harmonisieren.[480]

---

472 *StGH BW,* Urt. v. 14.2.1975 – GR 11/74 –, in: NJW 1975, 1105 (1206); *Koch,* Einkreisung kreisfreier Städte, S. 185.

473 *BVerfG,* Urt. v. 18. 7. 1967 – 2 BvF 3-8, 139, 140, 334, 335/62 –, in: NJW 1967, 1795 (1796); *Gröschner,* in: Dreier (Hrsg.), GG, Bd. II, Art. 20 (Sozialstaat), Rn. 37; *Stober,* in: Wolff/Bachof/Stober/u. a., VerwR I, § 18, Rn. 23 ff.; *Schnapp,* in: v. Münch/Kunig, GG, Bd. 2, Art. 20, Rn. 56; *Sachs,* in: ders. (Hrsg.), GG, Art. 20, Rn. 46.

474 *StGH BW,* Urt. v. 14.2.1975 – GR 11/74 –, in: NJW 1975, 1105 (1206); *Andriske,* Aufgabenneuverteilung im Kreis, S. 142.

475 *Schink,* in: Schmidt-Jortzig/ders., Subsidiaritätsprinzip und kommunale Selbstverwaltung, S. 25 (79 ff.); *Tepe,* Zuständigkeitsverlagerungen zwischen Gemeindeverbandsebenen, S. 116 ff.

476 *Andriske,* Aufgabenneuverteilung im Kreis, S. 110.

477 *StGH BW,* Urt. v. 14.2.1975 – GR 11/74 –, in: NJW 1975, 1105 (1206).

478 *Schink,* in: Schmidt-Jortzig/ders., Subsidiaritätsprinzip und kommunale Selbstverwaltung, S. 25 (79 ff.); *Tepe,* Zuständigkeitsverlagerungen zwischen Gemeindeverbandsebenen, S. 116 ff.; a. A. zumindest im Rahmen von Art. 106 GG, *Heun,* in: Dreier (Hrsg.), GG, Bd. III, Art. 106, Rn. 24.

479 *Andriske,* Aufgabenneuverteilung im Kreis, S. 143.

480 *Stern,* Staatsrecht, Bd. I, § 4, S. 133.

Die »Gleichwertigkeit« der Lebensverhältnisse folgt seit 1994[481] nur aus Art. 72 Abs. 2 GG, während Art. 106 Abs. 3 S. 4 Nr. 2 GG weiterhin wie die bis 1994 geltende Fassung von Art. 72 GG eine Einheitlichkeit der Lebensverhältnisse verlangt. Die auf den Vorschlag der Gemeinsamen Verfassungskommission zurückgehende Ersetzung des Terminus »Einheitlichkeit« durch »Gleichwertigkeit« soll einen Übergang von der strikten, formellen Gleichheit zu einer materiellen Gleichheit im Sinne einer Gleichwertigkeit bewirken.[482] Dem verbleibenden Unterschied der Termini in den Verfassungsbestimmungen kann durch eine Auslegung des Art. 106 Abs. 3 S. 4 Nr. 2 GG im Sinne des Art. 72 Abs. 2 GG begegnet werden, die in Ansehnung einer Abhängigkeit der Finanzausstattung von den jeweils zugewiesenen Kompetenzen konsequent ist.[483]

2. Mangelnde Konkretisierungsmöglichkeit

Die zur Konkretisierung des Begriffs Gleichwertigkeit erforderlich wertende Betrachtung der konkreten Lebens- und Normbereiche ist rechtlich nicht vollständig determiniert.[484] Die Gleichwertigkeit der Lebensverhältnisse teilt damit als Ausprägung des Sozialstaatsprinzips das gleiche Dilemma wie es dem gesamten sozialen Funktionsauftrag in Art. 20 Abs. 1 2. Alt. und Art. 28 Abs. 1 GG immanent ist. Ein Gehalt, der den Gesetzgeber zu definitiven Einzelkonsequenzen anhält, ist dem Sozialstaatsprinzip in der Regel nicht zu entnehmen.[485] Bei der Aufgabenzuordnung im kommunalen Bereich zwingt das Sozialstaatsprinzip insbesondere unter Beachtung des Aufgabenverteilungsprinzips nicht zur Hochzonung von Aufgaben, wenn erhebliche Disparitäten im kreisangehörigen Raum drohen. Unter Ausklammerung von Effektivitäts- und Effizienzgesichtspunkten wäre auch eine entsprechende finanzielle Besserstellung von Gemeinden denkbar.[486] Im gestuften Modell kann der Sozialstaatsgedanke aber im Genehmigungsver-

---

481 Gesetz zur Änderung des Grundgesetzes v. 27.10.1994, BGBl. I, S. 3146.

482 *Oeter,* in: v. Mangoldt/Klein/Starck, GG, Bd. II, Art. 72, Rn. 92; *Tepe,* Zuständigkeitsverlagerungen zwischen Gemeindeverbandsebenen, S. 117; ausführlich zur geschichtlichen Entwicklung der Gleichwertigkeit der Lebensverhältnisse, *Reichel,* Gleichwertigkeit der Lebensverhältnisse, S. 31 ff.; *Rohlfs,* Gleichwertigkeit der Lebensverhältnisse, S. 42 ff.

483 *Rohlfs,* Gleichwertigkeit der Lebensverhältnisse, S. 102.

484 *Oeter,* in: v. Mangoldt/Klein/Starck, GG, Bd. II, Art. 72, Rn. 103.

485 *Sachs,* in: ders. (Hrsg.), GG, Art. 20, Rn. 47; *Rohlfs,* Gleichwertigkeit der Lebensverhältnisse, S. 144.

486 *Tepe,* Zuständigkeitsverlagerungen zwischen Gemeindeverbandsebenen, S. 117.

fahren eine begrenzende Wirkung einnehmen. Dies gilt für Aufgabenverlagerungen im pflichtigen Bereich die z. B. vor dem Hintergrund eines drohenden Haushaltssicherungskonzepts zu einem Unterschreiten von gesetzlichen Standards führen oder die nahezu vollständige Aufgabe von freiwilligen Leistungen nach sich ziehen.

VII. Kreistreue

Um dem in § 1 KrO NRW normierten Auftrag nachzukommen, ihre Verwaltung zum Besten der Gemeinden und der Einwohner auszugestalten, ist grundsätzlich eine Abstimmung der Kreise mit den kreisangehörigen Gemeinden geboten. Insbesondere im umstrittenen Bereich von Ausgleichs- und Ergänzungsaufgaben sowie in der Diskussion eines Rangverhältnisses zwischen gemeindlichen Kooperationen und einer Kreiszuständigkeit offenbaren sich unter Berufung auf das Aufgabenverteilungsprinzip Kompetenzkonflikte. Gemeinden und Kreise stehen zueinander nicht in einem konkurrierenden Interessensystem, sondern der durch sie ausgefüllte Verwaltungsraum wird durch ein System komplementärer Funktionen gekennzeichnet.[487] Zwar handelt es sich bei Gemeinden und Kreisen nicht um einen gemeinsamen Verwaltungsverbund mit »frei wandernden« Aufgaben.[488] Gleichwohl lassen sich Aufgabenüberschneidungen angesichts der engen territorialen und funktionalen Verflechtung von Gemeinden und Kreisen nicht vermeiden. Um schweren Interessenkonflikten im kreisangehörigen Raum bereits auf einer Vorstufe vor der verfassungsrechtlichen Gewährleistung zu begegnen, ist der Gedanke eines gegenseitigen Rücksichtnahmesystems aufgeworfen worden. Auf Seiten des Kreises äußert sich dies in einer Pflicht zu einem gemeindefreundlichen Verhalten. Korrespondierend dazu sind die Gemeinden zur Kreistreue angehalten. Zur Herleitung dieses Rücksichtnahmesystems werden verschiedene Begründungen bemüht.

1. Analogie zur Bundestreue

Die Bundesstreue[489] manifestiert sich in der verfassungsrechtlichen Verständigungs- und Treuepflicht der einzelnen Länder untereinander sowie des

---

487 *Wansleben,* in: Held/Becker u. a., KVR, Bd. 2, § 1 KrO, Erl. 4.1.

488 *Kirchhof,* Kreisordnung NRW, § 1, Erl. 20; *Wansleben* in Held/Becker u. a., KVR, Bd. 2, § 1 KrO, Erl. 4.1.

489 Zur Terminologie in diesem Bereich ausführlich *Bauer,* Bundestreue, S. 2 f.

Bundes gegenüber den Ländern.[490] Der Grundsatz des Föderalismus erfordert ein gemeinsames Zusammenwirken aller »Bündnismitglieder« zur Festigung und Wahrung dieses Bündnisses.[491] Jedes Bundesland hat bei der Inanspruchnahme seiner Rechtspositionen Rücksicht auf die Belange anderer Bundesländer zu nehmen und deren elementare Rechtspositionen zu beachten.[492] Konkretisiert äußern sich diese Pflichten in Hilfs- und Unterstützungsleistungen, Informationsaustausch sowie Abstimmungs- und Verfahrenspflichten.[493] Das Prinzip der Bundestreue ist zum einen auf das Verhältnis Gemeinde bzw. Gemeineverband gegenüber dem Land übertragen worden.[494] Zum anderen kennzeichne es auch das Verhältnis von Kreis und Gemeinden.[495]

2. Grundsatz von Treu und Glauben

Eine andere Begründungslinie stützt sich auf den Grundsatz von Treu und Glauben, angelehnt an die Zivilrechtsdogmatik zu § 242 BGB.[496] Demnach sei eine Treuepflicht eher anzunehmen, je mehr ein Rechtsverhältnis auf ein Zusammenwirken ausgerichtet sei.[497] Für die Treuepflicht lassen sich, angelehnt an die Ausprägung des Grundsatzes von Treu und Glauben in Nebenpflichten, Rechtsmissbrauch und Vertragsanpassungen zwecks Umstandsänderungen, entsprechende Kategorien entwickeln.[498] Bei rechtsmissbräuchlichem Verhalten entfalte das gemeindefreundliche Verhalten eine Kompetenzausübungsschranke.[499]

490 *BVerfG,* Urt. v. 21.05.1952 – 2 BvH 2/52 –, in: BVerfGE 1, 299 (315); *BVerfG,* Urt. v. 30.07.1958 – 2 BvG 1/58 –, in: NJW 1958, 1341 (1343); *Stern,* Staatsrecht, Bd. 1, S. 699 ff.

491 *BVerfG,* Urt. v. 21.05.1952 – 2 BvH 2/52 –, in: BVerfGE 1, 299 (315).

492 *BVerfG,* Urt. v. 30.01.1973 – 2 BvH 1/72 –, in: NJW 1973, 609 (610).

493 *Bauer,* Die Bundestreue, S. 342; *Stern,* Staatsrecht, Bd. 1, S. 702 ff.

494 Ausführlich *Macher,* Gemeindefreundliches Verhalten, S. 29 ff.; *OVG Münster,* Urt. v. 8.1.1964 – III A 1151/61 –, in: DVBl. 1964, 678 (680 f.).

495 *VG Würzburg,* Urt. v. 03.02.1978 – W 304 III 76 –, in: BayVBl. 1978, 674 (674 f.).

496 Im öffentlichen Recht findet nicht die Bestimmung des § 242 BGB Anwendung, sondern der dieser Norm zu Grunde liegende Rechtsgrundsatz.

497 *v. Kempis,* Treuepflicht zwischen Gemeinden und Staat, S. 160.

498 *v. Kempis,* Treuepflicht zwischen Gemeinden und Staat, S. 168 ff.

499 *VerfGH NRW,* Beschl. v. 26.6.1981 – VerfGH 19/80 –, in: NVwZ 1982, 188 (189).

3. Vorgaben der Kreisordnung

Ein anderer Ansatzpunkt folgert das Bestehen eines gemeindefreundlichen Verhaltens direkt aus der Kreisordnung. Ausgangspunkt für die Entwicklung dieser Auffassung waren Kreisumlageprozesse und die Rechtsfrage, welche prozessualen Möglichkeiten kreisangehörigen Gemeinden bei rechtswidriger Aufgabenwahrnehmung durch den Kreis zur Verfügung stehen. Das *Oberverwaltungsgericht Münster* lehnte eine inzidente Rechtmäßigkeitskontrolle der Aufgabenwahrnehmung durch Anfechtung des Umlagebescheids[500] ab und verwies die Gemeinden stattdessen auf eine Leistungsklage als Unterlassungsanspruch bzw. auf eine Feststellungsklage bei Erledigung und bestehender Wiederholungsgefahr.[501] Als Anspruchsgrundlage greift das *Oberverwaltungsgericht* auf den Grundsatz des gemeindefreundlichen Verhaltens zurück und verortet diesen ohne genaue Nennung einer Norm im System der Kreisordnung, insbesondere in der Aussage des § 1 Abs. 1 KrO, dass die Kreise ihr Gebiet »zum Besten der kreisangehörigen Gemeinden verwalten«.[502] Ferner erkennt das Gericht eine Parallele zwischen dem Unterlassungsanspruch der Gemeinden und dem grundrechtlichen Unterlassungsanspruch eines Mitglieds in einem öffentlich-rechtlichen Zwangsverband.[503]

4. Bewertung

Kreise sind Gemeindeverbände aber keine Bundkörperschaften.[504] Im Kreis-Gemeinde-Verhältnis besteht im Gegensatz zur Bund-Länder-Ebene mit der Kommunalaufsicht eine besondere Kontrollinstanz.[505] Wenn bereits die dogmatisch-systematische Einordnung des Bundestreueprinzips erhebliche Schwierigkeiten aufwirft[506] und das »Wesen des Bundesstaats«[507] oder der »ungeschriebene Verfassungsgrundsatz«[508] bemüht werden muss, ist eine Übertragung auf das Komplementärverhältnis von

500 Dazu ausführlich *Oebbecke,* Verw. 42 (2009), 247 (250 ff.).

501 *OVG Münster,* Urt. v. 22.2.2005 – 15 A 130/04 –, in: NWVBl. 2005, 431 (432).

502 *OVG Münster,* Urt. v. 22.2.2005 – 15 A 130/04 –, in: NWVBl. 2005, 431 (432).

503 Dazu bei öffentlich-rechtlichen Zwangsverbänden: *BVerwG,* Urt. v. 24.9.1981 – 5 C 53/79 –, in: DVBl. 1982, 204 (204).

504 *Stober,* in: Wolff/Bachof/Stober u. a., VerwR II, § 85, Rn. 34.

505 *Büchner,* BWVP 1978, 101 (102).

506 Nachweise bei *Bauer,* Die Bundestreue, S. 6 f.; v. *Kempis,* Treuepflicht zwischen Gemeinden und Staat, S. 88 ff.

507 *BVerfG,* Urt. v. 21.05.1952 – 2 BvH 2/52 –, in: BVerfGE 1, 299 (315).

508 *BVerfG,* Urt. v. 1.12.1954 – 2 BvG 1/54 –, in: BVerfGE 4, 115 (140).

Kreis und Gemeinden umso schwieriger. Die Struktur des Kreises weist zwar Ansätze einer föderativen Struktur aus, indem mit der überörtlichen Aufgabenerfüllung und Ergänzungswirkung ein integrierender Rahmen geschaffen wird, der mit der Verwirklichung des Sozialstaatsprinzips in der Ausgleichsfunktion angereichert wird.[509] Die Landkreise weisen ferner durch die Kreisumlage ein wesentliches Verbandselement, die finanzielle (Mit-)Trägerschaft des Verbands durch die Verbandsmitglieder auf.[510] Es fehlt aber die Einwirkungsmöglichkeit der Gemeindevertreter auf den Kreis, z. B. durch Entsendung eigener Vertreter in den Kreistag. Damit entfällt nicht die Verbandlichkeit[511], aber der entscheidende Vergleichsfaktor zur Bundestreue. Die Aufgabenverflechtung zwischen Gemeinden und Kreisen ist nicht Folge eines Entscheidungsverbunds[512], sondern Ausprägung der fehlenden trennscharfen Abgrenzung zwischen Gemeinde- und Kreisaufgaben. Nicht weniger problematisch ist der Grundsatz von Treu und Glauben. Eine abstrakte Grenze für eine verpflichtende, gegenseitige Rücksichtnahme kann der Grundsatz von Treu und Glauben nicht setzen. Somit verbleibt nur eine, am konkreten Einzelfall zu messende Treuebindung zwischen Kreisen und Gemeinden.[513] Das hätte zur Folge, dass ein dem Zivilrecht entnommener und in das öffentliche Recht eingefügter Rechtssatz die Organisationshoheit von Gemeinden und Gemeindeverbänden einengen und damit Art. 28 Abs. 2 GG modifizieren kann. Erschwerend kommt hinzu, dass das gemeindefreundliche Verhalten bzw. die Kreistreue als Generalklausel ausgestaltet ist, die nicht an bestimmte Tatbestandsvoraussetzungen gebunden ist.[514]

Der Vergleich des Unterlassungsanspruchs gegen eine unberechtigte Aufgabenwahrnehmung mit Ansprüchen von Verbandsmitgliedern bei Überschreitung der Verbandskompetenz lässt sich nicht aufrechterhalten. Gemeinden sind nicht »Mitglieder« der Kreise. Es besteht kein mitgliedschaftsrechtlicher Anspruch aus dem Innenverhältnis auf Unterlassen einer Auf-

509 *v. Kempis,* Treuepflicht zwischen Gemeinden und Staat, S. 368 f.

510 *Hoppe,* Gebietskörperschaft und Gemeindeverband, S. 42 f.; *Büchner,* BWVP 1978, 101 (102).

511 *Hoppe,* Gebietskörperschaft und Gemeindeverband, S. 42 f.: Bei Forderung einer Verbandskörperschaftlichkeit würde es sich bei den Kreisen um (Kreis-)Gemeinden und nicht um Gemeindeverbände handeln. Art. 28 Abs. 1 S. 1 u. 2 GG fordere aber als entscheidendes Kriterium die Wahrnehmung von Aufgaben für die Verbandsmitglieder.

512 *Oebbecke,* GVR NRW, Rn. 67.

513 *Wandhoff,* in: Wagener, Kreisfinanzen, S. 71 (87).

514 *Macher,* Gemeindefreundliches Verhalten, S. 132; Stern, Staatsrecht, Bd. I, S. 419.

gabenwahrnehmung. Zuständigkeitsüberschreitungen berühren die verfassungsmäßige Kompetenzverteilung und stellen unter Umständen einen Verstoß gegen Art. 28 Abs. 2 GG dar. Unabhängig davon, ob ein Unterlassungsanspruch bei rechtswidriger Aufgabenwahrnehmung in Kreisumlageprozessen grundsätzlich anerkannt wird, ist Anspruchsgrundlage entweder Art. 28 Abs. 2 GG bzw. Art. 78 Abs. 2 LV oder § 56 KrO. Nicht näher spezifizierte Rücksichtnahmepflichten bieten keine ausreichende Grundlage, um Auswirkungen auf das Umlagesystem der Kreise zu rechtfertigen.

Verfassungsrechtlich haltbar ist nur eine Rückbindung der Rücksichtnahmepflichten an die Garantie der kommunalen Selbstverwaltung in Art. 28 Abs. 2 GG.[515] Bei Zugrundelegung des Aufgabenverteilungsprinzips im Randbereich und der Vertretbarkeitsprüfung, die einer Verhältnismäßigkeitsprüfung ähnelt, ist jedoch nicht zu erkennen, welche Bedeutung ein gemeindefreundliches Verhalten überdies noch einnehmen soll.[516] Gemeindefreundliches Verhalten ist nur die effektive Verwirklichung des Selbstverwaltungsrechts.[517] Bei einer Verortung in Art. 28 Abs. 2 ist es zudem zweifelhaft, ob auch eine Kreistreue durch die kreisangehörigen Gemeinden besteht. Wirkt sich das Aufgabenverteilungsprinzip auf das Rücksichtnahmesystem aus, besteht nur eine Beschränkung des Kreises bei Ergänzungs- und Ausgleichsaufgaben, nicht jedoch von Gemeinden bei Ausübung ihrer Selbstverwaltungstätigkeit, z. B. durch Rückgriff auf ihre Kooperationshoheit. Die Rücksichtnahme müsste dementsprechend gerade eine begrenzende Wirkung zwischen den einzelnen Kommunalebenen auslösen.

VIII. Kommunale Mischverwaltung

Trotz Ausgleichs- und Ergänzungsfunktion der Kreise sowie eines gegenseitigen Rücksichtnahmeverhältnisses besteht kein Verwaltungsverbund zwischen Kreis und kreisangehörigen Gemeinden. Unter Zugrundelegung

---

515 *Stern,* Staatsrecht, Bd. I, S. 419; *Macher,* Gemeindefreundliches Verhalten, S. 132; *Winkler,* Verwaltungsträger im Kompetenzverbund, S. 210.

516 Vgl. dazu ausführlich *Roßmüller,* Schutz der Finanzausstattung durch Verfahren, S. 180 ff., der auch den Nachweis erbringt, dass eine Ableitung des gemeindefreundlichen Verhaltens aus ungeschriebenen Verfassungsgrundsätzen nicht in Betracht kommt.

517 *Roßmüller,* Schutz der Finanzausstattung durch Verfahren, S. 180; der *VerfGH NRW,* Urt. v. 23.3.2010 – VerfGH 19/08 –, in: NVwZ-RR 2010, 705 (709), leitet das gemeindefreundliche Verhalten direkt aus Art. 78 LV ab, erkennt darin im Verhältnis Land-Kommunen aber keinen eigenen rechtlichen Maßstab mit Pflichten des Landes.

einer Trennung der Kommunalebenen ist zu überlegen, ob die aufgabenträgerunabhängige Zusammenarbeit nicht eine unzulässige kommunale Mischverwaltung begründet.

1. Der Begriff der Mischverwaltung

Der Begriff der Mischverwaltung ist nicht auf der Ebene des Kommunalrechts beheimatet, sondern kennzeichnet in seiner weitesten Auslegung ein Zusammenwirken der Bundes- und der Landesebene.[518] Hinsichtlich einer näheren Konkretisierung des Begriffs hat sich eine Vielzahl von Umschreibungen ergeben.[519] Die Verwaltung des Bundes und die Verwaltung der Länder sind prinzipiell voneinander getrennte Einheiten.[520] Die organisatorische Ausgestaltung der Verwaltung in Art. 83 ff. GG lässt den Ausschluss einer Mischverwaltung erkennen.[521] Neben der grundsätzlichen Unterscheidung zwischen Landes- und Bundesverwaltung zeigt Art. 83 ff. GG aber auch, dass eine starre Abtrennung nicht besteht und ein vielfältiges Zusammenwirken vorliegt.[522] Eine besondere verfassungsrechtliche Ermächtigung ist bei einem Zusammenwirken von Bund und Ländern nicht in jedem Fall erforderlich.[523] Ausnahmen von den Kompetenz- und Organisationsnormen des Art. 83 ff. GG sind nur für eng umgrenzte Verwaltungsmaterien zulässig und bedürfen eines besonderen sachlichen Grundes.[524] Eine Anwendung des Begriffs Mischverwaltung ist außerhalb des Bund-Länder-Verhältnisses auch zwischen dem Land als staatlichem Träger und den kommunalen Trägern möglich.[525] Bei einer weiteren Abstrahierung des Begriffs kann allgemein ein Zusammenwirken zwischen zwei Trägern öffentlicher Verwaltung, deren Verwaltungsräume verfassungsrechtlich getrennt sind, eine Mischverwaltung begründen.

---

518 *Küchenhoff,* Verfassungsrechtliche Grenzen der Mischverwaltung, S. 40.

519 Eine Übersicht geben *Erichsen/Büdenbender,* NWVBl. 2001, 161 (164 ff.).

520 *BVerfG,* Beschl. v. 12.1.1983 – 2 BvL 23/81 –, in: NVwZ 1983, 537 (541); *BVerfG,* Urt. v. 15.7.2003 – 2 BvF 6/98 –, in: NVwZ 2003, 1497 (1498).

521 *BVerfG,* Urt. v. 15.7.2003 – 2 BvF 6/98 –, in: NVwZ 2003, 1497 (1498); *BVerfG,* Urt. v. 20.12.2007 – 2 BvR 2433/04 u. a –, in: NVwZ 2008, 183 (186).

522 *BVerfG,* Urt. v. 20.12.2007 – 2 BvR 2433/04 u. a –, in: NVwZ 2008, 183 (186).

523 *BVerfG,* Beschl. v. 12.1.1983 – 2 BvL 23/81 –, in: NVwZ 1983, 537, unter Berufung auf *Grawert,* Verwaltungsabkommen zwischen Bund und Ländern, S. 190 ff.

524 *BVerfG,* Urt. v. 20.12.2007 – 2 BvR 2433/04 u. a –, in: NVwZ 2008, 183 (187).

525 *Erichsen/Büdenbender,* NWVBl. 2001, 161 (165).

2. Grundsatz der eigenverantwortlichen Aufgabenwahrnehmung

Ein vollständiges Verbot von Verflechtungen zwischen der Gemeinde- und der Kreisebene lässt sich bei Wahrung des Aufgabenverteilungsprinzips aus dem Selbstverwaltungsrecht nicht entnehmen. Gleichzeitig ist aber eine gemeinsame Zuweisung von Aufgaben sowohl an die Kreise als auch an die Gemeinden ausgeschlossen. Nach dem Grundsatz der eigenverantwortlichen Aufgabenwahrnehmung hat ein Verwaltungsträger ihm durch eine Kompetenznorm des Grundgesetzes übertragene Aufgaben mit eigenen Verwaltungseinrichtungen wahrzunehmen.[526] Eine Zusammenarbeit von Gemeinden ist damit nicht ausgeschlossen. Im Rahmen der Kooperationshoheit kann eine Einbindung anderer Gemeinden und Städte über horizontale Aufgabenverlagerungen erfolgen. Durch die Delegation erfährt die Klarheit der Verwaltungsstrukturen eine Eintrübung, die Kompetenzabgrenzung zwischen Gemeinde- und Kreisstufe bleibt bei horizontalen Aufgabenverlagerungen aber erhalten. Für den Antrag auf Erlangung des Status einer Mittleren oder Großen kreisangehörigen Stadt besteht für die Beachtung der genannten Grundsätze kein besonderes Rechtfertigungserfordernis. Es geht jeweils ein bestimmtes, gesetzlich festgelegtes Aufgabenpaket vom Kreis auf die neuen Städte über, so dass keine Doppelzuständigkeit gegeben ist. Die gestufte Aufgabenzuständigkeit ist Ausdruck einer zunehmenden Verflechtung von Verwaltungsräumen und einer teilweise, mitunter auch gesetzlich gewollten, gesteigerten Verwaltungskraft von Gemeinden.[527] Für eine erhebliche Durchbrechung des Grundsatzes der eigenständigen Aufgabenwahrnehmung und der Trennung der kommunalen Ebenen sorgen vertikale Aufgabenverlagerungen. Die aufgabenträgerunabhängige Zusammenarbeit, die die Herabzonung von Aufgaben ohne Innehabung der Aufgabenträgerschaft ermöglicht, bedarf eines gesteigerten Begründungserfordernisses.

3. Die aufgabenträgerunabhängige Zusammenarbeit als unzulässige kommunale Mischverwaltung

Der Landesgesetzgeber hat für die Pflichtaufgaben eine Klassifizierung der Aufgaben als Kreisaufgaben oder Gemeindeaufgaben vorgenommen. Über den additiven Schwellenwert werden alle Gemeinden in die Lage versetzt, neben den ihnen zugewiesenen Aufgaben auch über (vormalig ausschließli-

---

526 *Wolffgang,* Interkommunales Zusammenwirken, S. 163; *Becker,* Vernetzung der Landesbanken, S. 329.

527 *Loschelder,* in: v. Mutius (Hrsg.), FS v. Unruh, S. 381 (396).

che) Kreisaufgaben zu disponieren. Der Gesetzgeber hebt seine ursprüngliche Zuständigkeitszuordnung damit auf. In dem Bestreben, eine Dezentralisierung von Aufgaben vorzunehmen und eine größere Bürgernähe zu schaffen,[528] ist im gestuften Modell eine kleinteiligere Ausdifferenzierung der Zuständigkeiten vorgenommen worden, indem anhand des Kriteriums der Einwohnerzahlen die Verwaltungskraft einer Kommune als ausreichend für eine bestimmte Aufgabe vorausgesetzt wird. Die Unterscheidbarkeit der Verwaltungsebene ist zunächst weiterhin gegeben, da die Einwohnerzahl als Abgrenzungskriterium dient. Mit der Abkoppelung der Aufgabenträgerschaft hat der Gesetzgeber diese nachvollziehbare Differenzierung verlassen. Abgesehen davon, dass die notwendige Verwaltungskraft für ein Bündel von Aufgaben auf einer Einwohnergrenze nivelliert und unabhängig von örtlichen Strukturen verallgemeinert wird, ist das Argument der Dezentralisierung für überörtliche Strukturen auf Gemeindeebene nicht überzeugend. Zusätzlich zur eigenständigen Aufgabenwahrnehmung soll aus der Einwohnerzahl die gleichzeitige Befähigung einer Mittleren oder Großen kreisangehörigen Stadt folgen, in Kooperation mit Gemeinden für Teilgebiete eine überörtliche Aufgabenversorgung im kreisangehörigen Raum sicherzustellen. In der (Groß-)Stadt-Umlandproblematik[529] können die neuen Zusammenarbeitsmöglichkeiten Doppelstrukturen von Funktionserbringungen in der Stadt und dem umliegenden Verdichtungsraum entgegenwirken. Das großstädtische Leistungsspektrum vermag im Einzelfall gegenüber der kreislichen Angebotsstruktur ein attraktiveres Angebot bereitzuhalten. Anders zu beurteilen ist aber die Situation, dass eine Stadt mit 21.000 Einwohnern beispielsweise die Aufgaben der Bauaufsicht und des Jugendamtes für zwei benachbarte Gemeinden wahrnimmt. Effizienz und Effektivität treten ab einer bestimmten Größe des Verwaltungsgebiets nicht mehr zwangsläufig hinter die Wirtschaftlichkeitsdaten des Kreises zurück. Hier müssen aber die innergemeindlichen Organisationsstrukturen neu errichtet und dem Umfang der neuen Aufgaben entsprechend angepasst werden. Das Modell des additiven Schwellenwerts verdeutlicht, dass effiziente ortsnahe Strukturen einen gesetzlichen Anschub benötigen. Es verbleibt das Bild einer künstlichen Struktur, die dem Bürger die Vorzüge einer nahen und gestaltbaren Verwaltung vermitteln soll. Ob bei einer Aufgabenwahrneh-

---

528 Vgl. GesE GO-Reformgesetz, LT-Drs. 14/3979, S. 2.

529 Dazu ausführlich *Schliesky,* in: Mann/Püttner (Hrsg.), HdbKWP, 3. Aufl., Bd. 1, S. 873 (874 ff.); *Hoppe/Stüer,* DVBl. 1992, 641 (648); *Schink,* in: Henneke (Hrsg.), Optimale Aufgabenerfüllung im Kreisgebiet, S. 61 (62 ff.).

mung durch eine benachbarte Stadt anstelle des Kreises der Bürger den Eindruck vermittelt bekommt, räumlich und sachliche nähere Verwaltungsdienstleistungen in Anspruch nehmen zu können, ist angesichts der stetigen Aufgabenteilung durch Kooperation zweifelhaft. Der Bremsfallschirm des Erfordernisses »benachbart« in § 4 Abs. 8 S. 1 lit. a) GO und die Streichung des Effizienzerfordernisses in derselben Vorschrift unterstreichen den Versuch des Gesetzgebers, einen Prozess zu bändigen, den er durch seinen eigenen Systembruch herbeigeführt hat.

Wie bei der Auslegung des Art. 78 Abs. 2 LV herausgestellt, besitzt der Kreis einen universalen Wirkungskreis für überörtliche Aufgaben. Bei Pflichtaufgaben fließt in diese Aufgabenzuordnung die Erwägung mit ein, dass eine großräumige umlagefinanzierte Verwaltungsstruktur mit ihrer ausgleichenden Wirkung örtliche Kostensteigerungen besser auffangen kann, als kleinere Organisationsgemeinschaften. Für Pflichtaufgaben zur Erfüllung nach Weisung ist darüber hinaus zu bedenken, dass diese zwar verfassungsrechtlich als Selbstverwaltungsaufgaben einzustufen sind, aber in Gestalt des Weisungsrechts eine staatliche Restkomponente beinhalten, die den Gesichtspunkten der Leistungsfähigkeit und Wirtschaftlichkeit in der Abwägung mit der Bürgernähe ein wesentlich stärkeres Gewicht zumisst. Soweit aus Art. 28 Abs. 2 GG und Art. 78 Abs. 2 LV keine zwingende Zuordnung zur gemeindlichen Ebene folgt, bewegen sich die Dispositionsmöglichkeiten für den Gesetzgeber zwischen der Kategorisierung örtlich-überörtlich. Die örtlichen Bezüge sind nicht scharf konturiert und feststehend, sondern können den Gesetzgeber bei Überschneidungen mit überörtlichen Aspekten zu Typisierungen zwingen.[530] Der Einwand, dass die Ergänzungs- und Ausgleichsfunktion der Kreise die Schwierigkeit einer Einordnung offenlegt, gilt nur für Aufgaben, die in der örtlichen Gemeinschaft wurzeln, aber Anforderungen stellen, die über das Gemeindegebiet hinausragen. Das gesamte gestufte Aufgabenmodell, aber insbesondere die aufgabenträgerunabhängige Zusammenarbeit, leidet darunter, dass sich der Gesetzgeber bei fehlendem bzw. nur äußerst gering ausgeprägtem örtlichen Bezug der Typisierung entzieht. Die Herabzonung der überörtlichen Kompetenz der Kreise für die einwohnerschwächeren Gemeinden ist eine Disposition über eine Kompetenz, die nur dem Verfassungsgesetzgeber obliegt. Denn solange

---

530 *BVerfG,* Beschl. v. 23.11.1988 – 2 BvR 1619/83, 1628/83 (»Rastede«) –, in: BVerfGE 79, 127 = NVwZ 1989, 347 (350); *BVerfG,* Beschl. v. 18.5.2004 – 2 BvR 2374/99 –, in: NVwZ 2004, 1477 (1483).

der Gesetzgeber keine deutliche Aufgabenzuweisung zu einer Ebene vornimmt, verbleibt es bei der überörtlichen Kompetenz der Kreise.

IX. Zusammenfassende Beurteilung

Die Aufrechterhaltung des status quo, d. h. das Belassen der Aufgaben beim Kreis, ist keine Zentralisierung von Aufgaben. Der Kreis besitzt ein ihn direkt legitimierendes Kreisvolk. Im Gegensatz zu vielen Ausgestaltungen kommunaler Gemeinschaftsarbeit vereinigt sich auf der Kreisebene sowohl eine ressourcenschonende als auch eine demokratisch umfänglich legitimierte Aufgabenerfüllung. Daraus folgt für die kommunale Zusammenarbeit aber ein nahezu stetiges Nachrangverhältnis. Das Ergebnis für Aufgabenherabzonungen wäre das gleiche wie bei wörtlicher Auslegung der Rastede-Entscheidung. Um die gemeindliche Allzuständigkeit zu schützen, muss ihr gegenüber einer höheren Verwaltungsstufe eine gewisse Mängeltoleranz zugesprochen werden. Im Fall der Hochzonung bestehen die Mängel zum Teil in Form einer geringen Effizienz, bei der Herunterzonung zwecks gemeinschaftlicher Aufgabenwahrnehmung zum Teil in einem Mangel an demokratischer Legitimation. Für den Gesetzgeber lässt sich hieraus ableiten, dass es keine festgelegte Zuständigkeitsrangfolge bei der Herabzonung gibt. Sehr wohl existiert aber ein umfassendes Abwägungsgebot. Innerhalb dieser Abwägung dürfen die Elemente Wirtschaftlichkeit, bürgerschaftliche Teilhabe, Gleichwertig der Lebensverhältnisse und dezentrale Aufgabenansiedlung aber eine unterschiedliche Gewichtung erfahren, solange nicht ein Belang als Rechtfertigungsgrund vollständig ausgeschlossen wird. Das Verständnis von *Faber,* ein Zuständigkeitsvorrang der Kreise vor Gemeinschaftsprojekten bedeute, dass vor einer interkommunalen Zusammenarbeit immer zu prüfen sei, ob die Verwaltungsaufgabe nicht durch den originären kommunalen Verwaltungsträger Gemeinde oder Kreis wahrgenommen werden könne[531], bedarf der Präzisierung. Der Begriff Zuständigkeitsvorrang legt den zu weitgehenden Schluss auf eine vorgegebene Rangfolge nahe. Entscheidend ist, dass der Gesetzgeber durch Ansiedlung der Aufgaben auf der Ebene des Kreises im Rahmen der Funktionalreform einen überörtlichen Charakter erkannt hat. Eröffnet der Gesetzgeber nunmehr unter der Einschätzung, dass einige Aufgaben des gestuften Modells auch örtliche Bezüge aufweisen, die Möglichkeit zur Herabzonung unter der Voraussetzung der Zusammenarbeit, ist die tragende Stütze der Dezen-

531 *Faber,* NWVBl. 2008, 54 (57).

tralisierung, die politisch-demokratische Teilhabe der Bürger, so schmal, dass keine automatische Verlagerung eintritt, sondern eine Rechtfertigung für die Herabzonung benötigt wird. Welche Anforderungen an die Rechtfertigung von Kooperationen gestellt werden, ist vom Mangel der demokratischen Legitimation, der Effizienz der Zusammenarbeitsstrukturen und der Auswirkungen auf den Kreis und die übrigen kreisangehörigen Gemeinden abhängig. Das Rechtfertigungserfordernis für Herabzonungen muss im Rahmen der Genehmigung eine ausreichende Berücksichtigung finden, was im Folgenden näher beleuchtet wird.

C. Der Genehmigungsvorbehalt im gestuften Aufgabenmodell

Der Antrag auf Erlangung des Status einer Mittleren oder Großen kreisangehörigen Stadt steht nach § 4 Abs. 6 S. 2 GO genauso wie die aufgabenträgerunabhängige Zusammenarbeit nach § 4 Abs. 8 S. 7 i. V. m. § 3 Abs. 6 GO unter Genehmigungsvorbehalt.

I. Ausformung des Genehmigungsvorbehalts in § 4 Abs. 6 und § 4 Abs. 8 GO i. V. m. § 3 Abs. 6 GO

Nach dem Wortlaut der zitierten Normen geht der Gesetzgeber bei Vorliegen der gesetzlichen Voraussetzungen von einer gebundenen Entscheidung der Aufsichtsbehörde aus, die den jeweiligen Vorhaben mittels Genehmigung einer Unbedenklichkeitsbescheinigung eine Zulässigkeit attestiert. In Anbetracht der weitreichenden Kompetenzverschiebungen im kreisangehörigen Raum ruft eine auf die Rechtmäßigkeitskontrolle reduzierte Einflussnahme der Kommunalaufsicht Bedenken hervor. Als Alternative zur Rechtmäßigkeitskontrolle kommt eine Mitwirkung der Kommunalaufsicht über Ermessenserwägungen in Betracht. Im Wege eines Kondominiums ist die Entscheidung über eine Aufgabe nicht allein im kommunalen Verantwortungsbereich verortet, sondern obliegt den Gemeinden und dem Staat gemeinsam, wenn ein Grenzbereich zwischen kommunaler Eigenverantwortung und überörtlichen Gemeinwohlinteressen tangiert ist.[532]

---

532 Grundlegend *Weber,* Staats- und Selbstverwaltung in der Gegenwart, S. 130 ff.; *OVG Münster,* Urt. v. 8.1.1964 – III A 1151/61 –, in: DVBl. 1964, 678 (680); *Humpert,* DVBl. 1990, 804 (807 ff.); *Keller,* Staatliche Genehmigung von Rechtsakten, S. 78 ff; *Becker/Winkel,* in: Held/Becker u. a., KVR, Bd. I, § 119, Erl. 5; zu den verschiedenen, in diesem Zusammenhang vertretenen Theorien ausführlich

1. Zulässigkeit ermessensgesteuerter Genehmigungsvorbehalte bei Selbstverwaltungsaufgaben

Das Konstrukt des Kondominiums und die Mitwirkungsbefugnis der Aufsichtsbehörde begegnen zum Teil dem Vorwurf der Verfassungswidrigkeit. Soweit es sich um eine Selbstverwaltungsaufgabe handelt und der Schutzbereich der kommunalen Selbstverwaltungsgarantie betroffen ist, komme dieser Ansicht zu Folge ein Mitwirkungsrecht nicht in Betracht.[533] Ermessenserwägungen der Aufsichtsbehörde sind nach den Kritikern eines Kondominiums als unzulässig zu werten, wenn die Dispositionsbefugnis über die Aufgaben des gestuften Modells vom gemeindlichen Wirkungskreis umfasst wäre.

2. Aufgabenzuordnung als Kompetenz des Gesetzgebers

Nach der Wesentlichkeitsdoktrin der Rechtsprechung hat der Gesetzgeber – »losgelöst vom Merkmal des Eingriffs – in grundlegenden normativen Bereichen, zumal im Bereich der Grundrechtsausübung, soweit diese staatlicher Regelung zugänglich ist, alle wesentlichen Entscheidungen selbst zu treffen«.[534] Nicht nur die Grundrechtsrelevanz ist maßgebend, auch das Demokratiegebot kann eine Regelung des Gesetzgebers erfordern.[535] Eine grundrechtssichernde Funktion und die Wahrung der demokratischen Kontrolldichte obliegen auch der Organisation und dem Verfahren. Ein parlamentarisch-rechtsstaatlicher Gesetzesvorbehalt findet sich deshalb in Ausprägung des institutionellen Gesetzesvorbehaltes.[536] Dieser besteht zum einen in Form von speziellen Gesetzesvorbehalten auf Bundes- und Landes-

---

Krause, Rücknahme und Widerruf kommunalaufsichtlicher Vertragsgenehmigungen, S. 79 ff.

533 *Kahl,* Staatsaufsicht, S. 559 f.; *Schoch,* Aufsichtsbehördliche Genehmigung der Kreisumlage, S. 70 ff.; *Ehlers,* NWVBl. 1990, 80 (85); *Diemert,* Haushaltssicherungskonzept, S. 111 ff.; *Schrapper,* Selbstverwaltungsgarantie und staatliches Genehmigungsrecht, S. 116 ff.

534 *BVerfG,* Beschl. v. 8.8.1978 – 2 BvL 8/77 –, in: BVerfGE 49, 89 (126) = NJW 1979, 359 (360); *Schulze-Fielitz,* in: Dreier, GG, Bd. II, Art. 20 (Rechtsstaat), Rn. 113.

535 *Schmidt-Aßmann,* in: Stödter/Thieme (Hrsg.), FS Ipsen, S. 333 (345 f.); *Erichsen,* in: v. Mutius/Schmidt-Jortzig, Probleme mehrstufiger Aufgabenerfüllung von Verwaltungsaufgaben, S. 16.

536 Dazu ausführlich *Burmeister,* Institutioneller Gesetzesvorbehalt, S. 200 ff; *Böckenförde,* Organisationsgewalt, S. 95 ff.; *Schnapp,* in: v. Münch/Kunig (Hrsg.), GG, Bd. 2, Art. 20, Rn. 56.

ebene, so z. B. in Art. 77 LV.[537] Sofern institutionelle Gesetzesvorbehalte nicht ausdrücklich normiert sind, bedarf es einer formell-gesetzlichen Regelung bei Organisationsentscheidungen, die »die durch verfassungsgestaltende Grundentscheidung konstituierte Ordnung des Gemeinwesens berühren.«[538] Dies sind die Grundfragen des Verwaltungsaufbaus, wie die Schaffung eigener Verwaltungsträger, die Zuständigkeiten der Behörden sowie die Verfahrensstruktur und Verfahrensrechte der Beteiligten.[539] Ein normatives Gegenwicht zur parlamentarischen Zuordnung bildet der verfassungsrechtlich garantierte Bereich der kommunalen Selbstverwaltung.[540] Der durch Art. 28 Abs. 2 S. 1 GG und Art. 78 Abs. 2 LV gewährte Freiraum ist bei der Zuordnungsentscheidung zu berücksichtigen. Der Aufgabenkreis und den Gemeinden zur Hand stehende Organisationsbefugnisse obliegen als Grundstrukturentscheidungen dem Gesetzgeber.[541] Aus der Regelung der Gesetzesvorbehalte in Art. 28 Abs. 2 GG, Art. 78 Abs. 2 und 3 LV sowie Art. 77 LV ist abzuleiten, dass die Kompetenz zur Qualifizierung von Aufgaben dem Landesgesetzgeber zusteht.[542]

3. Kompensationswirkung der Genehmigung

Im Hinblick auf eine Einheitlichkeit der Lebensverhältnisse besitzt der Gesetzgeber eine Garantenfunktion.[543] Diese Gleichheitsanforderungen treten in der Kommunalaufsicht als Korrelat zur weitreichenden Kommunalisierungsfreiheit hervor.[544] Zwar lässt sich einwenden, dass mit einer reinen Rechtmäßigkeitskontrolle anhand der oben genannten Prinzipien der Aufsichtsbehörde eine Kontrolle möglich ist, da ihr auf Grund der vielen

537 Näher zu Art. 77 LV, *Dickersbach,* in: Geller/Kleinrahm/Fleck, Landesverfassung NRW, Art. 77, Erl. 6 b.; *Schink,* DVBl. 1982, 769 (776). Der Anwendungsbereich des Art. 77 LV beschränkt auf den Raum, der durch die Verfassungsbestimmungen der Art. 28 Abs. 2 und Art. 78 Abs. 2 GG verbleibt, vgl. *Dickersbach,* in: Geller/Kleinrahm/Fleck, Landesverfassung NRW, Art. 77, Erl. 10 d.

538 Grundlegend *Wolff,* in: Wolff/Bachof, VerwR II, 4. Aufl., § 78 II b 2, S. 130; vgl. ferner: *Erichsen,* in: v. Mutius/Schmidt-Jortzig, Probleme mehrstufiger Aufgabenerfüllung von Verwaltungsaufgaben, S. 16; *Wolffgang,* Interkommunales Zusammenwirken, S. 210; *Stettner,* Grundfragen der Kompetenzlehre, S. 350 ff.

539 *Sommermann,* in: v. Mangoldt/Klein/Starck, GG, Bd. 2, Art. 20 Abs. 3, Rn. 283 f.

540 *Grzeszick,* in: Maunz/Dürig, GG, Art. 20 Abschnitt VI, Rn. 123.

541 *BVerfG,* Beschl. v. 18.5.2004 – 2 BvR 2374/99 –, in: NVwZ 2004, 1477 (1482 f.).

542 *Erichsen/Büdenbender,* NWVBl. 2001, 161 (163).

543 *Henkel,* Kommunalisierung von Staatsaufgaben, S. 219 f.

544 *Henkel,* Kommunalisierung von Staatsaufgaben, S. 223 f., der allerdings eine Rechtsaufsicht als Ausgleich genügen lässt.

unbestimmten Rechtsbegriffe Raum zur Konkretisierung verbleibt. Bei dem Begriff des Kondominiums ist zu beachten, dass er keine Gemeinschaftsaufgaben von Staat und Kommunen bezeichnet, sondern ein Zusammenwirken in Verfolgung jeweils eigener Aufgaben.[545] Die Aufgabe des Landes besteht in einer Kompensationswirkung der weit reichenden Ermächtigungsgrundlage zugunsten der Initiierung von Aufgabenverlagerungen und damit einer Kompetenz, die nicht aus dem Selbstverwaltungsrecht folgt, sondern der gemeindlichen Ebene erst eingeräumt werden muss. Auch eine engmaschige Konkretisierung der unbestimmten Rechtmäßigkeitsvoraussetzungen ist nicht in der Lage, eine Prognoseunsicherheit zu verhindern, die im Gegensatz zu den Angelegenheiten der örtlichen Gemeinschaft nicht mit dem Verweis auf ein Maß an »gewollter Ungleichheit« zu rechtfertigen ist. Einwohnerschwellenwerte sind ein Indiz für eine bestimmte Leistungskraft. Sie können für sich genommen im Zusammenspiel mit den weiteren Rechtmäßigkeitsvoraussetzungen die gesetzgeberische Grundentscheidung in Form der Ermächtigungsgrundlage ausfüllen, aber niemals vollständig im Rahmen einer Letztentscheidungskompetenz ersetzen. Schwierigkeiten, die bei der Bewertung der zukünftigen Entwicklung des Gemeindehaushalts von antragstellenden Gemeinden entstehen[546], verdeutlichen die Notwendigkeit von aufsichtsbehördlichen Ermessenserwägungen. Beim Status der Mittleren und Großen kreisangehörigen Stadt ist zu beachten, dass eine Rückholung der herabgezonten Kompetenz enorme Umwälzungen zur Folge hätte.

a. Genehmigung bei delegierenden Vereinbarungen

Die Wiederherstellung der ursprünglichen Kompetenz stellt sich bei der aufgabenträgerunabhängigen Zusammenarbeit zwar einfacher dar, dafür sind die Wirkungen von Delegation und Mandat näher zu betrachten. Die delegierende öffentlich-rechtliche Vereinbarung bewirkt eine Mediatisierung der demokratischen Legitimationskette zum Gemeindevolk.[547] Trotz dieser Einschränkung erfolgt nur auf der Basis einer öffentlich-rechtlichen Vereinbarung eine Änderung der Zuständigkeit. Zwar muss die Zuständigkeitsveränderung nur auf Grund eines Gesetzes und nicht durch Gesetz erfolgen.[548] Auch weist die gesetzliche Ermächtigungsgrundlage des § 4 Abs. 8

---

545 *Ehlers,* NWVBl. 1990, S. 80 (86).

546 S. unten Kap. 2 C III 2.

547 *Faber,* NWVBl. 2008, 54 (57).

548 *Schink,* DVBl. 1982, 769 (776); *Wolff,* in: ders./Bachof, VerwR II, 4. Aufl., § 72 IV b 2, S. 25; *Wolffgang,* Interkommunales Zusammenwirken, S. 222 ff.

GO gegenüber den allgemeinen Delegationsermächtigungen in § 23 ff. GkG detaillierte Vorgaben über die Ausgestaltung der Zusammenarbeit auf und bezieht sich nur auf die Aufgaben des gestuften Aufgabenmodells. Dennoch handelt es sich nicht um eine auf die konkrete Zuständigkeitsverlagerung zugeschnittene Ermächtigung, sondern um eine Globalermächtigung für unterschiedliche Aufgaben, die in Kooperationsmodellen mit unterschiedlicher Verwaltungskraft wahrgenommen werden. Als Ausgleich dieses Mangels dient der präventive staatliche Genehmigungsvorbehalt.[549] Die staatliche Organisationsmacht für die einzelnen Aufgaben, die in der gesetzlichen Ermächtigung in § 4 Abs. 8 GO nicht näher konkretisiert wurden, muss über die Genehmigung Einfluss auf die Aufgabenverlagerung finden.

b. Genehmigung bei mandatierenden Vereinbarungen

Ob diese Erwägungen auch auf das Mandat zutreffen, ist vom Einfluss des Mandats auf die Zuständigkeitsordnung abhängig. Eine Ermächtigung zur Mandatierung wird vielfach mit dem Hinweis zurückgewiesen, dass keine Änderung der Zuständigkeitsordnung erfolgt.[550] Unter formellen Aspekten ist dieser Aussage zuzustimmen. Der Mandatar handelt im Namen des Mandanten und die Rechtswirkungen treffen die mandatierende Kommune. Die formelle Betrachtung greift aber zu kurz. Die Wahrnehmungszuständigkeit wechselt vom Mandanten zum Mandatar. Dadurch ergibt sich eine Änderung in der organisationsrechtlichen Zuständigkeitsordnung.[551] Hierunter ist die Zuordnung der freiwillig wahrgenommenen oder gesetzlich übertragenen Aufgaben auf innerbehördliche Organe zu verstehen.[552] Bei der zwischenbehördlichen Mandatierung erfolgt eine Preisgabe dieser Wahrnehmungskompetenz.[553] Auf die kommunale Zusammenarbeit übertragen, schließt die Mandatierungsproblematik an die Vereinbarkeit der Kooperationshoheit mit der gemeindlichen Allzuständigkeit an. Letztere steht einer Kooperation von Gemeinden nicht grundsätzlich einschränkend entgegen. Das Recht zur eigenverantwortlichen Wahrnehmung konvertiert nicht zu einer Eigenwahrnehmungspflicht, sofern die Gemeinde die Auf-

---

549 *Schink,* DVBl. 1982, 769 (776).

550 *Lauscher,* Delegation von Hoheitsrechten, S. 57; *Rasch,* DÖV 1957, 337 (339); *Erichsen,* in: v. Mutius/Schmidt-Jortzig, Probleme mehrstufiger Aufgabenerfüllung von Verwaltungsaufgaben, S. 10; nicht eindeutig *Obermayer,* JZ 1956, 625 (629).

551 *Wolffgang,* Interkommunales Zusammenwirken, S. 47 f.

552 *Wolff,* in: ders./Bachof, VerwR II, 4. Aufl., § 72 I b, S. 14.

553 *Schwabe,* DVBl. 1974, S. 69 (73); *Horn,* NVwZ 1986, 808 (811); *Schenke,* VerwArch 68 (1977), 118 (154); *Reinhardt,* Delegation und Mandat, S. 177 ff.

gaben freiwillig erfüllt. Handelt es sich hingegen um eine pflichtige Selbstverwaltungsaufgabe, kann damit auch ein staatliches Kontrollbedürfnis über die Ausführungsweise bestehen. Die Weisungsmacht der mandatierenden Gemeinde ist nicht ausreichend, um das staatliche Interesse gänzlich zu unterbinden. Im gestuften Modell ohne Aufgabenträgerbindung zeigt sich dies in besonderer Weise. § 4 Abs. 8 GO eröffnet die Möglichkeit, dass mehrere Gemeinden über ein Mandat die Aufgaben von einer anderen Gemeinde oder (kreisfreien) Stadt wahrnehmen lassen. Der verbleibende Einfluss der einzelnen Gemeinde auf die durchführende Gemeinde entspricht bei weitem nicht mehr dem Umfang der eigenständigen Aufgabenwahrnehmung. Die Mandatare können ferner erhebliche Größenunterschiede bezüglich der Einwohnerzahlen und der damit verbundenen Leistungskraft aufweisen. Um im kreisangehörigen Raum bei einem Teilausschnitt der Gesamtaufgaben nicht eine erhebliche Ungleichgewichtung mit eventueller Benachteiligung bestimmter Kreisgebiete zu erreichen, muss eine Zielsetzungsbefugnis mittels Zuständigkeitsentscheidungen des Landesgesetzgebers bestehen.[554]

c. Erfordernis einer Zweckmäßigkeitskontrolle

Bei der Genehmigung nach § 4 Abs. 6 S. 1 GO und § 4 Abs. 8 S. 7 i. V. m. § 3 Abs. 6 GO ist als Ergebnis der vorherigen Prüfung eine reine Rechtmäßigkeitskontrolle, wie in der jetzigen Ausgestaltung, nicht als ausreichend zu erachten, sondern es muss sich um eine Zweckmäßigkeitskontrolle handeln. Hierin liegt keine unzulässige Beschränkung des kommunalen Selbstverwaltungsrechts. Es handelt sich um eine zwingende Vorgabe des Rechtsstaatsprinzips, welches wiederum die demokratische Teilhabe der Bürger schützen und eine an dem Prinzip der Rechtsklarheit orientierte Zuständigkeitsordnung gewährleisten soll.

---

554 Der Genehmigungsvorbehalt bei mandatierenden Vereinbarungen für freiwillige Selbstverwaltungsaufgaben kann sich auf eine Rechtmäßigkeitskontrolle beschränken, *Oebbecke,* GVR NRW, Rn. 405.

II. Gesetzliche Ausschlussgründe oder Einschränkungen für eine aufgabenträgerunabhängige Zusammenarbeit

1. Vergaberecht

Die interkommunale Zusammenarbeit und im Speziellen die öffentlich-rechtliche Vereinbarung in Ausprägung der Delegation oder Mandatierung stand in den letzten Jahren im Mittelpunkt der Frage, ob Vergaberecht auf Kooperationen zwischen öffentlichen Stellen Anwendung findet.[555] Der *Europäische Gerichtshof* hat diese Kontroverse 2009 zugunsten eines größeren Gestaltungsspielraums der Kommunen entschärft, indem er entschied, dass ein Vertrag von vier niedersächsischen Landkreisen mit der Stadtreinigung Hamburg, einer Anstalt des öffentlichen Rechts, über die Zurverfügungstellung einer bestimmten Entsorgungskapazität in der Müllverbrennungsanlage der Anstalt nicht der Vergaberichtlinie unterfällt.[556] Die nähere Analyse dieser Entscheidung zur Beurteilung, welche Zusammenarbeitsmodelle in welcher Ausgestaltung nicht dem Vergaberecht unterliegen, erfolgt auf Grund des Umfangs dieser Fragestellung nicht an dieser Stelle, sondern bleibt anderen Ausarbeitungen vorbehalten, die einen speziellen vergaberechtlichen Ansatz verfolgen.

2. Zweckverbände

Bei Pflichtaufgaben zur Erfüllung nach Weisung sowie im gestuften Aufgabenmodell erlaubt die GO nur den Rückgriff auf die öffentlich-rechtliche Vereinbarung als zulässige Zusammenarbeitsform. Den Ausschluss des Zweckverbands als geeignete Zusammenarbeitsform hat der Gesetzgeber auf § 5 Abs. 5 LOG NRW gestützt. Diese Norm verfolgt den verbindlichen Maßstab einer möglichst ortsnahen Bestimmung der zuständigen Behörde nach den Grundsätzen einer ordnungsgemäßen Verwaltung.[557] Maßgeblicher Anwendungsfall ist die Bestimmung von Behörden für die Durchführung von Bundesrecht und Europarecht nach § 5 Abs. 3 und 4 LOG sowie die Delegation von Zuständigkeiten einer obersten Landesbehörde gem. § 5 Abs. 2 LOG. Nach § 17 LOG können für die in § 5 LOG genann-

555 Ausführlich dazu *Kohout,* Kartellvergaberecht und interkommunale Zusammenarbeit, S. 292 ff.

556 *EuGH,* Urt. v. 9.6.2009 – Rs. C 480/06 –, in: DÖV 2009, 864 (864 ff.). Vgl. dazu auch *Allekotte/Schulte,* Gemhlt 2009, 276 (276 ff.); *Frenz,* NVwZ 2010, 609 (609 ff.).

557 *Stähler,* LOG NRW, § 5, Erl. 6.

ten Aufgaben die Gemeinden und Gemeindeverbände für zuständig erklärt werden.

Nach der Gesetzesbegründung der Landesregierung zur Gemeindeordnungsreform 2004 steht die in § 5 Abs. 5 LOG angestrebte rationelle Verwaltungsorganisation der Bildung eines Zweckverbands entgegen, da eine neue Verwaltungsebene geschaffen werde.[558] Der alleinige Rückgriff auf diesen Maßstab aus dem Landesorganisationsgesetz vermag nicht zu überzeugen. Ortsnähe kennzeichnet sich durch die wohnsitznahe Inanspruchnahme von behördlichen Dienstleistungen sowie die Möglichkeit zur persönlichen Kontaktaufnahme mit der Behörde.[559] Diese Kriterien erfahren ihre Verwirklichung nicht allein durch die Organisationsform. Durch die Schaffung von unterschiedlichen Außenstellen ist die Aufgabenerfüllung im Zweckverband nicht zwangsläufig ortsferner als im Rahmen einer öffentlich-rechtlichen Vereinbarung. So unterstützenswert eine ortsnahe Verwaltung grundsätzlich ist, bildet sie doch nicht den alleinigen Problemschwerpunkt bei Aufgabenverlagerungen im kreisangehörigen Raum. Das Kriterium der Ortsnähe ist eng mit der demokratischen Teilhabe von Bürgern an Entscheidungen sowie mit ehrenamtlichem Engagement verbunden.[560] Im Hinblick auf die Teilhabe des Kommunalvolks und die demokratische Rückanbindung ist die delegierende öffentlich-rechtliche Vereinbarung, bei fehlender Vereinbarung von Mitwirkungsrechten, gegenüber einem Zweckverband schwächer legitimiert. Der Zweckverband garantiert jedem Verbandsmitglied die Entsendung mindestens eines Vertreters in die Verbandsversammlung.[561] Bei Zweckverbänden mit mehr als zwei Mitgliedern droht bei gleicher Stimmgewichtung einem kommunalen Mitglied zwar die Majorisierung in der Verbandsversammlung, die Möglichkeit zur Mitgestaltung ist entgegen der delegierenden öffentlich-rechtlichen Vereinbarung ohne Mitwirkungsrechte aber eröffnet.

Die Übersichtlichkeit der Verwaltungsstrukturen wird durch den Zweckverband nicht in einem höheren Maße beeinträchtigt als durch öffentlichrechtliche Vereinbarungen. Schwächen der Zusammenarbeitsform resultieren

---

558 GesE GO-Reform 2004, LT-Drs. 13/3538, S. 54.

559 *LVerfG M-V*, Urt. v. 26.7.2007 – 9/06-17/06 –, in: DVBl. 2007, 1102 (1109); *Tepe*, Zuständigkeitsverlagerungen zwischen Gemeindeverbandsebenen, S. 111.

560 *LVerfG M-V*, Urt. v. 26.7.2007 – 9/06-17/06 –, in: DVBl. 2007, 1102 (1109).

561 § 15 Abs. 1 S. 2 GkG NRW. Bei privaten Mitgliedern bestehen in den Zweckverbandsgesetzen Begrenzungen bezüglich der Stimmenzahl. Nach § 15 Abs. 1 S. 3 GkG dürfen die Stimmen der privaten Mitglieder insgesamt die Hälfte der in der Verbandsversammlung festgelegten Stimmenzahl nicht erreichen.

aus der Struktur. Als eigene Körperschaft mit den Organen Verbandsversammlung und Verbandsvorsteher wirkt der Zweckverband nicht nur von außen unter dem Blickwinkel der Transparenz und bürgerschaftlicher Mitgestaltung unnahbarer, es mangelt der Zusammenarbeitsform vor allem an Flexibilität. Dies betrifft zum einen das Verfahren der Auflösung des Verbands. Bestimmt die Verbandssatzung nicht etwas Abweichendes, bedarf der Austritt eines Mitgliedes der Mehrheit von zwei Dritteln der satzungsmäßigen Stimmenzahl.[562] Für eine Änderung der Aufgaben ist Einstimmigkeit erforderlich. Auch die Finanzierung des Verbands über die Verbandsumlage ist eher konfliktträchtiger und schwieriger in der Abwicklung als die öffentlich-rechtlichen Vereinbarungen mit einer vertraglich vereinbarten Kostenerstattung zugunsten der aufgabenwahrnehmenden Gemeinde. Während die vorgenannten Gründe gerade im gestuften Modell des § 4 GO relevant sind, kommt allgemein für Pflichtaufgaben zur Erfüllung nach Weisung noch hinzu, dass sich staatlich vorbehaltene Weisungsrechte zeitnah eher bei öffentlich-rechtlichen Vereinbarungen umsetzen lassen, als im Zweckverband, der darauf unter Umständen erst mit der Einberufung der Verbandsversammlung reagieren muss. Der Ausschluss des Zweckverbands ist im Ergebnis, nicht hinsichtlich der Begründung gerechtfertigt.

3. Gemeinsames Kommunalunternehmen

§ 3 Abs. 5 S. 1 und § 4 Abs. 8 S. 1 GO, die für die Zusammenarbeit bei Pflichtaufgaben zur Erfüllung nach Weisung bzw. im gestuften Modell auf die »§§ 23 ff. GkG« verweisen, sind nicht ausreichend präzise gefasst. §§ 23 bis 26 GkG treffen Regelungen über die öffentlich-rechtliche Vereinbarung. Nach dem Wortlaut in der Gemeindeordnung ist auch die Möglichkeit der Gründung eines gemeinsamen Kommunalunternehmens nach §§ 27 und 28 GkG eröffnet. Die Gesetzessystematik lässt diese Deutung dagegen nicht zu. Das Merkmal »benachbart« in § 3 Abs. 5 S. 1 und § 4 Abs. 8 S. 1 lit. a) GO ist ebenso wie die Voraussetzung, dass eine dieser benachbarten Gemeinden die Aufgaben übernimmt oder für andere durchführt, nicht auf die Gründung einer gemeinsamen Anstalt des öffentlichen Rechts zugeschnitten, sondern entspricht der Unterscheidung zwischen delegierender und mandatierender öffentlich-rechtlicher Vereinbarung. Für die Vielzahl von sonderordnungsrechtlichen Aufgaben im gestuften Modell eignet sich die für wirtschaftliche Betätigung zugeschnittene Zusammenarbeitsform

562 § 20 Abs. 1 S. 1 GkG NRW.

nicht. Wie der Zweckverband weist das gemeinsame Kommunalunternehmen eine fehlende Flexibilität auf, was durch das Einstimmigkeitserfordernis der Träger bei Gründung und Auflösung des Unternehmens sowie bei der Änderung der Unternehmenssatzung verdeutlicht wird.

4. Rechnungsprüfung

Ein Beispiel für den Ausschluss einer Delegation i. S. v. § 1 Abs. 1 S. 2 GkG bilden die Vorschriften über eine gemeinsame Rechnungsprüfung in § 102 Abs. 2 und § 103 Abs. 5 GO. Nach § 102 Abs. 2 können kreisangehörige Gemeinden mit dem Kreis eine Vereinbarung mit dem Inhalt abschließen, dass der Kreis die Aufgaben der örtlichen Rechnungsprüfung gegen Kostenerstattung wahrnimmt. § 103 Abs. 5 GO bestimmt ferner, dass sich die örtliche Rechnungsprüfung Dritter als Prüfer bedienen kann. 1993 hat das *Innenministerium Nordrhein-Westfalen* in einem Erlass[563] darauf verwiesen, dass eine öffentlich-rechtliche Vereinbarung zur Errichtung eines gemeinsamen Rechnungsprüfungsamtes zulässig sei. Zu diesem Zeitpunkt war die Regelung des jetzigen § 102 Abs. 2 GO noch nicht in der Gemeindeordnung enthalten. Erst mit dem Gesetz zur Errichtung der Gemeindeprüfungsanstalt ist die Bestimmung eingefügt worden.[564] Das Gesetz zur Einführung des Neuen Kommunalen Finanzmanagements ergänzte die Regelun-

563 Erlass des *Innenministeriums NRW,* III A 1 – 10.10 – 871 II/93, abgedruckt in: Mitt. StGB NRW 1993, Nr. 357. In dem Erlass geht das Innenministerium davon aus, dass es sich bei beiden Vertragspartnern nicht um Mittlere oder Große kreisangehörige Städte handeln muss, die verpflichtet sind, ein Rechnungsprüfungsamt einzurichten. Bis 2007 waren vertikale Aufgabenverlagerungen nach § 1 Abs. 1 S. 2 GkG NRW infolge der Sperrwirkung der Funktionalreform ausgeschlossen. Dies betraf die Aufgaben des gestuften Aufgabenmodells, die in die Zuständigkeit der Mittleren und Großen kreisangehörigen Städte übertragen worden sind. Die örtliche Rechnungsprüfung weist die Besonderheit auf, dass die Aufgabe nur für die Mittleren und Großen kreisangehörigen Städte sowie für die kreisfreien Städte als Pflichtaufgabe ausgestaltet ist. Die übrigen Gemeinden sollen unter Beachtung einer Kosten-Nutzen-Analyse nach pflichtgemäßem Ermessen entscheiden, ob sie ein eigenes Rechungsprüfungsamt einrichten. Die Aufgabe ist als örtliche Aufgabenwahrnehmung ausgestaltet, die nicht durch individuelle Wirtschaftlichkeitserwägungen eine andere Qualifizierung erfährt. Vor diesem Hintergrund war die Aufgabenwahrnehmung durch eine Mittlere kreisangehörige oder große kreisangehörige Stadt für eine kreisangehörige Gemeinde keine überörtliche und damit vertikale Aufgabenerfüllung.

564 Die Regelung war im ursprünglichen GesE der LReg nicht enthalten, vgl. LT-Drs. 13/1884, S. 4 ff. Der entsprechende Änderungsantrag der Regierungskoalition (vgl. Ausschussprotokolle LT-Drs. 13/538 und 13/2503) beruhte maßgeblich auf einem Vorschlag des LKT NRW, um für Gemeinden eine zeit- und ortnahe Beratung auf freiwilliger Basis zu ermöglichen, vgl. Zuschrift des LKT NRW, LT-Drs. 13/1303.

gen zur Rechnungsprüfung um § 103 Abs. 5 GO.[565] In einem erneuten Erlass aus dem Jahr 2005 hat das *Innenministerium Nordrhein-Westfalen* vor dem Hintergrund der zwischenzeitlich eingefügten Regelungen in § 102 und § 103 GO eine Delegation der Rechnungsprüfung als unzulässig erachtet. Über § 103 Abs. 5 GO könne aber eine Mandatierung einer anderen Gemeinde als »Dritte« erfolgen.[566]

Nicht kooperationsfähig sind Existenzaufgaben, die sich dadurch auszeichnen, dass sie konstitutiv für den Bestand als Selbstverwaltungsträger sind. Aus der Regelung in § 102 Abs. 1 S. 1 GO könnte der Schluss gezogen werden, dass infolge der Erstreckung der Pflichtigkeit der Aufgaben nur auf Mittlere und Große kreisangehörige Gemeinden, die Aufgabe grundsätzlich übertragungsfähig ist. Soweit der Rechnungsprüfungsausschuss als Pflichtausschuss der Gemeinde in Ermangelung einer eigenen örtlichen Rechnungsprüfung sich eines Dritten bedient, könnte die notwendige Mitwirkung des Ausschusses über Mitwirkungsrechte nach § 23 Abs. 3 GkG sichergestellt werden oder im Rahmen einer konservierenden Delegation erfolgen. Hierbei ist aber zu beachten, dass die Delegation zur Abgrenzung vom Mandat stets eine Kompetenzübertragung beinhalten muss.[567] Mitwirkungsrechte und zurückbehaltene Zuständigkeiten reichen nicht aus, um der Bedeutung der Jahresabschlussprüfung als wesentliches demokratisches Kontrollmittel über den Umgang mit öffentlichen Mitteln gerecht zu werden. Wie § 102 Abs. 2 S. 3 GO klarstellt, verbleibt die Zuständigkeit bei der Rechnungsprüfung durch den Kreis beim Rechnungsprüfungsausschuss. Die damit vorzunehmende Einstufung als Existenzaufgabe[568] verhindert nicht die in § 102 Abs. 2 und § 103 Abs. 5 GO ausdrücklich gesetzlich eingeräumte Möglichkeit der Mandatierung einer anderen Gemeinde.[569]

Als weitere Einschränkung ist zu untersuchen, ob sich die örtliche Rechnungsprüfung auch einer räumlich entfernteren Kommune als Dritter bedienen darf. Ansonsten gilt nach § 4 Abs. 8 S.1 lit. a) GO, dass es sich um eine benachbarte Gemeinde handeln muss. Gesetzessystematik und Intention

---

565 GesE LReg, LT-Drs., 13/5567, S. 198.

566 Erlass des *Innenministeriums NRW* v. 12.10.2005 – 34-48.03.01/03-2182/05 –, S. 2.

567 S. oben Kap. 1 A III 1 a.

568 So auch *Sennewald,* in: Held/Becker u. a., KVR, Bd. 1, § 102 GO, Erl. 2.

569 Eher unbedeutend in diesem Zusammenhang ist die Frage, ob die gesetzliche Ermächtigung zur mandatierenden öffentlich-rechtlichen Vereinbarung auf § 103 Abs. 5 GO gestützt wird (so der Erlass des *Innenministeriums NRW* v. 12.10.2005 – 34-48.03.01/03-2182/05 –, S. 2) oder aus § 102 Abs. 2 GO zu folgern ist (so *Cronauge,* in: Rehn/ders. u. a., GO NRW, § 102, Erl. III. 2.).

des Gesetzgebers bei Einfügung der § 102 Abs. 2 und § 103 Abs. 5 GO sprechen gegen eine ergänzende Anwendung des Kriteriums »benachbart« in § 4 Abs. 8 GO. Die Regelung ist auf die Übertragbarkeit von Aufgaben zugeschnitten.[570] Die Einrichtung einer örtlichen Rechnungsprüfung ist auch unterhalb der Schwelle von 20.000 Einwohnern möglich. Ein additiver Schwellenwert ist bei der Rechnungsprüfung damit überflüssig. Ferner verweist § 4 Abs. 8 S. 1 GO auf die Bestimmung in § 23 ff. GkG über öffentlich-rechtliche Vereinbarungen, die von § 102 Abs. 2 GO aber modifiziert wird, wie der Hinweis auf die Kostenerstattung in § 102 Abs. 2 S. 1 GO verdeutlicht. Bei der Einfügung des § 103 Abs. 5 GO hat der Gesetzgeber darauf verwiesen, dass die Beauftragung Dritter eine flexible und wirtschaftliche Lösung herbeiführen soll.[571] Neben dem Kreis und anderen Gemeinden kommen als Dritte auch die Gemeindeprüfungsanstalt sowie Wirtschaftsprüfer in Betracht.[572] Angesichts der Spannbreite der in Betracht kommenden Prüfer wäre das Erfordernis einer zwingenden räumlichen Nähe nicht ausreichend begründbar.

III. Konkretisierung der schutzwürdigen Belange Dritter bzw. der Gründe des öffentlichen Wohls

1. Verfassungsrechtliche Anforderungen und Verfassungsprinzipien

Wesentliche Belange Dritter bzw. gewichtige Gründe des öffentlichen Wohls sind bereits in Kapitel 2 im Rahmen der verfassungsrechtlichen Auslegung näher spezifiziert worden. Die demokratische Teilhabe, die Anforderungen einer effizienten und effektiven Aufgabenerfüllung sowie die Herstellung gleichwertiger Lebensverhältnisse sind an dieser Stelle als besonders beachtenswerte Gemeinwohlbelange nochmals hervorzuheben.

2. Berücksichtigung der gemeindlichen Haushaltssituation

Die antragstellende Gemeinde muss bei einer Aufgabenherabzonung im gestuften System berücksichtigen, dass die zusätzlichen Pflichtaufgaben zunächst eine Kostenmehrbelastung darstellen, die nicht immer durch

---

570 Vgl. Erlass des *Innenministeriums NRW* v. 12.10.2005 – 34-48.03.01/03-2182/05 –, S. 2 zu der Vorgängerregelung in § 4 Abs. 5 GO.

571 GesE der *LReg* zum Kommunalen Finanzmanagementgesetz NRW, LT-Drs., 13/ 5567, S. 198.

572 *Sennewald,* in: Held/Becker u. a. (Hrsg.), KVR, Bd. 1, § 103 GO, Erl. 5.

Gebühreneinnahmen oder eine sparsamere Aufgabenerfüllung als auf Kreisebene ausgeglichen werden können. Auch wenn grundsätzlich ein haushaltsrechtlicher Weitblick bei der Antragstellung von Gemeinden zu Grunde gelegt werden kann, sind doch Fallgestaltungen, z. B. bei divergierenden Gutachten, denkbar, in denen Gemeinden trotz prekärer Haushaltslage weitere Pflichtaufgaben begründen wollen. Für diese Situation ist zu untersuchen, bis zu welcher Abweichungsstufe vom allgemeinen Haushaltsgrundsatz in § 75 Abs. 1 GO eine Genehmigung von Aufgabenverlagerungen in Betracht kommen kann.

a. Pflicht zum Haushaltsausgleich und Haushaltssicherungskonzept

Die Gemeinde hat nach dem allgemeinen Haushaltsgrundsatz in § 75 Abs. 1 GO ihren Haushalt so zu führen, dass die stetige Erfüllung ihrer Aufgaben gesichert ist. Sie obliegt dabei der Pflicht zum Haushaltsausgleich, indem der Gesamtbetrag der Erträge die Höhe des Gesamtbetrages der Aufwendungen erreicht oder übersteigt.[573] Erreicht die Gemeinde den Haushaltsausgleich auch unter Rückgriff auf die Ausgleichsrücklage nicht, bedarf es für den Rückgriff auf die allgemeine Rücklage einer Genehmigung der Aufsichtsbehörde.[574] Das 1987 zum ersten Mal im Gemeindefinanzierungsgesetz und seit 1991 in der Gemeindeordnung verankerte Haushaltssicherungskonzept[575] stellt die nächste »Eskalationsstufe« auf dem Weg zum Haushaltsausgleich dar.[576] Eine Pflicht zur Aufstellung eines Haushaltssicherungskonzepts besteht nach § 76 Abs. 1 Nr. 1-3 GO NRW bei einer Verringerung der allgemeinen Rücklage um 25 % in der Bilanz am Jahresende, einer Verringerung um jeweils 5 % in zwei aufeinanderfolgenden Jahren sowie einem vollständigen Verzehr innerhalb des Finanzplanungszeitraums. Das Haushaltssicherungskonzept verfolgt nach § 76 Abs. 2 S. 1 GO i. V. m. § 5 GemHVO das Ziel, schnellstmöglich einen Haushaltsausgleich zu erreichen, um die dauerhafte Leistungsfähigkeit der Gemeinde wiederherzustellen und zu sichern. Die einzelnen Konsolidierungsmaßnah-

573 § 75 Abs. 2 GO NRW.

574 Zur Rangfolge der Inanspruchnahme von Ausgleichsrücklage und allgemeiner Rücklage, *Klieve,* in: Held/Becker u. a., KVR, Bd. I, § 75 GO, Erl. 3.1 m. w. N.

575 Zur geschichtlichen Entwicklung des Haushaltssicherungskonzeptes ausführlich *Diemert,* Haushaltssicherungskonzept, S. 78 ff.; *Held,* in: Henneke (Hrsg.), Steuerung der kommunalen Aufgabenerfüllung durch Haushaltsrecht, S. 63 (74); vgl. ferner *Faber,* in: Henneke/Pünder/Waldhoff (Hrsg.), Recht der Kommunalfinanzen, § 34, Rn. 38.

576 *Klieve,* in: Held/Becker u. a., KVR, Bd. I, § 76, Erl. 1.3.

men sind im Haushaltssicherungskonzept unter Angabe des Zeitpunkts des Wirksamwerdens darzustellen.[577]

Im Jahr 2009 befanden sich von 396 Gemeinden[578] in Nordrhein-Westfalen 63 Gemeinden im Haushaltssicherungskonzept, wobei 50 ein nicht genehmigungsfähiges Konzept aufwiesen und davon 17 Gemeinden die Überschuldung drohte bzw. bei diesen schon eingetreten war.[579] 38 Gemeinden benötigten eine Genehmigung zur Verringerung der allgemeinen Rücklage und 281 Gemeinden erreichten einen fiktiven Haushaltsausgleich, d. h. unter Rückgriff auf die Ausgleichsrücklage. Abzüglich 6 Gemeinden mit nicht abgeschlossenem Haushaltsverfahren verblieben damit nur 39 Gemeinden mit einem ausgeglichenen Haushalt. In Anbetracht dieser Daten stellt sich vornehmlich bei der Genehmigung von Anträgen auf Erlangung des Status einer Mittleren oder Großen kreisangehörigen Stadt die Frage, wie der Zuwachs an Aufgaben und der damit verbundene sachliche sowie personelle Ressourcenmehraufwand mit der Pflicht des Art. 75 Abs. 2 GO zum Haushaltsausgleich zu vereinbaren ist.

b. Stadt oder Gemeinde mit genehmigtem/ungenehmigtem Haushaltssicherungskonzept

Beim ungenehmigten Haushaltssicherungskonzept oder gar einer drohenden Überschuldung steht den Anträgen nach § 4 Abs. 2 und 3 GO ein zwingendes öffentliches Interesse entgegen. Nicht genehmigungsfähig ist ein Haushaltssicherungskonzept nach § 76 Abs. 2 S. 2 GO i. V. m. § 84 GO, das im letzten Jahr der mittelfristigen Finanzplanung, d. h. im dritten auf das Haushaltsjahr folgenden Planungsjahr, keinen Haushaltsausgleich vorsieht.[580] Bei absehbaren erfolglosen Konsolidierungsbemühungen der Gemeindefinanzen und einer vorläufigen Haushaltsführung nach § 82 GO sind

577 Leitfaden des *Innenministeriums NRW* zum Haushaltssicherungskonzept für Aufsichtsbehörden, abgedruckt in: Held/Becker u. a., KVR, Bd. I, Anhang § 76, Rn. 125.

578 *Landesbetrieb Information und Technik Nordrhein-Westfalen (IT.NRW),* Übersicht über die regionale Gliederung Nordrhein-Westfalens, abrufbar unter www.it.nrw.de/statistik/a/daten/eckdaten/r311geo2.html, Stand: 7.3.2011.

579 *Innenministerium NRW*: Übersicht über die Haushaltssicherungskommunen in NRW, abrufbar unter www.im.nrw.de/bue/doks/100203hskkommunennrw2009.pdf, Stand: 7.3.2011; die Überschuldung tritt nach § 75 Abs. 7 S. 2 GO NRW ein, wenn nach der Bilanz das Eigenkapital aufgebraucht wird.

580 Leitfaden des *Innenministeriums NRW* zum Haushaltssicherungskonzept für Aufsichtsbehörden, abgedruckt in: Held/Becker u. a., KVR, Bd. I, Anhang § 76, Rn. 217.

die Konsolidierungsbemühungen nochmals zu verstärken. Ein Anwachsen des Aufgabenbestands, sei es nach § 4 Abs. 8 GO auch nur um eine Aufgabe, ist damit nicht vereinbar.

Das genehmigte Haushaltssicherungskonzept ist hinsichtlich des Antrags auf Erlangung des Status einer Mittleren oder Großen kreisangehörigen Stadt ebenfalls als entgegenstehender zwingender öffentlicher Grund zu werten.[581] Als zu prüfender Ausgabenposten im Rahmen von Konsolidierungsbemühungen dienen auch Standards bei Pflichtaufgaben und Entlastungspotentiale bei Personalaufwendungen.[582] Standardabsenkung auf der einen und Neubegründung von Pflichtaufgabenpaketen auf der anderen Seite sind nicht miteinander vereinbar. Bei der aufgabenträgerunabhängigen Zusammenarbeit ist zu erwägen, eine, gutachterlich bescheinigte, erhebliche Kostenersparnis bei Übernahme einer einzelnen Aufgabe bewusst für Konsolidierungsbemühungen zu nutzen. Es bestehen aber enge Grenzen. Aufgabenherabzonungen unter Rückgriff auf den additiven Schwellenwert begründen eine erstmalige Kompetenzübertragung auf eine Gemeinde mit entsprechender Prognoseunsicherheit über die Leistungsfähigkeit der Verwaltung. Eine Genehmigung ist in dieser Konstellation eher auszuschließen als bei der Übertragung einer Aufgabe auf eine Mittlere oder Große kreisangehörige Stadt, die die jeweiligen Aufgaben bereits in Eigenverantwortung ausführt und eine Kostenübersicht für das eigene Gebiet vorlegen kann. Eher ablehnend zu beurteilen sind ferner Kompetenzneubegründungen, deren Kostenersparnis auf dem Abschluss weiterer öffentlich-rechtlicher Verträge gründet, wie es z. B. bei der Rechnungsprüfung denkbar ist. Das Risiko der Instabilität des Zusammenarbeitsmodells wächst mit der Zahl der Aufgabenmandanten bzw. Aufgabendeleganten.

c. Stadt oder Gemeinde mit genehmigter Verringerung des Eigenkapitals

Anders als beim Haushaltssicherungskonzept ist die genehmigte Verringerung der allgemeinen Rücklage kein zwingendes entgegenstehendes öffentli-

---

581 Vgl. *Dünchheim,* VR 2009, 192 (196).

582 Leitfaden des *Innenministeriums NRW* zum Haushaltssicherungskonzept für Aufsichtsbehörden, abgedruckt in: Held/Becker u. a., KVR, Bd. I, Anhang § 76, Rn. 139 und 177 f. Die neue Landesregierung beabsichtigt, dass das gesetzliche Verbot der Genehmigung von Haushaltssicherungskonzepten mit einer längeren Laufzeit als der Zeitraum der mittelfristigen Finanzplanung aufgehoben wird, vgl. den entsprechenden GesE der LReg, LT-Drs. 15/666, S. 1.

ches Interesse für die Erlangung des Status einer Mittleren oder Großen kreisangehörigen Stadt. Gleiches gilt für die aufgabenträgerunabhängige Zusammenarbeit. Der Genehmigungsvorbehalt ist entgegen dem Wortlaut des Gesetzes dahingehend auszulegen, dass öffentliche Interessen der Genehmigung entgegenstehen, es sei denn die antragstellenden Gemeinden weisen auf der Grundlage eines Finanzierungskonzepts nach, wie die zukünftige Finanzierung der zusätzlichen Aufgaben mit dem Rückgriff auf die Rücklage in Einklang gebracht werden kann. Der Zeitraum des Finanzierungskonzepts sollte an die mittelfristige Ergebnis- und Finanzplanung angelegt sein und im Fall von geplanten Kooperationsmodellen die Kooperationspartner und das Einspar- oder Mehrkostenvolumen annähernd beziffern können.

3. Finanzielle Auswirkungen auf den kreisangehörigen Raum

Auch finanzielle Auswirkungen, die mit dem Wirtschaftlichkeitsprinzip und der sozialstaatlichen Komponente verknüpft sind, müssen bei der Genehmigung Berücksichtigung finden. Die Finanzstrukturen im gestuften System bedürfen auf Grund ihrer Komplexität und ihres Umfangs einer Darstellung in einem gesonderten Kapitel.

Kapitel 3: Finanzierung von Aufgabenverlagerungen im Rahmen der dualen Finanzgarantie

Die in Art. 28 Abs. 2 GG garantierte Eigenverantwortlichkeit der Aufgabenerledigung umfasst die Finanzhoheit als »Befugnis zur eigenverantwortlichen Einnahmen- und Ausgabenwirtschaft im Rahmen eines gesetzlich geordneten Haushaltswesens«.[583] Selbstverwaltung und kommunale Autonomie implizieren eine finanzielle Eigenverantwortung der Kommunen.[584] In der Finanzhoheit hat die Befugnis der Gemeinden ihren Ursprung, das aus einer ihnen zugewiesenen Finanzquelle entspringende Aufkommen autonom zu verwenden, die sog. Ertragshoheit. Ferner dürfen die Gemeinden im Rahmen der Einnahmehoheit eine eigenverantwortliche Gestaltung der Einnahmepolitik unter Verwendung von Hoheitsbefugnissen durch Erhebung von kommunalen Steuern, Gebühren und Beiträgen vornehmen.[585] Ertrags- und Einnahmehoheit werden begleitet von der Gewährung einer eigenverantwortlichen Bestimmung des erforderlichen Finanzierungsbetrages zur Erfüllung ihrer Aufgaben sowie von der Möglichkeit, das Einnahme- und Ausgabeverhalten in der Haushaltsplanung auf der Grundlage der Haushaltshoheit zu koordinieren.[586] Der Begriff der Finanzhoheit[587] findet in Art. 28 Abs. 2 S. 3 GG keine Verwendung mehr. Diese 1994 eingefügte Ergänzung[588] verwendet das Merkmal der »Grundlagen

583 *BVerfG,* Beschl. v. 24.6.1969 – 2 BvR 446/64 –, in: BVerfGE 26, 228 (244) = NJW 1969, 1843 (1845); *BVerfG,* Beschl. v. 7.1.1999 – 2 BvR 929/97 –, in: DVBl. 1999, 697 (698); *Schoch/Wieland,* Finanzierungsverantwortung, S. 176; *Ammermann,* Das Konnexitätsprinzip im kommunalen Finanzverfassungsrecht, S. 55.

584 *Kirchhof,* in: Püttner (Hrsg.), HdbKWP, 2. Aufl., Bd. 6, S. 3 (9 f.); *Schoch,* Verfassungsrechtlicher Schutz der kommunalen Finanzautonomie, S. 137.

585 *Kirchhof,* in: Püttner (Hrsg.), HdbKWP, 2. Aufl., Bd. 6, S. 3 (10).

586 *Grawert,* in: v. Mutius (Hrsg.), FS v. Unruh, S. 587 (589 f.); *Kirchhof,* in: Püttner, (Hrsg.), HdbKWP, 2. Aufl., Bd. 6, S. 3 (10 f.).

587 Die »Finanzhoheit« umfasst kein Steuerfindungsrecht und steht in einem abgeleiteten und nicht gleichgeordneten Verhältnis zur staatlichen Finanzhoheit. Den Gemeinden steht nur, wie Art. 28 Abs. 2 S. 3 2. HS GG klarstellt, eine mit Hebesatzrecht zustehende wirtschaftskraftbezogene Steuerquelle zu. Vgl. dazu *Tettinger/Schwarz,* in: v. Mangoldt/Klein/Starck, GG, Bd. 2, Art. 28, Rn. 252 ff. Art. 79 S. 1 LV vermittelt den Gemeinden einen gegen den Landesgesetzgeber gerichteten Anspruch auf Erschließung eigener Steuerquellen, *Söbbecke,* in: Heusch/Schönenbroicher (Hrsg.), Landesverfassung NRW, Art. 79, Rn. 5.

588 Empfehlung der *gemeinsamen Verfassungskommission,* BT-Drs. 12/6000, S. 16 (46 ff.).

der finanziellen Eigenverantwortung«, wobei der Bestimmung nur deklaratorischer Charakter als Klarstellungs- und Verdeutlichungsmerkmal zukommt.[589] Die Finanzhoheit unterliegt als Element der institutionellen Selbstverwaltungsgarantie – wie die anderen Gemeindehoheiten – dem Vorbehalt des Gesetzes. Außerhalb des Kernbereichs sind gesetzliche Einschränkungen unter Beachtung des Aufgabenverteilungsprinzips möglich.

Die duale Finanzgarantie kennzeichnet sich durch eine zwei-Säulen-Struktur, die einerseits auf den Kostendeckungsregelungen der Konnexitätsprinzipien beruht und anderseits durch die kommunale Abgabenhoheit, ergänzt durch staatliche Finanzzuweisungen, gebildet wird.[590] Die Ausgestaltung der dualen Garantie in den Flächenländern weist Unterschiede auf und orientiert sich zum Teil am dualistischen oder monistischen Aufgabenmodell[591], zum Teil bestehen keine Verknüpfungen mit der Aufgabenstruktur.[592] Beide Elemente sind funktional getrennt. Das Konnexitätsprinzip als Mehrbelastungsausgleichsregelung verhindert eine finanzielle Aushöhlung der Selbstverwaltungsgarantie der Gemeinden auf der Aufgaben- bzw. Ausgabenseite, während der Finanzausgleich über die Einnahmenseite eine aufgabenadäquate Finanzausstattung sicherstellen soll.[593] Das Konnexitätsprinzip genießt gegenüber dem allgemeinen Finanzausgleich als lex specialis Anwendungsvorrang.[594]

A. Konnexitätsprinzip

Das Konnexitätsprinzip beruht auf einem einfachen Grundgedanken, der mit der Umschreibung als Selbstverständlichkeit[595] den Anschein erweckt,

---

589 Empfehlung der *gemeinsamen Verfassungskommission,* BT-Drs. 12/6000, S. 16 (46 ff.).

590 *Henneke,* Der Landkreis 2008, 390 (409).

591 S. oben Kap. 2 A III 2 b.

592 *Henneke,* Die Kommunen in der Finanzverfassung, S. 179 ff.

593 *VerfGH* NRW, Urt. v. 23.3.2010 – VerfGH 21/08 –, in: Juris, Rn. 70 ff.; vgl. für Thüringen: *ThürVerfGH,* Urt. v. 21.6.2005 – VerfGH 28/03 –, in: NVwZ-RR 2005, 665 (667 f.); für Baden-Württemberg: *StGH BW,* Urt. v. 5.10.1998 – GR 4/97 –, in: DVBl. 1998, 1276 (1277); für Sachsen-Anhalt: L*VerfG LSA,* Urt. v. 17.9.1988 – LVG 4/96 –, in: DVBl. 1998, 1288 (1289).

594 *Wendt/Elicker,* VerwArch 2002, 187 (205); *Mückl,* DÖV 1999, 841 (844); *Schoch,* in: Ehlers/Krebs (Hrsg.), Grundfragen des Verwaltungsrechts und des Kommunalrechts, S. 93 (107 f.).

595 *Schoch,* in: Brink (Hrsg.), FS Arnim, S. 411 (414).

eine unproblematische Materie zu regeln. Das gerne auf die Kurzformel »Wer bestellt, zahlt«[596] reduzierte Prinzip besagt, dass Entscheidungsverantwortung und Finanzierungslast auf einer Ebene liegen müssen. Das in der Verknüpfung von Entscheidungsgewalt und Ausgabenbelastung zum Ausdruck kommende Verantwortungsprinzip dient als Ausgabenbremse, die bei einer Verlagerung der Aufgaben auf eine andere Ebene ihre Wirkung zu Lasten der Steuerpflichtigen zu verlieren droht.[597]

I. Grundlagen

1. Grundgesetzliches Konnexitätsprinzip

Art. 104 a GG als Leitnorm der Finanzverfassung bestimmt, dass Bund und Länder gesondert die Ausgaben zu tragen haben, die sich aus der Wahrnehmung ihrer Aufgaben ergeben. Der Bestimmung ist nicht zu entnehmen, was unter Aufgaben zu verstehen ist. Mit Blick auf die Entstehungsgeschichte der Norm[598] erfasst der Aufgabenbegriff in Art. 104 a Abs. 1 GG nicht die Gesetzgebungszuständigkeit, sondern stellt eine Verknüpfung zwischen der Verwaltungszuständigkeit und der Aufgabenlast her und begründet ein Modell der Vollzugskausalität.[599] Ohne Belang bleibt die Frage, wer die kostenverursachende Entscheidung getroffen hat.[600] Art. 104 a Abs. 1 GG entfaltet Geltung im vertikalen Bund-Länder-Verhältnis, das die kommunalen Gebietskörperschaften nach dem Grundsatz des zweistufigen Staatsaufbaus miteinschließt.[601]

---

596 *Bundespräsident a. D. Roman Herzog,* Rede anlässlich der Veranstaltung »150 Jahre Revolution von 1848/49« in der Paulskirche zu Frankfurt am Main am 18.5.1995, abrufbar unter www.bundespraesident.de, Stand: 7.3.2011.

597 *Henneke,* Die Kommunen in der Finanzverfassung, S. 81.

598 Im Rahmen der Finanzreform 1969 übernahm der Gesetzgeber die bisherige Regelung aus Art. 106 Abs. 4 S. 2 Nr. 1 GG in Art. 104 a Abs. 1 GG. Dazu näher *Mückl,* in: Henneke/Pünder/Waldhoff (Hrsg.), Recht der Kommunalfinanzen, § 3, Rn. 29 ff.; *Schoch/Wieland,* Finanzierungsverantwortung, S. 154; *Grote,* JZ 1996, 832 (833).

599 *Kirchhof,* Gutachten D zum 61. Juristentag, D 27; *Selmer,* NJW 1996, 2062 (2063); *BVerfG,* Beschl. v. 15.07.1969 – 2 BvF 1/64 –, in: DÖV 1970, 108 (108 f.); *BVerwG,* Urt. v. 08.02.1974 – VII C 16.71 –, in: DVBl. 1974, 522; *Pieroth,* in: Jarass/ders., GG, Art. 104 a, Rn.3; *Makswit,* Finanzierung kommunaler Fremdverwaltung, S. 89; *Ammermann,* Das Konnexitätsprinzip im kommunalen Finanzverfassungsrecht, S. 222.

600 *BVerwG,* Urt. v. 11.6.1991 – 7 C 1.91 –, in: JZ 1992, 460 (461).

601 *BVerfG,* Urt. v. 27.5.1992 – 2 BvF 1,2/88 u. a. –, in: DVBl. 1992, 965 (967).

Die Vollzugskausalität offenbarte ihre große Schwäche in einer zunehmenden Aufgabenverlagerung auf die Kommunen. Nach der Ausgestaltung des Art. 104 a Abs. 1 GG darf der Bund sich nicht an den Aufgabenlasten beteiligen. In den Fällen des Art. 104 a Abs. 3 GG sind die Kommunen darauf angewiesen, dass die Länder die vom Bund zufließenden Mittel an sie weiterleiten. Verschiedene Vorschläge zur Umgestaltung bzw. Ersetzung der Vollzugskausalität durch die Gesetzeskausalität mit Ansatzpunkten bei Art. 104 a GG Abs. 1 und 3, Art. 28 Abs. 2 GG, sowie Art. 84 Abs. 1 GG[602] fanden keine Berücksichtigung.[603] Stattdessen wurde im Rahmen der Föderalismusreform I in Art. 84 Abs. 1 S. 7 GG[604] ein Aufgabenübertragungsverbot eingefügt. Ergänzend dazu erfolgte die Einfügung des Art. 104 a Abs. 4 GG, der ein Zustimmungserfordernis des Bundesrates bei Bundesgesetzen mit Pflichten zur Erbringung von Geldleistungen, geldwerten Sachleistungen oder vergleichbaren Dienstleistungen vorsieht.[605] Ein unmittelbarer Durchgriff des Bundes auf die kommunale Ebene ist damit ausgeschlossen.

2. Konnexitätsprinzipien in den Landesverfassungen

Einer jeweils eigenen Regelung in den Landesverfassungen hätte es nicht bedurft, wenn das bundesrechtliche Konnexitätsprinzip auf das Verhältnis Land-Kommune übertragen werden könnte. Diese Überlegung beruht auf der Erwägung, dass eine Gefährdung der finanzverfassungsrechtlichen Autonomie durch Wahrnehmung von Aufgaben einer anderen Kompetenzebene im Vordergrund steht und nicht die verfassungsrechtliche Qualität des Selbstverwaltungsträgers.[606] Die dafür notwendige Anwendbarkeit des Art. 104 a Abs. 2 GG auf das Länder-Kommunen-Verhältnis ist angesichts der unterschiedlichen Qualität zum Verhältnis Bund-Länder und der normativ stärkeren Absicherung der Länder aber nicht möglich.[607] Der zweistufige Aufbau der Bundesrepublik steht einer Anwendung im Verhältnis Bund

602 Übersicht bei *Wagner/Rechenbach,* Konnexitätsprinzip ins Grundgesetz!, ZRP 2003, 308 (309 f.).

603 *Schön,* in: Holtschneider/Schön (Hrsg.), Die Reform des Bundesstaates, S. 73 (83).

604 Dazu *Henneke,* Der Landkreis 2007, 171 (171 ff.); *Macht/Scharrer,* DVBl. 2008, 1150 (1150 ff.); *Knitter,* NdsVBl. 2009, 73 (73 ff.).

605 *Kluth,* in: Henneke (Hrsg.), Kommunen in der Föderalismusreform I und II, S. 20 (32).

606 *Hoppe,* DVBl. 1992, 117 (123); *Makswit,* DVBl. 1984, 1044 (1046); *Schmidt-Jortzig/Makswit,* JuS 1980, 641 (643).

607 *VerfGH RP,* Urt. v. 05.12.1977 – VGH 2/74 –, in: DVBl. 1978, 802 (804).

gegenüber den kommunalen Gebietskörperschaften als auch im Verhältnis Länder – Kommunen entgegen.[608]

In allen Landesverfassungen ist mittlerweile ein Konnexitätsprinzip verankert, so dass im Verhältnis Land zu Kommunen keine Regelungslücke mehr besteht, die durch Anwendung des Art. 104 a Abs. 1 und 2 GG geschlossen werden muss. Ferner handelt es sich seit 2006 in allen Landesverfassungen um ein »striktes« Konnexitätsprinzip.[609] Während das »relative« Konnexitätsprinzip nur eine Regelung hinsichtlich der Kostendeckung trifft, enthält das strikte Konnexitätsprinzip zusätzlich eine Pflicht zum Ausgleich der Mehrbelastung der Kommunen.[610]

II. Art. 78 Abs. 3 LV i. V. m. KonnexAG

Die nordrhein-westfälische Verfassung enthielt bis zum Jahr 2004 nur ein relatives Konnexitätsprinzip. Der Landesgesetzgeber war nach Art. 78 Abs. 3 LV a. F. bei Übertragung von Pflichtaufgaben auf die Gemeinden und Gemeindeverbände zu einer gleichzeitigen Bestimmung über die Deckung der Kosten verpflichtet. Nach der Rechtsprechung zu Art. 78 Abs. 3 LV a. F. musste der Gesetzgeber bei Ausfüllung der Norm die Garantie der kommunalen Selbstverwaltung in Art. 28 Abs. 2 GG, Art. 78 Abs. 2 LV, die Kreditaufnahmegrenze in Art. 83 S. 2 LV sowie das Verbot willkürlicher, unverhältnismäßiger oder unzumutbarer Regelungen beachten.[611] Dem Zweck des Art. 78 Abs. 3 LV, den kommunalen Gebietskörperschaften eine finanzielle Grundlage für eine ausreichende eigenverantwortliche Selbstverwaltung zu gewährleisten, werde nach Auffassung des

---

608 Der *VerfGH NRW,* Urt. v. 15.2.1985 – 17/83 –, in: NVwZ 1985, 820 (821), verweist auf den Dissens zwischen den Fremdverwaltungsaufgaben in Art. 104 Abs. 1 und 2 GG und dem Weinheimer Modell der monistischen Aufgabenstruktur in der Landesverfassung. Vgl. dazu ferner *VerfGH NRW,* Urt. v. 16.12.1988 – 9/87 –, in: DVBl. 1989, S. 151 (152); *Schoch,* in: FS Arnim, S. 411 (416); *Kirchhof,* Gutachten D zum 61.Juristentag 1996, D 29.

609 Als letztes Bundesland hat Niedersachsen (NdsGVBl. 2006, S. 58) ein striktes Konnexitätsprinzip eingeführt, nach dem zuvor in mehreren anderen Flächenländern (Mecklenburg-Vorpommern, GVBl. M-V 2000, 158; Brandenburg, GVBl. Bgb. I 1999, S. 98) relative Konnexitätsprinzipien durch strikte Konnexitätsprinzipen ersetzt worden sind. Dazu ausführlich *Henneke,* Die Kommunen in der Finanzverfassung, S. 138 ff.; *ders.,* Der Landkreis 2008, 390 (398 ff.); *Ammermann,* Das Konnexitätsprinzip im kommunalen Finanzverfassungsrecht, S. 113 ff.

610 *Mückl,* in: Henneke/Pünder/Waldhoff (Hrsg.), Recht der Kommunalfinanzen, § 3, Rn. 64; *Aker,* VBlBW 2008, 258 (259); *Worms,* DÖV 2008, 353 (354).

611 *VerfGH NRW,* Urt. v. 15.2.1985 – 17/83 –, in: NVwZ 1985, 820 (821).

Verfassungsgerichtshofs NRW dann nicht mehr genüge geleistet, wenn für eine sinnvolle Selbstverwaltungstätigkeit die Grundlage entzogen und Art. 78 Abs. 2 LV ausgehöhlt werde.[612] Auf Grund fehlender verfassungsrechtlicher Begleitbestimmungen zur Form und Modalität der Kostenregelung sei die Berücksichtigung der Kostenregelung im Gemeindefinanzierungsgesetz (GFG) ausreichend.[613] Ein Einzelnachweis der Kosten im GFG sei nicht geboten, es genüge die Sicherstellung einer angemessenen Finanzausstattung mittels einer Gesamtbetrachtung.[614] Die damit erfolgte Ablehnung des dualistischen Modells durch den Verfassungsgerichtshof Nordrhein-Westfalen hat erheblichen Widerspruch hervorgerufen. Laut Kritiker führte die Missachtung der Befassungs- und Regelungspflicht des Gesetzgebers in Art. 78 Abs. 3 LV zu einer Reduzierung des normativen Gehalts der Bestimmung.[615] Den Hauptkritikpunkt bildete die, mit der Gesamtbetrachtung in Verbindung gebrachte, Einschränkung der Wahrnehmungsmöglichkeit von freiwilligen Selbstverwaltungsaufgaben.[616]

Der Landesgesetzgeber fügte zunächst mit der Änderung der Kommunalverfassung 1994[617] in § 3 Abs. 4 GO und § 2 Abs. 4 KrO NRW eine strikte Konnexitätsregelung ein. Die nur einfachgesetzliche Ausformung eines strikten Konnexitätsprinzips bleibt faktisch ohne Wirkung, da jedes neue Landesgesetz die Bestimmung verdrängen kann.[618] Die Regelungslücke beseitigte die Einführung eines strikten Konnexitätsprinzips in die Landes-

---

612 *VerfGH NRW,* Urt. v. 15.2.1985 – 17/83 –, in: NVwZ 1985, 820 (821); *OVG Münster,* Urt. v. 30.1.1987 – 15 A 1032/84 –, in: NVwZ 1988, 77 (78).

613 *VerfGH* NRW, Urt. v. 9.7.1998 – VerfGH 16/96 und 7/97 –, in: NWVBl. 1998, 390 (393).

614 *VerfGH* NRW, Urt. v. 9.7.1998 – VerfGH 16/96 und 7/97 –, in: NWVBl. 1998, 390 (393); *VerfGH* NRW, Urt. v. 9.12.1996 – VerfGH 11/95 u. a. –, in: NWVBl. 1997, 129 (131); *OVG Münster,* Urt. v. 30.1.1987 – 15 A 1032/84 –, in: NVwZ 1988, 77 (79).

615 *Henneke,* Der Landkreis 2003, 190 (207).

616 *Meier,* NVwZ 1999, 843 (845): Kritikwürdig sei insbesondere die vergleichende Betrachtung des VerfGH NRW mit den Verfassungen und der Rechtsprechung in anderen Bundesländer, z. B. mit Art. 57 NV a. F. und der Entscheidung des *NdsStGH,* Beschl. v. 15.8.1995 – StGH 2/93 u. a. –, in: DVBl. 1995, 1175 (1176). Nicht haltbar sei die Beschränkung der Ausführungen darauf, dass die niedersächsische Verfassung ein dualistisches Aufgabenmodell enthalte, obwohl an dieser Stelle die Bewertung mit der dualen Finanzgarantie bei den Pflichtaufgaben zur Erfüllung nach Weisung angezeigt gewesen wäre. Vgl. dazu auch *Hermes,* Maßstab und Grenzen der Übertragung staatlicher Aufgaben, S. 170 f.

617 Gesetz zur Änderung der Kommunalverfassung v. 17.5.1994, GVBl. NRW, S. 270.

618 *Wansleben,* in: Held/Becker, KVR, Bd. 1, § 3 GO, Erl. 3.2; *Mückl,* DÖV 1999, 841 (841 ff.).

verfassung. Mit Gesetz vom 22.6.2004[619] nahm der nordrhein-westfälische Gesetzgeber die entsprechende Verfassungsänderung vor und fügte in Art. 78 Abs. 3 LV die Sätze 2 – 5 ein. Die verfassungsrechtliche Regelung verweist auf ein begleitendes Konnexitätsausführungsgesetz mit Kostenfolgeabschätzungs- und Beteiligungsverfahren.

1. Tatbestandsvoraussetzungen

Der Tatbestand des Art. 78 Abs. 3 LV lässt sich in drei Voraussetzungen unterteilen. Gemeinde und Gemeindeverbände müssen durch Gesetz oder Rechtsverordnung zur Übernahme öffentlicher Aufgaben verpflichtet werden. Als zweite Voraussetzung ist die Übertragung neuer oder die Veränderung bestehender und übertragbarer Aufgaben erforderlich. Die Aufgabenübertragung muss als dritte Voraussetzung zu einer wesentlichen Belastung der davon betroffenen Gemeinden und Gemeindeverbände führen.

a. Konnexitätsrelevante Verpflichtung

Art. 78 Abs. 3 LV verlangt die Übernahme oder Durchführung öffentlicher Aufgaben. § 2 Abs. 1 S. 1 KonnexAG stellt klar, dass es sich hierbei um Pflichtaufgaben zur Erfüllung nach Weisung und pflichtige Selbstverwaltungsaufgaben handelt. Die Übernahme der Verpflichtung kann nur durch Gesetze im materiellen Sinne, nicht hingegen durch Verwaltungsvorschriften oder Weisungen bei Pflichtaufgaben zur Erfüllung nach Weisung erfolgen.[620] Die Absenkung der Einwohnerschwellenwerte und die aufgabenträgerunabhängige Zusammenarbeit rufen eine Aufgabenverlagerung von den Kreisen auf die Gemeinden bzw. den Zusammenschluss von Gemeinden hervor. Sofern die Erlangung des Status der Großen oder Mittleren kreisangehörigen Stadt nicht auf einer Bestimmung von Amts wegen beruht, erfolgt die Verlagerung von Aufgaben auf der Grundlage eines freiwilligen Entschlusses der jeweiligen Gemeinden. Hierin hat die Landesregierung in der Gesetzesbegründung zum Gesetz zur Stärkung der kommunalen Selbstverwaltung 2007 den Ausschlussgrund für die Anwendung des Konnexitäts-

---

619 Gesetz zur Änderung der Verfassung für das Land Nordrhein-Westfalen und zur Regelung eines Kostenfolgeschätzungs- und Beteiligungsverfahrens v. 22.6.2004, GVBl. NRW, S. 360.

620 GesE der *LReg,* Gesetz zur Änderung der Verfassung und zur Regelung eines Kostenfolgeabschätzungs- und eines Beteiligungsverfahrens v. 17.5.1994, LT-Drs. 13/4424, S. 11; *Ammermann,* Das Konnexitätsprinzip im kommunalen Finanzverfassungsrecht, S. 171.

prinzips erblickt. § 4 Abs. 8 GO bewirke noch keine Aufgabenübertragung, sondern schaffe nur den rechtlichen Rahmen für ein Angebot an die Gemeinden, diese Zusammenarbeitsform nach eigener Entscheidung zu nutzen.[621] Im Gegensatz zum bundesrechtlichen Konnexitätsprinzip normiert das nordrhein-westfälische Konnexitätsprinzip vergleichbar mit anderen Bundesländern keine Vollzugskausalität, sondern eine Gesetzeskausalität. Das Prinzip der Gesetzeskausalität trägt dem Verursacherprinzip Rechnung.[622] Die Landesgesetzgeber haben, wie oben dargestellt, mit der Normierung der strikten Konnexitätsprinzipien eine Entwicklung begrenzt, die den Verwaltungsspielraum der Kommunalebene zunehmend einschränkte. Kostenverursachend kann einerseits die legislative Verpflichtung sein, andererseits die bestehende Letztentscheidungsmöglichkeit bei einem Spielraum der Verwaltung mit materieller Entscheidungskompetenz.[623] Ob der Gesetzgeber mit einer gesetzlichen Rahmenregelung den Verursachungsschwerpunkt setzt, unterliegt der Gewichtung des Verursachungsbeitrags.[624] Die Beurteilung einer konnexitätsrelevanten Verpflichtung für eine Aufgabenverlagerung durch § 4 Abs. 2 – 6 bzw. § 4 Abs. 8 GO ist demnach davon abhängig, ob die Organisationsentscheidung der Gemeinden den Zurechnungszusammenhang unterbricht oder der geschaffene gesetzliche Rahmen bereits als die entscheidende gesetzgeberische Maßnahme bewertet wird.

aa. Aufgabenverlagerung als Folge kommunaler Organisationsentscheidung

Die Antragslösung in § 4 Abs. 2 – 6 GO bietet eine dispositive Zuständigkeit. Der reformerische Aspekt der Gestaltungsoption soll sich unter dem Stichwort einer größeren Bürgernähe und einer stärkeren Dezentralisierung widerspiegeln. Im gestuften Aufgabenmodell ist die Einwohnerzahl auf der jeweiligen Stufe mit der gesetzgeberischen Einschätzung verbunden, dass Größe und Verwaltungskraft für die Aufgabenwahrnehmung als ausreichend erachtet werden, um einen Katalog zusätzlicher Pflichtaufgaben wahrzunehmen. Die Abstände der Einwohnerzahlen zwischen der Antragslösung und der Bestimmung von Amts wegen weisen mit 5.000 Einwohnern bei der Mittleren kreisangehörigen Stadt und 10.000 Einwohnern bei der Großen

---

621 GesE GO-Reformgesetz, LT-Drs. 14/3979, S. 5.

622 *Kirchhof,* Gutachten D zum 61. Juristentag, D 67.

623 *Kirchhof,* Gutachten D zum 61. Juristentag, D 67; *Junk,* Konnexitätsprinzip in der Bayerischen Verfassung, S. 131.

624 *Kirchhof,* Gutachten D zum 61. Juristentag, D 61.

kreisangehörigen Stadt keinen derart geringen Abstand auf, dass von einer vorgezogenen Aufgabenverlagerung auszugehen ist, die der Einstufung von Amts wegen nur vorgreift. Das gestufte Modell ist keine vorweggenommene, hinreichend konkretisierte Aufgabenzuweisung des Gesetzgebers. Die Ausgestaltung als »optionale Funktionalreform« belässt die Entscheidungskompetenz bei den einzelnen Gemeinden. Eine Bindung der Gemeinden tritt erst mit Inkrafttreten der Rechtsverordnung der Landesregierung nach § 4 Abs. 6 S. 4 GO bzw. mit der Veröffentlichung der Genehmigung der Aufsichtsbehörde gem. § 4 Abs. 8 S. 7 und § 3 Abs. 6 GO i. V. m. § 29 Abs. 4 und § 24 Abs. 3 S. 1 GkG ein. Die letzte, konnexitätsrelevante Ursache setzt damit die Vertretungskörperschaft der Gemeinden.[625]

Vermag die Antragslösung bei den Einwohnerschwellenwerten keinen Verursachungsschwerpunkt des Gesetzgebers zu begründen, gilt dies erst recht für die aufgabenträgerunabhängige Zusammenarbeit in § 4 Abs. 8 S. 1 lit. a) GO NRW. Der Entscheidung der einzelnen Gemeinde ist ein konsultatives Verfahren mit anderen Gemeinden vorgeschaltet, um mittels des additiven Schwellenwerts die notwendige Einwohnerzahl zu erreichen. Mit Blick auf die Letztentscheidungsverantwortlichkeit reduziert sich die gesetzgeberische Verantwortung auf die gesetzgeberische Ermächtigungsgrundlage. In der Gewichtung der Verursachungsbeiträge überwiegt die freiwillige Entscheidung der Gemeinden.

Die Antragslösung im Bereich der Schwellenwerte weist aber die Besonderheit auf, dass der Status und der damit verbundene Aufgabenkatalog nur bei entsprechender Verringerung der Einwohnerzahl wieder abgegeben werden kann. Das Argument der fehlenden Kündigungs- oder Verzichtsoption als Aufgabenübertragung seitens des Gesetzgebers[626] greift jedoch

625 Die Rechtsprechung bewertet den Antrag der Gemeinden als relevanten Zeitpunkt für die Zuständigkeitsbegründung: *VG Saarlouis,* Urt. v. 9.12.2009 – 11 K 136/08 –, in: Juris, Rn. 20, für die Bestimmung des § 58 Abs. 2 LBO SL, der eine Übertragung der Zuständigkeiten der unteren Bauaufsichtsbehörde auf Gemeinden mit mehr als 30.000 Einwohnern nach einem Nachweis der Leistungsfähigkeit vorsieht. Der *VerfGH NRW,* Urt. v. 12.10.2010, – VerfGH 12/09 –, in: Juris, Rn. 49, hat die Beschwer von vier kreisangehörigen Gemeinden in einem Verfahren gegen § 1a Abs. 1 AG-KHJG NRW vor dem Hintergrund von neuen Aufgaben und Kostenbelastungen durch das Kinderförderungsgesetz (KiFöG, BGBl. I, S. 2403) verneint. Da diese Städte als Mittlere kreisangehörige Städte erst nach § 2 S. 1 AG-KJHG auf Antrag zu Trägern der Jugendhilfe werden, sei die Beschwerde gegen § 1a Abs. 1 AG-KJHG, der nur kreisfreie Städte und Kreise zu Trägern bestimmt, unzulässig.

626 Diesen Gedanken greift *Engelken,* Das Konnexitätsprinzip im Landesverfassungsrecht, Rn. 42, auf, ohne ihn näher zu vertiefen.

nicht. Eine Streichung aus der Rechtsverordnung von Amts wegen oder auf Antrag der Gemeinden aus einem anderen wichtigen Grund als der Einwohnerzahl sieht die Gemeindeordnung zwar nicht vor.[627] Nach § 4 Abs. 8 S. 1 lit. b) GO kann die Gemeinde seit der GO-Reform 2004 mit dem Kreis eine delegierende oder mandatierende Vereinbarung treffen und einen Teil der Aufgaben auf den Kreis zurückübertragen oder nach § 4 Abs. 8 S. 1 lit. a) von anderen Gemeinden erledigen lassen. Die Finanzierungsverantwortung verbleibt ungeachtet der Rückübertragung aber nach § 23 Abs. 4 GkG bei der übertragenden Gemeinde. Diese Einschränkungen sind als Korrelat zu der generellen Privilegierung von Mittleren oder Großen kreisangehörigen Städten hinzunehmen.

bb. Drittschützende Wirkung des Konnexitätsprinzips

Die eigentliche Problematik im gestuften Modell liegt nicht in der Vereinbarkeit der Antragslösung mit dem Begriff der gesetzlichen Verpflichtung zur Aufgabenübernahme, sondern in der Drittwirkung von Aufgabenverlagerungen. Veränderungen in der kommunalen Aufgabenstruktur, ausgelöst sowohl durch das Erreichen der aufgabenbezogenen Schwellenwerte als auch durch öffentlich-rechtliche Vereinbarungen zwischen einzelnen Gemeinden, wirken über die Umlagefinanzierung auch auf den bisherigen Aufgabenträger Kreis und die im Aufgabenverbund verbleibenden Gemeinden. Die Herabzonung von Aufgaben steht unter dem Genehmigungsvorbehalt des Innenministeriums nach § 4 Abs. 6 bei den Schwellenwerten bzw. der Aufsichtsbehörde gem. § 29 Abs. 4 GKG bei der aufgabenträgerunabhängigen Zusammenarbeit. § 4 Abs. 8 S. 6 GO sieht zusätzlich das Benehmen des Kreises bei einem Aufgabenübergang vor. Das Benehmen als Minus zum Einvernehmen[628] verschafft den Kreisen kein Vetorecht gegen eine Aufgabenverlagerung. Ebenso werden die Kreisinteressen und Anliegen der im Kreisaufgabenverbund verbleibenden Gemeinden bei der Genehmigung nur berücksichtigt, wenn es sich um »zwingende« überörtliche Interessen handelt. Im Hinblick auf die Veränderung der Aufgabenstruktur der

---

627 Mit der Zuständigkeitsänderung und Aufgabenverlagerung im Stufenmodell sind im Gegensatz zu den öffentlich-rechtlichen Vereinbarungen im Rahmen des § 4 Abs. 8 GO mit Befristungsmöglichkeit dauerhafte Strukturen angestrebt. Die negative Untergrenze, d. h. die Streichung von Amts wegen aus der Rechtsverordnung, darf die positive Untergrenze um jeweils bis zu 5.000 Einwohnern unterschreiten. Angesichts der mit einer Aufgabenverlagerung verbundenen Rechtsnachfolgefragen ist eine Kontinuität in der Zuständigkeit von erheblicher Bedeutung.

628 S. oben Kap. 1 B II 3 f.

Kreise und die Auswirkungen auf die gemeindeverbandliche Umlagefinanzierung besteht eine konnexitätsrelevante Verpflichtung. Der Blickwinkel der Gesetzeskausalität verlangt im Rahmen des gestuften Aufgabenmodells damit eine drittschützende Wirkung. Es ist eine Gesamtbetrachtung der funktionalreformerischen Maßnahme und keine Fokussierung auf den neuen Aufgabenträger vorzunehmen. Eine andere Bewertung unterläuft die Intention des Gesetzgebers, das strikte Konnexitätsprinzip als kommunales Schutzschild für Aufgabenverlagerungen des Landesgesetzgebers auszugestalten.

b. Konnexitätsrelevante Aufgabenübertragung

Von Art. 78 Abs. 3 LV werden nicht die Existenzaufgaben einer Körperschaft erfasst, die unabhängig von einer Aufgabenübertragung anfallen.[629] Für die Einbeziehung von Aufgabenverlagerungen im gestuften Modell in den Schutzbereich des Konnexitätsprinzips ist dessen Anwendbarkeit auf interkommunale Aufgabenverschiebungen notwendig. Zweifel an der Auslösung eines Kostendeckungsgesetzes werden zum einen unter dem Gesichtspunkt angemeldet, dass die Belastung der einen Kommunalebene zu einer Entlastung der anderen führt.[630] Zum anderen verlangt Art. 78 Abs. 3 S. 2 LV die Übertragung einer »neuen« Aufgabe. Wird der Begriff »neue« Aufgabe dahingehend definiert, dass diese vorher von keiner anderen kommunalen oder staatlichen Ebene wahrgenommen wurde, sind die Aufgaben im gestuften Aufgabenmodell des § 4 GO nicht umfasst.[631]

aa. Anwendbarkeit des Konnexitätsprinzips im kreisangehörigen Raum

Der Wortlaut des Art. 78 Abs. 3 S. 1 LV steht einer Anwendung von Aufgabenverschiebungen im kreisangehörigen Raum nicht entgegen. Gemeinden und Gemeindeverbände werden als Verpflichtungsadressaten von »bestimmten öffentlichen Aufgaben« benannt, ohne näher auszuführen, von welcher Ebene die Aufgaben übertragen werden. Die historische Auslegung und der Normzweck legen keine andere Interpretation nahe. Mit dem strik-

---

629 GesE *LReg,* Gesetz zur Änderung der Verfassung und zur Regelung eines Kostenfolgeabschätzungs- und eines Beteiligungsverfahrens v. 17.5.1994, LT-Drs. 13/4424, S. 12.

630 *Ziegelmeier,* NVwZ 2008, 270 (272).

631 § 2 Abs. 2 KonnexAG stellt klar, dass das Konnexitätsprinzip nicht rückwirkend auf den bestehenden Aufgabenbestand angewendet wird.

ten Konnexitätsprinzip soll in Weiterentwicklung zur Vorgängerregelung und der dazu ergangenen Rechtsprechung mehr Transparenz und eine Schärfung des Kostenbewusstseins angestrebt werden, um die Auswirkungen von Aufgabenverlagerungen bzw. Änderungen dem Gesetzgeber vor Augen zu führen.[632] Das Konnexitätsprinzip reagiert auf eine Gefährdungslage für die Finanzausstattung der Kommunen, die an einer ohne Kostendeckung erfolgenden Aufgabenzuweisung anknüpft. Gemeinden und Landkreise stellen keine verfassungsrechtliche Einheit dar, sondern sind eigenständige Ebenen.[633] Das Ziel einer Transparenzsteigerung und Kostensensibilität wird verfehlt, wenn das Tatbestandsmerkmal Aufgabenübertragung eine Konnexitätsrelevanz nur für das Verhältnis Land auf der einen und die gesamte kommunale Ebene auf der anderen Seite auslöst. Aus systematischer Perspektive verdeutlicht das erweiterte Anhörungsrecht[634] der kommunalen Spitzenverbände gem. Art. 78 Abs. 3 S. 5, § 1 Abs. 2 und § 7 KonnexAG die Komplexität der Finanzstrukturen auf der kommunalen Ebene. Die These einer »zwangsläufigen« Entlastung einer kommunalen Ebene durch die Belastung einer anderen ist im Aufgabenverbund des Kreises nicht haltbar. Die Herunterzonung von Aufgaben vom Kreis auf eine einzelne Gemeinde oder einen Gemeindezusammenschluss bewirkt nur eine Entlastung des Kreises, wenn er die Aufgabe vollständig verliert. Verbleiben ihm aber Restzuständigkeiten für einwohnerschwächere oder finanzschwächere Gemeinden im Kreisgebiet, kann der Verlust von Synergieeffekten höhere durchschnittliche Kosten verursachen.[635] Als Betroffene dieser relativen Kostensteigerung kommen der Kreis, bei Umlagefähigkeit aber auch die kreisangehörigen Gemeinden in Betracht. Für die neuen Aufgabenträger wirkt sich die fehlende Kostendeckung in Mehrkosten für die Erweiterung des Aufgabenbestands sowie in unter Umständen höheren Umlagesätzen aus. Die Umverteilung höherer Kosten mittels der Kreisumlage lässt die Belastung geringer erscheinen, löst sie aber nicht auf. Eine grundsätzliche Kostenneutralität besteht damit nicht.

---

632 Beschlussempfehlung des Hauptausschusses unter Berücksichtigung der Gesetzesentwürfe der LReg und der CDU-Fraktion zum Gesetz zur Änderung der Verfassung, LT-Drs. 13/5515, S. 20.

633 *LVerfG LSA,* Urt. v. 14.9.2004 – LVG 7/03 –, in: LKV 2005, 218 (219).

634 Dazu *Brems,* Aufgabenverlagerung auf die Kommunen, S. 368 f.

635 Stellungnahme LKT NRW zum GesE GO-Reformgesetz, LT-Drs. 14/3979, S. 8.

bb. Die Übertragung »neuer« Aufgaben

Der Wortlaut des Art. 78 Abs. 3 S. 2 LV ist in Bezug auf das Tatbestandsmerkmal der Übertragung »neuer« Aufgaben mehrdeutig. Neu kann eine Aufgabe sein, wenn diese bisher nicht von den mit Kosten belasteten Aufgabenträgern, sondern von einer anderen Ebene in Gestalt des Kreises, der Landschaftsverbände oder der unmittelbaren Landesverwaltung erledigt wurde. Denkbar wäre auch die Interpretation, unter »neue« Aufgabe eine bislang noch nicht existierende Sachmaterie zu fassen.[636] Letztere Ansicht würde die Wirkungsweise des Konnexitätsprinzips aber erheblich einschränken. Eine Inanspruchnahme kommunaler Ressourcen liegt unabhängig davon vor, ob die Aufgabe eine erstmalige gesetzgeberische Zuordnung erfährt oder nur die Zuständigkeit neu geordnet wird.[637] Ist maßgebliches Kriterium für die Anwendbarkeit des Konnexitätsprinzips im kommunalen Raum die »Aufgabendifferenz«[638], ist es unerheblich, ob die neuen Aufgaben zuvor durch das Land oder den Kreis erledigt wurden.[639] Hinsichtlich der Kostenhöhe können zwar erhebliche Unterschiede zwischen Verlagerungen im kommunalen Raum und einer Verlagerung vom Land auf die Kommunen bestehen. Dieses Kriterium findet jedoch nicht im Rahmen der Aufgabenübertragung Beachtung, sondern wird bei der Prüfung einer »wesentlichen« Belastung berücksichtigt.

Der Anwendungsbereich des Konnexitätsprinzips umfasst damit die Aufgabenverlagerung vom Land auf die kommunale Ebene als auch die Verlagerung innerhalb der kommunalen Ebene.[640] Im Rahmen der Aufgabenübertragung offenbart das Modell der drittschützenden Wirkung im gestuften System seine Schwächen. Hinsichtlich der neuen Aufgabenträger liegt keine Verpflichtung, dafür aber eine Aufgabenübertragung vor. Die Gebietskörperschaften, die als »Dritte« zu Mehrkosten »verpflichtet« werden, bekommen keine neuen Aufgaben übertragen. Um die Aufgabenübertragung

636 Mit einem Beispiel zur entsprechenden Auffassung der LReg im Gesetzgebungsverfahren zum LBodSchG NRW: *Schink,* NWVBl. 2005, 85 (88).

637 *Durner,* Rechtliche Stellungnahme im Auftrag des Innenministeriums NRW zur Frage der Pflicht des Landes NRW zur Übernahme von Personalkosten im Rahmen der Kommunalisierung der Versorgungsverwaltung, LT-Vorlage 14/989, Anlage, S. 20.

638 Begriff bei *Fruhner,* LKV 2005, 200 (201).

639 Vgl. *VerfGH NRW,* Urt. v. 12.10.2010 – 12/09 –, in: Juris, Rn. 69, der im Verhältnis von Land zu Kommunen auf die erstmalige »Aufgabenzuweisung« abstellt.

640 So auch *LVerfG LSA,* Urt. v. 14.9.2004 – LVG 7/03 –, in: LKV 2005, 218 (219); *Jurk,* Das Konnexitätsprinzip in der bayerischen Verfassung, S. 122 f.; *Lohse,* Kommunale Aufgaben und Konnexitätsprinzip, S. 168.

als zweite Voraussetzung des Konnexitätsprinzips anwenden zu können, verbliebe nur der Weg über das oben bereits abgelehnte Modell einer Gesamtbetrachtung der Aufgabenverlagerung. Die Verlagerung ist nicht bereits unter dem Vorbehalt des Antrags und der entsprechenden Genehmigung erfolgt, sondern der Antrag bzw. die öffentlich-rechtliche Vereinbarung begründen die Kompetenzübertragung.

cc. Konnexitätsrelevante Belastung

(1) Bagatellschwelle

Das strikte Konnexitätsprinzip in Nordrhein-Westfalen enthält eine Bagatellgrenze, indem nur eine »wesentliche« Belastung eine Kostendeckungspflicht nach Art. 78 Abs. 3 S. 2 LV i. V. m. § 2 Abs. 5 KonnexAG auslöst. Laut Gesetzesbegründung sollen Kriterien für die Wesentlichkeit die Dauer und Intensität der Inanspruchnahme kommunaler Ressourcen sein.[641] Die Betonung als Bagatellgrenze verdient besondere Hervorhebung. Möglich wäre auch ein Verständnis als Einfallstor für den Leistungsfähigkeitsvorbehalt aus dem Gebot der finanziellen Mindestausstattung. Die Feststellung, dass der Begriff der strikten Konnexität nicht Teil der Verfassung ist und keine ausreichende Bestimmtheit aufweist[642], ist für die Einbeziehung der Finanzsituation des Landes nicht ausreichend. Vielmehr ist aus dem Gesetzeszweck und der Systematik des Art. 78 Abs. 3 und Art. 79 S. 2 LV zu folgern, dass das Konnexitätsprinzip gerade von der Leistungsfähigkeit des Landes entkoppelt wird. Ein anderes Verständnis entwertet das Konnexitätsprinzip und stellt die zwei-Säulen-Struktur aus Konnexitätsprinzip und Finanzausgleich in Frage. Die Schutzfunktion zugunsten der Gemeinden verlangt eine Trennung der beiden Säulen der Gemeindefinanzstruktur. Eine relativierende Funktion des Finanzausgleichsrechts durch Anrechnung der aufgabenbedingten Mehrbelastungen führt zu einem »Nullsummenspiel«[643]

641 Beschlussempfehlung des Hauptausschusses unter Berücksichtigung der Gesetzesentwürfe der LReg und der CDU-Fraktion zum Gesetz zur Änderung der Verfassung, LT-Drs. 13/5515, S. 23: Mit 0,25 EUR (Netto-)Mehrbelastung pro Einwohner enthält die Gesetzesbegründung einen konkreten Entscheidungsvorschlag für die Bagatellschwelle. *Schink,* NWVBl. 2005, 85 (88), äußert die Befürchtung, dass aus der Bagatellgrenze eine Wertung für den Vergleich der Finanzausstattung des Landes mit derjenigen der kommunalen Gebietskörperschaften hergestellt wird.

642 *Buschmann/Freimuth,* NWVBl. 2005, 365 (368).

643 *Junk,* Konnexitätsprinzip in der bayerischen Verfassung, S. 172 f.

und untergräbt das gesetzliche Ansinnen einer Beschränkung des Zugriffs auf kommunale Ressourcen.

Für Aufgabenverlagerungen im gestuften Modell dürfte die Bagatellschwelle zu einer unüberwindbaren Hürde werden. Der Wegfall von Synergieeffekten entfaltet in seiner Gesamtheit keine derartige Kostenbelastung, die die im Gesetzgebungsverfahren genannte Höhe erreicht. Zur Feststellung der Kostenbelastung ist es aber erforderlich, dass eine Prognostizierbarkeit der Kosten möglich ist.

(2) Kostenfolgeabschätzung

Nach Art. 78 Abs. 3 S. 5 LV i. V. m. § 3 Abs. 1 KonnexAG sind für die Kostenfolgeabschätzung die notwendigen, durchschnittlichen Kosten zu Grunde zu legen. Die Prognose orientiert sich nicht an einem kommunalindividuellen Vollkostenausgleich, sondern richtet sich an der Gesamtheit der Kommunen aus und ist in pauschalierter Form auf die einzelnen Aufgabenträger zu verteilen.[644] Bei einem System von Zuständigkeitsverschiebungen auf freiwilliger Basis, das unter dem Einfluss kommunalpolitischer Entscheidungen steht, ist eine Prognose für die Inanspruchnahme der geschaffenen Dezentralisierungsstrukturen nicht möglich.

2. Ergebnis

Das Konnexitätsprinzip gelangt für die Neugestaltung des gestuften Aufgabensystems in der Gemeindeordnungsreform 2007 nicht zur Anwendung. Mangels Verpflichtung der Mittleren oder Großen kreisangehörigen Städte zur Aufgabenübernahme scheiden die neuen Aufgabenträger als Anspruchsberechtigte für eine Kostenübernahme aus. Kreise als ehemalige Aufgabenträger und kreisangehörige Gemeinden, die nicht an den neuen Zusammenarbeitsmodellen partizipieren, sind möglichen Mehrkosten durch negative Skaleneffekte ausgesetzt, ohne eine Abwehrmöglichkeit zu besitzen. Infolge fehlender Aufgabenübertragung und der Unmöglichkeit von Kostenfolgeabschätzungen gewährt das Konnexitätsprinzip den belasteten Kreisen und kreisangehörigen Gemeinden keine drittschützende Wirkung.

---

644 *VerfGH NRW,* Urt. v. 23.3.2010 – VerfGH 21/08 –, in: Juris, Rn. 84.

B. Kommunale Finanzausstattung

Weil das Konnexitätsprinzip finanzielle Belastungen durch Aufgabenverlagerungen im gestuften Modell nicht kompensieren kann, ist im Folgenden zunächst das Kreisfinanzsystem als speziellere Finanzierungsstruktur und anschließend der kommunale Finanzausgleich auf Regelungen zur Begrenzung einer Doppelbelastung und zum Ausgleich von negativen Skaleneffekten zu untersuchen.

I. Auswirkungen von Aufgabenverlagerungen auf das Kreisfinanzsystem

1. Umlagefinanzierung der Kreise

Kreise und Gemeinden verfügen über kein aus Art. 28 Abs. 2 GG ableitbares originäres Steuerfindungsrecht. Auch Art. 79 Abs. 1 LV scheidet als Rechtsgrundlage für die Erschließung eigener Steuerquellen aus.[645] Der Landesgesetzgeber kann nach Art. 106 Abs. 6 S. 1 GG den Kreisen die Ertragshoheit für örtliche Verbrauch- und Aufwandsteuern übertragen. Einzige, den Kreisen auf der Grundlage dieser Ermächtigung übertragene Steuer ist zurzeit die Jagdsteuer. Bis Ende 2012 wird diese Einnahmequelle in drei Stufen abgeschmolzen und entfällt dann vollständig.[646] Mit dem Entzug der letzten disponiblen Steuerquelle findet eine weitere Verschiebung der Einnahmestruktur zulasten der Umlagefinanzierung über die Kreisumlage statt, wenngleich die Einnahmen aus der Jagdsteuer im Vergleich zu anderen Einnahmeposten sehr gering ausfielen.[647] Wesentliche Einnahmequelle neben der Kreisumlage sind die Finanzzuweisungen, die den Kreisen im Rahmen des Finanzausgleichs des Landes nach dem GFG zufließen.[648] Ergänzend treten noch sonstige Einnahmen aus Vermögenserträgen, Erträge aus wirtschaftlichen Unternehmen und Beteiligungen bzw.

---

645 *Wolff,* Bedarfsgerechte Struktur der Kreiseinnahmen, S. 48.

646 Gesetz zur Abschaffung der Jagdsteuer vom 30.6.2009, GVBl. NRW, 2009, S. 394; die neue Landesregierung beabsichtigt, die Jagdsteuer wieder einzuführen, Koalitionsvertrag zwischen der NRW SPD und Bündnis 90/Die Grünen NRW, S. 43, abrufbar unter: http://www.gruene-nrw.de/fileadmin/user_upload/landesverband/gruene-nrw/aktuelles/2010/koalitionsvertrag/Koalitionsvertrag_Rot-Gruen_NRW_2010-2015.pdf, Stand: 7.3.2011.

647 Im Jahr 2008 betrugen die Einnahmen aus der Jagdsteuer 8,3 Millionen EUR, GesE der LReg Gesetz zur Abschaffung der Jagdsteuer, LT-Drs. 14/8884, S. 1.

648 S. oben Kap. 3 B I. 3.

Konzessionsabgaben sowie spezielle Entgelte, Gebühren, Beiträge und schließlich Kredite hinzu.[649]

a. Die Kreisumlage als bedeutendste Einnahmequelle trotz Subsidiarität

§ 56 Abs. 1 KrO gibt eine eindeutige Rangfolge vor, wie die den Kreisen zufließenden Finanzmittel zu verwenden sind. Erst wenn alle sonstigen Erträge die entstehenden Aufwendungen nicht decken können, ist auf die Erhebung einer Umlage von den kreisangehörigen Gemeinden zurückzugreifen. Der Umlagefinanzierung kommt, nach der gesetzlichen Regelung, ein subsidiärer Anwendungsbereich zu. Die Kreisumlage übernimmt nach der Intention des Gesetzgebers die Funktion eines Restbedarfsfinanzierungsmittels bzw. einer Fehlbedarfsdeckungsumlage.[650] In der Praxis hat sich die Kreisumlage aber schon seit langer Zeit[651] zum Hauptfinanzierungsmittel der Kreise entwickelt.

b. Funktionen der Kreisumlage

Die Kreisumlage verfolgt eine fiskalische und eine redistributive Funktion.[652] In ihrer Eigenschaft als Deckungsmittel sichert die Kreisumlage über die fiskalische Funktion die finanzielle Absicherung des Aufgabenbestands der Kreise.[653] Ziel der redistributiven Funktion ist die Herbeiführung eines Vorteils- und Lastenausgleichs zwischen den kreisangehörigen Gemeinden.[654] Die Kreisumlage nach § 56 KrO ist unabhängig vom Äquivalenzkriterium. Der in § 1 Abs. 1 KrO verankerte Gemeinschaftsgedanke, der die Kreise zu einer Verwaltung ihres Gebiets unter bestmöglicher

---

649 *Wolff,* Bedarfsgerechte Struktur der Kreiseinnahmen, S. 55; *Leidinger,* in: Püttner (Hrsg.), HdbKWP, 2. Aufl., Bd. 6, S. 339 (358).

650 *Franzke,* in: Erichsen (Hrsg.), Kommunale Verwaltung im Wandel, S. 177 (177).

651 Zur Entwicklung der Kreisumlagehebesätze und des Kreisumlageaufkommens *Wohltmann,* Der Landkreis 2010, 406 (408 ff.) und *ders.*, Der Landkreis 2010, 441 (458 ff.). Für die Jahre 1965 bis 1982 bereits *Leidinger,* in: Püttner (Hrsg.), HdbKWP, 2. Aufl., Bd. 6, S. 339 (359 f.).

652 *Wohltmann,* Der Landkreis 2009, 274 (274); »Redistribution bezeichnet die Korrektur der im Marktprozeß zustande kommenden Einkommensverteilung mit finanzpolitischen Mitteln«; *Schmölders,* Finanzpolitik, S. 248; *Günther,* Probleme des Kreisfinanzsystems, S. 101.

653 *Wohltmann,* Der Landkreis 2009, 274 (274).

654 *Klieve,* in: Held/Becker u. a., KVR, Bd. 2, § 56, Erl. 1. 2; *Günther,* in: Püttner (Hrsg.), HdbKWP, 2. Aufl., Bd. 6, S. 366 (376).

Berücksichtigung der kreisangehörigen Gemeinden anhält, schließt eine äquivalenzbezogene Betrachtung der Gebietskörperschaften zueinander aus.[655] Die Kreisumlage ist über mehrere Entwicklungsstufen aus den Zuschlägen zu den direkten Staatssteuern nach den Kreisordnungen 1872 entwickelt worden[656] und weist eine begriffliche Nähe zur Steuer auf. Die Umlage dient ebenfalls der Finanzierung der öffentlichen Hand und entzieht sich wie die Steuer dem Äquivalenzprinzip. Allerdings scheitert eine Qualifizierung als Steuer daran, dass die kreisangehörigen Gemeinden bei der Umlage als Körperschaften des öffentlichen Rechts zur Zahlung verpflichtet werden, während die Steuer das Auftreten als Privatrechts-Subjekt verlangt.[657]

Die Abhängigkeit von einer maßgeblichen Finanzquelle führt innerhalb des Gemeindeverbands zu einem großen Konfliktpotenzial. Die Gemeinden besitzen im Kreistag kein Mitbestimmungsrecht, das ihnen eine direkte Einflussnahme auf Entscheidungen des Kreises, wie die Kreisumlagesätze, und damit auf ihre Interessensphäre erlaubt. Dieses vermeintliche Defizit kann teilweise aber durch Doppelmandate von Kreistagsmitgliedern mit Sitz im Kreistag und Rat einer kreisangehörigen Gemeinde ausgeglichen werden. Der zeitliche Aufwand für die Koordinierung beider Mandate erweist sich aber in der Praxis als Hürde, um eine weite Verbreitung dieses Modells hervorzurufen. Die Kreistagmitglieder unterliegen nach Art. 28 Abs. 1 KrO dem Grundsatz des freien Mandats. Die Doppelmandate sind insoweit unproblematisch, solange keine gemeindlichen Weisungen durch sie transportiert werden. Auch ein ähnlicher Parteienproporz im Rat und in den Kreistagen dient der Interessenwahrnehmung der Gemeinden.[658] Eine nach örtlichen Gegebenheiten unterschiedlich stark ausgeprägte gemeindliche »Lobby«, die für eine gemeindefreundliche Ausrichtung der Kreisfinanzen fraktionsübergreifend eintritt, ist deshalb ein nicht zu unterschätzender Bestandteil von Kreistagen.[659]

---

655 *OVG Münster,* Urt. v. 5.3.1996 – 15 A 1190/93 –, in: NWVBl. 1996, 376 (379); *Rühl,* in: Kleerbaum/Palmen (Hrsg.), Kreisordnung NRW, § 56, Erl. 1.

656 Dazu näher *Berkenhoff,* in: Peters (Hrsg.), HdbKWP, 1. Aufl., Bd. 3, S. 357 (357 ff.); *Hacker,* in: Der Kreis, Bd. 2, S. 357 (366); *Günther,* in: Püttner (Hrsg.), HdbKWP, 2. Aufl., Bd. 6, S. 367 (367 f.).

657 *Günther,* Probleme des Kreisfinanzsystems, S. 48; *Kirchhof,* Rechtsmaßstäbe der Kreisumlage, S. 70.

658 *Fürst,* Die Kreisumlage, S. 108.

659 *Droste,* in: Wagener (Hrsg.), Kreisfinanzen, S. 47 (55).

2. Die Kreisumlage im Spannungsfeld kommunalverfassungsrechtlicher, haushaltsrechtlicher und aufgabenspezifischer Vorgaben

Die Intention der Kreise, mit Hilfe der Kreisumlage einen erheblichen Teil des Finanzbedarfs zu decken, ist oftmals nicht vereinbar mit den Interessen der kreisangehörigen Gemeinden, die Hebesätze unter dem Stichwort einer finanziellen Überbelastung möglichst gering zu halten. Zentrale Schaltstelle und Hauptkonfliktpunkt ist der Finanzbedarf des Kreises als Maßstab für die Höhe der Umlagesätze. Die Kreisumlage dient der Finanzierung aller Aufgabenarten im monistischen System des Art. 78 Abs. 2 LV. Zwischen Finanzbedarf und Aufgabenwahrnehmung besteht ein rechtliches Abhängigkeitsverhältnis.[660] Bei den im gestuften Aufgabenmodell relevanten Pflichtaufgaben ist der Finanzbedarf des Kreises durch die gesetzlichen Standards zum Teil vorgegeben. Die freiwilligen Selbstverwaltungsaufgaben der Kreise in Ausprägung der Ergänzungs- und Ausgleichsaufgaben stellen eine variablere Größe des Aufgabenbestands und des dafür erforderlichen Finanzbedarfs dar.

Die Festsetzung der Kreisumlage ist für jedes Haushaltsjahr getrennt vorzunehmen.[661] Die Umlagegrundlagen der Kreisumlage sind im Gemeindefinanzierungsgesetz näher bezeichnet. Nach § 24 i. V. m. § 23 Nr. 1 lit a) und b) GFG errechnet sich die Kreisumlage nach Prozentsätzen auf Grundlage der Steuerkraftmesszahlen sowie der zu veranschlagenden Schlüsselzuweisungen der kreisangehörigen Gemeinden.[662]

a. Die zulässige Höhe der Umlagesätze

Werden durch eine öffentlich-rechtliche Vereinbarung bislang vom Kreis wahrgenommene Aufgaben zugunsten des neuen Kooperationsverbundes mit finanzstarken Gemeinden herausgelöst, oder erlangen Gemeinden im Kreisgebiet den Status einer Mittleren oder Großen kreisangehörigen Stadt, besteht die Gefahr von negativen Skaleneffekten durch den Wegfall von Synergieeffekten. Angesichts fehlender ertragreicher weiterer Einnahmemöglichkeiten und mangels höherer Zuweisungen über den Finanzausgleich

---

660 *Berkenhoff,* in: Peters (Hrsg.), HdbKWP, 1. Aufl., Bd. 3, S. 357 (361 ff.); *Friauf/ Wendt,* Rechtsfragen der Kreisumlage, S. 24; *Dreher,* Steuereinnahmen für die Kreise, S. 183; *Schoch,* Genehmigung der Kreisumlage, S. 83 f.

661 § 56 Abs. 2 S. 1 KrO NRW.

662 Ausführlich zu den Umlagegrundlagen mit vergleichender Betrachtung für die Bundesländer: *Wohltmann,* Der Landkreis 2010, 441 (445 ff.); *Henneke,* Der Landkreis 2008, 509 (518 ff.).

kann sich ein relativ höherer Finanzbedarf ergeben. Sinkt die Anzahl der Teilnehmer im Kreisaufgabenverbund, können abhängig von der Aufgabenart geringere Personal- und Sachkosten anfallen. Negative Skaleneffekte führen dazu, dass trotz geringerer Anzahl an Leistungsabnehmern die Kosten für die Aufgabenerfüllung auf gleichem Niveau bleiben oder eine relative Steigerung aufweisen. Letztere muss sich nicht in höheren Umlagesätzen auswirken, sondern kann auch in Standardeinbußen und Leistungsverschlechterungen bei der Kreisaufgabenwahrnehmung ihren Niederschlag finden. Für Mittlere oder Große kreisangehörige Städte sind hohe Kreisumlagesätze trotz einer Teilaufgabenübernahme von Bedeutung, wenn diese neuen Aufgabenträger einer Doppelbelastung in Form der Finanzierung der neu hinzu gewonnenen Aufgaben und der weiterhin zu entrichtenden Kreisumlage unterliegen.

Die Selbstverwaltungsgarantie des Art. 28 Abs. 2 S. 1 GG entfaltet zugunsten der Gemeinden ihre Schutzwirkung auch im interkommunalen Verhältnis. Die Erhebung der Kreisumlage ist ein Eingriff in das gemeindliche Selbstverwaltungsrecht[663], da den Gemeinden Finanzmittel entzogen werden und damit gleichzeitig eine Einschränkung des Bestands an freiwilligen Selbstverwaltungsaufgaben verbunden ist.[664] Die generelle Ermächtigung des Kreises zur Umlageerhebung bewegt sich nach nahezu einhelliger Auffassung in Rechtsprechung und Literatur im Rahmen der Gesetze, die das gemeindliche Selbstverwaltungsrecht einzuschränken vermögen.[665] Die enge Verflechtung von Kreis und kreisangehörigen Gemeinden und die Überschneidung der Aufgabenbereiche, verbunden mit einer an Zweck- und Wirtschaftlichkeitskriterien orientierten Aufgabenverteilung, lassen die grundsätzliche Belastung der Gemeinden zugunsten der Kreise nicht als

663 Zum Teil wird die Erhebung der Kreisumlage als Eingriff in die gemeindliche Finanzhoheit bewertet: *Schoch,* Genehmigung der Kreisumlage, S. 88; dagegen wird geltend gemacht, dass die rechtliche Struktur der Haushaltswirtschaft und der gemeindliche Haushaltsablauf trotz Mittelabzugs unberührt bleiben, so *Kirchhof,* Rechtsmaßstäbe der Kreisumlage, S. 85 f.

664 *Schoch,* Genehmigung der Kreisumlage, S. 88; *Friauf/Wendt,* Rechtsfragen der Kreisumlage, S. 40.

665 *BVerfG,* Beschl. v. 21.5.1968 – 2 BvL 2/61 –, in: BVerfGE 23, 353 (368 f); *BVerwG,* Urt. v. 18.03.1960 – VII C 106.59 –, in: BVerwGE 10, 224 (228); *OVG Schleswig,* Urt. v. 12.12.2007 – 2 KN 1/07 –, in: SchlHA 2008, 258 (260); *Jurkschat,* Finanzordnung im kreisangehörigen Raum, S. 133; *Kirchhof,* Rechtsmaßstäbe der Kreisumlage, S. 83 f.; *Friauf/Wendt,* Rechtsfragen der Kreisumlage, S. 40; *Schmidt-Jortzig,* Verfassungsmäßigkeit von Kreisumlagesätzen, S. 14; *Dreher,* Steuereinnahmen für die Kreise, S. 187 f.

selbstverwaltungsfeindlich erscheinen.[666] Ein derart eindeutiges Meinungsbild ist bei der Höhe der Kreisumlagesätze nicht zu verzeichnen.

Das *Oberverwaltungsgericht Schleswig-Holstein* hat zuletzt drei in früherer Rechtsprechung entwickelte Kriterien zusammengestellt. Eine Kreisumlagequote sei dann nicht mehr mit dem Selbstverwaltungsrecht der betroffenen Gemeinden vereinbar, wenn sie jedes vernünftige und vertretbare Maß übersteige, willkürlich zu Lasten der kreisangehörigen Gemeinden erscheine sowie eine unzumutbare Schwächung der gemeindlichen Finanzkraft, verbunden mit dem Verlust einer kraftvollen eigenverantwortlichen Betätigung, herbeiführe.[667] Eine Konkretisierung liegt mit der Aufzählung dieser Kriterien aber nicht vor. Wann genau ein vernünftiges und vertretbares Maß überschritten wird, ist wiederum ausfüllungsbedürftig. Willkür und Rücksichtslosigkeit führen unabhängig von der Frage der Umlagehöhe zur Nichtigkeit der Festsetzung und das Kriterium der Unzumutbarkeit gewinnt an Bedeutung bei einem Finanzbedarf, der auf freiwilligen Aufgaben basiert.[668] In der Literatur ist der Versuch unternommen worden, eine konkrete Verbotsschwelle für die Höhe der Kreisumlagesätze zu entwickeln. Eine verfassungsrechtlich unzulässige Belastung sei demnach erreicht, wenn mehr als 50 % der Selbstverwaltungsmittel durch die Kreisumlage gebunden werden.[669]

Die Festlegung einer starren Höchstumlagequote ist verfassungsrechtlich nicht geboten und wird dem Finanzierungsbedarf im kreisangehörigen Raum nicht gerecht. Die Mittelentziehung durch die Kreisumlage entfaltet für die kreisangehörigen Gemeinden einen direkten Nutzen[670] in Form der Aufgabenwahrnehmung oder eine zumindest indirekte Vorteilsziehung durch

666 *BVerfG,* Beschl. v. 21.5.1968 – 2 BvL 2/61 –, in: BVerfGE 23, 353 (368 f); *OVG Münster,* Urt. v. 15.12.1989 – 15 A 436/86 –, in: NVwZ 1990, 689 (690); *OVG Frankfurt (Oder),* Urt. v. 7.11.1996 – 1 D 34/94. NE –, in: NVwZ-RR 1998, 57 (57).

667 *OVG Schleswig,* Urt. v. 12.12.2007 – 2 KN 1/07 –, in: SchlHA 2008, 258 (260), unter Berufung auf *OVG Schleswig,* Urt. v. 20.12.1994 – 2 K 4/94 –, in: DVBl. 1995, 469 (470), und *BVerfG,* Beschl. v. 23.11.1988 – 2 BvR 1619/83, 1628/83 (»Rastede«) –, in: BVerfGE 79, 127 = NVwZ 1989, 347 (351); das *VG Minden,* Urt. v. 06.04.2010 – 3 K 2237/07 –, Juris, Rn. 31 f., führt nur das dritte Kriterium an.

668 *Oebbecke,* Verw. 42 (2009), 247 (255).

669 *Schmidt-Jortzig,* Verfassungsmäßigkeit von Kreisumlagesätzen, S. 39; *Thieme,* DVBl. 1983, 965 (970), sieht die Grenze schon bei 25 % erreicht.

670 Anders nur in den Fällen sog. abundanter Gemeinden und bei Doppelbelastungen.

Förderung gemeinschaftlicher Zwecke.[671] Die jeweilige Kreisumlagequote kann nur kreisindividuell nach den örtlichen Gegebenheiten und der Abwägung der gegenseitigen Interessenlage festgesetzt werden.[672] Kreisumlage und kommunaler Finanzausgleich stehen in einem System der Wechselwirkung. Kürzungen der Zuweisungen an die Kreise und höhere Zuweisungen an die Gemeinden bedingen eine höhere Kreisumlage ohne Verbesserung der Finanzausstattung der Gemeinden.[673] Ferner ist die Berechnungsgrundlage für die 50 %-Grenze zu beachten. Die vorgeschlagene Grenze orientiert sich an den Selbstverwaltungsmitteln. Hiervon zu unterscheiden sind die Umlagegrundlagen, die je nach Bundesland einen unterschiedlichen Einbezug der gemeindlichen Steuerkraft aufweisen, so dass ein Verlust von 50 % der Umlagegrundlagen durch die Kreisumlage nicht mit den Gesamteinnahmen der Gemeinden gleichzusetzen ist.[674]

b. Pflicht zur Rücksichtnahme der Kreise bei gleichzeitiger Pflicht zum Haushaltsausgleich?

Nach § 53 Abs. 1 KrO i. V. m. § 75 Abs. 2 S. 1 GO gelten für Kreise die gleichen Anforderungen wie für Gemeinden. Der Kreishaushalt muss ausgeglichen sein, d. h. der Gesamtbetrag der Erträge muss die Höhe des Gesamtbetrages der Aufwendungen erreichen oder übersteigen. Mit der Kreisumlage steht den Kreisen ein gestaltbares Finanzierungsmittel zur stetigen Deckung des Fehlbedarfes zur Verfügung. Je höher der Finanzbedarf des Kreises ausfällt, umso stärker müssen die Kreisumlagesätze angehoben werden. Am Ende dieser Entscheidungskette stehen die kreisangehörigen Gemeinden, die die Belastung durch den Kreisumlagesatz tragen. Der Kreis besitzt zwei Einwirkungsmöglichkeiten, um die Höhe der Umlagesätze zu steuern. Die erste Ebene betrifft die Aufgabenwahrnehmung, die zweite die Berechnung des Finanzbedarfs.[675] Umfang oder Intensität der Kreisaufgaben sind bei den freiwilligen Selbstverwaltungsaufgaben steuerbar.

---

671 *OVG Lüneburg,* Urt. v. 15.2.1986 – 2 OVG A 98/82 –, in: DVBl. 1986, 1063 (1067).

672 *OVG Schleswig,* Urt. v. 20.12.1994 – 2 K 4/94 –, in: DVBl. 1995, 469 (470); *OVG Koblenz,* Urt. v. 8.12.1998 – 7 C 11935/97 –, in: DVBl. 1999, 847 (850); *Wohltmann,* Der Landkreis 2009, 274 (286); *Kirchhof,* Rechtsmaßstäbe der Kreisumlage, S. 83 f.

673 *VG Gelsenkirchen,* Urt. v. 28.11.2008 – 15 K 26 95/06 –, StuGR 2009, 26 (LS), Juris, Rn. 120; *Oebbecke,* Verw. 42 (2009), 247 (256).

674 *Kirchhof,* Rechtsmaßstäbe der Kreisumlage, S. 84.

675 *Diemert,* Haushaltssicherungskonzept, S. 297; *Dauber,* Gemhlt 2007, 225 (227).

Anders hingegen bei den Pflichtaufgaben in Form der pflichtigen Selbstverwaltungsaufgaben und Pflichtaufgaben zur Erfüllung nach Weisung. Die Ebene des Aufgabenbestands bietet im Rahmen der gesetzlich vorgegebenen Standards geringere Einwirkungsmöglichkeiten des Kreises mit Relevanz für die Kreisumlage. In diesen Fällen gewinnt die zweite Ebene der Finanzbedarfsermittlung an Gewicht.

aa. Haushaltssicherungskonzept

Eine Möglichkeit, den Kreisumlagesatz konstant zu halten und die Belastung der kreisangehörigen Gemeinden zu begrenzen, bietet die Aufstellung eines Haushaltssicherungskonzepts für den Kreishaushalt. Dieses für Gemeinden, bei Vorliegen der in § 76 Abs. 1 GO genannten Voraussetzungen, verpflichtende, Instrumentarium findet nach dem Verweis in § 53 Abs. 1 KrO grundsätzlich auch auf Kreise Anwendung. Der *Städte- und Gemeindebund* hat aus § 53 Abs. 1 KrO die Wertung entnommen, dass für Gemeinden und Kreise bei Aufstellung eines Haushaltssicherungskonzepts die gleichen Anforderungen zu gelten haben.[676] Demgegenüber steht der Wortlaut des § 56 KrO mit der Verpflichtung des Kreises[677] zur Umlageerhebung in Höhe des Fehlbedarfs. Den Widerspruch zwischen der vermeintlichen Pflichtenkollision möchte das *Innenministerium* dahingehend auflösen, dass das Haushaltssicherungskonzept bei Vorliegen der Voraussetzungen auch für Kreise unter der Einschränkung Anwendung finde, Umlagebelastungen der kreisangehörigen Gemeinden mit Hinweis auf Rücksichtnahmepflichten nach § 9 S. 2 KrO nicht in die Zukunft zu verschieben.[678] Zur Verhinderung einer missbräuchlichen Verwendung müsse den Kreisen gegenüber der Aufsichtsbehörde eine besondere Begründungspflicht auferlegt werden, in deren Rahmen die Kreise die Notwendigkeit des Rückgriffs auf das Haushaltssicherungskonzept erläutern müssen.[679]

---

676 *StGB NRW,* Mitteilung Nr. 256/2003, in: Mitt. StGB NRW 2003, 115 (Az: IV/1 904-09).

677 § 56 Abs. 1 KrO: »Soweit die sonstigen Erträge eines Kreises die entstehenden Aufwendungen nicht decken, *ist* eine Umlage nach den hierfür geltenden Vorschriften von den kreisangehörigen Gemeinden zu erheben.« (Hervorhebung durch Verfasser).

678 Leitfaden des *Innenministeriums NRW* »Maßnahmen und Verfahren zur Haushaltssicherung«, abrufbar unter www.im.nrw.de/bue/292.htm, Stand: 7.3.2011, S. 14 f.; zustimmend *Stockel-Veltmann,* Gemhlt 2010, 34 (42).

679 Leitfaden des *Innenministeriums NRW* »Maßnahmen und Verfahren zur Haushaltssicherung«, S. 15

Diese Ausgestaltung steht in Widerspruch zu der Genehmigungspflicht bei Erhöhung der Kreisumlage nach Art. 56 Abs. 3 S. 2 KrO. Auf dieser bewusst vom Gesetzgeber als Kompromiss vorgesehenen Regelung[680] gründet die Argumentationslinie derjenigen Stimmen, die ein Haushaltssicherungskonzept für Kreise ablehnen.[681] Einsparpotenziale zur Haushaltskonsolidierung bestehen nur auf der Ebene der freiwilligen Aufgaben. Für den Fall, dass der Kreis alle disponiblen freiwilligen Aufgaben bereits ausgesetzt hat, führt ein Haushaltssicherungskonzept nicht zu einer Entlastungswirkung für die gemeindlichen Haushalte. Die Verpflichtung zur Aufstellung des Haushaltssicherungskonzepts besitzt nur dann eine Bedeutung, wenn der Genehmigungsvorbehalt in § 56 Abs. 3 KrO nicht die gleiche Wirkung im Hinblick auf Konsolidierungsmaßnahmen im Kreishaushalt herbeiführt. Nach dem Wortlaut des § 56 Abs. 3 KrO kann sich die Einflussmöglichkeit der Genehmigungsbehörde auf die Einnahmeseite in Form der Nachrangigkeit der Kreisumlage beschränken oder aber weitergehend Einfluss auf den Aufgabenbestand des Kreises nehmen, indem freiwillige Selbstverwaltungsaufgaben durch die Kürzung von Mitteln entfallen müssten.[682] Die Steuerung des Aufgabenbestands durch die Aufsichtsbehörde würde aber den Kreis in den Status einer unteren Landesbehörde nach § 9 LOG rücken.[683] Eigene Ermessensentscheidungen der Aufsichtsbehörde sind mit Art. 78 Abs. 4 LV vereinbar, je höher staatliche Belange gegenüber dem kommunalen Selbstverwaltungsrecht zu bewerten sind.[684] Die Problematik besteht in der nicht trennscharfen Abgrenzung zwischen dem eigenen Wirkungskreis und überörtlichen Angelegenheiten.[685] Die Kreisumlage ist eine

680 Gesetz zur Änderung der Kommunalverfassung v. 17.5.1994, GVBl. NRW, S. 270.

681 *Schink,* DVBl. 2003, 417, 421; *Diemert,* Haushaltssicherungskonzept, S. 302 ff., mit weiteren Hinweisen zur Entstehungsgeschichte des Art. 56 Abs. 3 S. 2 KrO; ferner weist *Diemert,* Haushaltssicherungskonzept, S. 301, darauf hin, dass die Kreise nicht befugt seien, sich über die Bestimmung des Art. 56 Abs. 1 KrO hinwegzusetzen. Allein der Gesetzgeber besitze die Entscheidungskompetenz zur Verbesserung der gemeindlichen Finanzlage (unter Hinweis auf *Ehlers,* DVBl. 1997, 225, 230). Dieser Argumentation folgend *Dauber,* Gemhlt 2007, 225 (228): Die in Art. 29 Abs. 1 lit. g KrO geregelte Zuständigkeit des Kreistages für ein Haushaltssicherungskonzept sei nur eine Zuständigkeitsabgrenzung gegenüber Landrat und Kreisausschuss, enthalte aber keine Aussage über die Zulässigkeit der Aufstellung eines Haushaltssicherungskonzepts.

682 Auf diese Mehrdeutigkeit weist *Schoch,* Genehmigung der Kreisumlage, S. 108 ff., hin.

683 *Schoch,* Genehmigung der Kreisumlage, S. 112 f.

684 *Humpert,* DVBl. 1990, 804 (809 ff.).

685 *VerfGH NRW,* Urt. v. 13.8.1996 – VerfGH 23/94 –, in: NWVBl. 1996, 426 (428); *Diemert,* Haushaltssicherungskonzept, S. 113.

Selbstverwaltungsangelegenheit des Kreises, die nach Art. 78 Abs. 4 LV grundsätzlich nur einer Rechtmäßigkeitskontrolle unterliegt.[686] Gleichwohl entfaltet die Umlage Einfluss auf das Finanzvolumen im kreisangehörigen Raum und bildet einen Berührungspunkt für alle Gemeinden.[687]

Im Gleichlauf mit der erforderlichen Zweckmäßigkeitskontrolle der Genehmigungsbehörde bei Aufgabenverlagerungen von Pflichtaufgaben liegt in Ansehnung der Drittwirkung der Umlageerhöhung ebenfalls ein Kondominium nahe. Im Gegensatz zu Aufgabenverlagerungen ist jedoch zu beachten, dass den Gemeinden nach Auffassung der Rechtsprechung ein Unterlassungsanspruch gegen die rechtswidrige Aufgabenwahrnehmung des Kreises zusteht.[688] Bei Pflichtaufgaben zur Erfüllung nach Weisung verhilft das Weisungsrecht der Aufsichtsbehörde einer zu kostenträchtigen Aufgabenerfüllung auf Kreisebene entgegenzuwirken. Für die pflichtigen Selbstverwaltungsaufgaben, ist wie für die anderen beiden Aufgabentypen, noch einmal an die Möglichkeit von Doppelmandaten im Rat und Kreistag zu erinnern.

Die fehlende Vergleichbarkeit mit dem erforderlichen Kondominium in § 4 GO, das geringe Maß des Einflusses auf den Finanzausgleich[689] und andere weitreichende Kontrollbefugnisse, wie die Überprüfung eines nicht gedeckten Finanzbedarfs des Kreises oder die Einhaltung der Verbandskompetenz der Kreise[690], lassen eine Rechtmäßigkeitskontrolle ausreichen[691]. Dementsprechend müssen auch die in § 56 Abs. 3 S. 3 KrO angeführten

---

686 *VerfGH NRW,* Urt. v. 13.8.1996 – VerfGH 23/94 –, in: NWVBl. 1996, 426 (428 f.); *Klieve,* in: Held/Becker u. a., KVR, Bd. 2, § 56 KrO, Erl. 4.2; *Schoch,* Genehmigung der Kreisumlage, S. 71 ff.; allgemein zu Genehmigungsvorbehalten im Kommunalrecht: *Ehlers,* NWVBl. 1990, 80 (85).

687 Diese Argumentation vertrat das *VG Köln,* Urt. v. 17.1.1986 – 4 K 3475/84 –, in: DVBl. 1986, 737 (738). Die Entscheidung wurde aufgehoben durch OVG Münster, vgl. Fn. 689.

688 S. oben Kap. 2 B VII.

689 *VerfGH NRW,* Urt. v. 13.8.1996 – VerfGH 23/94 –, in: NWVBl. 1996, 426 (428 f.); *OVG Münster,* Urt. v. 15.12.1989 – 15 A 436/86 –, in: NWVBl. 1990, 121 (122 ff.): Das OVG hebt zwar mit der angeführten Begründung die Entscheidung des VG Köln, Urt. v. 17.1.1986 – 4 K 3475/84 –, in: DVBl. 1986, 737 (738) auf, schließt ein Kondominium aber nicht grundsätzlich aus, wenn die Entscheidung über die Kreisumlage Auswirkungen auf höherer Stufe, d. h. einen Anpassungsbedarf im kommunalen Finanzausgleich, hervorruft.

690 *Schoch,* Genehmigung der Kreisumlage, S. 73.

691 *VerfGH NRW,* Urt. v. 13.8.1996 – VerfGH 23/94 –, in: NWVBl. 1996, 426 (428 f.); *Rühl,* in: Kleerbaum/Palmen (Hrsg.), Kreisordnung, § 56, Erl. V.; *Schoch,* Genehmigung der Kreisumlage, S. 115.

Auflagen und Bedingungen unter Beachtung der verfassungsrechtlichen Maßstäbe ausgelegt werden und dürfen nur auf eine rechtliche Kontrolle des Kreishaushalts ausgerichtet sein.[692]

Die Genehmigung des Haushaltssicherungskonzepts unterliegt ebenfalls nur einer Rechtmäßigkeitskontrolle.[693] Wie die Ausgestaltung der Haushaltskonsolidierung im Einzelnen erfolgt, unterfällt der kommunalen Finanzhoheit und ist der Einflussnahme der Aufsichtsbehörde entzogen.[694] Die nähere Ausgestaltung der Konsolidierungsmaßnahmen ist Angelegenheit des Kreises und das unabhängig davon, ob die Aufsichtsbehörde nach § 53 Abs. 1 KrO i. V. m. § 75 Abs. 4 GO die Verpflichtung zur Aufstellung eines Haushaltssicherungskonzepts normiert. Damit handelt es sich bei § 56 Abs. 3 S. 3 KrO um die spezialgesetzliche Ausgestaltung eines Haushaltssicherungskonzepts. Die Verpflichtung zu restriktiver Ausgestaltung von freiwilligen Selbstverwaltungsaufgaben kann durch § 56 Abs. 3 S. 2 und 3 KrO umfassend realisiert werden. Ein Rückgriff auf das Haushaltssicherungskonzept i. S. v. § 76 GO ist daneben nicht erforderlich.

bb. Rücklagen

Die Bedeutung der nachrangigen Finanzierung in § 56 KrO und das Gebot der Rücksichtnahme in § 9 Abs. 2 KrO gebietet die Untersuchung, ob dem Kreis neben den Erwägungen zum Haushaltssicherungskonzept weitere Einschränkungen bei der Einnahmebeschaffung vor dem Rückgriff auf die Kreisumlage aufzuerlegen sind. Der Kreis ist nicht verpflichtet, alle vorrangigen Deckungsmittel immer vollständig auszuschöpfen, solange er nicht bewusst eine Schonung seiner eigenen Finanzen zu Lasten der umlagebelasteten kreisangehörigen Gemeinden vornimmt.[695] Ebenso bedarf es keiner Veräußerung des »Tafelsilbers«. Gegenstände des Kreisvermögens unterliegen keiner Veräußerungspflicht, um dadurch eine Belastung der Gemeinden abzuwenden.[696] Höhere Kredite sind nach § 77 Abs. 3 GO als letztrangige Möglichkeit zur Finanzmittelbeschaffung einzustufen.[697] Die

---

692 *Schoch,* Genehmigung der Kreisumlage, 116.

693 *Diemert,* Haushaltssicherungskonzept, S. 115.

694 *VG Köln,* Urt. v. 19.3.2004 – 4 K 3720/03 –, in: NVwZ 2005, 1341 (1341 f.); *Wimmer,* NWVBl. 1998, 377 (382); *Diemert,* Haushaltssicherungskonzept, S. 115.

695 *Günther,* Probleme des Kreisfinanzsystems, S. 70; *Ehlers,* DVBl. 1997, 225 (230); *v. Mutius/Dreher,* Reform der Kreisfinanzen, S. 63.

696 *OVG Münster,* Urt. v. 15.12.1989 – 15 A 436/86 –, in: NWVBl. 1990, 121 (123 f.).

697 *Schoch,* Genehmigung der Kreisumlage, S. 87 f. ; *Dauber,* Gemhlt 2007, 225 (227).

Übertragung der vorgenannten Grundsätze auf Rücklagen ergibt hinsichtlich der allgemeinen Rücklage die weitgehend einheitliche Ansicht, dass diese nicht angetastet werden muss.[698] Eine Rücklage besonderer Art ist die Ausgleichsrücklage, die nach § 56 a KrO als gesonderter Posten des Eigenkapitals anzusetzen ist. Diese Rücklage dient im Bedarfsfall zum Ausgleich des Fehlbetrags.[699] Voraussetzung der Nachrangigkeit der Kreisumlage gegenüber der Inanspruchnahme der Ausgleichsrücklage ist die Einstufung Letzterer als »sonstiger Ertrag« i. S. d. § 56 KrO.[700] Die Funktion dieser Rücklage spricht gegen eine derartige Einordnung. Sie ist ein Mittel zum fiktiven Haushaltsausgleich und dient der Kompensation eines bestehenden Defizits, indem Einnahmen in gesetzlich festgelegter Höhe diesem Sonderposten zugewiesen werden.[701] Die Begrenzung der Höhe der Ausgleichsrücklage verdeutlicht die Ausnahmefunktion im Ressourcenverbrauchskonzept des NKF, welches mit einer zwingenden Inanspruchnahme und dadurch ausgelösten Verringerung des Eigenkapitals nicht zu vereinbaren ist.[702] Bildung und Inanspruchnahme der Ausgleichsrücklage erfolgt bei zwingender Anwendung in unterschiedlichen Haushaltsjahren, während der Begriff des Ertrags jedoch die bewerteten und in einer Periode erbrachten Güter beschreibt.[703]

---

698 Erlass des *Innenministeriums NRW* vom 30.3.2007, AZ 34-48.01.06/01-2235/07(0), in: Rundschreiben LKT NRW 320/10, Anlage 2.; *Dauber,* Gemhlt 2007, 225 (227).

699 GesE der *LReg,* Kommunales Finanzmanagementgesetz NRW, LT-Drs. 13/5567, S. 206 f.; um eine unkontrollierte Verringerung des Eigenkapitals zu verhindern, ist die Höhe der Ausgleichsumlage nach § 56 a S. 2 KrO begrenzt auf ein Drittel der jährlichen Kreisumlage und der allgemeinen Zuweisungen. Die Zuführung der Jahresüberschüsse wirft bei der Veranschlagung im Haushaltsplan ferner die Problematik auf, wie die Überschusserwirtschaftung mit § 56 Abs. 1 KrO vereinbar ist. Während die Bildung dieser Liquiditätsreserve teilweise mit dem Hinweis auf ein Überschreiten der Aufwandsdeckung abgelehnt wird (*Grünewald,* Gemhlt 2009, 199, 203), verweist die Gegenmeinung auf die ansonsten unangemessen eingeschränkte Haushaltswirtschaft der Kreise (Kommunalfinanzbericht 2007 des *Innenministeriums NRW,* abrufbar unter www.im.nrw.de/pub/pdf/kommunalfinanzbericht_0705.pdf, Stand: 7.3.2011; *Rühl,* in: Kleerbaum/Palmen (Hrsg.), Kreisordnung NRW, § 56, Erl. 3 a).

700 *Dauber,* Gemhlt 2007, 225 (229).

701 *Klieve,* in: Held/Becker u. a., KVR, Bd. 2, § 56 a KrO, Erl. 2

702 *Klieve,* in: Held/Becker u. a., KVR, Bd. 2, § 56 a KrO, Erl. 2; *Grünewald,* Gemhlt 2009, 199 (200 f.).

703 *Klümper/Möllers/Zimmermann,* Kosten- und Wirtschaftlichkeitsrechnung, S. 27; *Müller,* Gemhlt 2009, 131 (132); *Müller* weist ferner darauf hin, dass die systematische Stellung des § 56 a KrO hinter § 56 KrO der Einstufung der Ausgleichsrücklage als vorrangiges Deckungsmittel entgegenstehe.

3. Sonderkreisumlage als Mittel zur Vermeidung einer Doppelbelastung?

Die Stellschrauben des Kreises sind bei der steuerähnlichen Umlage nach § 56 Abs. 1 KrO, wie vorstehend aufgezeigt, begrenzt, sofern auf der Ebene der freiwilligen Aufgaben keine nennenswerte Reduzierung des Aufgabenbestands mehr erfolgen kann. Aus Sicht der kreisangehörigen Gemeinden ist die Belastung mit der Kreisumlage um so eher hinnehmbar, wenn sie an dem Leistungsangebot des Kreises uneingeschränkt teilhaben können. Der durch die redistributive Funktion der Kreisumlage verkörperte Gemeinschaftsgedanke stößt an seine Grenzen, wenn die Teilaufgabenerfüllung des Kreises für einige Gemeinden bzw. Städte nahezu keinen Nutzen bringt und ausschließlich andere Gemeinden die Leistungen des Kreises in Anspruch nehmen. Bei einer Doppelbelastung der Mittleren und Großen kreisangehörigen Städte spitzt sich diese Problematik zu, wenn gleich ein ganzes Aufgabenpaket vom Kreis auf die Stadt übergeht, gleichzeitig aber eine Heranziehung zur Kreisumlage zum Zweck der Finanzierung eben dieses Aufgabenpakets für die verbleibende Kreiszuständigkeit erfolgt. Neben der Frage der Zulässigkeit der gegenleistungslos gezahlten Umlage ist erheblich, wie weit der Anwendungsbereich der beitragsähnlichen Mehr- oder Minderbelastung in § 56 Abs. 4 KrO reicht und zur Abmilderung der Doppelbelastung ausgeweitet werden kann.

a. Grenzen der gegenstandslos gezahlten Umlage

Das *Oberverwaltungsgericht Münster* hat in der Doppelbelastung, in Form einer Vielzahl von Verwaltungsaufgaben und der gleichzeitigen Belastung durch die Kreisumlage, weder einen Anwendungsfall für die Festsetzung einer Minderbelastung nach § 56 Abs. 4 KrO gesehen, noch eine Verletzung des Willkürverbots angenommen.[704] Mit Verweis auf die Funktion der Kreisumlage als wesentliches Element der Ausgleichsfunktion der Kreise und der engen Verbindung von Kreis und kreisangehörigen Gemeinden sei eine unterschiedliche Vorteilsziehung aus der Kreisumlage kein Gesichtspunkt, der eine Behandlung beider Gruppen von Gebietskörperschaften als wesentlich ungleich im Sinne willkürlicher Gleichbehandlung geboten erscheinen lasse.[705]

---

704 *OVG Münster,* Urt. v. 5.3.1996 – 15 A 1190/93 –, in: NVwZ 1998, 96 (98).
705 *OVG Münster,* Urt. v. 5.3.1996 – 15 A 1190/93 –, in: NVwZ 1998, 96 (98).

Der unterschiedliche Nutzen infolge der Doppelbelastung ist von Seiten der Mittleren oder Großen kreisangehörigen Städte nicht grenzenlos mit Verweis auf die Ausgleichsfunktion hinzunehmen. Wandelt sich das Gemeinschaftsverhältnis in ein reines Zahlungsverhältnis, entfällt die Rechtfertigung für die Doppelbelastung.[706] Eine genauere Bezifferung dieser Grenze ist bisher nicht erfolgt. Das *Oberverwaltungsgericht Münster* hat lediglich ausgeführt, dass ein Anteil von 3 % für eine nicht gegenleistungsbezogene Aufgabenerfüllung als Anteil an der insgesamt an den Kreis abgeführten Umlage keine Belastung darstelle, die jedes vernünftige und vertretbare Maß überschreite.[707] Im gestuften Aufgabenmodell ist vor dem Hintergrund der gesonderten Erfassung der Kosten für die Aufgabe des Jugendamtes die Doppelbelastung für Mittlere und Große kreisangehörige Städte nicht so hoch, dass eine wesentlich höhere Belastung als 3 % der abgeführten Umlage drohen dürfte.

b. Anwendbarkeit der Sonderkreisumlage auf Mittlere oder Große kreisangehörige Städte

Die nordrhein-westfälische Kreisordnung weist in § 56 Abs. 4 im Gegensatz zu anderen Bundesländern[708] seit 1994[709] die Verpflichtung der Kreistage auf, bei Vorliegen der im Folgenden näher erläuterten Voraussetzungen eine Mehr- oder Minderbelastung nach Äquivalenzgesichtspunkten festzusetzen. Der Beschluss des Kreistags zur Festsetzung einer Sonderkreisumlage bei der Doppelbelastung im gestuften Aufgabenmodell scheitert nach bisheriger Auslegung des § 56 KrO zumeist am Tatbestandsmerkmal der Einrichtung.

aa. Begriff der Einrichtung

Das *Oberverwaltungsgericht Münster* versteht den Einrichtungsbegriff dahingehend, dass dieser »eine Vereinigung persönlicher Kräfte und sachlicher Mittel in der Hand des Trägers zur dauernden Wahrnehmung bestimm-

---

706 *OVG Münster,* Urt. v. 5.3.1996 – 15 A 1190/93 –, in: NVwZ 1998, 96 (98).

707 *OVG Münster,* Urt. v. 5.3.1996 – 15 A 1190/93 –, in: NVwZ 1998, 96 (98); das *OVG Münster* verweist gleichzeitig auf eine eigene Entscheidung bezüglich gegenleistungsbezogener Aufgaben (*OVG Münster,* Urt. v. 2.6.1995 – 15 A 3123/93 –, in: NWVBl. 1996, 9,11), in der eine ungerechtfertigte Mehrbelastung von 10 % für unerheblich gehalten wurde.

708 Wohltmann, Der Landkreis 2009, 274 (285).

709 Neufassung der Kreisordnung, GBVl. NRW 1994, S. 646 (656).

ter Aufgaben in der öffentlichen Verwaltung« verlangt.[710] Das Erfordernis der sachlichen Mittel dient als Abgrenzungskriterium zu reinen Verwaltungstätigkeiten und zum Behördenapparat bzw. Ämtern der Kreisverwaltung.[711] Unter diesen Voraussetzungen erfasst der Einrichtungsbegriff Schulen[712], Krankenhäuser und Einrichtungen der Weiterbildung[713] aber auch Einheiten wie die Straßenreinigung und den Rettungsdienst.[714]

Die geschichtliche Entwicklung des Einrichtungsbegriffs bietet keinen Anlass, eine weite Auslegung vorzunehmen. Das Tatbestandsmerkmal der Einrichtung folgt dem Begriff der Veranstaltung in § 10 des Preußischen Kreis- und Provinzial-Abgabengesetzes.[715] Eine Legaldefinition konnte diesem Gesetz nicht entnommen werden, jedoch waren dem Begriff die Worte Anlagen, Anstalten und Einrichtungen angefügt.[716] Der in abgabenrechtlichen Bestimmungen mit gleicher Bedeutung verwendete Terminus bezeichnete dort ebenfalls Anlagen, Anstalten oder Einrichtungen, für die Gemeinden oder Kreise eine Benutzungsgebühr oder einen Beitrag erheben konnten.[717] Aus der Änderung des § 56 Abs. 4 KrO von einer Sollvorschrift in eine Mussvorschrift im Jahr 1994[718] lässt sich nicht gleichzeitig eine Änderung des Einrichtungsbegriffs ableiten. Die zwingende Festsetzung einer Mehr- oder Minderbelastung bedeutete aus Sicht der Mittleren oder Großen kreisangehörigen Städte nur einen Fortschritt dahingehend, dass zumindest in den vom engen Einrichtungsbegriff umfassten Aufgabenberei-

---

710 *OVG Münster,* Urt. v. 28.2.1992 – 15 A 1440/88 –, in: NWVBl. 1993, 217 (218); *OVG Münster,* Urt. v. 5.3.1996 – 15 A 1190/93 –, in: NVwZ 1998, 96 (98); *OVG Münster,* Urt. v. 26.2.2002 – 15 A 1537/00 –, in: NVwZ-RR 2002, 767 (768); *OVG Münster,* Urt. v. 23.4.2002 – 15 A 5295/00 –, in: NVwZ-RR 2002, 864 (865).

711 *OVG Münster,* Urt. v. 5.3.1996 – 15 A 1190/93 –, in: NVwZ 1998, 96 (98); *Schneider,* NWVBl. 2003, 121 (124).

712 *OVG Münster,* Urt. v. 26.2.2002 – 15 A 1537/00 –, in: NVwZ-RR 2002, 767 (767 ff.).

713 Beispiele bei *Klieve,* in: Held/Becker u. a., KVR, Bd. 2, § 56 KrO, Erl. 5.2.

714 *Schneider,* NWVBl. 2003, 121 (124).

715 *Kirchhof,* Kreisordnung NRW, § 45 a. F., Erl. 16; *Klieve,* in: Held/Becker u. a., KVR, Bd. 2, § 56 KrO, Erl. 5.2.

716 *Bodenstaff,* Mehr- oder Minderbelastung, S. 19.

717 *Bodenstaff,* Mehr- oder Minderbelastung, S. 19.

718 Neufassung der Kreisordnung im Rahmen des Gesetzes zur Änderung der Gemeindeordnung, der Kreisordnung und anderer Kommunalverfassungsgesetze des Landes Nordrhein-Westfalen v. 14.7.1994, GVBl. NRW, S. 646.

chen ihre eigene Einrichtung Berücksichtigung fand.[719] Mit einer Erweiterung des Einrichtungsbegriffs entfällt gleichzeitig auch die Notwendigkeit der Jugendamtsumlage in § 56 Abs. 5 KrO. Das Jugendamt ist bei Anwendung der strikten Voraussetzungen keine Einrichtung i. S. v. § 56 Abs. 4 KrO.[720]

bb. Die Aufgaben des gestuften Aufgabenmodells

Bei Anlegung der vom *Oberverwaltungsgericht Münster* auf die geschichtliche Entwicklung des Einrichtungsbegriffs gestützten Maßstäbe ist nur ein Teil des Aufgabenpakets des gestuften Aufgabenmodells als Einrichtung i. S. d. § 56 Abs. 4 KrO einzuordnen. In Bezug auf die Einrichtung und Unterhaltung von Weiterbildungseinrichtungen sowie die Trägerschaft von Rettungswachen ist für die Ausübung der Aufgabe die Verwendung einer öffentlichen Sache erforderlich. Gleiches gilt für die Einstellung hauptamtlicher Kräfte der Freiwilligen Feuerwehren für den Betrieb einer ständig besetzten Feuerwache. Für die übrigen und damit die Mehrzahl der Aufgaben des gestuften Modells handelt es sich mangels sachlichem Substrat nicht um eine Einrichtung.

cc. Weitere Voraussetzungen des § 56 Abs. 4 KrO

Die Einrichtungen müssen in besonders großem oder besonders geringem Maße Teilen des Kreises zustattenkommen. Erforderlich ist eine überdurchschnittlich hohe oder geringe Vorteilsziehung.[721] Ein Einfluss auf die Haushaltswirtschaft der Gemeinden braucht nicht zu bestehen.[722] Die Ausstrahlungswirkung einer Einrichtung ist kein Vorteil. Nur einrichtungs- und gemeindebezogene Vorteile sind als Ausfüllung des Merkmals »zustattenkommen« zu werten, nicht hingegen eine Attraktivitätssteigerung der

---

719 Aus Sicht des *LKT NRW* bedeutete die Verpflichtung gegenüber der Sollvorschrift den Nachteil, nicht mehr mittels der Stellschraube der Mehr- oder Minderbelastung die Abkehr von Städten aus der Solidargemeinschaft beeinflussen zu können, vgl. dazu Stellungnahme des LKT, EILDIENST LKT NRW 1994, 107 (109).

720 *OVG Münster,* Urt. v. 5.3.1996 – 15 A 1190/93 –, in: NVwZ 1998, 96 (97); *Schneider,* NWVBl. 2003, 121 (124).

721 *Günther,* Probleme des Kreisfinanzsystems, S. 118; *Schneider,* NWVBl. 2003, 121 (125).

722 *OVG Münster,* Urt. v. 23.4.2002 – 15 A 5295/00 –, in: NVwZ-RR 2002, 864 (866); *Bodenstaff,* Mehr- oder Minderbelastung, S. 22; *Kirchhof,* Kreisordnung NRW, § 45, Erl. 17; *Schink,* in: Oebbecke/Ehlers/ders. u. a. (Hrsg.), Kommunalfinanzen, S. 76 (98).

Gemeinde.[723] Der Umfang des Zustattenkommens, ausgedrückt z. B. durch das Maß der Inanspruchnahme einer Einrichtung, muss auf objektiven Gründen beruhen bzw. das Verhalten der Gemeindebürger im Kreis muss auf objektive Gesichtspunkte, wie räumliche Gegebenheiten, zurückführbar sein.[724] Ein objektives Hindernis stellt z. B. eine gemeindeeigene Einrichtung parallel zur Kreiseinrichtung dar.

Hinsichtlich des Ob der Festsetzung einer Sonderkreisumlage lässt § 56 Abs. 4 KrO dem Kreistag keinen Ermessensspielraum. Hinsichtlich des Maßes und des Umfangs der Mehr- oder Minderbelastung steht dem Kreistag ein Spielraum zu.[725] Grundsätzlich ist eine wirklichkeitsgetreue Ermittlung des Vorteils geboten, die aber bei finanziellen, technischen oder sonstigen Gründen durch einen Wahrscheinlichkeitsmaßstab ersetzt werden kann.[726] § 56 Abs. 4 S. 2 KrO verweist auf die Vorschriften für die allgemeine Kreisumlage in § 56 Abs. 2 und 3 KrO. Nur das jeweilige Haushaltsjahr ist Maßstab für den berücksichtigungsfähigen Aufwand.

c. Die Jugendamtsumlage als nach Aufgaben differenzierte Kreisumlage

Kennzeichen einer nach Aufgaben differenzierenden Kreisumlage ist die Unabhängigkeit von einer einrichtungsbezogenen Mehr- oder Minderbelastung. Die Umlageverpflichtung entsteht für alle Gemeinden, die eine Aufgabe nicht selbstständig wahrnehmen, sondern durch den Kreis erledigen lassen. Ebenso wie die Sonderkreisumlage nach § 56 Abs. 4 KrO durchbricht die nach Aufgaben differenzierte Kreisumlage das Äquivalenzprinzip, enthält durch die gleichmäßige Belastung aller Gemeinden innerhalb dieses Aufgabenumlagesystems zugleich solidarische Elemente.[727]

Der einzige Anwendungsfall einer nach Aufgaben differenzierten Kreisumlage in Nordrhein-Westfalen ist die Jugendamtsumlage in § 56 Abs. 5 KrO. Die gesonderte Erfassung der Jugendamtskosten ist dem Einrichtungsbegriff in § 56 Abs. 4 KrO geschuldet. Ein sachliches Element neben der

---

723 *Schneider,* NWVBl. 2003, 121 (125).

724 *OVG Münster,* Urt. v. 23.4.2002 – 15 A 5295/00 –, in: NVwZ-RR 2002, 864 (865); *Schneider,* NWVBl. 2003, 121 (125).

725 *Klieve,* in: Held/Becker u. a., KVR, Bd. 2, § 56 KrO, Erl. 5.3.

726 *OVG Münster,* Urt. v. 28.2.1992 – 15 A 1440/88 –, in: NWVBl. 1993, 217 (219); *Schink,* in: Oebbecke/Ehlers/ders. (Hrsg.), Kommunalfinanzen, S. 76 (100).

727 *Wohltmann,* Der Landkreis 2009, 274 (282); *Klieve,* in: Held/Becker u. a., KVR, Bd. 2, § 56 a KrO, Erl. 2.

reinen Verwaltungstätigkeit ist beim Jugendamt nicht vorhanden.[728] Auch die Entstehungsgeschichte der Norm verdeutlicht die besondere Erfassung der Jugendamtskosten. Das Kreisjugendamt wurde zunächst über die allgemeine Kreisumlage finanziert. Ab 1981 war die gesonderte Regelung zuerst im Gemeindefinanzierungsgesetz[729] zu finden, bevor sie 1984 Aufnahme in die Kreisordnung fand[730]. Der Gesetzgeber verfolgte im Anschluss an die Funktionalreform das Ziel, die neuen Aufgabenzuständigkeiten nicht durch Rückvergütungsmodelle zwischen Kreis und Mittleren oder Großen kreisangehörigen Städten zu konterkarieren.[731] Um die Doppelbelastung im Jugendamtsbereich abzumildern und angesichts der Entscheidungsfreiheit der Gemeinden keine negative Anreizwirkung zu setzen, sahen § 36 GFG 1981 sowie § 33 GFG 1982[732] und § 32 GFG 1983[733] eine zwingende Umlegung der Kreisjugendamtskosten auf die kreisangehörigen Gemeinden ohne eigenes Jugendamt vor.[734] Der Gesetzgeber hat sich trotz vereinzelter Änderungswünsche hinsichtlich des Einrichtungsbegriffs bewusst für diese Variante der Kostenumlage von Kreisjugendämtern entschieden.[735]

aa. Die Voraussetzungen der Zusammenarbeit im Bereich des Jugendamtes

Das Jugendamt nimmt im gestuften Aufgabenmodell eine Sonderrolle ein. Mit dem Erwerb des Status einer Mittleren Großen kreisangehörigen Stadt bei Überschreiten der Einwohnerschwelle von 20.000 Einwohnern geht die Aufgabenzuständigkeit für das Jugendamt noch nicht auf die neue Stadt über. Nach § 2 S. 1 AG-KJHG NRW ist zusätzlich ein Antrag bei der

728 *Schneider,* NWVBl. 2003, 121 (125).

729 § 36 Gemeindefinanzierungsgesetz 1981, GVBl. NRW, S. 176.

730 Gesetz zur Änderung der Gemeindeordnung, der Kreisordnung und anderer Kommunalverfassungsgesetze des Landes Nordrhein-Westfalen, GVBl. NRW, S. 314 (317).

731 GesE der *LReg* zum Gemeindefinanzierungsgesetz 1981, LT-Drs. 9/301, S. 43 f.

732 Gemeindefinanzierungsgesetz 1982, GVBl. NRW, S. 42.

733 Gemeindefinanzierungsgesetz 1983, GVBl. NRW, S. 31.

734 Vgl. dazu, *OVG Münster,* Urt. v. 20.11.2002 – 15 A 2905/97 –, in: NWVBl. 2002, 222 (223); *OVG Münster,* Urt. v. 5.3.1996 – 15 A 1190/93 –, in: NWVBl. 1996, S. 376 (378).

735 *OVG Münster,* Urt. v. 5.3.1996 – 15 A 1190/93 –, in: NWVBl. 1996, S. 376 (378); *Klieve,* in: Held/Becker u. a., KVR, Bd. 2, § 56 KrO, Erl. 6.1.

obersten Landesjugendbehörde[736] zu stellen. Im Wege der Rechtsverordnung bestimmt die oberste Landesjugendbehörde bei erfolgreichem Antrag Mittlere oder Große kreisangehörige Städte zu örtlichen Trägern der Jugendhilfe.

bb. Ausschluss des additiven Schwellenwerts

Die Festsetzung eines bestimmten Einwohnerschwellenwerts für das von vielfältigen und unterschiedlichen Aufgaben geprägte Aufgabenfeld Jugendhilfe hat sich bereits im 1. Funktionalreformgesetz als schwierig erwiesen. Das vom AG-KJHG abgelöste AG JWG sah in § 8 vor der Funktionalreform einen Schwellenwert von 20.000 Einwohnern vor. Im Vorfeld der Funktionalreform schwankten in der Projektgruppe Jugendhilfe von Gutachten und kommunalen Spitzenverbänden angegebene Zahlen zwischen 100.000 und 20.000 Einwohnern.[737] Unter Beachtung vorliegender Statistiken zu Kreisjugendämtern und den Jugendämtern kreisangehöriger Gemeinden sowie der Arbeitsbelastung für die einzelnen Aufgaben ermittelte die Arbeitsgruppe einen Durchschnittswert von 12 Mitarbeitern als Grundausstattung für ein kreisangehöriges Jugendamt. Nach Einbeziehung weiterer Kriterien, wie Wirtschaftlichkeit, Ortsnähe, Bürgernähe und einheitlicher Aufgabenerfüllung, lag die daraus resultierende Mindesteinwohnerzahl bei 30.000 Einwohnern.[738] Das 1. Funktionalreformgesetz[739] legte diesen Wert schließlich auf 25.000 Einwohner fest. Die *Bundesregierung* betrachtete die Entwicklung in Nordrhein-Westfalen mit Skepsis und verwies in der Stellungnahme zum 7. Jugendbericht auf die Gefahr, dass bei einer Stadt ab 25.000 Einwohnern die Verwaltung nicht mehr die notwendige fachliche Mindestausstattung gewährleiste.[740] Die Gemeindeordnungsreform hat mit der Herabsetzung der Einwohnerschwellenwerte die Zugangsmöglichkeiten für kreisangehörige Gemeinden zu einem eigenen Jugendamt erleichtert. Dies geschah ohne nähere Prüfung der Aufgabenstandards und der Anforde-

---

736 Dies ist das Ministerium für Familien, Kinder, Jugend, Kultur und Sport NRW, Jugendwohlfahrtszuständigkeitsverordnung, ZuVO JuWo v. 10.11.2009, GVBl. NRW 2009, S. 586.

737 Projektgruppe 8 beim Innenministerium, Jugendhilfe, Zuständigkeitsverteilung Kreis/kreisangehörige Gemeinden bei der Jugendhilfe, Bd. 1, LT-Vorlage 8/1114, S. 83 ff.

738 Projektgruppe 8 beim Innenministerium, Jugendhilfe, Zuständigkeitsverteilung Kreis/kreisangehörige Gemeinden bei der Jugendhilfe, Bd. 1, LT-Vorlage 8/1114, S. 191.

739 S. oben Kap. 1 B I 2.

740 BT-Drs. 10/6730, S. XIII; vgl. dazu ferner GesE der *BReg* zum KJHG (SGB VIII), BT-Drs. 11/5948, S. 93 f.

rungen an eine effektive und effiziente Aufgabenerledigung. Durch eine Vielzahl von Jugendämtern im kreisangehörigen Raum ist eine Abstimmung unter den Jugendhilfeträgern, z. B. bei der Koordinierung von Kostenbeiträgen der Eltern zu Kindertageseinrichtungen, erschwert.[741] Der Wirtschaftlichkeitsvergleich fällt nur zugunsten des Zuschussbedarfs für ein eigenes Jugendamt gegenüber der Umlage für das Kreisjugendamt aus, wenn eine entsprechend optimierte Steuerung der Leistungsorganisation stattfindet. Dies hat eine positive Anreizwirkung für Kosteneinsparungen, trägt aber auch die Gefahr einer Qualitätsverschlechterung in sich.

Nach den neu eröffneten Möglichkeiten der aufgabenträgerunabhängigen Zusammenarbeit bildet die Schwelle von 20.000 Einwohnern je Gemeinde nicht die Untergrenze, wenn über das Modell des additiven Schwellenwerts nach § 4 Abs. 8 S. 3 GO eine fiktive Mittlere kreisangehörige Stadt[742] geschaffen wird und die Aufgaben übernehmende bzw. durchführende Gemeinde über weniger als 20.000 Einwohner verfügt. Denkbar ist zwar, dass der Personalbestand auch unter Berücksichtigung der Vergütung durch die kommunalen Vertragspartner aufgestockt wird, es verbleibt aber eine an der Verwaltungskraft der Gemeinde gemessene Überforderung mit einer Aufgabe. Dieser sich abzeichnenden Problematik begegnete der Gesetzgeber mit der Einfügung des § 2 S. 2 des 1. AG-KJHG NW, der den Ausschluss des additiven Schwellenwerts normiert und die Schwelle von 20.000 Einwohnern als Mindestgröße aufrechterhält.[743]

cc. Auswirkungen der Schwellenwertsenkung auf die Jugendamtsumlage

Neben den erforderlichen fachlichen Kriterien verweist die Begründung der *Landesregierung* für den Ausschluss der aufgabenträgerunabhängigen Zusammenarbeit auch auf die finanziellen Folgen, die sich bei einem Ausscheiden der finanzstarken Gemeinden und dem Wegfall von Synergieeffekten beim Kreisjugendamt in einer drohenden finanziellen Überforderung der verbleibenden Gemeinden bemerkbar machen.[744] Die Gefahr des Entwicklungsprozesses von einer organisatorischen hin zu einer auch finanziellen und qualitativen Zweiteilung des Aufgabenbereichs wird bereits seit Ein-

---

741 *Faber,* NWVBl. 2008, 54 (58).

742 S. oben Kap. 1 B II 3 e.

743 Die Änderung des § 2 des 1. AG-KJHG NRW erfolgte durch das Kinderbildungsgesetz (»Kibiz« vom. 30.10.2007, GVBl. NRW, S. 462), vgl. GesE der LReg, LT-Drs. 14/4410, S. 62.

744 GesE der *LReg* zum Kibiz, LT-Drs. 14/4410, S. 62.

führung der gesonderten Finanzierung diskutiert. So ist die zwingende Festsetzung einer Umlage für die Aufgaben der Jugendhilfe als Verstoß gegen die Finanzautonomie der Kreise angeführt worden, indem die Gestaltungsfreiheit des Kreistages eingeschränkt werde.[745] Der *Verfassungsgerichtshof Nordrhein-Westfalen* hat einen Eingriff in die Finanzautonomie der Kreise befürwortet, aber keinen Verstoß gegen das Übermaßverbot angenommen.[746] Zur Verfolgung des Subsidiaritätsgedankens zugunsten der gemeindlichen Aufgabenerfüllung biete die gesonderte Erfassung der Jugendamtskosten eine sachgerechte Interessenabwägung.[747] Ob bei einer Verpflichtung zur Festsetzung einer äquivalenzorientierten Umlage überhaupt ein Eingriff in die Finanzautonomie der Kreise vorliegt, wird bezweifelt. Die Befugnis zur eigenverantwortlichen Einnahmen- und Ausgabenwirtschaft als Ausprägung der Finanzhoheit[748] bestehe nur in einem bundes- und landesgesetzlich bestimmten Rahmen[749]. Die Problematik dieser Sichtweise liegt darin, dass der Gesetzgeber die Ausgleichsfunktion der Kreise, die dem Selbstverwaltungsrecht untersteht,[750] aushöhlt und die finanzielle Belastung einiger Gemeinden mit eigenem Jugendamt höher bewertet als die ausgleichende Kostenverteilung im gesamten kreisangehörigen Raum.

(1) Gesetzliches Organisationsmodell zur Verhinderung einer ineffizienten Restzuständigkeit des Kreises

§ 2 S. 3 des 1. AG KJHG begegnet einer Entwicklung, die bei einer Vielzahl von Anträgen von Mittleren und Großen kreisangehörigen Städten im kreisangehörigen Raum eintreten kann und eines der wesentlichen Probleme der Absenkung der Einwohnerschwellenwerte aufgreift. Die Kreiszuständigkeit reduziert sich immer weiter, bis letztendlich nur eine kreisangehörige Gemeinde im Aufgabenverbund verbleibt. Damit droht dem Kreis ein

---

745 *Stüer,* EILDIENST LKT NRW 1981, 133 (135 f.). Zu diesem Zeitpunkt lag die Mehr- oder Minderbelastung in § 45 Abs. 3 KrO NRW a. F. noch im Ermessen des Kreistages, so dass die Jugendamtsumlage die einzige verpflichtende Sonderumlage bildete.

746 *VerfGH NRW,* Urt. v. 4.3.1983 – 22/81 –, in: DVBl. 1983, S. 714 (714 ff.); *VerfGH* NRW, Urt. v. 20.11.2001 – 15 A 2905/97 –, in: NWVBl. 2002, 222 (223 f.).

747 *VerfGH NRW,* Urt. v. 4.3.1983 – 22/81 –, in: DVBl. 1983, S. 714 (715); *Klieve,* in: Held/Becker u. a., KVR, Bd. 2, § 56 KrO, Erl. 6.1.

748 S. oben Kap. 3 B I.

749 *Püttner,* DVBl. 1983, 715 (716); *Kirchhof,* in: Püttner (Hrsg.), HdbKWP, 2. Aufl., Bd. 6, S. 3 (10 f.).

750 S. oben Kap. 2 B II 2 a.

Aufgabenumfang, welcher teilweise unter dem einer Mittleren kreisangehörigen Stadt liegen kann, obwohl die ursprünglichen Grundstrukturen personell darauf ausgelegt sind, das gesamte Kreisgebiet zu versorgen. Satz 3 bietet dem Kreis die Möglichkeit, bei einem Unterschreiten der Einwohnerzahl einer Mittleren kreisangehörigen Stadt[751] mit einer angrenzenden kreisangehörigen Stadt als Jugendhilfeträger, einer kreisfreien Stadt oder einem anderen Kreis eine delegierende öffentlich-rechtliche Vereinbarung mit dem Inhalt zu schließen, dass dieser Jugendhilfeträger die Aufgabe für die letzte(n) verbleibende(n) Gemeinde(n) übernimmt. Diese Konstellation setzt das Einvernehmen der betroffenen Gemeinden im abgebenden Kreis voraus. Zwar kann im Hinblick auf eine möglicherweise geringere Jugendamtsumlage von einem Einvernehmen der Gemeinde ausgegangen werden. Im Fall der Versagung des Einvernehmens durch die Gemeinde bliebe für die Aufsichtsbehörde der Weg über eine Pflichtregelung nach § 26 Abs. 1 GkG. Die gleiche Erwägung wäre anzustellen, würde von Seiten des neuen Aufgabenträgers eine Kündigung der öffentlich-rechtlichen Vereinbarung erfolgen. Eine Reorganisation des Kreisjugendamtes würde einen unverhältnismäßigen Aufwand begründen, der von der verbleibenden Gemeinde zu tragen wäre. Mit der Delegation der Aufgabe entfällt die Sonderumlageverpflichtung nach § 56 Abs. 5 KrO. Übernimmt ein anderer Kreis die Aufgabe, kann er die Umlage auf das neue Mitglied im Aufgabenverbund ausdehnen. Eine kreisfreie oder kreisangehörige Stadt kann eine Entschädigungsregelung mit der jeweiligen Gemeinde treffen, so dass in beiden Fällen der die Jugendamtszuständigkeit abgebende Kreis aus Vereinfachungsgründen aus der Finanzierung entlassen wird.

---

751 § 2 S. 3 des 1. AG KJHG ist durch das Gesetz zur finanziellen Entlastung der Kommunen in Nordrhein-Westfalen vom 29.4.2003 (GVBl. NRW, S. 251, 254) eingeführt worden. Zu diesem Zeitpunkt lag der Einwohnerschwellenwert für eine Mittlere kreisangehörige Stadt bei 25.000 Einwohnern. Nach der Änderung von § 4 GO und der Einführung des Antragsverfahrens liegt der Schwellenwert nunmehr nur noch bei 20.000 Einwohnern, so dass bei Annahme einer dynamischen Verweisung auf die GO der Kreis gezwungen ist, bis zur neuen Untergrenze ein Kreisjugendamt vorzuhalten und entsprechende Wirtschaftlichkeitsverluste zu verzeichnen sind. Aus der Regelungssystematik in § 2 AG KJGH NRW, insbesondere aus dem Ausschluss der, ebenfalls neu geregelten, aufgabenträgerunabhängigen Zusammenarbeit in S. 2, ist zu schließen, dass Einwohnerschwellenwert die jeweils aktuelle Untergrenze, d. h. den Wert von 20.000 Einwohner, bezeichnet.

(2) Zulässigkeit eines gesonderten Abrechnungsverfahrens

Um die Bildung weiterer Jugendämter auf Gemeindeebene und damit die drohende Verkleinerung der kreislichen Aufgabengemeinschaft gering zu halten, besteht von Seiten der Kreise ein Interesse an gleich bleibenden oder idealerweise sinkenden Umlagesätzen. In diesem Zusammenhang stellt sich die Frage nach der Zulässigkeit eines »interkommunalen Kreisausgleichs« bei der Feststellung von Über- oder Unterdeckungen. Dieser könnte sich in Spitzabrechnungen mit den einzelnen Kommunen oder der Einrichtung einer jugendamtsbezogenen Rücklage äußern.[752] Das *Innenministerium Nordrhein-Westfalen* hat darauf verwiesen, dass eine gesonderte vertragliche Vereinbarung oder eine Jugendamtsrücklage nicht mit dem System des § 56 KrO vereinbar sei. Die Jugendamtsumlage sei Teil der Kreisumlage und damit der Ausgleichsfunktion des Kreises.[753] Unterdeckungen sei durch Umlageerhöhungen bis spätestens dem 30. Juni eines Haushaltsjahres zu begegnen bzw. nach Ablauf des Haushaltsjahres müsse die Ausgleichsrücklage in Anspruch genommen werden.[754] Ein auf den Umlagegrundlagen basierendes Abrechnungsverfahren ist zulässig.[755]

Der Rückgriff auf die Ausgleichsrücklage konterkariert zum Teil den Zweck der Jugendamtsumlage. Die Finanzierung durch die Jugendamtsumlage ist von dem Gedanken getragen, eine Doppelbelastung von Gemeinden mit eigenem Jugendamt bewusst zu vermeiden. Die Inanspruchnahme der Ausgleichsrücklage in § 56 a KrO bewirkt eine indirekte Beteiligung von Gemeinden mit eigenem Jugendamt an der Finanzierung des Kreisjugendamtes für die Gemeinden ohne eigenes Jugendamt.[756]

4. Modelle zur Neustrukturierung einer gesonderten Kreisumlage

a. Einrichtungsunabhängige Sonderumlage

Der von der Rechtsprechung und der überwiegenden Literatur restriktiv ausgelegte Einrichtungsbegriff der Kreisordnung eröffnet keinen Spielraum,

---

752 *LKT NRW,* Rundschreiben 369/10.

753 *Innenministerium NRW,* Erlass v. 23.9.2008 – 34-48.01.06/03-2576/08 – , in: Rundschreiben LKT NRW 889/08.

754 Schreiben des *Innenministeriums NRW* v. 1.9.2009, in: Rundschreiben LKT NRW 369/10, Anlage 2.

755 Schreiben der *Gemeindeprüfungsanstalt NRW,* in: Rundschreiben LKT NRW 369/10, Anlage 3.

756 *LKT NRW,* Rundschreiben 369/10.

eine Ausdehnung des Begriffs auf eine reine Verwaltungstätigkeit vorzunehmen und alle Aufgaben des gestuften Aufgabenmodells zu erfassen. Dazu bedürfte es einer Neufassung der Tatbestandsvoraussetzungen der Sonderkreisumlage. Ein Vorschlag geht dahin, den Begriff der Einrichtung zugunsten der Aufgabenwahrnehmung auszutauschen. Die Sonderkreisumlage soll demnach für alle Aufgaben des gestuften Aufgabenmodells anwendbar sein, wobei die Kreiszuständigkeit nicht mehr als Zwangszuständigkeit einzustufen sei, sondern als Restzuständigkeit für diejenigen Gemeinden, die sich nicht für eine Kooperation mit anderen Gemeinden entschlossen haben.[757] Ein Vorteil der beitragsähnlichen Kreisumlage besteht in der Disziplinierungsfunktion im Hinblick auf mögliche Kosteneinsparungen bei der Aufgabenerfüllung auf Kreisebene. Ferner ist der Weg über die Sonderkreisumlage ein Mittel, um den durch die GO-Reform 2007 angestrebten größeren Dezentralisierungsgrad und die Herabzonung von Aufgaben zu unterstützen. Gleichzeitig kann die Möglichkeit zur Wahrnehmung zusätzlicher Aufgaben auch als Belohnung für einen verantwortungsvollen und mit Weitblick versehenen Umgang mit den zur Verfügung stehenden finanziellen Ressourcen sein. Der Ausgleich der Doppelbelastung durch die Sonderkreisumlage diene der Abmilderung einer zu starken Ausgleichswirkung und könne neben die Ausgleichsfunktion zur Wahrung einer spannungsfreien Verwaltungsführung im Kreisraum treten.[758]

Abgesehen davon, dass durch die Ausweitung der Sonderkreisumlage die Solidargemeinschaft des kreisangehörigen Raums eine erhebliche Beeinträchtigung erfährt, wird durch diesen Vorschlag die fakultative Möglichkeit einer Zusammenarbeit zu einem indirekten Zwang zur Kooperation erhoben, um den Nachteilen einer Mehrbelastung im Rahmen der umgestalteten Sonderkreisumlage zu entgehen. Ein indirekter Kooperationszwang erweist sich als Eingriff in die negative Kooperationshoheit der Gemeinden, zumindest solange nur die Möglichkeit besteht, dass ohne Zusammenarbeit Mehrkosten bei der Umlage drohen. Eine Rechtfertigung für den Eingriff kann mit Hilfe der Doppelbelastungsthese der Mittleren oder Großen kreisangehörigen Städte nicht begründet werden. Wie bei Pflichtvereinbarungen i. S. d. § 26 GkG ist ein dringender Grund des öffentlichen Wohls zu

---

757 *Stein,* StuGR 1999, 14 (19); dieser Vorschlag ist im Kontext der im Jahr 1999 zur Verfügung stehenden Kooperationsmodelle zu betrachten: Es wird unabhängig von der Größe der Gemeinde eine Zusammenarbeitsmöglichkeit mit anderen Gemeinden im gestuften Aufgabenmodell gefordert, d. h. das Modell des 2007 eingeführten additiven Schwellenwerts.

758 *Bodenstaff,* Mehr- oder Minderbelastung, S. 70 f.

fordern. Solange die Kreisumlage nach ihrer gesetzlichen Ausgestaltung eine redistributive Funktion verfolgt, kann die Sonderkreisumlage nur eine restriktiv zu behandelnde Ausnahmefunktion einnehmen. Vor dem Hintergrund unterschiedlicher Standortfaktoren, wie geographischer Lage, Infrastrukturanbindung sowie Bevölkerungsstruktur, ist die finanzielle Ausstattung einer Gemeinde nicht verallgemeinerungsfähig. Das System der beitragsähnlichen Sonderkreisumlage und der steuerähnlichen Kreisumlage entwickelt bei zu großer Überschneidung eine wechselseitige Lähmungswirkung.[759] Eine Ausweitung der Sonderkreisumlage bewirkt eine Verringerung des Umfangs der steuerähnlichen Umlage mit entsprechend geringerer Ausgleichsfunktion.[760] Der Status der Mittleren oder Großen kreisangehörigen Stadt ist, angesichts einer steigenden Aufgabenbelastung und entsprechendem Personalbedarf, insbesondere für finanzstarke Gemeinden attraktiv, während finanzschwache Gemeinden tendenziell eher bei Kostenneutralität oder finanziellen Vorteilen, z. B. Einsparungen im Bereich des Jugendamtes, einen Antrag nach § 4 Abs. 2 oder 3 GO stellen. Damit besteht zumindest eine Tendenz finanzstarker Gemeinden, zulasten der Ausgleichswirkung für finanzschwache Gemeinden aus der Umlagefinanzierung mittels der Sonderkreisumlage auszusteigen. Die extensive Anwendung der Sonderkreisumlage mit der Einschränkung der redistributiven Funktion der Kreisumlage ist zugleich Ausdruck eines kommunalen Wettbewerbs. Der Wettbewerbscharakter der Sonderkreisumlage vereint die konträre Position der finanzstarken Städte, ausgerichtet auf das Ziel der Abschaffung der Doppelbelastung, mit dem Wunsch der Kreise und finanzschwachen Gemeinden nach einem Ausgleichs- und Umverteilungssystem mit möglichst vielen finanzstarken Teilnehmern. Aus diesem Wettbewerbscharakter folgt ein Konfliktcharakter, der einen dauerhaften Interessenkonflikt zwischen Kreis und Gemeinden und den kreisangehörigen Gemeinden untereinander hervorruft.[761] Nicht zu Unrecht ist die Sonderkreisumlage deshalb als Fremdkörper im System des Finanzausgleichs im kreisangehörigen Raum betitelt und ein äußerst zurückhaltender Umgang mit diesem Instrument angemahnt worden.[762] Im Ergebnis führt die Ausweitung der bei-

---

759 *Fürst,* Die Kreisumlage, S. 28.

760 *Fürst,* Die Kreisumlage, S. 28.

761 *Ehlers,* DVBl. 1997, 225 (231).

762 So bereits *Hacker,* DÖV 1953, 741 (744); ihm folgend *OVG Münster,* Urt. v. 16.6.1989 – 15 A 2407/85 –, in: NVwZ-RR 1989, 661 (662); *Fürst,* Die Kreisumlage, S. 29; *Henneke,* Der Landkreis 2006, 382 (402); *Ehlers,* DVBl. 1997, 225 (231); die genannten Stellungnahmen beziehen sich z. T. auf die Vorgängernorm

tragsähnlichen Kreisumlage in § 56 Abs. 4 und 5 KrO zu einer doppelten Selektion zugunsten finanzstarker Gemeinden bei der Aufgabenwahrnehmung in Eigenregie. Neben der erwähnten besseren finanziellen Grundausstattung bei Übernahme der Aufgaben können die Mittleren und Großen kreisangehörigen Städte auch die Qualität der Aufgabenerfüllung selbst steuern und besitzen ohne die Doppelbelastung genügend finanziellen Spielraum, um die geforderten Aufgabenstandards anzubieten bzw. zu übertreffen. Dem Kreis hingegen verbleibt bei Ausfall finanzstarker Gemeinden die Möglichkeit, zwischen der Erhöhung der Umlage für die verbleibenden Gemeinden oder der Senkung des Aufgabenstandards im gesetzlichen Rahmen zu wählen. Die Kombination von Schwellenwertmodell und Sonderkreisumlage über die Kreiseinrichtungen in § 56 Abs. 4 KrO NRW besitzt eine weitaus stärkere Ausstrahlungswirkung in den kreisangehörigen Raum als im bisherigen Modell mit der Doppelbelastung und ist deshalb abzulehnen.

b. Partielle Entlastung von neuen Aufgabenträgern

Um die Mittleren oder Großen kreisangehörigen Städte nicht vollständig aus der finanziellen Verantwortung zu entlassen, findet sich in Erweiterung dazu der Vorschlag, eine partielle Freistellung dieser Gemeinden vorzunehmen.[763] Dazu soll der Anteil einer Gemeinde mit eigenen Einrichtungen an der Finanzierung der Kreiseinrichtung entfallen und im Gegenzug der Fehlbedarf für die Einrichtung auf alle Gemeinden im kreisangehörigen Raum, unabhängig von der Nutzung der Einrichtung, umgelegt werden.[764] Der Vorteil dieses Modells besteht darin, dass die Doppelbelastung reduziert und die dadurch ausgelöste Belastungsverschiebung auf eine breitere Grundlage gestellt wird, anstatt nur die Nutzergemeinden der Kreiseinrichtung mit Kostensteigerungen oder Qualitätseinbußen zu belasten. Die neuen Aufgabenträger wiederum können über Mandat oder Delegation die Aufgaben für die anderen Nutzer von Kreiseinrichtungen zu unter Umständen günstigeren Konditionen wahrnehmen. Das gilt nach dem Wortlaut des § 4 Abs. 8 S. 1 lit. a) GO allerdings nur dann, wenn es sich um »benachbarte« Mittlere oder Große kreisangehörige Städte handelt.

---

des § 45 Abs. 3 KrO NRW a. F., die nur eine Sollvorschrift für die Festlegung einer Kreisumlage vorsah.

763 *Günther,* Probleme des Kreisfinanzsystems, S. 139.

764 *Günther,* Probleme des Kreisfinanzsystems, S. 139.

Die Grundproblematik bei Aufgabenverschiebungen im kreisangehörigen Raum auf freiwilliger Basis kann aber auch dieses Modell nicht lösen. Die Aufgabenverschiebungen erfolgen im Idealfall kostenneutral, ansonsten lösen sie einen Mehrfinanzierungsbedarf aus, der stets auf die Kreise oder die anderen kreisangehörigen Gemeinden entfällt. Die Initiativwirkung des gemeindlichen Antrags ist bei der Kostenverteilung ebenso zu berücksichtigen, wie der Nutzen für den kreisangehörigen Raum. Trotz Abmilderung der Belastung bei Einbeziehung des gesamten kreisangehörigen Raums erfolgt hierdurch eine Kostenverschiebung, die für die Optimierung der kommunalen Selbstverwaltung nicht zwingend notwendig erscheint und nicht derartige Verbesserungen vornimmt, die eine Umlage auf alle Gemeinden gerechtfertigt erscheinen lassen.

c. Stellungnahme

Die Kreisumlage mit ihrer Ausgleichsfunktion ist das falsche Instrument, um finanzielle Belastungen infolge von Aufgabenverlagerungen im kommunalen Raum aufzufangen. Zielrichtung der Umlagefinanzierung ist die Sicherstellung eines möglichst einheitlichen Angebots- und Leistungsniveaus aus dem Blickwinkel der Aufgabenerledigung durch die Kreise. Das System der Mehr- und Minderbelastung sowie eine nach Aufgaben differenzierte Kreisumlage begrenzen die Wirkungen kreisinterner Aufgabenverlagerung auf den jeweiligen Kreis. Diese Regelung ist sachgerecht, wenn die Lasten der Aufgabenerfüllung auf die neuen Kompetenzinhaber übergehen und der Kreis eine dem Aufgabenverlust entsprechende Verringerung der Kreisumlage festsetzen kann. Wie zuvor ausführlich dargelegt, verursacht die Teildezentralisation oftmals negative Skaleneffekte und lässt der Realisierung des Idealfalls einer Kostensaldierung nicht immer Raum. Die Verteilung potentieller Antragsteller für den Status einer Mittleren oder Großen kreisangehörigen Stadt sowie für Kooperationen nach § 4 Abs. 8 GO entscheidet über finanzielle Belastungen in den betroffenen Kreisen. Das breitere Angebotsspektrum an Kooperationspartnern bietet vor dem Hintergrund der geschmälerten bürgerschaftlich-demokratischen Teilhabe insbesondere dann keinen adäquaten Ausgleich, wenn Statusfragen Effektivitäts- und Effizienzgesichtspunkte überdecken. Anstatt der gleichzeitigen Aufgabenerfüllung auf Kreisebene und Stadt-/Gemeindeebene mit systemfremden Elementen in der Umlagefinanzierung zu begegnen, ist als Alternative zur Umlagefinanzierung ein System der Kostenerstattung durch die Kreise anzudenken. Städte bzw. Gemeinden, die Aufgaben des gestuften

Modells in Eigenverantwortung oder in kooperativer Eigenverantwortung wahrnehmen, erhalten vom Kreis die landesdurchschnittlichen Kosten für die jeweilige(n) Aufgabe(n) erstattet.[765] Der Vorteil dieses Modells besteht in der Verlagerung negativer Skaleneffekte von nicht mit zusätzlichen Aufgaben ausgestatteten kreisangehörigen Gemeinden auf den gesamten Kreis.[766] Die Nachteile offenbaren sich in einer entsprechenden Risikoverteilung zu Lasten der Aufgabenträger und einer negativen Anreizwirkung zur Übernahme der Aufgaben. Der Sollkostenansatz harmoniert nicht mit einer der Selbstverwaltung teilweise innewohnenden Kostenirrationalität. Es verbliebe nur die Motivation der Selbststeuerung der Aufgabenerfüllung und der Aufwertung des kommunalen Aufgabenspektrums, um die Existenz der Kooperationsmöglichkeiten weiterhin zu rechtfertigen. Von den Gemeinden als eigene Aufgabenträger sehr begrüßt, aber unter Effizienz- und Effektivitätsgesichtspunkten nicht haltbar, ist der »Freibrief« einer Ist-Kostenerstattung durch den Kreis. Beim Kostenerstattungsmodell verbleibt der kreisinterne Ansatz einer Kostenverteilung. Eine breitere Streuung des Kostenrisikos bietet nur eine Berücksichtigung der finanziellen Lasten im Rahmen des gesamten Steuerverbunds.

II. Ausgleich von Mehrbelastungen durch Pflichtaufgaben im System des Finanzausgleichs

1. Verfassungsrechtliche Ausgestaltung eines Finanzausstattungsanspruchs

Die finanzielle Eigenverantwortung kann nur dann Bedeutung entfalten, wenn ein Mindestmaß an Finanzmitteln zur Verfügung steht.[767] *Das Bundesverfassungsgericht* hat mit dem Erfordernis der »aufgabengerechten Finanzausstattung«[768] bereits den Grundstein für die aufgabenbezogene Deutung des erforderlichen Finanzvolumens gelegt, bislang aber keine Entscheidung über die Ableitung einer finanziellen Mindestausstattung der

765 Vgl. den Vorschlag von *Deubel,* Der kommunale Finanzausgleich in NRW, S. 159 f., bezogen auf das Jugendamt.

766 *Deubel,* Der kommunale Finanzausgleich in NRW, S. 159 f.

767 *Schoch,* Verfassungsrechtlicher Schutz der kommunalen Finanzautonomie, S. 139; *Inhester,* Kommunaler Finanzausgleich, S. 79.

768 *BVerfG,* Urt. v. 27.05.1992 – 2 BvF 1/88 u. a. –, in: BVerfGE 86, 148 (219) = DVBl 1992, 965 (968 f.).

Gemeinden und Gemeindeverbände getroffen.[769] Die Landesverfassungsgerichte haben aus den landesverfassungsrechtlichen Bestimmungen einen Finanzausstattungsanspruch entwickelt.[770] Eine Verletzung der Finanzausstattungsgarantie erfolgt, wenn einer »sinnvollen Betätigung der Selbstverwaltung die finanzielle Grundlage entzogen wird«[771]. Dies ist dann der Fall, wenn die gemeindlichen Finanzmittel nicht ausreichen, um den Gemeinden die Erfüllung aller zugewiesenen und darüber hinaus auch die Erfüllung freiwilliger Aufgaben zu ermöglichen.[772] Diese Formel markiert die Untergrenze und lässt sich als Mindestfinanzausstattung qualifizieren. Oberhalb dieser Grenze obliegt den Ländern ein Gestaltungsspielraum, in dem der Finanzbedarf von Land, Gemeinden und Gemeindeverbänden gewichtet, auf Verteilungsschlüssel umgelegt und dem jeweiligen Aufgabenbestand anzupassen ist.[773]

a. Finanzielle Mindestausstattung

Teilweise ist in Rechtsprechung und Literatur das Kern-/Randbereichsmodell aus der Selbstverwaltungsgarantie auf den Finanzausstattungsanspruch übertragen worden.[774] Folgt man der Dogmatik des Selbstverwaltungsrechts, ist Kernbereich der Finanzausstattung der unverzichtbare Finanzbedarf, ohne den die kommunale Selbstverwaltung nicht mehr gewährleistet werden kann. Die inhaltliche Ausfüllung einer Mindestfinanzaus-

---

769 Vgl. *BVerfG,* Beschl. v. 09.03.2007 – 2 BvR 2215/01 –, in: NVwZ-RR 2007, 435 (436).

770 *VerfGH NRW,* Urt. v. 9.7.1998 – VerfGH 16/96 und 7/97 –, in: NWVBl. 1998, 390 (391); *BayVerfGH,* Urt. v. 27.02.1997 – 17-VII-94 –, in: BayVBl. 1997, 303 (304); *NdsStGH,* Urt. v. 25.11. 1997 – StGH 14/95 –, in: DVBl. 1998, 185 (185); LVerfG LSA, Urt. v. 13.7.1999 – LVG 20/97 –, in: NVwZ-RR, 2000, 1 (6); StGH BW, Urt. v. 10.05.1999 – 2/97 –, in: VBlBW 1999, 294 (300).

771 *VerfGH NRW,* Urt. v. 9.7.1998 – VerfGH 16/96 und 7/97 –, in: NWVBl. 1998, 390 (391); VerfGH Bbg, Urt. v. 16.9.1999 – VfGBbg 28/98 –, in: NVwZ-RR 2000, 129 (130).

772 *BVerwG,* Urt. v. 25. 3. 1998 – 8 C 11/97 –, in: NVwZ 1999, 883 (885).

773 *VerfGH NRW,* Urt. v. 8.4.2003 – VerfGH 2/02 –, in: NWVBl. 2003, 261 (263); *LVerfG M-V,* Urt. v. 11.05.2006 – 1/05, 5/05, 9/05 –, in: LKV 2006, 461 (461); *NdsStGH,* Urt. v. 25.11. 1997 – StGH 14/95 –, in: DVBl. 1998, 185 (187).

774 *ThürVerfGH,* Urt. v. 18.3.2010 – VerfGH 52/08 –, in: LKV 2010, 220 (221 f.); *ThürVerfGH,* Urt. v. 21.6.2005 – 28/03 –, in: NVwZ-RR 2005, 665 (667 f.); *BayVerfGH,* Urt. v. 27.02.1997 – 17-VII-94 –, in: BayVBl. 1997, 303 (305); zustimmend *Roßmüller,* Schutz der Finanzausstattung durch Verfahren; *Henneke,* Die Kommunen in der Finanzverfassung, S. 222; *ders.,* DÖV 2008, 857 (859 ff.); *Schoch,* in: Ehlers/Krebs (Hrsg.), Grundfragen des Verwaltungsrechts und des Kommunalrechts, S. 93 (122).

stattung muss als nahezu nicht realisierbar qualifiziert werden. Wenn bereits die Ausfüllung des Kernbereichs des Selbstverwaltungsrechts nicht gelingen will, ist es schwer vorstellbar, eine verlässliche Grenze für eine finanzielle Mindestausstattung zu finden. Das vor allem in der Rechtsprechung geforderte Mindestmaß an freiwilligen Aufgaben[775] ist wie der Rückgriff der Literatur auf eine bestimmte Mindestquote für freiwillige Aufgaben[776] nicht geeignet, die Mindestausstattung zu definieren.

Aus dem Selbstverwaltungsrecht folgt keine Gewichtung zugunsten der kommunalen Aufgaben gegenüber anderen Landesaufgaben.[777] Das Zugeständnis einer absolut geschützten finanziellen Mindestausstattung würde aber einen Finanzausstattungsvorrang der kommunalen Ebene begründen. Folgt jede Gebietskörperschaftsebene dem »Prinzip der Verteilung des Mangels«[778], erfasst dies auch den Bestand an freiwilligen Selbstverwaltungsaufgaben von Gemeinden und Gemeindeverbänden.

b. Finanzausstattung und Dezentralisierung

Ein strukturelles Defizit besteht aber bei einer zunehmenden Dezentralisierung. Wenn die Kostenbelastung infolge eines stetig zunehmenden kommunalen Pflichtaufgabenbestands bereits bei guter wirtschaftlicher Entwicklung den Gestaltungsspielraum für freiwillige Selbstverwaltungsaufgaben erheblich einengt, sind bei unzureichender Finanzausgleichsmasse die Anpassungsmöglichkeiten durch Einnahmeerhöhung und weitere Aufgabenreduzierung erheblich eingeschränkt. Als Ultima-ratio ist im Rahmen der Haushaltsentscheidung der Gemeinde neben zusätzlichen Einnahmen, z. B. durch Erhöhung der Gewerbe-oder Grundsteuer, auch über die Herabsetzung von gesetzlichen Standards oder die vollständige Einstellung der Aufgabe

775 Die Auslegung des Begriffs Mindestmaß droht einer zu starken örtlichen Prägung zu unterliegen. Bei einem relativ großen Bestand an freiwilligen Selbstverwaltungsaufgaben ist das Mindestmaß nach Ansicht kommunaler Vertreter schon auf einem Niveau erreicht, das andere Kommunen schon seit Jahren nicht mehr aufrecht erhalten können.

776 *Schoch,* Verfassungsrechtlicher Schutz der kommunalen Finanzautonomie, S. 153, schlägt eine Quote von 5 % der Finanzausstattung einer Kommune für freiwillige Selbstverwaltungsaufgaben vor.

777 *Volkmann,* DÖV 2001, 497 (502); zweifelnd auch *Brems,* Aufgabenverlagerung auf die Kommunen, S. 197; *Inhester,* Kommunaler Finanzausgleich, S. 86 f.

778 Diesen Begriff verwendet *Inhester,* Kommunaler Finanzausgleich, S. 87.

nachzudenken.[779] Ohne politische Ansätze bei der Befrachtung mit neuen Standards im Bereich der Pflichtaufgaben ist das Dilemma zwischen berechtigter Forderung nach Selbstverwaltung und fiskalischer Wirklichkeit nicht zu lösen.

2. Der kommunale Finanzausgleich nach dem Finanzausgleichsgesetz

Der kommunale Finanzausgleich besitzt eine vertikale Komponente zwischen Land und Gemeinden und gleichzeitig eine horizontale Ausprägung in Form der Verteilung von Finanzmitteln zwischen den Kommunen.[780]

a. Funktion des Finanzausgleichs

Neben einem fiskalischen Zweck verfolgt der kommunale Finanzausgleich die Zielsetzung, strukturbedingte Unzulänglichkeiten des Finanzausgleichssystems und ein daraus resultierendes Wohlstandsgefälle auszugleichen.[781] Diese redistributive Funktion wird ergänzt durch eine allokative Komponente, nach der den Kommunen ein Anreiz zur Entwicklung ihrer Steuerbasis verbleiben soll.[782] Anknüpfungspunkt im Grundgesetz ist Art. 106 a Abs. 7 GG. Nach S. 1 ist den Gemeinden und Gemeindeverbänden zwingend ein Anteil an den Gemeinschaftssteuern[783] aus dem Länderanteil zur Verfügung zu stellen. Neben diesem obligatorischen Steuerverbund verweist Art. 107 Abs. 7 S. 2 GG auf die Möglichkeit der Länder, im Rahmen eines fakultativen Steuerverbunds eine Beteiligung der Kommunen an den Landessteuern vorzusehen. Unterschiedliche Regelungen in den Ländern beste-

779 *Oebbecke,* Verw. 29 (1996), 323 (330 f.): Die Kollision von Aufgabenerfüllungspflicht und Pflicht zum Haushaltsausgleich lasse sich mit Vorrangregelungen nicht lösen, da landesrechtliche Regelungen den gleichen Rang wie das kommunale Haushaltsrecht haben und auf Grund des Gesamtdeckungsprinzips bundesrechtliche Aufgaben wegen Art. 31 GG keinen Vorrang besitzen. Während *Oebbecke* die Nichterfüllung von Aufgaben auf einen übergesetzlichen Notstand stützt, wenden *Meier/Greiner,* VerwArch 97 (2006), 293 (314), und *Meier,* Gemhlt 2008, 158 (160), die rechtfertigende Pflichtenkollision an.

780 *Bundesfinanzministerium,* Dokumentation 4/83, in: Hoppe (Hrsg.), Reform des kommunalen Finanzausgleichs, S. 87; *Diemert,* Eildienst Städtetag 2009, 315 (329).

781 *Henneke,* Grundstrukturen des kommunalen Finanzausgleichs, in: Henneke/Pünder/Waldhoff (Hrsg.), § 25, Rn. 6; *Rehm,* Kommunalfinanzen, S. 288; *Inhester,* Kommunaler Finanzausgleich, S. 127; *Hornfischer,* Insolvenzfähigkeit von Kommunen, S. 70.

782 *Strotmeier,* Gemhlt 2009, S. 169 (169); *Rehm,* Kommunalfinanzen, S. 288.

783 Gemeinschaftssteuern bezeichnet nach Art. 106 Abs. 3 GG das Aufkommen der Einkommensteuer, der Körperschaftsteuer sowie der Umsatzsteuer.

hen ferner hinsichtlich des kommunalen Anteils an der Verbundmasse, der sog. Verbundquote, sowie in Bezug auf die verschiedenen Verteilungsmodalitäten.[784] Die Verschiedenartigkeit der Verteilungsregelungen sowie umfassende Detailregelungen in den Finanzausgleichsgesetzen erschweren eine Darstellung. Auf Grundlage der nordrhein-westfälischen Regelung soll deshalb ein Kurzüberblick über das Finanzausgleichssystem als Einordnung für die weitere Behandlung der Finanzierung von Pflichtaufgaben dienen.

b. Grundzüge des horizontalen Finanzausgleichs

Die Aufteilung des verfügbaren Verbundbetrages gliedert sich in Schlüsselzuweisungen, zweckgebundene Zuweisungen und Bedarfszuweisungen. Schlüsselzuweisungen sind allgemeine, frei verwendbare Zuweisungen und bilden den finanziellen Schwerpunkt unter den Finanzzuweisungen. Berechnungsgrundlage für die Schlüsselzuweisungen ist nach § 5 Abs. 2 GFG die Gegenüberstellung einer Ausgangsmesszahl mit einer Steuerkraftmesszahl bzw. einer Umlagekraftmesszahl bei Kreisen.

Die Ausgangsmesszahl spiegelt eine normierte durchschnittliche Aufgabenbelastung wider.[785] Bei Gemeinden berücksichtigt die Ausgangsmesszahl über den Hauptansatz die Einwohner in einer unterschiedlichen Gewichtung.[786] Der Hauptansatz wird ergänzt durch den Soziallasten-, Schüler-, und Zentralitätsansatz als Nebenansätze. Die Ausgangsmesszahl für die Kreise greift auf den Hauptansatz sowie den Schüleransatz zurück. Die in der Steuerkraftmesszahl zum Ausdruck kommende Finanzkraft der Gemeinden berechnet sich nach § 9 GFG aus der Summe der Steuerkraftzahlen der Gewerbesteuer, der Grundsteuer und des Gemeindeanteils an der Einkommens- sowie Umsatzsteuer, abzüglich der Steuerkraftmesszahl der Gewerbesteuerumlage. Bei den Realsteuerhebesätzen sind nicht die tatsächlichen Hebesätze der Kommunen maßgeblich, sondern Berechnungsgrundlage für die Gewerbesteuer und die Grundsteuer A und B ist ein einheitlicher fiktiver Hebesatz, der einer bewussten Verringerung der Finanzkraft durch

---

784 Einen Überblick über die verschiedenen landesrechtlichen Verteilungsmodelle und das thüringische Sondermodell der aufgabenorientierten Bedarfsermittlung bietet *Wohltmann,* Der Landkreis 2009, S. 291 (292 ff.); *ders.*, Der Landkreis 2010, 464 (464 ff.).

785 *Inhester,* Kommunaler Finanzausgleich, S. 165; *Birk/Inhester,* DVBl. 1993, 1281 (1283).

786 Sog. »Einwohnerveredelung«, dazu *Diemert,* Eildienst Städtetag 2010, Heft 10, 24 (30).

niedrige Hebesätze entgegenwirken soll.[787] Die Umlagekraftmesszahl der Kreise ergibt sich gem. § 12 GFG aus den Umlagegrundlagen für Schlüsselzuweisungen, d. h. die Steuerkraftmesszahlen und Schlüsselzuweisungen der kreisangehörigen Gemeinden, und einem darauf erhobenen Umlagesatz von 38,22 %.

Nicht zur freien Disposition der Gemeinden stehen die Zweckzuweisungen, die sich in Investitionspauschalen und fachbezogene Zweckpauschalen unterteilen. Die zweckgebundenen Zuweisungen besitzen nicht nur eine Eingrenzung auf eine bestimmte öffentliche Aufgabe, auch bei der Ausgestaltung der Aufgabe kann eine bestimmte Mittelverwendung vorgegeben werden.[788] Bedarfszuweisungen richten sich an einzelne Kommunen, die aufgrund außergewöhnlicher und unvorhersehbarer Belastungssituationen einen besonderen Finanzbedarf aufweisen.

3. Anspruch auf Bedarfszuweisungen

Die Landesverfassungsgerichte vertreten unterschiedliche Positionen hinsichtlich der Frage, ob Maßstab für die Beurteilung der Finanzausstattung und Verteilungsmaßstäbe die Gesamtheit der Gemeinden oder jede einzelne Gemeinde ist.

a. Individuell-rechtlicher Anspruch auf finanzielle Mindestausstattung

Ein Teil der landesverfassungsgerichtlichen Rechtsprechung lehnt eine Verletzung der Finanzausstattungspflicht einer einzelnen Gemeinde ab, wenn die Gemeinden insgesamt über ein ausreichendes Finanzvolumen verfügen und die horizontale Verteilung nicht im Gegensatz zu verfassungs-

---

787 *Inhester,* Kommunaler Finanzausgleich, S. 172 f.; *Diemert,* Eildienst Städtetag 2010, Heft 10, 24 (33).

788 So steht die Inanspruchnahme der Schul- und Bildungspauschale nach § 17 Abs. 1 GFG NRW unter der Voraussetzung, dass die Mittel für die Sachsubstanz, d. h. den Erwerb, Anmietung oder Umbau von Schulgebäuden oder für investive Maßnahmen in kommunalen Kindertageseinrichtungen eingesetzt werden. Zweckzuweisungen besitzen damit zwangsläufig den Charakter von staatlichen Lenkungsmitteln. Im Hinblick auf das Selbstverwaltungsrecht der Kommunen ist diese Einflussnahme nicht als verfassungswidrig einzustufen, solange nur Einzelpositionen betroffen sind. Erst wenn die kommunale Finanzausstattung insgesamt einen Durchgriff auf die Kommunen erlaubt, z. B. bei herausgehobener Bedeutung der Zweckausgaben, wäre von einer Verfassungswidrigkeit auszugehen, dazu *Inhester,* Kommunaler Finanzausgleich, S. 182 f.

rechtlichen Anforderungen steht.[789] Demgegenüber hebt die gegensätzliche Auffassung den Anteil jeder einzelnen Gemeinde an der institutionellen Garantie und den daraus ableitbaren individuellen Charakter der landesrechtlichen Bestimmungen zum kommunalen Finanzausgleich hervor.[790] Die Verbindung zur Selbstverwaltungsgarantie stelle der Aufgabenbezug des Finanzausgleichs her.[791] Art. 79 LV konkretisiere und sichere den sich aus Art. 78 Abs. 1 und 2 LV ergebenden Finanzausstattungsanspruch von Gemeinden und Gemeindeverbänden zur Erfüllung der ihnen als alleinige Träger auf ihrem Gebiet zugewiesenen Aufgaben.[792] Dem stehe nicht der aus Art. 28 Abs. 2 S. 1 GG fehlende Schutz jeder einzelnen Gemeinde vor Auflösung entgegen. Aus der Befugnis, z. B. gebietsreformerische Maßnahmen auf die Einhaltung inhaltlicher und verfahrensrechtlicher Anforderungen zu überprüfen, lasse sich ein subjektiv-rechtlicher Anspruch auf Schutz vor Aushöhlung des Selbstverwaltungsrechts ableiten, solange eine Gemeinde existiere.[793] Beide Begründungslinien kreisen bei näherer Betrachtung um denselben Problemkreis, nähern sich aber dem Kern mit unterschiedlichen Schwerpunktsetzungen: Wie ist zu verfahren, wenn auch nur in einer einzigen Gemeinde ein Mindestmaß an freiwilligen Aufgaben nicht mehr gewährleistet werden kann. Der Ansatzpunkt, nur die Gesamtheit der Gemeinden als Beurteilungsgrundlage für die erforderliche finanzielle Mindestausstattung zu nehmen, wird von den Vertretern eines individuellrechtlichen Anspruchs als erster Prüfungsschritt ebenfalls zur Anwendung gebracht, die Fokussierung liegt aber stets auf den daraus für die einzelne Gemeinde ableitbaren Folgen.[794] Umgekehrt schließt der *Verfassungsgerichtshof Nordrhein-Westfalen* als Vertreter der kollektiven Betrachtungsweise nicht ausdrücklich aus, dass auch bei einem verfassungskonformen Verteilungssystem ausnahmsweise ein ergänzender Anspruch einer einzelnen

---

789 *VerfGH* NRW, Urt. v. 1.12.1998 – VerfGH 5/97 –, in: DVBl. 1999, 391 (392); *LVerf LSA,* Urt. v. 13.7.1999 – LVG 20/97 –, in: NVwZ-RR, 2000, 1 (7).

790 *NdsStGH,* Urt. v. 07.03.2008 – 2/05 –, in: NdsVBl. 2008, 152 (154 f.); *LVerfG M-V,* Urt. v. 11. 5. 2006 – LVerfG 1/05 –, in: LKV 2006, 461 (463); *VerfGH Bbg,* Urt. v. 16.9.1999 – VfGBbg 28/98 –, in: NVwZ-RR 2000, 129 (134), leitet den Anspruch aus Art. 28 Abs. 2 GG ab; *VerfGH RP,* Urt. v. 30.1.1998 – VGH 2/97 –, in: NVwZ-RR 1998, 607 (607).

791 *NdsStGH,* Urt. v. 25.11.1997 – StGH 14/95 –, in: DVBl. 1998, 185 (186), für Art. 58 NV i. V. m. Art. 57 Abs. 1 und 3 NV.

792 *VerfGH NRW,* Urt. v. 9.7.1998 – VerfGH 16/96 und 7/97 –, in: NWVBl. 1998, 390 (391).

793 *LVerfG M-V,* Urt. v. 11. 5. 2006 – LVerfG 1/05 –, in: LKV 2006, 461 (463).

794 So ausdrücklich: *LVerfG M-V,* Urt. v. 11. 5. 2006 – LVerfG 1/05 –, in: LKV 2006, 461 (463).

Gemeinde, basierend auf besonderen Umständen, gegeben sein kann.[795] Unabdingbare Voraussetzung für einen individuellen Finanzausstattungsanspruch ist die Rückführbarkeit der Finanzlage auf gemeindeexterne Faktoren.

Eine prekäre Finanzausstattung kann nur Anlass eines Finanzausstattungsanspruchs sein, wenn sich die Notlage trotz sparsamster Haushaltsführung und unter Ausschöpfung aller Einnahmequellen nicht vermeiden lässt.[796] Es eröffnet sich bei der Ausreizung der Einnahmen das Problem, wie weitgehend die Maßnahmen im interkommunalen Vergleich sein müssen. Anknüpfungspunkt bei der Grundsteuer ist § 26 GrStG, der eine Öffnungsklausel für den Landesgesetzgeber hinsichtlich der Höchstsätze, aber keine materielle Einschränkung des Grundsteuerhebesatzrechtes enthält.[797] § 77 Abs. 2 GO normiert eine Rangfolge der Einnahmebeschaffung und bestimmt den Rückgriff auf Steuereinnahmen als subsidiär gegenüber dem Rückgriff auf spezielle Entgelte. Es handelt sich bei der Rangfolge um zwingendes Recht.[798] Daraus folgt aber kein Anspruch eines Steuerpflichtigen auf Ausschöpfung vorrangiger Finanzquellen oder der Herabsetzung von Hebesatzfestsetzungen. Die Gemeinden besitzen insoweit einen weiten Ermessensspielraum, indem sie die Begriffe »vertretbar« und »geboten« in § 77 Abs. 2 Nr. 1 GO mit finanzwissenschaftlichen und sozialen Erwägungen ausfüllen können.[799] Im Hinblick auf die Festsetzung der Hebesätze besteht die rechtliche Grenze des gemeindlichen Ermessens im Willkürverbot und bei einer Erdrosselungswirkung.[800] Auch tatsächliche Gründe wie finanz- und standortpolitische Aspekte wirken sich auf die Höhe der Hebesätze aus. Der fiktive Hebesatz zur Ermittlung der Steuerkraftmesszahl in § 9 GFG schöpft Mehreinnahmen, die auf Grund höherer realer Hebesätze entstehen, nur bis zur derzeit festgesetzten fiktiven Höhe von 403 v. H. bei

795 *VerfGH NRW,* Urt. v. 1.12.1998 – VerfGH 5/97 –, in: DVBl. 1999, 391 (392).

796 *VerfGH Bbg,* Urt. v. 16.9.1999 – VfGBbg 28/98 –, in: NVwZ-RR 2000, 129 (134); *Diemert,* Haushaltssicherungskonzept, S. 196.

797 *VG Gelsenkirchen,* Urt. v. 3.12.2007 – 5 K 3097/06 –, Juris, Rn. 35.

798 *BVerwG,* Urt. v. 11.06.1993 – 8 C 32/90 – , in: NVwZ 1994, 176 (177); *OVG Münster,* Beschl. v. 24.5.2007 – 15 B 778/07 –, in: NWVBl. 2007, 347 (347); *Waldhoff,* in: Henneke/Pünder/ders. (Hrsg.), Recht der Kommunalfinanzen, § 7, Rn. 5; *Klieve,* in: Held/Becker u. a., KVR, Bd. 1, § 77 GO, Erl. 3.2.

799 *Klieve,* in: Held/Becker u. a., KVR, Bd. 1, § 77 GO, Erl. 3.2; *Freisburger,* KStZ 2000, 41 (42); vgl. ferner *VGH München,* Beschl. v. 1. 2. 2007 – 4 ZB 06.2567 –, in: NVwZ-RR 2008, 53 (53) für § 62 Abs. 2 BayGO.

800 *VG Gelsenkirchen,* Urt. v. 3.12.2007 – 5 K 3097/06 –, Juris, Rn. 27; *Freisburger,* KStZ 2000, 41 (42).

der Gewerbesteuer sowie 192 v. H. bei der Grundssteuer A und 381 v. H. bei der Grundsteuer B ab.[801] Dieser Anreiz zu höheren Hebesätzen kann aus sozialen Aspekten und im Wettbewerb um Gewerbebetriebsansiedlungen nachteilig sein. Der Gewerbesteuerhebesatz ist Standortfaktor, wodurch ein Hebesatz weit über dem Durchschnitt von 390 v. H.[802] infolge des daraus erwachsenden Nachteils die Einnahmen der Gemeinden zukünftig weiter schmälern könnte. Bei der Grundsteuer besteht bei einigen Gemeinden hingegen ein weiterer Ausreizungsspielraum mit einer Erhöhung um einen dreistelligen Prozentsatz.[803] Aus diesen Erwägungen ist die Problematik eines individuellen Anspruchs deutlich ablesbar. Die Anwendungsfälle, in denen ausschließlich externe Faktoren die mangelnde Finanzausstattung begründen, sind äußerst selten. Zur genauen Erfassung der finanziellen Situation der Kommunen kann nur die Gesamtbetrachtung belastbare Daten liefern.

b. Bedarfszuweisungen nach § 19 Abs. 3 GFG

Das Gemeindefinanzierungsgesetz 2010 sieht in § 19 Abs. 3 Bedarfszuweisungen an Gemeinden und Gemeindeverbände vor, mit denen Maßnahmen der Weiterentwicklung kommunaler Selbstverwaltung unterstützt werden. Die Anwendbarkeit dieser Bestimmung auf den Pflichtaufgabenbestand des gestuften Modells muss unter dem Blickwinkel ihrer Systemfremdheit und der Systematik des § 19 GFG erfolgen.

aa. Bedarfszuweisungen als ultima-ratio

Bedarfszuweisungen besitzen im System des horizontalen Finanzausgleichs einen Ausnahmecharakter, wie sich bereits § 19 GFG entnehmen lässt, der mit Zuweisungen zur Überwindung »außergewöhnlicher und unvorhergesehener Belastungssituationen« überschrieben ist. Ein zu extensiver Rückgriff

---

801 Im GFG 2011 ist eine Anpassung der Hebesätze an die gestiegenen tatsächlichen Hebesätze beabsichtigt, indem für die Gewerbesteuer ein Satz von 411 v. H., für die Grundsteuer A von 209 v. H. und für die Grundsteuer B von 413 v. H. zu Grunde gelegt wird, vgl. GesE der LReg für das Gemeindefinanzierungsgesetz 2011, LT-Drs. 15/1002, S. 13 f.

802 Diesen Wert legt das BVerfG in seiner Mindesthebesatz-Entscheidung zu Grunde: *BVerfG,* Beschl. v. 27.1.2010 – 2 BvR 2185/04, 2 BvR 2189/04 –, in: LKV 2010, 219 (220).

803 *Oebbecke,* Gemhlt 2009, 241 (244), verweist darauf, dass die durch Anhebung der Steuern bei besonders Bedürftigen hervorgerufenen Belastungen Bemessungsgrundlage für Transferleistungen sind.

auf das Instrument der Bedarfszuweisung gefährdet die Autonomiefunktion des Finanzausgleichs, die einer zu starken Abhängigkeit von staatlichen Einzelzuweisungen vorbeugen soll.[804] Als Element der allgemeinen Zuweisungen bilden die Bedarfszuweisungen einen Solidaritätsfonds aller kommunalen Gebietskörperschaften und belasten die Schlüsselzuweisungsmasse.[805] Infolge dieses Belastungseffekts aller Schlüsselzuweisungsempfänger wird die Forderung nach einer restriktiven Anwendung der Bedarfszuweisungen und einer Beschränkung auf besondere Fälle erhoben.[806] Die Darlegungslast für die Verletzung des Rechts auf finanzielle Mindestausstattung umfasst den Nachweis, dass trotz Ausschöpfung aller Einnahmequellen und einer äußerst sparsamen Wirtschaftsführung keine Finanzmittel für ein Mindestmaß an freiwilligen Aufgaben verbleiben.[807] Bevor die Gemeinde freiwillige Aufgaben finanziert, muss die Erfüllung aller Pflichtaufgaben gesichert sein. Im gestuften Aufgabenmodell ist die Übernahme von Pflichtaufgaben im Antragsverfahren bei den Schwellenwerten sowie bei der aufgabenträgerunabhängigen Zusammenarbeit nicht verpflichtend ausgestaltet, sondern in die Entscheidungskompetenz der einzelnen Gemeinde gestellt. Insbesondere bei der Übernahme von Aufgabenbündeln durch Erlangung des Status der Mittleren oder Großen kreisangehörigen Stadt erweitern die Gemeinden ohne direkten Einfluss des Landesgesetzgebers ihren Pflichtaufgabenkreis. Erweisen sich die Berechnungen der Mehrbelastungen als nicht zutreffend oder ist ein konjunkturbedingter massiver Rückgang der Gewerbesteuereinnahmen der Gemeinden zu verzeichnen, wären Bedarfszuweisungen an diese Gemeinden mit dem Makel versehen, dass eine auf freiwilliger Grundlage erfolgte Vergrößerung des Aufgabenbestands einer einzelnen Gemeinde durch alle anderen Gemeinden mitzufinanzieren ist, obwohl diese unter Umständen zusätzlich mit einer relativ höheren Kreisumlage belastet sind.

Dem Wortlaut des § 19 Abs. 2 S. 5 i. V. m. § 19 Abs. 3 GFG lässt sich kein Ausschluss für autonome Entscheidungen der Gemeinden entnehmen. Das Tatbestandsmerkmal »unvorhersehbare« finanzielle Belastungssituation enthält aber eine Sorgfalts- und Prognosepflicht dergestalt, dass Risikofakto-

---

804 *Katz,* in: Püttner (Hrsg.), HdbKWP, 2. Aufl, Bd. 6, S. 303 (308); *Cromme,* DVBl. 2000, 459 (460).

805 *Henneke,* Der Landkreis 2008, 450 (477); *Cromme,* DVBl. 2000, 459 (460).

806 *OVG Koblenz,* Urt. v. 03.04.2001 – 7 A 10993/00 –, Juris, Rn. 20 ff.; *Henneke,* Der Landkreis 2008, 450 (477).

807 *VerfGH Bbg* , Urt. v. 16.9.1999 – VfGBbg 28/98 –, in: NVwZ-RR 2000, 129 (134).

ren z. B. auf der Einnahmeseite, die eine geringere Finanzausstattung vorhersehen lassen, bei der Finanzplanung und Aufgabengestaltung zu berücksichtigen sind. Einen Subsidiaritätsvorbehalt und ergänzenden Charakter weisen auch die Ergänzungszuweisungen des Bundes nach Art. 107 Abs. 2 S. 3 GG auf. Bei diesen handelt es sich um ein Mittel des horizontalen Finanzausgleichs.[808] Bundesergänzungszuweisungen sind ausgeschlossen, wenn die Sonderlasten nicht auf verfassungsrechtlichen vorgegebenen Ausgaben beruhen, sondern Folge autonomer landespolitischer Entscheidungen sind.[809] Beide Bedarfszuweisungsformen weisen eine systemfremde Komponente auf, indem sie vorangegangene Haushaltspolitik und deren Folgen auf den Landes- oder Kommunalhaushalt abmildern. Trotz Nivellierungsverbot von Bundesergänzungszuweisungen[810] führen diese ebenso wie Bedarfszuweisungen auf kommunaler Ebene zu einer Benachteiligung von Ländern bzw. Kommunen mit besseren Haushaltsdaten. Die Spiegelbildlichkeit eigenständiger politischer Handlungsspielräume besteht in der Verantwortung für hauspolitische Folgen.[811] Soweit eine Gemeinde ihren Pflichtaufgabenbestand durch Inanspruchnahme der fakultativen funktionalreformerischen Maßnahmen erweitert und durch Hinzutreten weiterer Faktoren die Finanzausstattung sich erheblich verschlechtert, so dass die Wahrnehmung von freiwilligen Selbstverwaltungsaufgaben nicht möglich ist, sind Bedarfszuweisungen ausgeschlossen. Andernfalls kann sich diese »Weiterentwicklung der kommunalen Selbstverwaltung« in einer Doppelbelastung, bestehend aus einer Verringerung der Schlüsselzuweisungsmasse sowie einer höheren Kreisumlagebelastung, niederschlagen.

bb. Systematik des § 19 GFG

Das Tatbestandsmerkmal der »Weiterentwicklung der kommunalen Selbstverwaltung« wird neben der Alternative der Verbreitung neuer Techniken

808 *BVerfG,* Urt. v. 19.10.2006 – 2 BvF 3/03 –, in: BVerfGE 116, 327 (378) = DVBl. 2007, 39 (40): ein Mittel des horizontalen Finanzausgleich mit vertikalen Elementen; a. A.: *Siekmann,* in: Sachs (Hrsg.), GG, Art. 107, Rn. 37: Der Bund ist Geber und die Länder sind Empfänger. Deshalb handele es sich um einen sekundären vertikalen Finanzausgleich.

809 *BVerfG,* Urt. v. 24.6.1986 – 2 BvF 1/83 u. a. –, in: DVBl. 1986, 822 (829); BVerfG, Urt. v. 19.10.2006 – 2 BvF 3/03 –, in: BVerfGE 116, 327 (378) = DVBl. 2007, 39.

810 *BVerfG,* Urt. v. 24.6.1986 – 2 BvF 1/83 u. a. –, in: DVBl. 1986, 822 (829).

811 *BVerfG,* Urt. v. 19.10.2006 – 2 BvF 3/03 –, in: BVerfGE 116, 327 (378) = DVBl. 2007, 39 (40).

bei der Durchführung kommunaler Aufgaben angeführt. Wichtigster Anwendungsfall für § 19 Abs. 3 GFG sind IT-Projekte. Die Vernetzung von Gemeindeverwaltungen betrifft vorrangig die Verbreitung neuer Techniken, wirkt sich gleichzeitig aber auch auf die Weiterentwicklung der kommunalen Selbstverwaltung aus. Aus dem Merkmal der »Weiterentwicklung« lässt sich ableiten, dass die geförderten Maßnahmen einen Erfahrungswert generieren sollen, der sich auch auf die übrigen Gemeinden übertragen lässt.[812] Voraussetzung ist die Einführung neuer Strukturen. In Bezug auf das Antragsverfahren bei der Mittleren und Großen kreisangehörigen Stadt sowie die aufgabenträgerunabhängige Zusammenarbeit hat der Gesetzgeber neue Zusammenarbeitsmodelle entwickelt, die im Gegensatz zu den vorhergehenden Regelungen eine stärkere Herabzonung von Aufgaben auf die Ebene der Gemeinden ermöglichen und das Selbstverwaltungsrecht der teilnehmenden Gemeinden stärken sollen. Nicht neu ist der Aufgabenbestand des gestuften Aufgabenmodells. Problematisch bleibt, ob die funktionalreformerischen Maßnahmen eine Erprobungs- und Pionierarbeit erfüllen, die Vorbildcharakter für andere Gemeinden haben. Bei Vorliegen der Voraussetzungen, wie einer entsprechenden Einwohnerzahl, stehen die neuen Modelle in § 4 GO allen Gemeinden offen. Als Erkenntniswert lassen sich die finanzielle Belastung durch Aufgabenverlagerungen und das Verhältnis von Verwaltungskraft zu spezifischen Aufgabenstandards für künftige funktionalreformerische Maßnahmen ableiten. Bedarfszuweisungen leisten in diesem Fall nur eine Anreizwirkung, um finanzielle Hürden zu überwinden. Damit geht aber wie bei IT-spezifischen Neuerungen noch keine Weiterentwicklung einher.

cc. Fehlender Bedarf für ein Anreizsystem

Im Zusammenhang mit der Gebietsreform enthält das kommunale Finanzausgleichsgesetz in Rheinland-Pfalz in § 17 a LFAG neuerdings eine Ermächtigungsgrundlage, um bei freiwilligen Maßnahmen zur Optimierung der kommunalen Strukturen einmalige Zuweisungen zu bewilligen.[813] Als freiwillige Optimierungsmaßnahmen kommen beispielsweise nach § 17 a

---

812 Vgl. dazu die Einschätzung des *Innenministeriums NRW* in der Kommission zur Beratung der Empfehlungen des Instituts für Wirtschaftsforschung an der Universität München, in: Innenministerium NRW (Hrsg.), Analyse und Weiterentwicklung des kommunalen Finanzausgleichs Nordrhein-Westfalen, S. 286, abrufbar unter: www.im.nrw.de/bue/doks/ab_ifokommission.pdf, Stand:7.3.2011.

813 4. Änderungsgesetz zur Änderung des Landesfinanzausgleichsgesetzes vom 7.7.2009, GVBl. RP, S. 277 f.

Abs. 2 LFAG die Auflösung von verbandsfreien Gemeinden und die Eingliederung in eine Verbandsgemeinde sowie die Eingliederung von kreisfreien Städten in Landkreise in Betracht. Eine ähnliche Regelung sieht § 22 Abs. 2 Nr. 4 des sächsischen Finanzausgleichsgesetzes vor, wonach freiwillige Zusammenschlüsse von Landkreisen sowie freiwillige Gemeindezusammenschlüsse mit der Zuweisung einer festen Summe je Einwohner honoriert werden. Zielrichtung beider landesgesetzlicher Regelungen ist jeweils die Einleitung einer Gebietsreform auf freiwilliger Basis mit der finanziellen Förderung als Anreizwirkung.[814]

Eine entsprechende Regelung zur Förderung der neuen Zusammenarbeitsmodelle in Nordrhein-Westfalen begegnet mehreren ablehnenden Faktoren. Die Festsetzung einer genauen Fördersumme gestaltet sich schwierig. Für Zuweisungen nach § 19 Abs. 2 Nr. 5 bzw. Abs. 3 GFG steht insgesamt ein Volumen von 5.067.000 EUR zur Verfügung. Die genaue Bezifferung von Doppelbelastungen gestaltet sich wegen der Abhängigkeit von der Aufgabenart und den unterschiedlichen Umlagebelastungen äußerst schwierig. Zuweisungen innerhalb des Steuerverbunds bewirken, wie bei den Bedarfszuweisungen, eine Verringerung der Ausgleichsmasse. Der Nutzen von Aufgabenverlagerungen fokussiert sich aber vorwiegend auf den individuellen Nutzen für neue Aufgabenträger. Wie bislang aufgezeigt, ist ein kommunaler Wettbewerb im kreisangehörigen Raum in der jetzigen gesetzlichen Ausgestaltung des gestuften Modells, von einigen Ausnahmen abgesehen, nicht förderungswürdig. Dafür bestehen zu viele finanzielle Unwägbarkeiten und verfassungsrechtliche Zweifel, insbesondere hinsichtlich der gebotenen staatlichen Mitwirkung bei Aufgabenverlagerungen.

4. Ausgabenorientierte Mindestausstattung

Das System des nordrhein-westfälischen Finanzausgleichs verzeichnet mit einem Verbundsatz von 23 % an den Länderanteilen der Gemeinschaftssteuern eine Abhängigkeit von der Einnahmeentwicklung des Landes. Verbunden sind die damit aufgezeigten Schwierigkeiten zur Gewährleistung einer verfassungsrechtlich garantierten Mindestfinanzausstattung der Kommunen. Der Ansatz einer ausgabenorientierten Mindestausstattung versucht, das Konfliktverhältnis zwischen der Finanzausstattungsgarantie und der

---

814 Vgl. dazu: GesE der *LReg RP* zum 4. Änderungsgesetz zur Änderung des Landesfinanzausgleichsgesetzes, LT-Drs. 15/2963, S. 12; dazu mit Anwendungsbeispiel: *Müller/Meffert,* LKRZ 2009, S. 290 (293).

finanzwissenschaftlichen Notwendigkeit der Aufrechterhaltung der finanziellen Leistungsfähigkeit des Landes zu mildern. Im thüringischen Finanzausgleichsgesetz von 2007[815] hat der Landesgesetzgeber die Einnahmeorientierung zugunsten einer objektiven Bestimmung des Ausgabenbedarfs von Land und Kommunen ersetzt und damit den Versuch unternommen, die bislang als nahezu nicht näher konkretisierbare kommunale Mindestfinanzausstattung zu erfassen. Den Ausgangspunkt für die Abkehr vom Einnahmesystem bildete eine Entscheidung des thüringischen Verfassungsgerichtshofs aus dem Jahr 2005.[816] Als Vertreter des Kern-/Randbereichsmodells beim Finanzausstattungsanspruch verwies der Gerichtshof zur Gewährleistung der Mindestausstattung auf die Notwendigkeit, die tatsächliche durchschnittliche Kostenbelastung der Kommunen für den eigenen und übertragenen Wirkungskreis, für die Ermittlung des Finanzbedarfs und die Finanzausgleichsmasse festzustellen.[817] Die objektive Bestimmung des Finanzbedarfs im thüringischen Finanzausgleichsgesetz stützt sich auf das Einnahme- und Ausgabeverhalten der vergangenen Jahre im eigenen und im übertragenen Wirkungskreis.[818] Bei der Auswertung der Daten des eigenen Wirkungskreises erfolgt eine Betrachtung nach unterschiedlichen Gemeindegrößenklassen. Auf der Grundlage der aufgabenspezifischen Daten erfolgt in einem zweiten Schritt die Bildung von Durchschnittswerten für die vergangenen Jahre.[819]

Trotz des Bemühens, sogenannte »Ausreißer« in der Statistik durch die Bildung von Gemeindegrößenklassen und auf mehrere Jahre verteilte Durchschnittswerte möglichst gering zu halten, ist die Schwierigkeit eines aufgabenspezifischen oder gemeindespezifischen Mehr- oder Minderbedarfs der Hauptkritikpunkt an diesem Modell. So ist neben einem unterschiedlichen Aufgabenniveau auch im Bereich der Pflichtaufgaben hinsichtlich des Ausgabenbegriffs noch zusätzlich zu beachten, dass dieser die Kosten für ein bestimmtes Leistungsniveau sowie einen auf Ineffizienz beruhenden

815 GVBl. Thür 2007, S. 259.

816 *ThürVerfGH,* Urt. v. 21.6.2005 – 28/03 –, in: NVwZ-RR 2005, 665 (676 ff.); dazu auch *ThürVerfGH,* Urt. v. 18.3.2010 – VerfGH 52/08 –, in: LKV 2010, 220 (221 f.)

817 *ThürVerfGH,* Urt. v. 21.6.2005 – 28/03 –, in: NVwZ-RR 2005, 665 (677).

818 GesE der *LReg Thür* zum Finanzausgleichsgesetz, LT-Drs. 4/3160, S. 25 ff.

819 GesE der *LReg Thür* zum Finanzausgleichsgesetz, LT-Drs. 4/3160, S. 25 ff., mit weiteren Angaben zum Verfahren.

Ausgabenteil beinhaltet.[820] Selbst die vom Verwaltungshandeln unabhängigen reinen Kosten der Leistungserstellung sind angesichts heterogener Strukturen in den Gemeinden bei einzelnen Aufgaben schwer zu vergleichen.[821]

5. Aufgabenorientierte Mindestausstattung

Nicht die Gesamtbetrachtung der Ausgaben, sondern an der Aufgabenart orientierte Zuweisungen bilden die Grundlage dieses Ansatzes. Vorbild in Nordrhein-Westfalen waren die Kopfbeträge, die Kreisen und kreisangehörigen Gemeinden für Auftragsangelegenheiten und Pflichtaufgaben zur Erfüllung nach Weisung gewährt wurden.[822] Im Gemeindefinanzierungsgesetz 1983 waren die Kopfbeträge erstmalig nicht mehr enthalten. Zur Begründung führte der Gesetzgeber an, dass zur Senkung der Nettokreditermächtigung auf das Niveau der Nettoinvestitionen eine Reduzierung der allgemeinen Zuweisungen zugunsten der investiven Zweckzuweisungen zu erfolgen habe.[823] Eine weitere Begründungslinie verwies auf die Stärkung der Solidargemeinschaft zugunsten finanzschwacher Gemeinden. Die Abschaffung der finanzkraftunabhängigen Kopfbeträge erfolge zugunsten der Schlüsselmasse oder eines höheren Zweckzuweisungsbereichs.[824] Der *Verfassungsgerichtshof Nordrhein-Westfalen* stellte in einer daraufhin erhobenen Verfassungsbeschwerde heraus, dass der Entfall der Kopfbeträge keine Verletzung des Selbstverwaltungsrechts der Kreise oder Gemeinden bedeute.[825] Als maßgeblich erachtete der Gerichtshof, dass Art. 78 Abs. 3 LV [a. F.] keine gesonderte Finanzierung von Auftragsangelegenheiten bzw. Pflichtaufgaben zur Erfüllung nach Weisung begründe und – im Hinblick der Qualifizierung von Pflichtaufgaben zur Erfüllung nach Weisung von

820 *Büttner/Holm-Hadulla/Parsche u. a.,* in: Analyse und Weiterentwicklung des kommunalen Finanzausgleichs in NRW, ifo-Gutachten im Auftrag des Innenministeriums NRW, S. 44 f., abrufbar unter: www.im.nrw.de/bue/doks/ifogutachten 2008.pdf, Stand: 7.3.2011.

821 *Büttner/Holm-Hadulla/Parsche u. a.,* in: Analyse und Weiterentwicklung des kommunalen Finanzausgleichs in NRW, ifo-Gutachten im Auftrag des Innenministeriums NRW, S. 44 f.

822 Vgl. § 17 GFG NRW 1982, GVBl. NRW 1982, S. 42 (45).

823 GesE der *LReg* zum GFG NRW 1983, LT-Drs. 9/2002, S. 34.

824 GesE der *LReg* zum GFG NRW 1983, LT-Drs. 9/2002, S. 35.

825 *VerfGH NRW,* Urt. v. 15.2.1985 – VerfGH 17/83 –, in: DVBl. 1985, 685 (685 ff.).

besonderer Bedeutung – letztere nach dem Willen des Landesverfassungsgebers als Selbstverwaltungsaufgaben einzustufen seien.[826]

Die mit Abschaffung der Kopfbeträge umgesetzte »monistische Finanzgarantie«[827] mit einer Schlüsselmasse für alle Aufgaben unterliegt der Kritik kommunaler Spitzenverbände. Im Rahmen der Beratung über eine Reform des Gemeindefinanzierungsgesetzes werden Forderungen nach einer aufgabenorientierten Neuordnung erhoben.[828] Dies wird mit dem Verweis auf die Lage der abundanten[829] Kreise und Gemeinden verbunden, die Pflichtaufgaben zur Erfüllung nach Weisung unter der Fachaufsicht des Landes ohne finanzielle Ausgleichsleistungen erfüllen müssen.[830] Die Wiedereinführung der bis 1982 geltenden Regelung mit einer nach Einwohnerzahlen gestaffelten Kostenpauschale könnte an die neuen Einwohnerschwellenwerte angepasst werden. Damit entfiele zumindest für abundante Gemeinden ein Teil der Doppelbelastung im gestuften Aufgabenmodell. Die redistributive Funktion des Finanzausgleichs erführe aber eine massive Schwächung. Ergebnis der Wiedereinführung wäre eine weitere finanzielle Verbesserung der finanzstarken Gemeinden bei gleichzeitiger Verschlechterung der finanziellen Lage von finanzschwächeren Gemeinden.[831] Sofern eine Auftragskostenpauschale Bestandteil des Steuerverbunds ist, kann bei unveränderter Einnahmesituation des Landes und gleichbleibendem Verbundsatz das Geld im System nur umverteilt werden. Dementsprechend soll die Wiedereinführung der Vergütung von Pflichtaufgaben außerhalb des Steuerverbunds erfolgen.[832] Der von den kommunalen Spitzenverbänden

---

826 *VerfGH NRW,* Urt. v. 15.2.1985 – VerfGH 17/83 –, in: DVBl. 1985, 685 (687).

827 Der Begriff »monistische Finanzgarantie« bezieht sich ausdrücklich nur auf die Schlüsselmasse, erfasst aber nicht die Finanzgarantie an sich, die nach Einführung des Konnexitätsprinzips eine duale Struktur aufweist.

828 Forderung von *Articus,* Städtetag NRW, als Mitglied der Kommission zur Beratung der Empfehlungen des Instituts für Wirtschaftsforschung an der Universität München, in: Innenministerium NRW (Hrsg.), Analyse und Weiterentwicklung des kommunalen Finanzausgleichs Nordrhein-Westfalen, S. 286, abrufbar unter: www.im.nrw.de/bue/doks/ab_ifokommission.pdf, Stand: 7.3.2011.

829 Als »abundante« Gemeinden und Kreise werden solche Gebietskörperschaften bezeichnet, deren Finanzkraft den Finanzbedarf übersteigt und damit zum Entfall von Schlüsselzuweisungen führt, *Diemert,* Eildienst Städtetag 2009, 315 (331).

830 *LKT NRW,* EILDIENST LKT NRW 2010, 170 (172).

831 Zu diesem Ergebnis kommt *Deubel* bereits 1984 nach einer Differentialanalyse, vgl. *Deubel,* Der kommunale Finanzausgleich in NRW, S. 171 f.

832 *LKT NRW,* EILDIENST LKT NRW, S. 170 (172).

verfolgte Vorschlag ist von den Vertretern des Landes NRW nicht aufgegriffen worden.[833]

Die Problematik des derzeitigen Systems besteht in der fehlenden Transparenz der Landesbeteiligung an den Kosten der Pflichtaufgaben zur Erfüllung nach Weisung.[834] Die Bildung einer Schlüsselmasse für alle Aufgabentypen verdeckt den Verantwortungszusammenhang zwischen Weisungsbefugnis und Kostenlast. Die Warn- und Disziplinierungsfunktion des Konnexitätsprinzips gegenüber dem Gesetzgeber entfällt. Nicht übersehen werden sollte aus kommunaler Sicht aber gleichzeitig, dass eine gesonderte Alimentierung von Pflichtaufgaben außerhalb des Finanzausgleichs zugleich besonders kostenträchtige Strukturen im Bereich der freiwilligen Aufgaben zu Tage fördert.

Die Forderung nach der (Wieder-)Einführung von Zuweisungen für Pflichtaufgaben gibt Anlass zur dogmatischen Überlegung, wo diese gesetzlich zu verankern wären. Die mit Einführung des strikten Konnexitätsprinzips vorhandene duale Gesamtstruktur erfasst in Art. 78 Abs. 3 und 5 LV i. V. m. KonnexAG die Übertragung von Pflichtaufgaben. Sofern nach der umstrittenen Auslegung der Tatbestandsvoraussetzungen der Übertragung von neuen oder der Veränderung bestehender Aufgaben[835] das Konnexitätsprinzip nicht greift, erfolgt die Finanzierung über den Finanzausgleich. Bevor auf der sekundären Ebene des gemeindlichen Finanzausgleichs eine neue zweiteilige Struktur mit bisherigem Ausgleich und gesonderter Weisungsaufgabenvergütung entsteht, erscheint eine Implementierung einer Kostenerstattung für den Aufgabenaltbestand in das Regelungsumfeld des Konnexitätsprinzips vorzugswürdiger. Der Gesetzgeber hat zwar mit § 2 Abs. 2 KonnexAG zum Ausdruck gebracht, dass eine rückwirkende Anwendung nicht erfolgt.[836] Diese Regelung ist vor dem Hintergrund einer erheblichen Kostensteigerung zu sehen, die bei einer Einbindung des gesamten pflichtigen Aufgabenbestands droht. Soweit aber eine Anrechnung auf die Umlagegrundlagen als Voraussetzung unstreitig ist, bieten die Regelungen des Konnexitätsprinzips in der Landesverfassung und im Ausführungsgesetz den

833 *Innenministerium NRW,* Abschlussbericht: Analyse und Weiterentwicklung des kommunalen Finanzausgleichs Nordrhein-Westfalen, S. 13, S. 152.

834 *VerfGH* NRW, Urt. v. 15.2.1985 – VerfGH 17/83 –, in: DVBl. 1985, 685 (686).

835 S. oben Kap. 3 A II 1 b bb.

836 Vgl. auch den GesE der *LReg,* Gesetz zur Änderung der Verfassung und zur Regelung eines Kostenfolgeabschätzungs- und eines Beteiligungsverfahrens v. 17.5.1994, LT-Drs. 13/4424, S. 13.

geeigneten Standort, um die Gesetzeskausalität zu betonen. Das derzeitige System des kommunalen Finanzausgleichs in Nordrhein-Westfalen ist nicht aufgabenorientiert, sondern Ausdruck einer Gesamtkalkulation. Lautet jedoch das Ziel, die Konnexität zwischen einem Aufgabentypus und den Ausgaben deutlich herauszustellen, ist das Konnexitätsprinzip lex specialis. Denkbar ist unter Beibehaltung des Wortlauts des Art. 78 Abs. 3 LV eine entsprechende Ergänzung des § 2 KonnexAG.

6. Lösungsversuch: Abundanzumlage-finanzierter Kommunalisierungsfonds

Für die finanzielle Berücksichtigung der Arbeitsteilung zwischen Kreisen und Gemeinden liegt ein dem Schüleransatz vergleichbarer Ansatz im Gemeindefinanzierungsgesetz nahe. Auch wenn eine Aufschlüsselung in jede Aufgabe des gestuften Modells die exakteste Verteilung der Kostenlast bietet, steht die Vielzahl der Aufgaben dem entgegen. Realisierbar ist ein einheitlicher Ergänzungsansatz[837], der die Lasten aller zusätzlichen Aufgaben einer Großen oder Mittleren kreisangehörigen Stadt gesondert berücksichtigt oder den Zentralitätsansatz als Ausgangspunkt nutzt. Allerdings verwendet der Zentralitätsansatz die Anzahl der sozialversicherungspflichtigen Beschäftigten als Indikator zur Abbildung der wirtschaftlichen Aktivität einer Gemeinde. Eine Vergleichbarkeit zur Verwaltungskraft, bezogen auf den Einwohnerschwellenwert, ist damit nicht gegeben. Eine Mittlere kreisangehörige Stadt mit über 20.000 Einwohnern im Umfeld einer Großstadt kann als »Schlafstadt« ein breiteres Spektrum an Pflichtaufgaben wahrnehmen als eine Gemeinde mit 19.500 Einwohnern, die im ländlichen Raum gegenüber den Umlandgemeinden zentralörtliche Funktionen i. S. v. § 8 Abs. 6 GFG aufweist. Ein eigener Ergänzungsansatz für zusätzliche pflichtige Aufgaben nach § 4 GO begründet den Nachteil einer weiteren Verkomplizierung des horizontalen Finanzausgleichs. Zudem müssen einige Auswirkungen des Ergänzungsansatzes Beachtung finden. Da Nordrhein-Westfalen, wie vier weitere Bundesländer[838], bei der Aufteilung der Schlüssel-

837 Ein Ergänzungsansatz besteht für die Sonderstatusstädte in Hessen nach § 11 Abs. 1 FAG HE, indem Städte mit mehr als 50.000 Einwohnern einen Zuschlag von 15 v. H. des Hauptansatzes erhalten. Bei der Kreisumlage werden die Umlagegrundlagen für Sonderstatusstädte auf 56,5 v. H. ermäßigt, sofern es sich nicht um abundante Sonderstatusstädte handelt, vgl. § 37 Abs. 1 und 2 FAG HE. Zu den daraus resultierenden Problemen ausführlich *Broer,* HGZ 2001, 51 (51 ff.).

838 Bayern, Baden-Württemberg, Brandenburg und Thüringen, vgl. dazu die ausführliche Darstellung bei *Wohltmann,* Der Landkreis 2010, 464 (476 ff.).

masse keine Trennung der Teilmassen für kreisfreie Städte und kreisangehörige Städte bzw. Gemeinden vornimmt, darf der Ergänzungsansatz keine Berührungspunkte zu kreisfreien Städten aufweisen. Deshalb müsste dem Zuschlag bei kreisangehörigen Kommunen mit eigenverantwortlicher Pflichtaufgabenerfüllung ein Abschlag bei den Gemeinden entsprechen, für die der Kreis die Aufgaben wahrnimmt.[839] Das Nullsummenerfordernis zwischen Zuschlägen und Abschlägen entfällt, wenn anstatt des Hauptansatzes für Gemeinden der Hauptansatz für Kreise modifiziert wird, indem ein Zuschlag für die Einwohner der vom Kreis versorgten Gemeinden erfolgt.[840]

Der Nachteil eines genau bezifferten Ergänzungsansatzes besteht darin, dass er nur das Gesamtaufgabenpaket der Großen und Mittleren kreisangehörigen Städte erfassen kann. Trotz des gesetzlich festgelegten Umfangs der Aufgabenpakete können Unterschiede auftreten, die darauf beruhen, dass Mittlere oder Große kreisangehörige Städte nicht das vollständige Aufgabenspektrum wahrnehmen. Z. B. kann die Bezirksregierung nach § 13 Abs. 1 S. 3 FSHG hinsichtlich der Verpflichtung der Einstellung hauptamtlicher Kräfte der Feuerwehr eine Ausnahme zulassen. In solchen Fällen bedarf es einer entsprechenden Anpassung des Ergänzungsansatzes. Erforderlich wäre deshalb eine für jede Aufgabe des gestuften Modells ermittelte landesdurchschnittliche Kostenbasis, die die Einwohnerveredelung entsprechend des wahrgenommenen Aufgabenpakets mehr oder weniger stark modifiziert. Gleiches gilt für die aufgabenträgerunabhängige Zusammenarbeit, die oftmals nur eine Aufgabe verschiebt.

In diesem Punkt offenbart sich die Schwäche der beliebigen Verschiebbarkeit von Aufgaben im kreisangehörigen Raum: Eine breit gestreute Risikoverteilung des Wegfalls von Synergieeffekten über den horizontalen Finanzausgleich ist nahezu unmöglich, wenn ein noch hinreichend bestimmtes und umsetzbares Gemeindefinanzierungsgesetz geschaffen werden soll.

Für die Finanzierung der Aufgaben im gestuften Modell ist ein flexibles Instrument von Nöten, das den Verantwortungsbeitrag des Gesetzgebers in Form der Schaffung des Anreizsystems für Aufgabenverlagerungen einerseits und den Beitrag der antragstellenden Gemeinden sowie die daraus folgende Privilegierung andererseits abbildet. Kopfbeträge für Pflichtaufga-

839 Vgl. *Deubel,* Der kommunale Finanzausgleich in NRW, S. 158, für die Ausgestaltung eines Jugendamtsansatzes.

840 Vgl. *Deubel,* Der kommunale Finanzausgleich in NRW, S. 158.

ben helfen zur Vermeidung der Doppelbelastung. Keine Wirkung erzielt die Alimentierung von Pflichtaufgaben für negative Skaleneffekte von Aufgabenverlagerungen. Da die Abkehr vom monistischen Finanzierungsmodell momentan politisch nicht aussichtsreich ist und eine vollständige Übernahme der Kosten durch das Land für Dezentralisierungsbestrebungen mangels konnexitätsrelevanz ebenso unrealistisch ist, bietet sich eine Kostenteilung im Rahmen eines Kommunalisierungsfonds an. Angelehnt an das System der Bedarfszuweisungen entfaltet dieser Fonds keine Breitenwirkung, sondern dient dem Mittelabruf von Kreisen und kreisangehörigen Gemeinden, die nicht selbst Aufgabenträger werden, sondern durch Aufgabenverlagerungen betroffen sind. Im Gegensatz zu den Bedarfszuweisungen verfolgt dieser Ansatz eine redistributive Funktion außerhalb des Steuerverbunds. Die notwendige Finanzierung des Fonds obliegt dem Land sowie abundanten Gemeinden über eine Abundanzabgabe. Denkbar wäre auch eine »Dezentralisierungsabgabe« aller Gemeinden zur Finanzierung des Fonds. In Anbetracht der aktuellen und zu erwartenden Fallzahlen von Gemeinden, die die neuen Möglichkeiten nutzen, ist der mögliche Finanzierungsaufwand aber gering. Die Abundanzquote kann als Steuerungsinstrument der Nachfrage sowie der Anzahl der abundanten Gemeinden und deren Abundanzvolumen angepasst werden. Für den Fall, dass keine negativen Skaleneffekte eintreten und die Aufgabenverlagerung kostenneutral ist oder sogar ein Einsparvolumen aufweist, kann die Quote abgesenkt und die Finanzmittel können den Bedarfszuweisungen nach § 19 GFG oder einem Entschuldungsfonds zugeleitet werden. Die Abundanzabgabe zeigt sich damit als ein flexibleres Instrument gegenüber einer allgemeinen Dezentralisierungsabgabe aller Gemeinden und dient – anders als im diskutierten Fall einer Abundanzabgabe zur Verstetigung der Finanzen oder als Entschuldungsfonds[841] – der Solidarität mit Kommunen, deren finanzielle Belastung nicht das Resultat eigener politischer Haushaltsentscheidungen ist, sondern von Entscheidungen anderer Kommunen abhängt. Vor dem Hintergrund, dass den Gemeinden im kreisangehörigen Raum ein erweiterter Aufgabenzugriff ermöglicht wird und der Tatsache, dass der Antrag auf Erlangung des Status einer Mittleren oder Großen kreisangehörigen Stadt

---

841 Vgl. dazu *Büttner/Holm-Hadulla/Parsche u. a.,* in: Analyse und Weiterentwicklung des kommunalen Finanzausgleichs in NRW, ifo-Gutachten im Auftrag des Innenministeriums NRW, S. 49; Kommission zur Beratung der Empfehlungen des Instituts für Wirtschaftsforschung an der Universität München, in: Innenministerium NRW (Hrsg.), Analyse und Weiterentwicklung des kommunalen Finanzausgleichs Nordrhein-Westfalen, S. 108 ff.; *Strotmeier,* Gemhlt 2009, 169 (171 ff.).

eher für Gemeinden mit überdurchschnittlich guter Haushaltslage attraktiv ist, erweist sich die Belastung nur abundanter Gemeinden als angemessen.

Kapitel 4: Folgewirkungen von Aufgabenverlagerungen im kreisangehörigen Raum

Nachdem bislang Voraussetzungen und verfassungsrechtliche Grenzen von Aufgabenverlagerungen im Mittelpunkt der rechtlichen Beurteilung standen, liegt der Schwerpunkt im folgenden Kapitel auf den Folgen von Aufgabenverschiebungen für die Kommunalaufsicht und die Angestellten sowie Beamten, die bislang mit den Aufgaben auf Kreisebene befasst waren. Die Schaffung neuer dezentraler Strukturen wird ferner einer Analyse vor dem Hintergrund des demografischen Wandels in den Kreisen unterzogen.

A. Die Aufsicht bei kreis- bzw. regierungsgebietsübergreifender interkommunaler Zusammenarbeit

I. Rechtsaufsicht

Die Rechtsaufsicht für kommunale Zusammenarbeit in Ausprägung von öffentlich-rechtlichen Vereinbarungen nach § 4 Abs. 8 GO regelt § 29 Abs. 4 GkG. Die Zuständigkeit der Aufsichtsbehörden der beteiligten Gemeinden und Gemeindeverbände, die ordnungsgemäße Durchführung der Aufgaben innerhalb ihres Verwaltungsbezirkes zu überwachen, wird nach § 29 Abs. 4 S. 1 GkG nicht berührt.

1. Aufsicht bei der delegierenden öffentlich-rechtlichen Vereinbarung

Bei einer Aufgabendelegation im Rahmen einer öffentlich-rechtlichen Vereinbarung ist die Aufsichtsbehörde der übernehmenden Gemeinde zuständig.[842] Erfolgt die Delegation auf eine kreisangehörige Gemeinde oder kreisangehörige Stadt, ist nach § 29 Abs. 4 S. 1 GkG i. V. m. § 120 Abs. 1 GO der Landrat des Kreises als untere staatliche Verwaltungsbehörde zuständig. Mit der Erlangung des Status einer Mittleren oder Großen kreisangehörigen Stadt ist kein besonderer kommunalverfassungsrechtlicher Status verbunden, der über das zusätzliche Aufgabenpaket hinausreicht und eine Änderung in der Organisation der Kommunalaufsicht herbeiführt.[843]

---

842 *Rothe,* Recht der interkommunalen Zusammenarbeit, S. 52.

843 *Becker,* in: Held/Becker u. a., KVR, Bd. I, § 120 GO.

Bei einer Rückübertragung von Aufgaben auf den Kreis nach § 4 Abs. 8 S. 1 lit b) ist Aufsichtsbehörde nach § 29 Abs. 4 S. 1 GkG i. V. m. § 57 Abs. 1 KrO die Bezirksregierung. Im Falle einer kreisgebietsübergreifenden Zusammenarbeit besteht damit grundsätzlich keine Doppelzuständigkeit.

2. Aufsicht bei der mandatierenden öffentlich-rechtlichen Vereinbarung

Ein Mandat lässt die Zuständigkeitsordnung der beteiligten Kommunen unberührt. Über die Ausgestaltung der Weisungsbefugnisse im Innenverhältnis steuert die beauftragende Gemeinde die beauftragte Gemeinde. Zwar kann der beauftragten Gemeinde im Wege einer Generalvollmacht ein größerer eigener Entscheidungsspielraum eingeräumt sein, maßgebend ist aber aus Sicht der Kommunalaufsicht die nach außen in Erscheinung tretende Kommune. Im Außenverhältnis ist dies die beauftragende Kommune, die ungeachtet der Mandatierung für die jeweilige Aufgabe unter staatlicher Aufsicht verbleibt.

3. Keine Begründung von Doppelzuständigkeiten der Aufsichtsbehörden durch Mitwirkungsrechte

Soweit sich die aufgabenabgebende Gemeinde ein Mitwirkungsrecht nach § 23 Abs. 3 GkG vorbehalten hat, ist zu klären, ob eine Zuständigkeit der Aufsichtsbehörde der abgebenden Gemeinde im Umfang des Mitwirkungsrechts erhalten bleibt. Um den Unterschied zum Mandat zu wahren, ist ein Selbstentscheidungsvorbehalt, der einer konservierenden Delegation gleichkommt, nicht zulässig.[844] Damit die Letztentscheidungskompetenz zur Ausgestaltung der Aufgabenerfüllung bei der übernehmenden Kommune und deren Aufsichtsbehörde liegt, bleibt als Wahrnehmungskompetenz der Aufsicht für die abgebende Gemeinde nur die Überwachung der rechtmäßigen Ausübung des Mitwirkungsrechts bestehen. Ist ein Mitwirkungsrecht zur Sicherung der demokratischen Legitimation bei der Delegation nach hier vertretender Ansicht zwingend erforderlich, wäre stets eine Doppelzuständigkeit von zwei Aufsichtsbehörden durch die abgebende Gemeinde die Folge. Sofern es bei der Mitwirkung der abgebenden Gemeinde zu unterschiedlichen Rechtsauffassungen der Aufsichtsbehörden kommen sollte, müsste die nächsthöhere Aufsichtsbehörde, bei zwei Landräten nach § 120

---

844 S. oben Kap. 1 A III 1 a.

Abs. 3 GO die Bezirksregierung, eine Entscheidung treffen. Diese Konsequenz ist § 29 Abs. 4 S. 1 GkG nicht zu entnehmen. Die vertragliche Einräumung des Mitwirkungsrechts unterfällt bereits der präventiven Genehmigung der öffentlich-rechtlichen Vereinbarung nach § 29 Abs. 4 S. 2 GkG. Betrifft die Ausfüllung des wahrgenommenen Mitwirkungsrechts die Aufgabenerfüllung, ist nur die Aufsichtsbehörde der übernehmenden Gemeinde zuständig, da ihr die Überwachung der ordnungsgemäßen Aufgabenerfüllung obliegt. Bleibt hingegen die abgebende Gemeinde untätig und macht von ihrem Mitwirkungsrecht keinen Gebrauch, obwohl Entwicklungen im Gemeindegebiet dies erfordern, ist der Zuständigkeitsbereich der Aufsichtsbehörde der abgebenden Gemeinde eröffnet.

II. Sonderaufsicht

Das gestufte Aufgabenmodell enthält neben pflichtigen Selbstverwaltungsaufgaben auch Pflichtaufgaben zur Erfüllung nach Weisung, die einer Sonderaufsicht im Umfang des nach Art. 78 Abs. 4 S. 2 LV vorbehaltenen Weisungsrechts unterliegen. Die Sonderaufsicht[845] beschränkt sich nicht auf die Überwachung der gesetzmäßigen Aufgabenerfüllung, sondern bietet den Aufsichtsbehörden zusätzlich die Möglichkeit, die Zweckmäßigkeit des Handelns zu beurteilen.[846]

1. Organisatorische Grundlagen der Sonderaufsicht

Anders als bei der Rechtsaufsicht enthält das Gesetz über die kommunale Gemeinschaftsarbeit keine Regelungen über die Organisation der Sonderaufsicht. Die allgemeine Regelung der Kommunalaufsicht in § 119 Abs. 2 GO verweist hinsichtlich der organisatorischen Ausgestaltung auf die jeweiligen Fachgesetze. Für einen Teil der Aufgaben im gestuften Aufgabenmodell sind die örtlichen Ordnungsbehörden der Großen und/oder Mittleren kreis-

---

845 In Nordrhein-Westfalen findet, wie in Brandenburg (§ 132 Abs. 1 GO BbG), der Begriff der Sonderaufsicht Anwendung. Der in anderen Bundesländern verwendete Begriff der Fachaufsicht ist in Nordrhein-Westfalen nur in den §§ 11, 13 LOG erwähnt und bezieht sich auf die Aufsicht über nachgeordnete Landesbehörden. Die Fachaufsicht über Kommunen kann nur im Bereich der Auftragsangelegenheiten Bedeutung erlangen, vgl. dazu *Stähler,* Landesorganisationsgesetz, § 11, Erl. 2; *Becker/Winkel,* in: Held/Becker u. a., KVR, Bd. I, § 119 GO, Erl. 4.2 ff.

846 *Brüning/Vogelgesang,* Kommunalaufsicht, Rn. 305; *Schoch,* Jura 2006, 358 (359).

angehörigen Städte zuständig.[847] Nach § 7 Abs. 1 OBG führt der Landrat als untere staatliche Verwaltungsbehörde die Aufsicht über die örtlichen Ordnungsbehörden. Als Aufsichtsmittel stehen der Sonderaufsichtsbehörde insbesondere ein Weisungsrecht nach § 9 OBG sowie die Möglichkeit des Selbsteintritts nach § 10 OBG zu. Abgesehen von diesen Sonderregelungen wie dem Selbsteintritt[848] als schärfstem Mittel für die Fälle, in denen der Hauptverwaltungsbeamte als staatliche Verwaltungsbehörde die erteilten Weisungen nicht ausführt, stehen der Sonderaufsichtsbehörde keine weiteren Eingriffsbefugnisse zu, sondern sie bedarf des Rückgriffs auf die allgemeine Kommunalaufsichtsbehörde, wenn sie auf Maßnahmen nach den § 121 ff. GO zurückgreifen will.[849]

2. Notwendigkeit einer gesetzlichen Regelung der Sonderaufsicht bei Aufgabenverlagerungen?

Bei einer kreisübergreifenden Delegation im Rahmen der aufgabenträgerunabhängigen Zusammenarbeit ist in der Literatur umstritten, wie die Zuständigkeitsregelungen für die Sonderaufsicht[850] auszugestalten sind. *Faber* schlägt eine Vor-Ort-Zuständigkeit eines Kreises, oder alternativ die Zuständigkeit der Bezirksregierung vor.[851] Zugleich fügt *Faber* aber einschränkend an, dass eine Vor-Ort-Zuständigkeit zwar den Vorteil einer

847 Z. B. die Ordnungsbehörden für Mittlere und Große kreisangehörige Städte für die Aufgaben der Verkehrslenkung und Sicherung nach §§ 29 Abs. 2, 30 Abs. 2, 32, 45, 46 und 47 StVO (Verordnung über die Änderung der Verordnung über die Bestimmung der zuständigen Behörden nach der Straßenverkehrs-Ordnung v. 16.11.1979, GVBl. NRW 1979, S. 875); für Aufgaben nach §§ 16 Abs. 3, 9, 117 und 118 HandwO nur die Ordnungsbehörden der Großen kreisangehörigen Städte (Verordnung über die Zuständigkeiten nach der Handwerksordnung v. 16.11.1979, GVBl. NRW 1979, S. 872, geändert durch die Verordnung über die Zuständigkeiten nach der Handwerksordnung und der EU/EWR-Handwerk-Verordnung v. 24. April 2006, GVBl. NRW 2006, 212).

848 Dazu ausführlich: *Klaes,* Selbsteintritt und kommunale Selbstverwaltung, S. 23 ff.

849 *Cronauge,* in: Rehn/ders. u. a., § 127 GO, Erl. 2; *Becker,* in: Held/Becker u. a, KVR, Bd. I, § 127 GO, Erl. 3; *Brüning/Vogelgesang,* Kommunalaufsicht, Rn. 325.

850 Missverständlich insoweit *Faber,* NWVBl. 2008, 54 (58), und *Dünchheim,* Kommunalrecht NRW, S. 43; ders., VR 2009, 192 (197), die beide von einer »Fachaufsicht« ausgehen. Dieser Terminus findet nur bei Auftragsangelegenheiten Anwendung. Mit der Zuständigkeit Großer kreisangehöriger Städte nach dem Unterhaltssicherungsgesetz (Verordnung zur Regelung der Zuständigkeiten nach dem Unterhaltssicherungsgesetz, GVBl. NRW 1980, S. 825) als Auftragsangelegenheit, hätte die Fachaufsicht nur einen sehr begrenzten Anwendungsraum im gestuften Modell. Deshalb kann nur die Organisation der Sonderaufsicht Gegenstand der rechtlichen Beurteilung der beiden Autoren sein.

851 *Faber,* NWVBl. 2008, 54 (58).

ortsnahen Sonderaufsicht biete, aber eine unübersichtliche Aufsichtssituation im Land schaffe.[852] *Dünchheim* plädiert aus dem zuletzt genannten Grund deshalb für eine Zuständigkeit der Bezirksregierung in analoger Anwendung des § 29 Abs. 1 GkG.[853]

Die Notwendigkeit von besonderen Regelungen zur Ausgestaltung der Sonderaufsicht bedarf der näheren Betrachtung. Zunächst ist wie bei der Rechtsaufsicht nach Delegation und Mandat zu trennen. Die Vor-Ort-Zuständigkeit der Kreise bzw. des Landrats als untere staatliche Verwaltungsbehörde bleibt im Fall einer mandatierenden Vereinbarung erhalten. Gegenüber der Rechtsaufsicht ergibt sich keine andere Beurteilung. Nur die Zuständigkeitsverschiebung im Rahmen der Delegation kann dazu führen, dass mit der Aufgabe auch die Sonderaufsicht wechselt. Bei der Sonderaufsicht über die unteren Bauaufsichtsbehörden in Mittleren oder Großen kreisangehörigen Städten führt eine kreisgebietsübergreifende Delegation beispielsweise dazu, dass der Landrat als untere staatliche Verwaltungsbehörde auch obere Bauaufsichtsbehörde über eine oder mehrere kreisangehörige Gemeinden und kreisangehörige Städte aus einem anderen Kreis ist. Dies verlangt die Einarbeitung in Sachverhalte, die bislang unter anderer Zuständigkeit wahrgenommen wurden und vergrößert den Zuständigkeitsbereich. Der Effekt eines schwindenden räumlichen Bezugs der Sonderaufsichtsbehörden zur überwachten Fachbehörde und den zu überwachenden Verfahren wohnt dem Delegationsmerkmal der Kompetenzübertragung inne.

Eine Ortsnähe besteht aber lediglich zwischen Kompetenzträger und Aufsicht, nicht zwischen Aufsicht und räumlichem Aufgabenbereich. Das Argument der Unübersichtlichkeit ist nicht auf der Aufsichtsebene zu verorten, sondern bereits bei der delegierenden öffentlich-rechtlichen Vereinbarung, die die Zuständigkeiten im kreisangehörigen Raum und darüber hinaus verschiebt. Solange auch bei der kreisgebietsübergreifenden Delegation die Aufsicht der Zuständigkeit folgt, entsteht keine größere Unübersichtlichkeit, als die ohnehin schon vorhandene. Hingegen führt die Aufsichtsfunktion der Bezirksregierung neben der veränderten Aufgabenzuständigkeit zusätzlich zu einer veränderten Aufsichtsstruktur. Zudem besteht keine vergleichbare Interessenkollision wie bei der Aufsicht über Zweckverbände nach § 29 Abs. 1 GkG oder bei der Genehmigung von öffentlich-rechtlichen Vereinbarungen nach § 29 Abs. 2 S. 4 GkG. Dort ist die

---

852 *Faber,* NWVBl. 2008, 54 (58).
853 *Dünchheim,* VR 2009, 192 (197).

Bezirksregierung u. a. zuständig, wenn länderübergreifende Zweckverbände bzw. Vereinbarungen gegründet werden oder eine Beteiligung von Kreisen oder Gemeindeverbänden mit Kreisen als Mitgliedern besteht und eine Aufsicht des Landrats als untere staatliche Verwaltungsbehörde gegenüber dem Kreis ausgeschlossen werden soll.[854] Mangels Doppelzuständigkeit der Aufsicht bei der delegierenden Vereinbarung droht kein Interessenkonflikt, der eine Hochzonung der Aufsicht nach sich ziehen muss. Allerdings kann es innerhalb eines Kreisgebiets bei der Zuständigkeit von mehreren Aufsichtsbehörden zu unterschiedlichen Bewertungen hinsichtlich der Zweckmäßigkeit der gleichen Aufgabenwahrnehmungsmaßstäbe kommen. In diesem Fall wäre die Bezirksregierung als nächsthöhere Aufsichtsbehörde zuständig. Dies gilt auch für eine regierungsbezirksübergreifende Delegation. Nur bei einer länderübergreifenden delegierenden öffentlich-rechtlichen Vereinbarung bedarf es einer Sonderregelung.

Aus verwaltungspraktischer Sicht sind kreisgebietsübergreifende Regelungen auf Grund höherer Hemmnisse zur Zusammenarbeit in der Gründungsphase seltener als kreisinterne Zusammenarbeitsmodelle, bei denen die beteiligten Gemeinden schon allein infolge besserer Kenntnisse über die, auch finanziellen, Grundstrukturen der anderen Verwaltungen sowie eine engere personelle Vernetzung eher den Abschluss von Zusammenarbeitsmodellen erwägen.

B. Rechtsnachfolge und Personalüberleitung

Mit Erlangung des Status einer Mittleren oder Großen kreisangehörigen Stadt werden die bislang vom Kreis für die Gemeinden wahrgenommenen Aufgaben des gestuften Modells auf die Gemeinden übertragen. Gleiches gilt für die aufgabenträgerunabhängige Zusammenarbeit, wobei es sich in der Regel eher um eine Aufgabe handelt und nicht ein ganzes Aufgabenbündel übergeht. Für den Kreis ergibt sich daraus die Konsequenz, dass er

---

854 Der Landrat handelt in seiner Funktion als untere staatliche Verwaltungsbehörde nicht als Organ des Kreises, sondern ist Behörde des Landes. Die im Rahmen der Aufsicht getroffenen Maßnahmen werden dem Staat zugerechnet und bedingen eine Fach- und Dienstaufsicht nach den § 11 ff. LOG, vgl. dazu *Smith,* in: Kleerbaum/Palmen, Kreisordnung NRW, § 58, Erl. 3. f.; *Kirchhof/Plückhahn,* in: Held/Becker u. a., KVR, § 58 KrO, Erl. 1.2; ausführlich zur Organleihe, *Vietmeier,* Staatliche Aufgaben der Kommunen, S. 178 ff. Die Regelung des § 29 Abs. 2 S. 4 GkG folgt dem Gedanken des § 59 Abs. 2 KrO, der Interessenkollisionen vermeiden will.

einen Personalüberschuss aufzuweisen hat, da die Aufgaben zumindest bei der Übertragung auf eine Mittlere oder Große kreisangehörige Stadt dauerhaft übergehen, wenn nicht ein enormer Einwohnerrückgang eine Streichung in der Rechtsverordnung bedingt. Bei einer unbefristeten oder längerfristigen Übernahme im Rahmen der aufgabenträgerunabhängigen Zusammenarbeit muss der Kreis ebenfalls bei der Personalplanung die kleinere Anzahl von kreisangehörigen Gemeinden berücksichtigen, für die weiterhin die Aufgaben erbracht werden. Liegen mehrere Anträge auf Erlangung des Status einer Mittleren oder Großen kreisangehörigen Stadt bzw. für Zusammenarbeitsmodelle vor oder verbleibt keine Gemeinde im Kreisaufgabenverband, verschärft sich der Personalüberhang. Sofern innerhalb der Kreisverwaltung keine Verwendungsmöglichkeit mehr besteht oder gewünscht wird, kann es für den betroffenen Kreis von Interesse sein, ob eine Verpflichtung der Stadt oder Gemeinde auf Übernahme des bislang mit den Aufgaben betrauten Personals besteht. Für Beamte und Tarifbeschäftigte ist gesondert zu untersuchen, ob eine gesetzliche Überleitung in Betracht kommt.

I. Überleitung von Beamten

1. Landesrechtliche Regelung

Das Landesbeamtengesetz Nordrhein-Westfalen sieht in § 26 Abs. 2 die Möglichkeit einer Versetzung bei der Auflösung bzw. wesentlichen Änderung des Aufbaus oder der Aufgaben der Behörden vor. Versetzung ist nach § 28 Abs. 1 BBG die auf Dauer angelegte Übertragung eines anderen Amtes bei einer anderen Dienststelle, bei demselben oder einem anderen Dienstherren. Die Versetzung kann nach § 26 Abs. 2 LBG NRW auch ohne die Zustimmung des Beamten erfolgen. Selbst wenn der, durch die Aufgabenverlagerungen hervorgerufene (Teil-)Aufgabenverlust beim Kreis als wesentliche Änderung der Aufgaben gewertet werden kann, ist Voraussetzung für die Versetzung, dass bei dem betroffenen Kreis oder einem anderen Dienstherrn entsprechender Personalbedarf besteht. Einen der Aufgabe folgenden Personalübergang beinhaltet das Instrument der Versetzung nicht.

2. Voraussetzungen einer Überleitung nach § 128 BRRG

a. Anwendbarkeit

Das Beamtenstatusgesetz, das am 1.4.2009 das Beamtenrechtsrahmengesetz abgelöst hat[855], enthält in § 16 Abs. 4 i. V. m. § 16 Abs. 1 und 2 BeamtStG zwar die Regelung, dass Beamte bei einem vollständigen oder teilweisen Übergang von Aufgaben auf eine andere Körperschaft in den Dienst der aufgabenübernehmenden Körperschaft eintreten. Die Vorschrift steht jedoch im Abschnitt länderübergreifender Wechsel und nach § 13 gelten die Vorschriften dieses Abschnitts nur für länderübergreifende Personalwechsel.[856] Nach § 63 Abs. 3 BeamtStG gilt Kapitel 2 des BRRG weiter, demnach auch die Vorschrift des § 128 BRRG, die dieselbe Regelung bezüglich der Aufgabenverlagerung wie § 16 Abs. 4 BeamtStG vorsieht, ohne den länderinternen Wechsel auszuschließen.

---

855 Gesetz zur Regelung des Statusrechts der Beamtinnen und Beamten in den Ländern v. 17.6.2008, BGBl. I , S. 1010.

856 GesE des *BReg* zum BeamtStG, BT-Drs. 16/4027, S. 24. Die Regierung verweist auf das Gesetz zur Änderung der Grundgesetzes im Rahmen der Förderalismusreform (BT-Drs. 16/813, S. 14), indem in der Begründung für Art. 27 Abs. 1 Nr. 27 bis 33 GG festgelegt wird, dass nur die Abordnung und Versetzung zwischen den Ländern sowie zwischen Land und Bund zum Statusrecht zählen. Der Bundesrat vertrat zwischenzeitlich eine andere Ansicht (BT-Drs. 16/4027, S. 42 f.), änderte diese aber wieder (BR-Drs. 89/08, S. 2), so dass durch Beschluss des Vermittlungsausschusses (BT-Drs. 16/8910, S. 2) die Ansicht des Bundesregierung bestätigt wurde. Vgl. zum Ganzen *Dillenburger,* NJW 2009, 1115 (1116 f.), und *Wolff,* in: Burgi/Palmen (Hrsg.), Verwaltungsstrukturreform NRW, S. 99 (105). Die Frage des landesinternen Wechsels gewann auch im Rahmen des Gesetzes zur Straffung der Behördenstruktur in NRW vom 30.10.2007 (GVBl. NRW 2007, S. 481 ff.) und dem Gesetz zur Kommunalisierung von Aufgaben des Umweltrechts vom 11.12.2007 (GVBl. NRW 2007, S. 662 ff.) an Bedeutung. Zusätzlich zeigte sich bei diesen Kommunalisierungsvorhaben die Problematik, inwieweit mit Blick auf Art. 125a Abs. 1 S. 2 GG eine vollständige Ersetzung erforderlich ist, oder ob, wie vom Landesgesetzgeber vorgenommen, nur Teilbereiche abweichend vom Bundesrecht geregelt werden können. Für die Personalüberleitung, die der Aufgabenverlagerung folgte, wurden die Körperschaften als Adressaten der gesetzlichen Überleitung mittels eines Zuordnungsplans bestimmt. Der Verfassungsgerichtshof NRW hat die Auslegung vertreten, dass der Art. 74 Abs. 1 Nr. 27 GG nach Art. 125 b Abs. 1 S. 2 GG i. V. m. Art. 75 GG a. F. fortgilt, aber § 128 Abs. 3 BRRG Raum für eine landesrechtliche Regelung lasse, *VerfGH NRW,* Urt. v. 23.3.2010 – 19/08 –, in: NVwZ-RR 2010, 705 (707). Hinsichtlich des Zuordnungsplans hat das *OVG Münster* (*OVG Münster,* Urt. v. 7.9.2010 – 6 A 2144/08 –, in: juris, Rn. 38 ff. sowie in den Parallelentscheidungen des gleichen Tages, 6 A 3164/08, 6 A 3249/08, 6 A 2077/08) entschieden, dass keine Überleitung kraft Gesetzes auf die neue Körperschaft stattgefunden habe, da der Zuordnungsplan nicht Teil des Gesetzes geworden sei. Zum Ganzen auch *Höfling/Engels,* NVwZ 2008, 1168 (1168 ff.), und *Wolff,* NVwZ 2009, 632 (632 ff.).

§ 128 Abs. 4 3. Alt. BRRG verweist bei einem vollständigen oder teilweisen Aufgabenübergang auf § 128 Abs. 1-3 BRRG. § 128 Abs. 1 BRRG sieht bei einer vollständigen Eingliederung einer Körperschaft in eine andere einen Übergang der Beamten kraft Gesetzes vor. § 128 Abs. 2 BBRG, der eine vollständige Eingliederung in mehrere Körperschaften regelt, sowie Abs. 3 für den Fall einer teilweisen Eingliederung in eine oder mehrere Körperschaften, verlangen hingegen nach § 129 Abs. 3 BRRG von der aufnehmenden Körperschaft einen auswählenden und bezeichnenden Verwaltungsakt. Ob § 128 Abs. 1 BRRG oder Abs. 3 für Aufgabenverlagerungen im Rahmen des gestuften Modells Anwendung finden, ist davon abhängig, wie das Wort »vollständig« in § 128 Abs. 4 3. Alt. BRRG ausgelegt wird.

b. Erfordernis der Auswahlentscheidung

Vollständig kann sich auf einen ganzen Aufgabenbereich, z.B. die Jugendhilfe, beziehen oder die Übertragung aller Aufgaben, d. h. eine Gesamtrechtsnachfolge bedeuten.[857] Die Unterscheidung zwischen Gesamtrechtsnachfolge und Teilrechtsnachfolge ist bedeutsam für die Entscheidung, wer die Versorgungslasten trägt. Die Gesamtrechtsnachfolge bewirkt einen gesetzlichen Übergang nach § 128 Abs. 1 BRRG, was auch im Hinblick auf die Versorgungslasten nach § 132 Abs. 1 BRRG der Fall ist. Bei einer Teilrechtsnachfolge bleiben die Ansprüche des Versorgungsempfängers nach § 132 Abs. 3 BRRG gegen die abgebende Körperschaft bestehen. Der Übertritt kraft Gesetzes nach Art. 128 Abs. 1 BRRG lässt zudem die Auswahlentscheidung und das Einvernehmenserfordernis zwischen den Behörden entfallen.

Das Bundesverwaltungsgericht vertritt aus Praktikabilitätserwägungen die Auffassung, dass bei einem teilweisen Übergang von Aufgaben, auch wenn diese ein vollständiges Aufgabengebiet umfassen, nur die Absätze 2-3 des § 128 BRRG anwendbar sind.[858] Solange nicht sämtliche Aufgaben einer Körperschaft übergehen, bedürfe es erst einer Auswahlentscheidung, welche

857 *Schink,* Rechtsnachfolge bei Zuständigkeitsveränderungen, S. 236 f.

858 *BVerwG,* Urt. v. 27.10.1970 – VI C. 8/69 –, in: BVerwGE 36, 179 (183 ff.); *BVerwG,* Urt. v. 26.11.2009 – 2 C 20/08 –, in: Juris, Rn. 15; a. A. *Pappermann,* JR 1971, 346 (346 ff.).

Beamten von dem Aufgabenübergang betroffen seien.[859] Die Systematik des Art. 128 BRRG verlange, dass die Körperschaft bei der Aufgabenübertragung nach § 128 Abs. 4 BRRG fortbestehe, da ansonsten eine vollständige Eingliederung gegeben sei. Das Gesetz setze in Abs. 4 sowohl die vollständige als auch die teilweise Aufgabenübertragung gleich, um Abgrenzungsschwierigkeiten entgegenzuwirken.[860] Für die Regelung in § 132 BRRG, die auf der in § 128 BRRG getroffenen Unterscheidung aufbaue, bedeute dies, dass ein Übergang der Versorgungslasten nach § 132 Abs. 1 BRRG nur gewollt sei, wenn ein Existenzverlust der Alt-Köperschaft eintrete.[861]

Für die Beantwortung der Frage, wie der vollständige Übergang einer abgrenzbaren Aufgabe zu behandeln ist, gibt die Entstehungsgeschichte der Norm keinen eindeutigen Hinweis.[862] Wortlaut und Systematik des Art. 128 BRRG erlauben mannigfaltige Deutungen. So lasse sich laut *Bundesverwaltungsgericht* aus Art. 128 Abs. 4 1. Alt. BRRG schließen, dass durch das Wort »oder« nicht immer zwei Fallgruppen hervorgehoben werden sollten, da für diese Fallgruppe in Abs. 4 nur eine vollständige Eingliederung in Betracht komme.[863] Dem ist wiederum entgegenzuhalten, dass das Fehlen des Artikels »die« vor Aufgaben in Art. 128 Abs. 4 3. Alt. BRRG nicht auf einen vollständigen Aufgabenverlust der Körperschaft hindeutet.[864] § 128 Abs. 4 3. Alt BRRG verfolgt die Zielsetzung, im Zuge einer Aufgabenverlagerung einen geordneten Übergang der Beamten zu ermöglichen, wobei die Interessenlage einer Eingliederung oder dem Zusammenschluss von Körperschaften entspricht. In der Praxis ist eine regionen- und personenscharfe Abgrenzung von Zuständigkeiten nicht immer gegeben. Der Aufgabenverlagerung folgen nur Beamte nach, deren Amt

859 *BVerwG,* Urt. v. 27.10.1970 – VI C. 8/69 –, in: BVerwGE 36, 179 (183 ff.). Das Gericht beruft sich auf den GesE der BReg zum BRRG, BT-Drs. 2/1549, S. 50 (62), nach dem für den Fall der Umbildung einer Körperschaft auch erst eine Bestimmung über die Beamten getroffen werden muss, die übertreten sollen.

860 *BVerwG,* Urt. v. 22.8.2007 – 2 B 71/07 –, in: ZTR 2008, 60 (60).

861 *BVerwG,* Urt. v. 22.8.2007 – 2 B 71/07 –, in: ZTR 2008, 60 (60); *Schink,* Rechtsnachfolge bei Zuständigkeitsveränderungen, S. 237 f.

862 *Schink,* Rechtsnachfolge bei Zuständigkeitsveränderungen, S. 237.

863 *BVerwG,* Urt. v. 27.10.1970 – VI C. 8/69 –, in: BVerwGE 36, 179 (186).

864 *Pappermann,* JR 1971, 346 (347), weist darauf hin, dass die Unterscheidung zwischen vollständigem und teilweisem Aufgabenübergang ansonsten in § 128 Abs. 4 3. Alt. BRRG überflüssig wäre, wenn stets wie bei einer Teileingliederung zu verfahren sei.

durch die Zuständigkeitsverlagerung konkret-funktionell berührt wird.[865] Bei Mischtätigkeiten in Kreisverwaltungen besteht im Falle von Aufgabenverlagerungen auf kreisangehörige Städte für die abgebenden Kreise als Dienstherrn ein Auswahlbedürfnis. Diese Erwägungen lassen die Anwendbarkeit von § 128 Abs. 2 und 3 BRRG als vorzugswürdig erscheinen.

c. Überleitungsverfügung der Aufsichtsbehörde bei Weigerung zur Personalübernahme

Im gestuften Aufgabenmodell, mit der Zielrichtung einer Herabzonung von Aufgaben von der Kreisebene auf die Gemeindeebene, gestaltet sich das entsprechend anwendbare Einvernehmenserfordernis des § 128 Abs. 2 S. 2 BRRG für den Kreis als problematisch, wenn die Gemeinden sich einer Personalübernahme versagen. Gleiches kann gelten, wenn Mittlere oder Große kreisangehörige Städte Aufgaben auf den Kreis zurückverlagern. Im Rahmen des Gesetzgebungsverfahrens zur Gemeindeordnungsreform 2007 ist der Vorschlag unterbreitet worden, eine gesetzliche Absicherung der Kreise für diesen Anwendungsfall mit der Konsequenz einzuführen, dass das Innenministerium die Genehmigung verweigert.[866] Das Oberverwaltungsgericht Münster leitet aus Art. 128 Abs. 2 S. 2 BRRG im Fall der Verweigerung des Einvernehmens zugunsten der abgebenden Gemeinde kein einklagbares subjektives Recht her, sondern nur eine Verhandlungskompetenz.[867] Als möglich erachtet wird aber ein Eingreifen der Kommunalaufsicht, die eine Überleitung verfügen kann.[868] Die Rechtsprechung erachtet die Einschränkungen der Personalhoheit der übernehmenden Gemeinden durch ein Eingreifen der Kommunalaufsicht bei nicht unerheblichen Verwaltungsaufgaben als mit dem kommunalen Selbstverwaltungsrecht vereinbar.[869]

Bei Aufgabenverlagerungen im gestuften Aufgabenmodell ist zugunsten des Kreises davon auszugehen, dass die Verweigerung der Übernahme von Beamten durch die aufgabenübernehmende Körperschaft zu einer Ermes-

---

865 *BVerwG,* Urt. v. 26.11.2009 – 2 C 20/08 –, in: Juris, Rn. 17.

866 Stellungnahme LKT NRW zum GO-Reformgesetz 2007, LT-Drs. 14/1200, S. 11 f., in Anlehnung an eine entsprechende Regelung im GesE zum zweiten Gesetz zur Straffung der Behördenstruktur in NRW.

867 *OVG Münster,* Beschl. v. 26.2.2003 – 1 B 73/03 –, in: Juris, Rn. 8.

868 *BVerwG,* Beschl. v. 3.3.1981, Buchholz 230, § 128 BRRG Nr. 3; *OVG Bautzen,* Beschl. v. 12.09.2005 – 4 BS 449/04 –, in: SächsVBl. 2006, 45 (46 f.).

869 *BVerwG,* Beschl. v. 3.3.1981, Buchholz 230, § 128 BRRG Nr. 3.

sensreduzierung auf Null hinsichtlich einer Überleitungsverfügung der Aufsichtsbehörde führt. Dies gilt für Aufgabenverlagerungen auf Mittlere oder Große kreisangehörige Städte, die langfristig ein umfangreiches Aufgabenpaket erhalten, aber auch im Rahmen der aufgabenträgerunabhängigen Zusammenarbeit, wenn eine konkret-funktionelle Berührung von Ämtern droht und eine Weiterbeschäftigung beim Kreis nicht möglich ist. Diese Erwägung ist dem System des § 128 BRRG zu entnehmen. Grundannahme des § 128 Abs. 1 BRRG ist der gesetzliche Übergang. Die Abweichung in § 128 Abs. 2 – 4 i. V. m. § 129 Abs. 3 BRRG leitet sich, wie dargestellt, aus der notwendigen Auswahlentscheidung her. Diese Verfahrensschritte können der abgebenden Körperschaft nicht zum Nachteil gereichen. Die Wertung des § 128 Abs. 1 ist in § 128 Abs. 2 S. 2 BRRG hineinzulesen. In den meisten Fällen dürfte zumindest bei personalintensiveren Aufgabenverlagerungen auf der Ebene des Kreises ein Personalüberhang bestehen, während auf der aufgabenübernehmenden Gemeindeebene Personalbedarf herrscht. Die Einschränkungen der Personalhoheit der übernehmenden Gemeinde finden ihre Rechtfertigung in dem neu hinzugewonnenen Aufgabenbestand. Als Korrelat zur Ausweitung des Selbstverwaltungsrechts auf diese Aufgaben ist das damit zusammenhängende Personal zu übernehmen.[870]

d. Verteilung der Versorgungslasten

Mit der Entscheidung für die Teilrechtsnachfolge nach § 128 Abs. 4 3. Alt. i. V. m. § 128 Abs. 3 BRRG ist zugleich die Anwendbarkeit des § 132 Abs. 2 BRRG gegeben, der die Versorgungslasten der abgebenden Körperschaft zuordnet. Für den bisherigen Aufgabenträger hat dies die Konsequenz, dass er neben einem Kompetenzverlust zusätzlich die Versorgungslasten der Ruhestandsbeamten aufgebürdet bekommt. In diesem Zusammenhang liegt das Argument nahe, dass die Regelung dem Modell der intergenerativen Gerechtigkeit widerspricht. Durch ihre Tätigkeit leisten die aktiven Beamten einen Beitrag zur Erwirtschaftung der Versorgungslasten der Ruhegehaltsempfänger. Dieser Beitrag kommt ausschließlich dem neuen

---

870 Im Hinblick auf die Weiterverwendung der Beamten beim neuen Dienstherren dient § 130 BRRG dem Ausgleich der Interessen der übernehmenden Körperschaft sowie dem Anliegen des Beamten, ein möglichst gleichwertiges Amt zugewiesen zu bekommen und sieht Maßnahmen für den Fall vor, dass ein solches gleich zu bewertendes Amt nicht zur Verfügung steht, vgl. dazu ausführlich: *Hassel,* VR 1979, 41 (42); *Schink,* Rechtsnachfolge bei Zuständigkeitsveränderungen, S. 242 ff.

Dienstherrn zu Gute. Die Rechtsprechung ist der »erwerbswirtschaftlichen Betrachtungsweise« entgegengetreten mit dem Hinweis, dass diese nicht auf den öffentlichen Dienst anzuwenden sei.[871] Der Vorwurf der Verletzung der intergenerativen Gerechtigkeit berücksichtige nicht in ausreichendem Maße, dass die Alimentation der Beamten auf einer Steuerfinanzierung aufbaue. Trotz des Aufgabenverlustes müssen der Kreis und auch die Gemeinden finanziell so ausgestattet sein, dass sie die Versorgungslasten bewältigen können.[872] Die bei der abgebenden Körperschaft verbleibenden Versorgungslasten betreffen nur die Beamten, die vor der Aufgabenverlagerung in den Ruhestand getreten sind. Für die aktiven Beamten gilt der Grundsatz, dass die Versorgungslasten dem Dienstherrn zugeordnet werden, zu dem das Beamtenverhältnis zuletzt bestand.[873]

Nach § 107 b Abs. 1 S. 1 BeamtVG tragen in den Fällen des § 129 Abs. 3 BRRG, d. h. bei Übernahme des Beamten durch einen anderen Dienstherrn, beide Dienstherrn die Versorgungsbezüge anteilig, sofern der Beamte auf Lebenszeit ernannt ist und mindestens fünf Jahre zur Dienstleistung zur Verfügung stand. Die Systematik der § 107 a bis § 107 c BeamtVG verdeutlicht, dass es sich um eine Sonderregelung für Beamte und Richter handelt, die in die neuen Bundesländer gewechselt sind.[874] Das *VG Frankfurt* hindert diese Auslegung nicht, der Bestimmung des § 107 b einen allgemeineren Anwendungsbereich für Versorgungslasten zuzuerkennen. Den §§ 128 ff. BRRG seien Regelungen hinsichtlich der Zuständigkeit der Versorgungsträger für die betroffenen Beamten zu entnehmen. § 108 Abs. 1 i. V. m. § 107 b BeamtVG[875] hingegen bilde eine Ausgleichsbestimmung im Innenverhältnis der beiden Behörden[876]. Das Verwaltungsgericht sieht

---

871 *BVerwG,* Urt. v. 27.10.1970 – VI C. 8/69 –, in: BVerwGE 36, 179 (187); *OVG Münster,* Urt. v. 30.4.2007 – 1 A 1939/06 –, in: Juris, Rn. 54 f.; bestätigend: *BVerwG,* Urt. v. 22.8.2007 – 2 B 71/07 –, in: ZTR 2008, 60 (60).

872 *OVG Münster,* Urt. v. 30.4.2007 – 1 A 1939/06 –, in: Juris, Rn. 57.

873 *OVG Münster,* Urt. v. 30.4.2007 – 1 A 1939/06 –, in: Juris, Rn. 57; *OVG Lüneburg,* Urt. v. 21.10.2003 – 2 LB 278/01 –, in: FamRZ 2004, 1111 (1112 f.).

874 *OVG Lüneburg,* Urt. v. 21.10.2003 – 2 LB 278/01 –, in: FamRZ 2004, 1111 (1112 f.).

875 Mit Wirkung zum 1.1.2011 wird § 107 b BeamtVG gem. § 9 des Staatsvertrages zur Versorgungslastenteilung (Staatsvertrag zur Versorgungslastenteilung bei länderübergreifenden Dienstherrenwechseln vom 9. Februar 2010, GVBl. NRW. S. 137) als Folge der Föderalismusreform durch ein pauschalierendes Abfindungsmodell ersetzt. Der Anwendungsbereich beschränkt sich auf bund- und länderübergreifende Dienstherrenwechsel. Nach § 2 S. 3 des Vertrages kann der Landesgesetzgeber für landesinterne Wechsel eine entsprechende Anwendbarkeit vorsehen.

876 *VG Frankfurt,* Urt. v. 23.3.2009 – 9 K 3294/08. F –, in: Juris, Rn. 30 ff.

auch nicht die nach § 107 b Abs. 1 BeamtVG erforderliche Zustimmung beider Dienstherren als Hürde für den Fall, dass die Aufsichtsbehörde im Wege der Ersatzvornahme das Einvernehmen der übernehmenden Körperschaft ersetzen muss.[877]

Für den Fall der Festsetzung einer Minderbelastung nach § 56 Abs. 4 KrO und die dadurch entstehenden Einnahmeverluste des Kreises bei Aufgabenverlagerungen, tragen der Kreis sowie, bei Umlegung, die im Aufgabenverbund verbleibenden Gemeinden auch die personellen Folgekosten einer von ihnen nicht beeinflussbaren Herabzonungsentscheidung. Auch wenn § 107 b BeamtVG auf Grund des Einvernehmenserfordernisses in Abs. 1 entgegen der Auslegung des VG Frankfurt nicht anwendbar ist, muss der Grundgedanke dieser Regelung auf die Personalüberleitung im gestuften Modell übertragen werden. Nimmt der Landesgesetzgeber keinen ausdrücklichen gesetzlichen Verweis auf den Versorgungslastenteilungs-Staatsvertrag vor, bedarf es einer entsprechenden Anwendung.

II. Überleitung von Tarifbeschäftigten

Während die §§ 128 ff. BRRG für die kommunalen Beamten ausdrückliche gesetzliche Überleitungsbestimmungen enthalten, bestehen für Arbeitsverhältnisse keine vergleichbaren Überleitungstatbestände.[878] Tarifvertragliche Regelungen enthalten nur Bestimmungen über Versetzung, Abordnung, Zuweisung und Personalgestellung.[879] Diese Gestaltungsmöglichkeiten sind für den Arbeitgeber Kreis oder für kreisangehörige Städte, die eine Rückverlagerung von Aufgaben nach § 4 Abs. 8 S. 1 lit. b) GO anstreben, nicht interessengerecht, wenn ein entsprechender Stellenbedarf in der Verwaltung nicht mehr besteht oder die Aufgaben dauerhaft wechseln. Vor dem Hintergrund des »verstärkten Kündigungsschutzes«[880] von Beschäftigten, die das 40. Lebensjahr vollendet haben und eine Beschäftigungszeit von

---

877 *VG Frankfurt,* Urt. v. 23.3.2009 – 9 K 3294/08. F –, in: Juris, Rn. 28.

878 Eine Ausnahme bildete das Niedersächsische Beamtengesetz mit der Regelung in § 261 Abs. 1 Nr. 3 i. V. m. § 110 und 111 LB Nds. in der bis Ende 2009 geltenden Fassung. Nach diesen Bestimmungen erfolgte kein gesetzlicher Übergang, sondern es musste eine Übernahmeverfügung nach den für Arbeitsverhältnisse geltenden arbeitsrechtlichen Grundregeln erfolgen, so BAG, Urt. v. 25.06.2009 – 8 AZR 336/08 –, in: ZTR 2010, 92 (92 ff.). Vgl. ferner den bis 31.3.2009 gültigen § 245 des Schleswig-Holsteinischen Beamtengesetzes.

879 Vgl. § 4 TV-L und § 4 TVöD.

880 *Hartmann,* Arbeitsrechtliche Gestaltungsmöglichkeiten bei Privatisierungen, S. 200 f.

mehr als 15 Jahren aufweisen,[881] gestaltet sich die Beendigung des Arbeitsverhältnisses und die Neubegründung bei einer anderen Gebietskörperschaft als schwer realisierbar.[882] Es besteht deshalb Bedarf nach einer gesetzlichen Überleitungsvorschrift oder einer Verpflichtung der aufgabenübernehmenden Körperschaft, im Gleichlauf mit den beamtenrechtlichen Vorschriften und im Einvernehmen mit der abgebenden Körperschaft die Tarifbeschäftigten zu übernehmen.

1. Überleitung »ipso jure« in Anwendung des Gedankens einer Funktionsnachfolge

Die Theorie der Funktionsnachfolge nimmt eine Verbindung von Rechten und Pflichten mit einer damit zusammenhängenden Aufgabe dergestalt an, dass bei einem Übergang der Kompetenzen auf einen neuen Träger auch die Rechte und Pflichten übergehen.[883] Um der Frage der Identität von Bund und Ländern im Verhältnis zum Deutschen Reich auszuweichen, stellte die Lehre anstatt einer Suche nach formalen Gleichheiten auf die materielle Identität der Organisation, der Mittel und des Zwecks ab, was auch die Übernahme von Beschäftigungs- und Beamtenverhältnissen umfasste.[884] Während in der ursprünglichen Ausprägung der Funktionsnachfolge der Gedanke des vollständigen Untergangs des ursprünglichen Hoheitsträgers nicht vorgesehen war[885], entwickelte sich das Nichtfortbestehen des Hoheitsträgers in der Folgezeit zur Voraussetzung der Funktionsnachfolge.[886] Im Rahmen der Deutschen Wiedervereinigung eröffnete sich für die Lehre ein neuer Anwendungsspielraum, der von der Rechtsprechung zum Teil dafür genutzt wurde, auch bei Fortbestand der vormaligen Anstellungskörperschaft einen Übergang des Beschäftigungsverhältnisses ipso-iure auf den neuen Aufgabenträger anzunehmen.[887] Die Grundlage für den Über-

881 § 34 Abs. 2 S. 1 TVöD und TV-L AT.

882 Vgl. *Schink,* Rechtsnachfolge bei Zuständigkeitsveränderungen, S. 250.

883 Grundlegend *Reinhardt,* NJW 1952, 441 (441 ff.); *Coing,* NJW 1954, 817 (819); *BGH,* Urt. v. 1.12.1952 – III ZR 114/52 – BGHZ 8, 169 (179); zur Entwicklung der Lehre von der Funktionsnachfolge ausführlich *Willingmann/Madaus,* NJ 1996, 505 (505 ff.); *Schink,* Rechtsnachfolge bei Zuständigkeitsveränderungen, S. 54 ff.; *Dietlein,* Nachfolge im Öffentlichen Recht, S. 496 ff.

884 *Reinhardt,* NJW 1952, 441 (443 f.).

885 *Reinhardt,* NJW 1952, 441 (444).

886 *BGH,* Urt. v. 1.12.1952 – III ZR 114/52 – BGHZ 8, 169 (179); *Dietlein,* Nachfolge im Öffentlichen Recht, S. 503.

887 *ArbG Neuruppin,* 25.11.1992 – 1 Ca 2822/92 –, in: LKV 1993, 351 (351); *LAG Rostock,* Urt. v. 20.2.1995 – 5 Sa 974/93 –, in: AuA 1996, 29 (29 f.).

leitungsanspruch erblickten einige Arbeitsgerichte im Sozialstaatsprinzip.[888] Dieser Ansicht ist das Bundesarbeitsgericht mit dem Hinweis entgegengetreten, dass außerhalb des Regelungsgefüges des § 613 a BGB und des § 128 ff. BRRG eine gesetzliche Überleitungsnorm erforderlich sei.[889]

Ein ipso-iure-Übergang von Beschäftigtenverhältnissen über die Rechtsfigur der Funktionsnachfolge vermag nicht zu überzeugen. Eine verfassungsrechtliche Verankerung kann die Funktionsnachfolge nicht aufweisen.[890] Insbesondere das Sozialstaatsprinzip erweist sich als zu unbestimmt, um daraus konkrete Rechtsfolgen für Rechtsnachfolgeregelungen zu entnehmen.[891] Eine dauerhafte Übung zur Begründung einer gewohnheitsrechtlichen Anerkennung ist, angesichts der seit der Begründung andauernden Meinungsunterschiede über Existenz und Umfang dieser Figur, nicht erkennbar.[892] Bei Teilrechtsnachfolgen und damit verbundener Auseinandersetzungen personal- und vermögensrechtlicher Art ist die Funktionsnachfolge mit ihrem globalen Charakter unbrauchbar.[893]

2. Überleitung nach § 613 a BGB

§ 613 a Abs. 1 S. 1 BGB verlangt den Übergang eines Betriebs bzw. Betriebsteils durch Rechtsgeschäft. Seine Grundlage besitzt § 613 a BGB in der Richtlinie 1977/187/EWG[894], die am 11.4.2001 durch die Richtlinie 2001/23/EG[895] ersetzt wurde.

a. Ausschluss von zwischenbehördlichen Aufgabenverlagerungen

Auf der Grundlage der Richtlinie 1977/187/EWG, die hinsichtlich von Aufgabenverlagerungen in der öffentlichen Verwaltung keine Aussagen enthielt, hatte der Europäische Gerichtshof in der Rechtssache Henke die Verlagerung von Aufgaben einer Gemeinde auf eine Verwaltungsgemein-

888 *ArbG Neuruppin,* 25.11.1992 – 1 Ca 2822/92 –, in: LKV 1993, 351 (351).
889 *BAG,* Urt. v. 20.3.1997 – 8 AZR 856/95 –, in: NZA 1997, 1225 (1228).
890 Ausführlich *Dietlein,* Nachfolge im Öffentlichen Recht, S. 510 ff.
891 *Dietlein,* Nachfolge im Öffentlichen Recht, S. 512.
892 *Willingmann/Madaus,* NJ 1996, 505 (505); *Dietlein,* Nachfolge im Öffentlichen Recht, S. 530 f.
893 Vgl. *Schink,* Rechtsnachfolge bei Zuständigkeitsveränderungen, S. 61.
894 Richtlinie 77/187/EWG des Rates v. 14.2.1977, ABl. L 61 v. 5.3.1977, S. 26 ff.
895 Richtlinie 2001/23/EG des Rates v. 12.3.2001, ABl. L 82 v. 22.3.2001, S. 16 ff.

schaft zu beurteilen.[896] Das Gericht verwies auf den Schutzzweck der Richtlinie in Gestalt eines Schutzes der Arbeitnehmer vor Nachteilen, die infolge von Unternehmensumstrukturierungen durch die wirtschaftliche Entwicklung auf einzelstaatlicher und gemeinschaftlicher Ebene hervorgerufen werden. Laut Europäischem Gerichtshof stelle die strukturelle Neuordnung der öffentlichen Verwaltung und die Übertragung von Verwaltungsaufgaben von einer Stelle der öffentlichen Verwaltung auf eine andere keinen Unternehmensübergang im Sinne der Richtlinie dar, wenn es sich überwiegend um hoheitliche Tätigkeiten handele.[897] Während der Europäische Gerichtshof diese Voraussetzungen bei der Richtlinie 1977/187/EWG erst erschließen musste, stellt die Nachfolgerichtlinie 2001/23/EG in Art. 1 Abs. 1 lit. c) deutlich heraus, dass die Übertragung von Verwaltungsaufgaben von einer Behörde auf eine andere keine Übertragung im Sinne dieser Richtlinie darstellt. Angesichts dieses Wortlauts des Art. 1 Abs. 1 lit. c) verbleibt die Frage, welchen Spielraum eine richtlinienkonforme Auslegung des § 613 a BGB hinsichtlich der Einbeziehung von Aufgabenverlagerungen in der öffentlichen Verwaltung noch eröffnet. Eine Ausdehnung des Geltungsbereichs dieser Richtlinie im nationalen Recht ist möglich. Art. 8 ermöglicht es den Mitgliedstaaten, für die Arbeitnehmer günstigere Rechts- und Verwaltungsvorschriften anzuwenden.

b. Fehlendes Erfordernis für die Ausdehnung des Geltungsbereichs

In der Literatur gibt es Bestrebungen, den Anwendungsbereich des § 613 a BGB auszudehnen.[898] Zur Begründung erfolgt ein Verweis auf die Gesetzessystematik, die in § 611 ff. BGB keine Unterscheidung zwischen Dienstverträgen mit wirtschaftlichem und nichtwirtschaftlichem Charakter trifft.[899] Ferner wird der umfassende Schutz des § 613 a BGB betont, der Arbeitnehmer vor Betriebsinhaberwechseln schützen soll und zwar unabhängig davon, ob sie im öffentlichen Dienst oder in der Privatwirtschaft

896 *EuGH,* Urt. v. 15.10.1996 – Rs. C-298/94 –, in: NZA 1996, 1279 (1279); dazu auch *Bieback* in: Klebe/Wedde/Wolmerath (Hrsg.), FS Däubler, S. 193 (195); *Kohte,* BB 1997, 1738 (1738 ff.).

897 *EuGH,* Urt. v. 15.10.1996 – Rs. C-298/94 –, in: NZA 1996, 1279 (1279); bestätigt von *EuGH,* Urt. v. 14.9.2000 – Rs. C-343/98 –, in: NZA 2000, 1279 (1281).

898 *Hartmann,* Arbeitsrechtliche Gestaltungsmöglichkeiten bei Privatisierungen, S. 50 ff.; *Burg,* Zivilrecht bei Rechtsnachfolge, S. 152.

899 *Hartmann,* Arbeitsrechtliche Gestaltungsmöglichkeiten bei Privatisierungen, S. 50.

beschäftigt sind.[900] Zum Beleg werden einige Entscheidungen des Bundesarbeitsgerichts angeführt. Während das Gericht sich in einem Fall nicht explizit zur Reichweite und Grenzen der Übertragung von Hoheitsrechten äußert,[901] stellt es in den anderen beiden Entscheidungen heraus, dass die Wahrnehmung hoheitlicher Aufgaben einem Betriebsübergang nicht entgegensteht und die Aufgabenerfüllung in privatrechtlicher, öffentlich-rechtlicher bzw. hoheitlicher Form für die Anwendbarkeit des § 613 a BGB nicht erheblich ist.[902] Der Ansatzpunkt des Bundesarbeitsgerichts besteht dahingehend, den rechtsgeschäftlichen Erwerb nicht von der Abgrenzung hoheitlicher Aufgabenerfüllung gegenüber privater Aufgabenerfüllung abhängig zu machen. Eine Auslegung des Begriffs »hoheitlich« nach den Grundsätzen des Europäischen Gerichtshofs, wonach eine hoheitliche Aufgabe nicht von Privaten wahrgenommen werden kann,[903] ist wenig hilfreich, da im Wege der Beleihung auch hoheitliche Aufgaben durch Private wahrgenommen werden können.[904] Ferner dient die Auslegung des Bundesarbeitsgerichts dazu, keine voreiligen Schlüsse aus dem Streit über den Anwendungsbereich des § 613 a BGB bei der Gesamtrechtsnachfolge kraft Gesetzes oder Hoheitsakt[905] auf die rechtsgeschäftliche Singularsukzession zu ziehen.

Die Bestimmung der Anwendbarkeit von § 613 a BGB darf sich nicht in der Auslegung der Begriffe »hoheitlich« und »wirtschaftliche Tätigkeit« erschöpfen, sondern muss aus dem Blickwinkel der Aufgabenverlagerungen im gestuften System danach erfolgen, ob § 613 a BGB den Anforderungen an »Umstrukturierungen« in der öffentlichen Verwaltung gerecht werden kann. Hierzu hat sich das Bundesarbeitsgericht in den oben vorgestellten Urteilen nicht befasst. Es stellen sich die gleichen Probleme wie bei der Überleitung von Beamten. Bei Mitarbeitern mit fachdienstübergreifenden

---

900 *Hartmann,* Arbeitsrechtliche Gestaltungsmöglichkeiten bei Privatisierungen, S. 50 f.; *Burg,* Zivilrecht bei Rechtsnachfolge, S. 154.

901 *BAG,* Urt. v. 07.09.1995 – 8 AZR 928/93 –, in: NZA 1996, 424 (426); vgl. den Nachweis bei *Burg,* Zivilrecht bei Rechtsnachfolge, S. 153, Fn. 644.

902 *BAG,* Urt. v. 27.04.2000 – 8 AZR 260/99 –, in: Juris, Rn. 20; *BAG,* Urt. v. 13.6.2006 – 8 AZR 271/05 –, in: NJW 2007, 106 (109); vgl. den Nachweis bei *Hartmann,* Arbeitsrechtliche Gestaltungsmöglichkeiten bei Privatisierungen, S. 51, Fn. 121.

903 *EuGH* 23.4.1991 – Rs C-41/90 –,in: NJW 1991, 2891 (2892).

904 Hierauf verweisen zu Recht *Burg,* Zivilrecht bei Rechtsnachfolge, S. 154 f. und *Hartmann,* Arbeitsrechtliche Gestaltungsmöglichkeiten bei Privatisierungen, S. 53 f.

905 Gegen eine Anwendbarkeit von § 613 a BGB bei der Gesamtrechtsnachfolge kraft Gesetzes: *LAG Hannover,* Urt. v. 19.11.2007 – 8 Sa 151/07 –, in: Juris, Rn. 27; für eine Anwendbarkeit des § 613 a BGB hingegen: *LAG Düsseldorf,* Urt. v. 23.9.2009 – 12 Sa 357/09 –, in: Juris, Rn. 50; *Bieback,* in: FS Däubler, S. 193 (197 f.).

Tätigkeiten ist eine Zuordnung zu einem bestimmten Betriebsteil i. S. v. § 613 a BGB nicht eindeutig gegeben. § 613 a BGB zeigt, ähnlich wie der gesetzliche Überleitungstatbestand des § 128 Abs. 1 BRRG, in seinen Rechtsfolgen nicht die notwendige Flexibilität auf, die für Aufgabenverlagerungen zwischen Kommunen erforderlich ist.[906]

3. Analoge Anwendung der §§ 128 ff. BRRG

Wie einige landesrechtliche Regelungen mit dem Verweis auf § 128 BRRG deutlich gemacht haben, besteht bei der Nichtanwendbarkeit von § 613a BGB eine weitere Möglichkeit zur Personalüberleitung in der analogen Anwendung von §§ 128 ff. BRRG. Die vergleichbare Interessenlage im Sinne von flexiblen Vereinbarungen zwischen den öffentlich-rechtlichen Gebietskörperschaften wurde bereits aufgezeigt. Die fehlende Regelung durch den Gesetzgeber deutet nicht darauf hin, dass diese Frage bewusst offen gelassen werden sollte.[907] Die vorliegenden Analogievoraussetzungen treffen noch keine Aussage darüber, wie die Übertragung der in § 129 Abs. 2 und § 130 BRRG geregelten beamtenrechtlichen Folgen einer Übernahme auf Tarifbeschäftigte auszugestalten ist. Nach § 128 Abs. 2 BRRG haben die betroffenen Kommunen innerhalb einer Frist von sechs Monaten einvernehmlich zu regeln, welche Beschäftigten übernommen werden. Es wird ein dreiseitiger Vertrag zwischen dem alten Aufgabenträger, dem neuen Aufgabenträger und dem Beschäftigten geschlossen.[908] § 129 Abs. 3 S. 2 1. HS BRRG verpflichtet den Beamten, der Übernahmeverfügung Folge zu leisten. Eine Übertragung dieses Erfordernisses auf Tarifbeschäftigte würde bedeuten, dass ein Widerspruch gegen die Übernahme durch die neue Körperschaft nicht möglich ist und § 613 a Abs. 6 BGB unterlaufen wird. Die Arbeitnehmer erlangen durch die Verpflichtung zur einvernehmlichen Personalauswahl bei Aufgabenverlagerungen nach § 128 Abs. 2 S. 2 BRRG analog zwar eine Absicherung ihres Arbeitsverhältnisses. Diese Schutzwirkung steht ihnen nach § 613 a Abs. 1 S. 1 BGB aber ohnehin zu und entspricht dem Grundsatz der Vertragsfreiheit. Gleichwohl

---

906 Vgl. auch *Schink,* Rechtsnachfolge bei Zuständigkeitsveränderungen, S. 253.

907 *Schink,* Rechtsnachfolge bei Zuständigkeitsveränderungen, S. 256.

908 *Hanau,* Arbeitsrechtliche Bedeutung der öffentlich-rechtlichen Betriebsnachfolge, S. 38 f., spricht von einem Vertrag mit Doppelnatur, der im Verhältnis der beiden Körperschaften zueinander öffentlich-rechtlicher Natur und zwischen Körperschaften und Arbeitnehmer privatrechtlicher Natur sei, was im Streitfall mit dem Arbeitnehmer zu einer Zuständigkeit der Arbeitsgerichte führe.

erschwert ein Widerspruchsrecht die Aufgabenverlagerungen und konterkariert ein Stück weit die Vorteile des § 128 BRRG gegenüber § 613 a BGB. Die Folge eines Widerspruchs ist der Verbleib des Arbeitnehmers beim aktuellen Arbeitgeber, d. h. der aufgabenabgebenden Körperschaft. Ist eine körperschaftsinterne Umsetzung nicht möglich, ist der frühere Aufgabenträger berechtigt, eine betriebsbedingte Kündigung auszusprechen, wobei die Voraussetzungen der Sozialauswahl nach § 1 Abs. 2 KSchG zu berücksichtigen sind.[909] Eine betriebsbedingte Kündigung greift indes nicht bei Arbeitnehmern, die nach tarifvertraglichen Regelungen über einen verstärkten Kündigungsschutz verfügen. Hier bleibt nur der Rückgriff auf einen außerordentlichen Kündigungsgrund i. S. v. § 626 BGB. Betriebsbedingte Kündigungen scheiden als außerordentlicher Kündigungsgrund in der Regel aus.[910] Prüfungsmaßstab in den Fällen einer außerordentlichen Kündigung aus betriebsbedingten Gründen ist, ob der Ausschluss der ordentlichen Kündigung dem Arbeitgeber etwas Unmögliches bzw. evident Unzumutbares aufbürdet.[911] Eine Unzumutbarkeit kann darin begründet liegen, dass der Arbeitgeber über längeren Zeitraum das Gehalt weiterzahlen müsste, obwohl er für den Arbeitnehmer keine Verwendung mehr hat.[912] Die Schutzwirkung der tarifvertraglichen Regelungen, einen Verlust des Arbeitsplatzes oder eine erhebliche Verschlechterung der Arbeitsbedingungen zu verhindern, ist nicht für den Fall der Weiterbeschäftigung bei einem neuen Aufgabenträger geschaffen worden.[913] Bei Maßnahmen, die gerade auf die Sicherung des Arbeitsverhältnisses ausgerichtet sind, erfährt der Arbeitnehmer keinen unzumutbaren Nachteil. Die Kündigungsfristen dieser außerordentlichen Kündigung richten sich nach den Fristen der ordentlichen bzw. tarifvertraglichen Kündigungsfrist.[914]

Dieses Auslegungsergebnis begründet einen Interessengleichlauf mit § 613 a BGB, ohne auf die Vorteile des § 128 Abs. 2 BRRG zu verzichten. Der frühere Aufgabenträger erfährt durch diese Regelung die Gewissheit, dass er die vom Aufgabenverlust betroffenen Beschäftigten nicht zwingend

---

909 *Preis,* in: Erfurter Kommentar zum Arbeitsrecht, § 613 a BGB, Rn. 106; *Müller-Glöge,* in: Münchener Kommentar, § 613 a BGB, Rn. 124.

910 *BAG,* Urt. v. 8.4.2003 – 2 AZR 355/02 –, in: NZA 2003, 856 (858).

911 *BAG,* Urt. v. 5.2.1998 – 2 AZR 227/97 –, in: NZA 1998, 771 (773 ff.); *BAG,* Urt. v. 8.4.2003 – 2 AZR 355/02 –, in: NZA 2003, 856 (858).

912 *BAG,* Urt. v. 5.2.1998 – 2 AZR 227/97 –, in: NZA 1998, 771 (773 ff.).

913 *Hanau,* Arbeitsrechtliche Bedeutung der öffentlich-rechtlichen Betriebsnachfolge, S. 46 f.; a. A. *Schink,* Rechtsnachfolge bei Zuständigkeitsveränderungen, S. 261.

914 BAG, Urt. v. 5.2.1998 – 2 AZR 227/97 –, in: NZA 1998, 771 (773 ff.).

weiterbeschäftigen muss. Allerdings obliegt der aufgabenabgebenden Körperschaft der Nachweis, dass im Fall des Widerspruchs eines Arbeitnehmers eine Weiterbeschäftigung nicht möglich ist. Das Bestehen einer außerordentlichen Kündigungsmöglichkeit lässt damit auch ein Widerspruchsrecht des Arbeitnehmers zu. Ist eine außerordentliche Kündigungsmöglichkeit gegeben, kann dem übernommenen Arbeitnehmer in Anwendung des Rechtsgedankens des § 130 Abs. 1 S. 2 BRRG im Wege einer Änderungskündigung auch eine Tätigkeit in einer niedrigeren Entgeltgruppe zugewiesen werden.[915]

C. Vereinbarkeit der Förderung eines dezentralen Aufgabenmodells mit der demografischen Entwicklung

I. Grundlagen der Demografieforschung

Die im Folgenden präsentierten Zahlen zur demografischen Entwicklung beruhen auf einer Bevölkerungsprojektion. Im Gegensatz zur Bevölkerungsprognose trifft die Projektion keine Aussagen über die Wahrscheinlichkeit zukünftiger Bevölkerungsszenarien, sondern verdeutlicht nur, welche Folgen die Veränderung bestimmter Parameter auslöst.[916] Für die Veränderung der Bevölkerungsgröße sind einerseits das natürliche Bevölkerungswachstum, d. h. die Differenz zwischen Geborenen und Gestorbenen, und andererseits die Nettomigration als Differenz zwischen Immigration und Emigration entscheidend.[917] Als maßgebliche Komponenten für die zu Grunde liegenden Annahmen einer Bevölkerungsvorausberechnung folgen daraus die Mortalität einschließlich der Säuglingssterblichkeit und der Lebenserwartung, die Fertilität sowie die Migration. Die sog. TFR, Total Fertility Rate, bietet ein Maß, um Annahmen über die zukünftige Geburtenentwicklung zu treffen.[918] Diese totale Fertilitätsrate erfasst die durchschnittliche Kinderzahl bei konstanten altersspezifischen Geburtsziffern im Alter von 15 bis 49

---

915 *Hanau,* Arbeitsrechtliche Bedeutung der öffentlich-rechtlichen Betriebsnachfolge, S. 41 f.; vgl. auch *BAG,* Urt. v. 29.3.2007 – 2 AZR 31/06 –, in: NZA 2007, 855 (857); *BAG,* Urt. v. 8.4.2003 – 2 AZR 355/02 –, in: NZA 2003, 856 (857).

916 *Padel,* Einführung in die Demographie, S. 21.

917 *Padel,* Einführung in die Demographie, S. 37.

918 *Cicholas/Ströker,* in: IT. NRW (Hrsg.), Statistische Analysen und Studien Nordrhein-Westfalen, Bd. 60, S. 3 abrufbar unter: www.it.nrw.de/statistik/analysen/stat_studien/2009/band_60/wl_z 089200956. html, Stand: 7.3.2011.

Jahren der Frau.[919] Die Mortalität unterliegt einer unterschiedlich starken Spezifizierung. Ausgehend von einer »rohen Sterberate«, die die Anzahl der Toten eines Jahres auf 1.000 Personen der untersuchten Personen wiedergibt, kann zur besseren Vergleichbarkeit unter Einbeziehung der Altersstruktur eine altersspezifische Sterberate gebildet werden.[920] Die Lebenserwartungsberechnungen beruhen in den meisten Bevölkerungsprojektionen auf einer sog. Periodensterbetafel als Querschnittsbetrachtung, die im Gegensatz zur Längsschnittsterbetafel, oder auch Kohortensterbetafel genannt, eine Momentaufnahme mit Aussagen zum Überlebensverlauf und zur verbleibenden Überlebenserwartung einer Kohorte treffen kann.[921]

II. Demografische Entwicklung in Deutschland

Die Vorhersagen aller Bevölkerungsvorausberechnungen vereint die Aussage: Die Bevölkerung in Deutschland wird zurückgehen. Ausgehend von einer aktuellen Einwohnerzahl von ca. 82 Millionen Menschen werden im Jahr 2060 nur noch zwischen 65 und 70 Millionen Menschen in Deutschland leben.[922] Dieser Berechnung liegt eine »mittlere« Bevölkerungsvariante mit einer Geburtenrate von 1,4 Kindern pro Frau, einem Anstieg der Lebenserwartung von 8 Jahren bei Jungen und 7 Jahren bei Frauen sowie ein Wanderungssaldo von 200.000 Personen ab dem Jahr 2014 (bei 70 Millionen Einwohnern) bzw. nur 100.000 Personen (bei 65 Millionen Einwohnern) zu Grunde. Damit einher geht eine Änderung des Altersaufbaus. Ausgehend von einer Anzahl von 19 % unter 20-jährige, 61 % unter 65-jährige und 20 % über 65-jährige sind im Jahr 2060 nur noch 16 % unter 20-jährige, 50 % unter 65-jährige und 34 % über 65-jährige zu erwarten. Beachtenswert ist, dass unter den 34 % der über 65-jährigen sich 14 % befinden werden, die 80 und älter sind. Diese Daten basieren auf einem Wanderungssaldo von 100.000 Personen. In absoluten Zahlen ausgedrückt erfolgt ein Rückgang der erwerbsfähigen Bevölkerung der 20 bis 65-jährigen von 50 Millionen auf nur noch 33 Millionen bis 2060.

---

919 *Cicholas/Ströker,* in: IT.NRW (Hrsg.), Statistische Analysen und Studien Nordrhein-Westfalen, Bd. 60, S. 3.

920 *Padel,* Einführung in die Demographie, S. 44.

921 *Padel,* Einführung in die Demographie, S. 46 ff.

922 Im Folgenden sind die Daten der Bevölkerungsvorausberechnung 2060 des Statistischen Bundesamtes entnommen, S. 12 ff., abrufbar unter www.destatis.de/jetspeed/portal/cms/Sites/destatis/Internet/DE/Navigation/Statistiken/Bevoelkerung/VorausberechnungBevoelkerung/VorausberechnungBevoelkerung.psml, Stand: 7. März 2011.

1. Nordrhein-Westfalen

Die bundesweiten Zahlen lassen sich nicht auf die Bundesländer übertragen. Unter Berücksichtigung verschiedener Standortfaktoren muss für jedes Bundesland gesondert ermittelt werden, in welchem Ausmaß es von bundesweiten demografischen Entwicklungen betroffen ist und wie sich die Binnenwanderung zwischen den Bundesländern auswirkt. Für Nordrhein-Westfalen ergibt sich in der Bevölkerungsvorausberechnung ein Einwohnerrückgang von 17.996.621 Einwohnern im Jahr 2008 auf nur noch 15.928.000 Einwohner bis 2050.[923] Dieser Rückgang um 11,5 % basiert vorwiegend auf einem Geburtenrückgang, der durch Wanderungsgewinne keinen Ausgleich finden kann. Der Modellrechnung liegt eine Geburtenziffer von 1,39, eine Lebenserwartung von 87,5 Jahren für weibliche Neugeborene sowie von 83,3 Jahren für männliche Neugeborene im Jahr 2050 und ein positiver Wanderungssaldo von 20.000 Personen ab dem Jahr 2015 zu Grunde. Wie im Bundestrend, ist in Nordrhein-Westfalen auch eine Veränderung der Bevölkerungsstruktur zu erkennen. Während bei den unter 19-jährigen insgesamt ein Rückgang zu verzeichnen ist, z.B. bei den 16 bis 19-jährigen um 37 %, wird die Gruppe der über 80-jährigen einen 2,6-fachen Zuwachs bis 2050 erreichen. Diese Entwicklung wirkt sich auch auf den erwerbstätigen Teil der Bevölkerung aus. Die Bildung eines Altenquotienten für Nordrhein-Westfalen, d. h. das Verhältnis der nicht mehr im Erwerbsleben stehenden Personen zu 100 Erwerbstätigen im Alter von 20 bis 65, ergibt einen Anstieg von 33,4 im Jahr 2008 zu 59,8 im Jahr 2050.

2. Demografische Trends im Verhältnis der Kreise zu den kreisfreien Städten in Nordrhein-Westfalen

Auf der Ebene der Kreise und kreisfreien Städte ergeben sich regionale Unterschiede. Die jüngste Bevölkerung wiesen im Jahr 2008 der Kreis Borken sowie die Kreise Paderborn, Coesfeld, Steinfurt und Gütersloh auf. So betrug das Durchschnittsalter im Kreis Borken 39,8 Jahre, gefolgt von 40 Jahren in Paderborn und 40,8 Jahren in Steinfurt und Coesfeld. Der Kreis Recklinghausen mit 43,4 Jahren sowie der Ennepe-Ruhr-Kreis mit 44,2 Jahren waren 2008 die demographisch ältesten Kreise. Auffallend ist eine starke Konzentrierung von demografisch jungen Kreisen im West-

---

923 Im Folgenden basieren die Daten auf der Untersuchung von *Cicholas/Ströker*, in: IT.NRW (Hrsg.), Statistische Analysen und Studien Nordrhein-Westfalen, Bd. 60, S. 3 ff.

münsterland. Die kreisfreie Stadt Münster profitiert, ebenso wie die Stadt Aachen, von einer starken Bildungsmigration junger Menschen. Beide sind die kreisfreien Städte mit der jüngsten Bevölkerung.[924] Im Gegensatz zum Durchschnittsalter von 41,2 Jahren in Münster und 41,5 Jahren in Aachen bilden Essen mit 44,2 sowie Mülheim an der Ruhr mit 45,2 Jahren die Schlusslichter im Ranking der jüngsten Städte. In Nordrhein-Westfalen ist der Zusammenhang zwischen Siedlungsstrukturtyp und Alterung, wie er auf nationaler Ebene in Form von Kernstädten mit hoher Alterung und benachbarten Umlandregionen mit geringerer Alterung vorzufinden ist, insbesondere in Ostwestfalen und im Münsterland durchbrochen.[925]

Im Verhältnis Kreis zu kreisfreier Stadt wird sich die Dynamik der Alterung bis zum Jahr 2030 zu Lasten der Kreise verändern.[926] Zwar können einige Kreise, wie Borken und Paderborn, von ihrer guten Ausgangssituation zehren und landen mit einem Durchschnittsalter von 45,7 für Paderborn und 45,9 für Borken im Jahr 2030 noch immer im oberen Bereich. Sie können aber nicht mehr an die neuen Spitzenreiter Köln (43,6), Düsseldorf (44,3), Bonn (44,7) und Münster (44,9) heranreichen. Diese Tendenz lässt sich auch an der geschlechtsspezifischen Alterung herauslesen. Während die kreisfreien Städte 2030 ein Durchschnittsalter von 46,8 Jahren bei der weiblichen Bevölkerung verzeichnen, liegt der Altersdurchschnitt in den Kreisen bei 49 Jahren. Bei der männlichen Bevölkerung beträgt der Altersunterschied zwischen Stadt (44,6) und Kreis (46,6) 2 Jahre.

Der Trend zur Reurbanisierung lässt sich auf verschiedene Ursachen stützen. Die Stadt bietet eine hohe Verflechtung von beruflichem, sozialem und persönlichem Leben.[927] Sie kommt der Flexibilisierung und De-Standardisierung von Lebensweisen zu Gute.[928] Für die jüngere Bevölkerung hält die Stadt mit einem breit gefächerten Kulturangebot ebenso wie für ältere

---

924 *Flöthmann,* Zeitschrift für Bevölkerungswissenschaft, 2007, 137 (141).

925 *Flöthmann,* Zeitschrift für Bevölkerungswissenschaft, 2007, 137 (141).

926 Im Folgenden basieren die Daten auf der Untersuchung von *Cicholas/Ströker,* in: IT. NRW (Hrsg.), Statistische Analysen und Studien Nordrhein-Westfalen, Bd. 60.

927 *Schmidt/Große Starmann,* APuZ 21-22/2006, 10 (13); *Osterhage,* in: Institut für Landes- und Stadtentwicklungsforschung (Hrsg.), Demografischer Wandel in Nordrhein-Westfalen, S. 75 (76 f.), abrufbar unter www.ils-forschung.de/index.php?option=com_content&view=article&id=344&Itemid=205&lang=de, Stand: 7.3.2011.

928 *Osterhage,* in: Institut für Landes- und Stadtentwicklungsforschung (Hrsg.), Demografischer Wandel in Nordrhein-Westfalen, S. 75 (77 ff.); *Köppen,* in: Maretzke (Hrsg.), Städte im demografischen Wandel, S. 31 (32).

Bürger, die in besonderem Maß von einer guten Verkehrs- und Medizininfrastruktur profitieren, ein vielfach attraktiveres Wohnumfeld bereit.

III. Folgen der demografischen Entwicklung

Der Sensibilisierungsgrad für demografische Folgeprobleme steht auch im Zusammenhang mit der Betroffenheit in den jeweiligen Kommunen.[929] Hierin liegt die Gefahr begründet, dass bei guter aktueller Ausgangslage notwendige Maßnahmen zeitverzögert oder nicht verfolgt werden. Der demografische Wandel erweist sich als schleichendes Problem.[930] Insbesondere im freiwilligen Aufgabenbereich bestehen als Konsequenz aus den Bevölkerungsvorausberechnungen konkrete Handlungsvorschläge und langfristige Entwicklungsperspektiven auf Basis interkommunaler Zusammenarbeit. So wird die interkommunale Kooperation als Grunderfordernis für Kommunen im ländlichen Raum betrachtet.[931] Zur Sicherung der Daseinsvorsorge sind Strukturen in Form von Stadt-Umland-Verhältnissen in kleiner Dimension abzusehen.[932] In Ansehnung dieser Entwicklung scheinen die Reformmaßnahmen in § 4 Abs. 8 GO von einer vorausschauenden Intention getragen, wenn der Gesetzgeber in der Gesetzbegründung eine Intensivierung der Zusammenarbeit im Hinblick auf die Stadt-Umland-Problematik anpreist.[933]

1. Interkommunaler Wettbewerb

Viele Gemeinden sind in das System eines sich verschärfenden Standortwettbewerbs eingebunden. Auch vor dem Hintergrund der Einwohnerveredelung in den Gemeindefinanzierungsgesetzen breitet sich ein einwohnerwachstums- und wettbewerbsorientierter Ansatz aus. Neben Wirtschaftsförderungsmaßnahmen und dem Bereithalten von Gewerbeflächen mit entsprechender Infrastruktur gewinnen auch sog. »weiche Standortfaktoren«[934] zunehmend an Bedeutung. Das durch subjektive Wahrnehmung geprägte »Image« einer Kommune ist ein nicht messbares, durch viele Einzelfaktoren zusammengesetztes Erscheinungsbild. Ein breites Aufgaben-

929 *Sarcinelli/Stopper,* APuZ 21-22/2006, 3 (6).
930 *Mädig,* in: Bauer/Büchner/Gründel (Hrsg.), Demografie im Wandel, S. 33 (39).
931 *Bednarz,* Demographischer Wandel und kommunale Selbstverwaltung, S. 196.
932 Vgl. *Bednarz,* Demographischer Wandel und kommunale Selbstverwaltung, S. 196.
933 GesE der *LReg* zum GO-Reformgesetz, LT-Drs. 14/3979, S. 131.
934 *Cortrie,* Weiche Standortfaktoren, S. 29 ff.

spektrum bzw. das Bemühen um Steuerungsmöglichkeiten, beispielsweise bei der Bauaufsicht, wirken auf kommunale Entscheidungsträger als imagefördernd und verlockend, um sich im Standortwettbewerb als gestaltende und dienstleistungsorientierte Kommune zu präsentieren. Diese unternehmensbezogene Komponente wird von personenbezogenen weichen Standortfaktoren begleitet.[935] Zum einen betrifft dies den vorschulischen Bereich mit Betreuungsangeboten für Kinder im Krippenalter und Ganztagsplätze im Kindergarten.[936] Zum anderen vermittelt eine gute Schulinfrastruktur[937], verbunden mit Sport- und Freizeitangeboten, ein attraktives Wohnumfeld für Familien. In diese Angebotsstruktur kann sich nach den Vorstellungen einiger Gemeinden auch ein Jugendamt[938] einfügen. Getragen von der Argumentation, dass eine bürgernahe Struktur und die Effektivität einzelner Jugendhilfeleistungen durch Dekonzentrierung eine Förderung erfahren,[939] wird das eigene Jugendamt als vorteilhafter gegenüber dem räumlich und sachlich entfernteren Kreisjugendamt beworben.

2. Handlungsempfehlung für Aufgabenverlagerungen im gestuften Modell

Bei genauerer Analyse unter Einbezug auch der bisher angestellten Untersuchungen verfestigt sich der Eindruck, dass die kommunale Gemeinschaftsarbeit als Instrument zur Begegnung von Demografieauswirkungen auch eine gegenteilige Wirkung entfalten kann. Dies gilt maßgeblich für den Ausbau dezentraler Doppelstrukturen zu einer bereits bestehenden, überörtlichen und ausgleichenden Kompetenz eines Gemeindeverbands.

Entgegen dem zwangsläufigen, in vielen Fällen gebotenen Trend, Maßnahmen zum Ausgleich oder gar zur Vermeidung negativer demografischer Auswirkungen vorzunehmen, kann für das gestufte Aufgabenmodell eine

---

935 *Cortrie,* Weiche Standortfaktoren, S. 40 ff.

936 *Bundesministerium für Familie, Senioren, Frauen und Jugend, Deutscher Industrie- und Handelskammertag, Prognos AG*: Familienatlas 2007, S. 6.

937 Vgl. dazu die aktuelle Debatte über Schulpolitik im Kreis Coesfeld: www.wdr.de/themen/politik/nrw05/schulpolitik/101102.jhtml, Stand: 7.3.2011.

938 Konkrete Zahlen für die Auswirkungen auf die Kinder- und Jugendhilfe liefert *Fischer,* in: Städte- und Gemeindebund NRW (Hrsg.), Leitfaden demographischer Wandel, S. 45 ff., abrufbar unter: www.kommunen-in-nrw.de/information/buecher-und-broschueren/downloads/leitfaden-demografischer-wandel/dlaktion/download.html, Stand: 7.3.2011.

939 *Kommunale Gemeinschaftsstelle,* Bericht 3/95, Aufbauorganisation in der Jugendhilfe, S. 14.

Reaktionsmöglichkeit auch darin bestehen, keine Veränderung der Zuständigkeitsordnung vorzunehmen bzw. Aufgabenherabzonungen nur sehr zurückhaltend anzugehen. Das Ziel besteht nicht darin, die Reformmaßnahmen in der Gemeindeordnung aus dem Jahr 2007 wieder umzukehren und jeden Antrag zur Erlangung des Status einer Mittleren kreisangehörigen Stadt sowie jede aufgabenträgerunabhängige Zusammenarbeit zu untersagen. Insbesondere im Hinblick auf die wesentlichen Aufgaben aus dem Paket für die Mittlere kreisangehörige Stadt ist aber die, mittlerweile für Kommunen abrufbare[940], eigene demografische Entwicklung zu berücksichtigen. Dies betrifft vorrangig die personal- und kostenintensiven Aufgaben der unteren Bauaufsichtsbehörde, die Errichtung eines Rechnungsprüfungsamtes, die Einstellung hauptamtlicher Kräfte der freiwilligen Feuerwehr sowie, falls zusätzlich gewollt, das Jugendamt. Bei einem erheblichen Einwohnerrückgang ist auch ein Rückgang von Bauvorhaben und daraus zu erzielenden Gebühreneinnahmen zu erwarten. Flankiert durch einen zusätzlichen Rückgang von Großvorhaben und weiterer Gebühreneinnahmeverluste besteht möglicherweise das Risiko, dass ein für einige Jahre errechneter Einnahmeüberschuss bei eigener Aufgabenwahrnehmung sich in das Gegenteil verkehrt und Stellenplanung und Ressortzuschnitt außer Verhältnis zu den Fallzahlen liegen. In besonderem Maße gilt dies für Übernahme eines eigenen Jugendamtes. Ein eigenes Jugendamt in Gemeinden mit einer Einwohnerzahl von 20.000 bis 25.000 Einwohnern ist bei negativer Demografieprognose, die bereits in den nächsten Jahren greift, als bedenklich einzustufen. Eine Rückverlagerung der Aufgaben auf den Kreis würde einen kostenintensiven Umstrukturierungsprozess auslösen.

Der demografische Wandel zeigt sich in vielen Kreisen neben dem reinen Einwohnerrückgang auch in Wanderungsbewegen zulasten des ländlichen Raums. Der Reurbanisierungstrend umfasst schwerpunktmäßig auch Jugendliche.[941] Ein Standortmarketing sollte im Hinblick auf ein kinder- und familienfreundliches Umfeld deshalb nicht bei Pflichtaufgaben ansetzen, die mit einem möglicherweise geringeren finanziellen Aufwand vom Kreis wahrgenommen werden können, sondern eher finanzielle Spielräume für freiwillige Aufgaben, wie der Förderung von Freizeiteinrichtungen, belassen. Drohenden zukünftigen Überkapazitäten lässt sich in einer kleinteiligen

940 Diese Möglichkeit hält das Internetangebot der *Bertelsmann Stiftung* bereit. Es ist abrufbar unter: www.wegweiser-kommune.de/datenprognosen/demographiebericht/demographiebericht.action?, Stand: 7.3.2011.

941 *Winkel,* Politische Studien 410, November/Dezember 2006, S. 55 (57).

Struktur schlechter begegnen als auf der Kreisebene. Bei Angebotsstrukturen wie Erziehungshilfen nach § 27 ff. SGB VIII und Förderung in Tageseinrichtungen nach § 22 ff. SGB VIII begleitet eine erhöhte Prognoseunsicherheit die finanziellen Planungen. Bestimmte Aufgabenbereiche außerhalb des gestuften Modells, wie eine noch in kommunaler Hand befindliche Daseinsvorsorgestruktur in Form der Wasserversorgung und Abwasserentsorgung, zeichnen sich durch eine Kostenremanenz aus.[942] Sinkende Einwohnerzahlen bewirken zumindest kurzfristig keinen Rückgang der Kostenbelastung. Umso wichtiger sind zeitnah wirkende Steuerungsmöglichkeiten. Das Aufgabenpaket für Mittlere und Große kreisangehörige Städte zwängt die interessierten Gemeinden in ein relativ starres Aufgabenkorsett. Die Rückübertragung oder nur die Teilübertragung von Aufgaben steht immer unter dem Mitwirkungsvorbehalt des Kreises. Flexibler ausgestalten lässt sich die aufgabenträgerunabhängige Zusammenarbeit, die auf eine Aufgabe reduzierbar ist und mittels einer Befristung auf Einwohnerschwankungen reagieren kann.

3. Finanzielle Belastungen

Ein negativer Effekt auf die Gemeindefinanzen bei einem Einwohnerrückgang tritt durch den Rückgang des Gemeindeanteils an der Einkommensteuer zu Tage.[943] Die Auswirkungen auf die Schlüsselzuweisungen sind hingegen ambivalent. Hier bedarf es eines starken Rückgangs der Steuerkraftmesszahl, der den Rückgang der Bedarfsmesszahl und, bei einer gesunkenen Zahl von abundanten Gemeinden, den Rückgang des Grundbetrags kompensiert.[944] Die Autoren eines ifo-Gutachtens zur Reform des kommunalen Finanzausgleichs schlagen als Ausgleichsmaßnahme einen »Demografiefaktor« vor, der sich in einem Vergleich der Einwohnerzahlen in einem Dreijahresdurchschnitt erschöpft und für den Hauptansatz die jeweils

---

942 *Büttner/Holm-Hadulla/Parsche u. a.,* in: Analyse und Weiterentwicklung des kommunalen Finanzausgleichs in NRW, ifo-Gutachten im Auftrag des Innenministeriums NRW, S. 158.

943 *Falken,* in: Bauer/Büchner/Gründel (Hrsg.), Demographie im Wandel, S. 71 (76); *Büttner/Holm-Hadulla/Parsche u. a.,* in: Analyse und Weiterentwicklung des kommunalen Finanzausgleichs in NRW, ifo-Gutachten im Auftrag des Innenministeriums NRW, S. 159.

944 Ausführlich dazu: *Büttner/Holm-Hadulla/Parsche u. a.,* in: Analyse und Weiterentwicklung des kommunalen Finanzausgleichs in NRW, ifo-Gutachten im Auftrag des Innenministeriums NRW, S. 159.

höhere Einwohnerzahl zum Ansatz bringt.[945] Ein derartiger Ansatz kann eine Pufferfunktion einnehmen[946], einem langfristigen negativen Abwärtstrend der Einwohnerzahlen aber nur bedingt begegnen.

Bednarz schlägt als weitere Maßnahme vor, das Instrument der Einwohnerveredelung abzuschaffen und die nach Abzug für fiskalische Zwecke verbleibenden Mittel Verflechtungsgebieten i. S. v. Regionalplänen zur Verfügung zu stellen.[947] Gemeinden mit zentralörtlichen Funktionen sollen nach diesem Modell verpflichtet werden, auf konsensualer Basis mit Genehmigungsvorbehalt der Aufsichtsbehörden eine Mittelverteilung zu organisieren.[948] Neben dem Entfall des Einwohnerwettbewerbs sieht *Bednarz* den Vorteil in einer Anreizwirkung für die Übernahme zentralörtlicher Funktionen sowie in der Einflussnahme der Kommunen auf die Mittelverteilung.[949] So erstrebenswert der Entfall eines Einwohnerwettbewerbs ist, begegnet das hier vorgeschlagene Maß an kommunaler Eigenverantwortlichkeit der Mittelverteilung doch erheblichen Bedenken. Der Umfang und die Komplexität der Gemeindefinanzierungsgesetze untermauern die Vielzahl an zu berücksichtigenden Faktoren bei der horizontalen Verteilung. Eine Akzeptanz von Gemeinden gegenüber der zentralörtlichen Funktion anderer Gemeinden gründet auf einem äußerst optimistischen interkommunalen Harmoniegedanken, der der Praxisbelastung aber oftmals nicht standhalten dürfte. Neben diesen grundsätzlichen Erwägungen ist zu berücksichtigen, dass z. B. das nordrhein-westfälische Gemeindefinanzierungsgesetz einen Zentralitätsansatz als Korrektiv zum einwohnerbezogenen Hauptansatz enthält. Ziel des Zentralitätsansatzes ist es, die Bedarfsrelation zu Gunsten von Gemeinden umzugestalten, die eine stärkere Funktion als wirtschaftliches Zentrum wahrnehmen als Gemeinden gleicher Größe.[950] Dazu wird

945 *Büttner/Holm-Hadulla/Parsche u. a.,* in: Analyse und Weiterentwicklung des kommunalen Finanzausgleichs in NRW, ifo-Gutachten im Auftrag des Innenministeriums NRW, S. 160 f.

946 Kommission zur Beratung der Empfehlungen des Instituts für Wirtschaftsforschung an der Universtität München, in: Innenministerium NRW (Hrsg.), Analyse und Weiterentwicklung des kommunalen Finanzausgleichs Nordrhein-Westfalen, S. 30, vgl. auch *Bednarz,* Demographischer Wandel und kommunale Selbstverwaltung, S. 239 f.

947 *Bednarz,* Demographischer Wandel und kommunale Selbstverwaltung, S. 241.

948 *Bednarz,* Demographischer Wandel und kommunale Selbstverwaltung, S. 241.

949 *Bednarz,* Demographischer Wandel und kommunale Selbstverwaltung, S. 242.

950 *Büttner/Holm-Hadulla/Parsche u. a.,* in: Analyse und Weiterentwicklung des kommunalen Finanzausgleichs in NRW, ifo-Gutachten im Auftrag des Innenministeriums NRW, S. 116.

nach § 8 Abs. 6 GFG die Zahl der sozialversicherungspflichtigen Beschäftigten mit 0,15 multipliziert. Im Gutachten der ifo-Kommission schlagen die Bearbeiter vor, die Gewichtung von 0,15 auf 0,30 Punkte anzuheben.[951] Ferner halten die Gutachter an der Einwohnerstaffelung fest, empfehlen aber eine geringere Spreizung der Hauptansatzstaffel um 6 Punkte.[952]

IV. Berücksichtigung der Demografieauswirkungen im Genehmigungsverfahrungen

Beruhen Aufgabenverlagerungen eher auf kurzfristigen Effekterzielungen zur Verbesserung von weichen Standortfaktoren, lösen aber absehbar in Zukunft nur langsam reduzierbare und ineffiziente Strukturen aus, entsteht daraus die Problematik der Berücksichtigungsfähigkeit zum aktuellen Zeitpunkt. Angesichts der Prognoseunsicherheit der zukünftigen wirtschaftlichen Entwicklung wird angemahnt, dass die Generationengerechtigkeit im nachhaltigen Sozialstaat keine überschießende Innentendenz entfalten dürfe.[953] Damit ist aber lediglich zum Ausdruck gebracht, dass eine Gesamtbetrachtung der vergangenen, gegenwärtigen und zukünftigen Entwicklung erfolgen muss, um vor dem Hintergrund von Bevölkerungsvorausberechnungen keine derartigen Einschnitte in den Sozialstaat vorzunehmen, die zukünftig nur schwer revidierbar sind. Soweit ein Unterlassen von Aufgabenverlagerungen im gestuften Modell zu überprüfen ist, unterliegen die Motive dieser interkommunalen Funktionalreform ähnlich wie bei kommunalen Gebietsreformen einer verfassungsgerichtlichen Kontrolle. Bei der Genehmigung von Aufgabenverlagerungen sind die Auswirkungen der demografischen Entwicklung über das Sozialstaatsprinzip und das Wirtschaftlichkeitsprinzip zu berücksichtigen. Die Anforderungen an eine »Demografieverträglichkeitsprüfung«[954] sind sehr hoch, da die Entwicklung von analytischen Instrumenten zur Folgeabschätzung eine erhebliche interdisziplinäre Vorarbeit verlangt.

---

951 *Büttner/Holm-Hadulla/Parsche u. a.,* in: Analyse und Weiterentwicklung des kommunalen Finanzausgleichs in NRW, ifo-Gutachten im Auftrag des Innenministeriums NRW, S. 117.

952 *Büttner/Holm-Hadulla/Parsche u. a.,* in: Analyse und Weiterentwicklung des kommunalen Finanzausgleichs in NRW, ifo-Gutachten im Auftrag des Innenministeriums NRW, S. 103. Vgl. dazu auch *Diemert,* in: Eildienst Städtetag 2010, Heft 10, S. 24 (30).

953 *Kersten,* Verw. 40 (2007), 309 (316).

954 Dieses Modell, angelehnt an die Umweltverträglichkeitsprüfung, entwickeln *Bauer/ Brosius-Gersdorf,* in: Magiera (Hrsg.), FS Siedentopf, S. 385 (405 f.).

Schlussbetrachtung und Ausblick

Die Landesregierung Nordrhein-Westfalens hat 1976 im Vorgriff auf die Funktionalreform Leitlinien formuliert. Darunter finden sich unter anderem die Forderungen nach einer möglichst orts- und bürgernahen Aufgabenwahrnehmung, einer größtmöglichen Verwirklichung des Bündelungsprinzips in der Orts- und Mittelstufe der Verwaltung, einer größtmöglichen Transparenz bei der Aufgabenverteilung sowie einer Zentralisierung dort, wo dies zur sinnvollen Ausnutzung spezialisierten Sachverstands notwendig ist.[955] Eine Betrachtung dieser Ziele aus dem Blickwinkel der neuen Aufgabenverschiebemöglichkeiten nach der interkommunalen Funktionalreform 30 Jahre später zeigt eher eine Rückentwicklung als einen Fortschritt. Zwar bietet das gestufte Aufgabenmodell die Möglichkeit einer dezentralen Ansiedlung von Aufgaben und schafft die Basis für vermehrte kommunale Kooperationen auch bei Pflichtaufgaben. In der Gesamtbetrachtung weist das System der Aufgabenstufung im kreisangehörigen Raum aber erhebliche Mängel auf. Das Fehlen einer finanziellen Untermauerung des Modells sorgt einerseits für Zurückhaltung von Gemeinden bei Anträgen zur Erlangung des Status einer Mittleren oder Großen kreisangehörigen Stadt, andererseits führt es zu Spannungen im kreisangehörigen Raum. Die Ausgestaltung des Genehmigungsvorbehalts als eine reine Rechtmäßigkeitskontrolle ist ein zu weitgehendes Zugeständnis an den gemeindlichen Entscheidungsspielraum. Die Intention vieler Gemeinden, eine weitergehende Unabhängigkeit vom Kreis zu erlangen, droht den Blick auf übersichtliche und effiziente Verwaltungsstrukturen zu versperren. Im Hinblick auf die Verschuldung der kommunalen Haushalte und demografischen Herausforderungen ist aber kein kommunaler Wettbewerb um Aufgaben, sondern eine Verwaltungskraftbündelung erforderlich. Kommunale Kooperation ist dafür ein probates Mittel, z. B. im Stadt-Umland-Verhältnis. Als Hilfskonstruktion für eine zu weitreichende Dezentralisierung kann die interkommunale Zusammenarbeit hingegen auch kontraproduktiv wirken, indem sie Entscheidungsprozesse hemmt und demokratische Teilhabe minimiert. Ob die Absenkung der Schwellenwerte und die aufgabenträgerunabhängige Zusammenarbeit ein missglücktes Dezentralisierungsexperiment darstellen oder zukunftsfähig sind, werden auch die Erfahrungen derjenigen Gemeinden und Städte zeigen müssen, die im Rahmen der neuen Möglichkeiten Aufgaben von den

955 Das Funktionalreformkonzept erläutert *Köstering,* in: difu (Hrsg.), Funktionalreform in NRW, S. 147 (151 ff.).

Kreisen übernommen haben. Eine erhebliche Anzahl an neuen Anträgen von Gemeinden wird in den nächsten Jahren eher nicht zu erwarten sein. Als Hemmschwelle dienen die mitunter desolate Haushaltslage der Kommunen und das erforderliche Vertrauensverhältnis zu anderen Kommunen.

Zusammenfassung in Leitsätzen

1. Das nordrhein-westfälische Gesetz über kommunale Gemeinschaftsarbeit bietet mit der kommunalen Arbeitsgemeinschaft, dem Zweckverband, der öffentlich-rechtlichen Vereinbarung sowie dem gemeinsamen Kommunalunternehmen vier Zusammenarbeitsformen für Kommunen. Besondere Bedeutung kommen dem Zweckverband als Körperschaft des öffentlichen Rechts mit den Organen der Verbandsversammlung und des Verbandsvorstehers sowie der öffentlich-rechtlichen Vereinbarung zu. (S. 9 ff.)

2. Die öffentlich-rechtliche Vereinbarung erlaubt die Ausgestaltung als Delegation oder Mandat. Im Rahmen einer delegierenden Vereinbarung erfolgt, mit Ausnahme der Satzungsbefugnis und eines fakultativen Mitspracherechts, die vollständige Übertragung einer Aufgabenkompetenz mit der Konsequenz, dass eine Änderung der Zuständigkeitsordnung erfolgt. Das Mandat lässt Zuständigkeiten unangetastet und ermächtigt die beauftragte Kommune lediglich dazu, im Namen der beauftragenden Kommune nach deren Weisungen Aufgaben zu erledigen. (S. 14 ff.)

3. Das gemeinsame Kommunalunternehmen erlaubt bei einer Anstalt des öffentlichen Rechts die Trägerschaft mehrerer Kommunen. Umständliche Hilfskonstruktionen wie die Zwischenschaltung eines Zweckverbands entfallen dadurch. (S. 27 ff.)

4. Die Funktionalreform 1978 und den Folgejahren regelte die Aufgabenverteilung zwischen Kreisen und kreisangehörigen Gemeinden neu. Auf der Grundlage von zwei Einwohnerschwellenwerten erhielten Gemeinden mit mehr als 25.000 Einwohnern die Bezeichnung Mittlere kreisangehörige Stadt sowie mit mehr als 60.000 Einwohnern die Bezeichnung Große kreisangehörige Stadt. Damit ist kein Sonderstatus kommunalverfassungsrechtlicher Art verbunden, sondern eine originäre Aufgabenzuständigkeit für ein bestimmtes Paket von Pflichtaufgaben und die Einführung eines gestuften Aufgabenmodells. (S. 32 ff.)

5. Die Gemeindeordnungsreform im Jahr 2007 führte in Nordrhein-Westfalen zu einer Absenkung der Einwohnerschwellenwerte auf 20.000 Einwohner für Mittlere und 50.000 Einwohner für Große kreisangehörige Städte. Die Erlangung dieses Status erfolgt im Wege eines Antragsverfahrens. (S. 37 ff.)

6. Eine weitere wesentliche Neuerung stellt die Einführung einer aufgabenträgerunabhängigen Zusammenarbeit in § 4 Abs. 8 GO dar. Als Erweiterung zur Gemeindeordnungsreform des Jahres 2004, die bereits horizontale Zusammenarbeitsmodelle zwischen den örtlichen Aufgabenträgern vorsah und damit eine von der Rechtsprechung erkannte Sperrwirkung der Funktionalreform von 1978 aufhob, kennzeichnet sich die Reform des Jahres 2007 durch eine aufgabenträgerunabhängige Zusammenarbeit als vertikales Zusammenarbeitsmodell. Auch ohne selbst Aufgabenträger zu sein, können kreisangehörige Gemeinden unter Rückgriff auf die Zusammenarbeitsform der öffentlich-rechtlichen Vereinbarung mit benachbarten Mittleren oder Großen kreisangehörigen Gemeinden vereinbaren, dass diese die Aufgaben für die kreisangehörigen Gemeinden anstatt des Kreises im Rahmen der Delegation oder eines Mandats wahrnehmen. Der sog. additive Schwellenwert ermöglicht es Gemeinden, die selbst nicht die Einwohnerschwellenwerte übertreffen, zusammen mit anderen benachbarten Gemeinden die notwendige Einwohnerzahl zu erreichen und eine »fiktive« Mittlere oder Große kreisangehörige Stadt zu bilden, die zwar nicht in die Rechtsverordnung aufgenommen wird, aber dieselbe sonderaufsichtliche Behandlung wie die originären Sonderstatusstädte genießt. (S. 42 ff.)

7. Die Aufgaben können im Wege der öffentlich-rechtlichen Vereinbarung immer nur von einer Gemeinde wahrgenommen oder durchgeführt werden. Eine gemeinschaftliche Wahrnehmung wie bei einem Zweckverbandsmodell ist ausgeschlossen. Der Kreis ist als Betroffener einer Aufgabenherabzonung nicht mit einem Vetorecht ausgestattet, sondern nur über ein Benehmenserfordernis eingebunden. Die unterbliebene Mitwirkung löst für nachfolgende Rechtsakte nur eine heilbare Fehlerhaftigkeit aus. (S. 46 ff.)

8. Art. 10 Abs. 1 der Europäischen Charta der kommunalen Selbstverwaltung gestattet kommunalen Gebietskörperschaften die verbandliche sowie nichtverbandliche Zusammenarbeit unter Gesetzesvorbehalt. Die EKC ist als völkerrechtlicher Vertrag mit dem Status eines einfachen Bundesgesetzes Auslegungshilfe für Art. 28 Abs. 2 GG. (S. 53 ff.)

9. Art. 28 Abs. 2 GG enthält eine institutionelle Garantie, die in Ausprägung der Rechtsinstitutionsgarantie den Gemeinden einen die Aufgaben der örtlichen Gemeinschaft umfassenden Aufgabenbestand in eigenverantwortlicher Wahrnehmung zusichert. Die Grenze für die Ausgestaltung der gemeindlichen Selbstverwaltung bildet für den Gesetzgeber der Kernbereich, der zum Schutz des Wesensgehalts der Selbstverwaltungsgarantie keine Veränderung zulässt. Im Randbereich ist der Gesetzgeber angehalten,

zugunsten der Gemeinden ein auch gegenüber den Kreisen wirkendes Aufgabenverteilungsprinzip zu beachten. (S. 55 ff.)

10. Solange den Kreisen ein Mindestbestand an Selbstverwaltungsangelegenheiten verbleibt, hindert Art. 28 Abs. 2 S. 2 GG den Gesetzgeber nach neuerer Rechtsprechung nicht, den Kreisen jede zugewiesene Aufgabe auch wieder zu entziehen. Angesichts einer nicht zu rechtfertigenden Unterscheidung zwischen Kreisen und kreisfreien Städten und einer Missachtung der Partizipationsrechte der Bürger ist den Kreisen entgegen der Rechtsprechung das gleiche Schutzniveau wie Gemeinden bei einer Aufgabenentziehung unter Beachtung des Aufgabenverteilungsprinzips zuzugestehen. (S. 61 f.)

11. Art. 78 LV erweitert den Schutz der Gemeindeverbände zugunsten einer kreislichen Allzuständigkeit, die unter Hinzuziehung des Aufgabenverteilungsprinzips aus Art. 28 Abs. 2 GG bis zur vorrangigen Allzuständigkeit der Gemeinden reicht. Art. 78 Abs. 4 LV ist Ausdruck eines monistischen Aufgabenmodells nach dem Weinheimer Entwurf. Trotz der Belastung mit einem Weisungsrecht handelt es sich bei dem Aufgabentyp der Pflichtaufgaben zur Erfüllung nach Weisung um Selbstverwaltungsaufgaben. Die weisungsgebundenen Aufgaben sind dabei nicht nur formell, sondern auch materiell als Selbstverwaltungsaufgaben zu behandeln. Ein Entzug der Aufgaben von der Kreis- oder Gemeindeebene bedarf der Rechtfertigung, wobei die Anforderungen infolge des Weisungsrechts gegenüber den pflichtigen Selbstverwaltungsaufgaben geringer sind. (S. 62 ff.)

12. Verfassungsrechtliche Anforderungen an Gebietsreformen wie ein Anhörungsgebot, eine Motiv-, Ziel- und Prognosekontrolle oder das Abwägungsgebot sind auf Grund der Nähe beider Reformmaßnahmen und desselben Schutzguts auch im Rahmen der Funktionalreform und damit bei Aufgabenverlagerungen im gestuften Modell als »Funktionalreform im Kleinen« zu berücksichtigen. (S. 69 ff.)

13. Die gemeindliche Allzuständigkeit bewirkt keine grundsätzliche Begrenzung von gemeindlichen Kooperationen. Zugleich ist für die Beurteilung eines Rangverhältnisses zwischen gemeindlicher Kooperationshoheit und der Aufgabenwahrnehmung der Kreise nicht die gemeindliche Allzuständigkeit und das Aufgabenverteilungsprinzip allein maßgebend, sondern die Beachtung weiterer Verfassungsprinzipien erforderlich. (S. 76 ff.)

14. Die auf einer personellen und sachlich-inhaltlichen Legitimation beruhende demokratische Legitimierung kommunaler Selbstverwaltung erfährt im Rahmen der öffentlich-rechtlichen Vereinbarung weitreichende

Einschränkungen. Sowohl beim Mandat als auch bei der Delegation fehlt eine personelle Legitimation. Der Ausgleich über Weisungsrechte beim Mandat und Mitwirkungsrechte insbesondere bei der Delegation gelingt nicht vollständig. Ein Einvernehmenserfordernis oder Vetorecht der übertragenden Gemeinde kann sich nur auf Teilaspekte der Aufgabenerfüllung beschränken, um eine effektive und effiziente Aufgabenerfüllung der übernehmenden Gemeinde zu gewährleisten. (S. 80 ff.)

15. Wirtschaftlichkeit als Rechtsprinzip umschreibt mit dem Begriff der Effizienz eine optimale Zweck-Mittel-Relation sowie mit dem Effektivitätsgebot die Erreichung eines bestmöglichen Ergebnisses. Aufgabenhochzonungen dürfen auch auf die wirtschaftlichen Vorteile einer zentraleren Verwaltungsorganisation gestützt werden, wenn eine ausreichende Berücksichtigung der bürgerschaftlich-demokratischen Komponente stattfindet. Bei Herabzonungen stehen Wirtschaftlichkeit und bürgerschaftliche Teilhabe in der Abwägung gleichberechtigt gegenüber. (S. 88 ff.)

16. Die Klarheit der Kompetenzordnung erfährt insbesondere durch die aufgabenträgerunabhängige Zusammenarbeit eine starke Beeinträchtigung. Das Postulat der Schaffung gleichwertiger Lebensverhältnisse kann im Genehmigungsverfahren eine begrenzende Wirkung einnehmen. Hingegen ist ein Rücksichtnahmesystem zwischen Kreisen und kreisangehörigen Gemeinden in Ausprägung eines gemeindefreundlichen Verhaltens zugunsten der Gemeinden und einer Kreistreue zugunsten der Kreise abzulehnen. (S. 94 ff.)

17. Die aufgabenträgerunabhängige Zusammenarbeit begründet eine unzulässige kommunale Mischverwaltung. Die Herabzonungskompetenz von kreisangehörigen Gemeinden im gestuften Aufgabenmodell ist Ausdruck einer fehlenden Typisierung des Gesetzgebers zwischen Pflichtaufgaben mit örtlichen und überörtlichen Bezügen. Dabei erfolgt eine Ausnutzung der unscharfen Konturen von örtlichen Bezügen, um bereits Mittleren kreisangehörigen Städten ab 20.000 Einwohnern, unabhängig von deren tatsächlicher Leistungskraft, gesetzlich dieselbe effiziente Organisationsstruktur zuzugestehen, wie sie große kreisfreie Städte bzw. Kreise aufweisen. (S. 101 ff.)

18. Es besteht keine Zuständigkeitsrangfolge zwischen gemeindlicher Kooperation und der Aufgabenwahrnehmung der Kreise. Die politisch-demokratische Teilhabe der Bürger als wesentliche Begründung für die Dezentralisierung von Aufgaben ist bei der interkommunalen Zusammenarbeit

stark eingeschränkt, so dass die Herabzonung von Aufgaben zur kooperativen Wahrnehmung einer Rechtfertigung bedarf. (S. 106 f.)

19. Die Kompetenz zur Qualifizierung von Aufgaben als örtlich oder überörtlich steht dem Gesetzgeber zu. Die staatliche Organisationsmacht muss Einfluss auf die Aufgabenverlagerungen im gestuften Modell finden. Angesichts einer erheblichen Prognoseunsicherheit bei der Genehmigung von Aufgabenverlagerungen sind aufsichtsbehördliche Ermessenserwägungen sowohl für delegierende als auch mandatierende öffentlich-rechtliche Vereinbarungen erforderlich, um § 4 Abs. 8 GO als Ermächtigungsgrundlage für eine Vielzahl von möglichen Aufgabenverlagerungen auf den Einzelfall bezogen zu ergänzen. Ein ungenehmigtes sowie ein genehmigtes Haushaltssicherungskonzept sind als zwingender entgegenstehender öffentlicher Grund bei Anträgen zur Erlangung des Status einer Mittleren oder Großen kreisangehörigen Stadt zu werten. (S. 107 ff.)

20. Das Konnexitätsprinzip in Art. 78 Abs. 3 LV i. V. m. KonnexAG gelangt bei finanziellen Belastungen infolge von Aufgabenverlagerungen im gestuften Aufgabenmodell nicht zur Anwendung. Es liegt infolge der freiwilligen Aufgabenübernahme keine Verpflichtung der neuen Aufgabenträger zur Aufgabenerledigung vor. Soweit Kreise und andere kreisangehörige Gemeinden Mehrkosten für negative Skaleneffekte tragen müssen, scheitert eine Anwendung des Konnexitätsprinzips zugunsten einer drittschützenden Wirkung daran, dass diesen keine Aufgaben übertragen werden. (S. 124 ff.)

21. Die Kreisumlage bildet das wichtigste Finanzierungsmittel für die Kreise. Hinsichtlich der Höhe der Umlagesätze besteht keine starre Höchstumlagequote. Die Erhöhung des Kreisumlagesatzes unterliegt aber nach § 56 Abs. 3 S. 2 KrO einer Rechtmäßigkeitskontrolle der Aufsichtsbehörde. Diese Regelung lässt keinen Raum für die verpflichtende Aufstellung eines Haushaltssicherungskonzepts. Der Kreis ist nicht in Ansehnung von Rücksichtnahmepflichten gegenüber den kreisangehörigen Gemeinden zur vorrangigen Inanspruchnahme der Ausgleichsrücklage sowie der allgemeinen Rücklage angehalten. (S. 138 ff.)

22. Die Ausgleichsfunktion der Kreise verlangt bis zu einer gewissen, bislang nicht genau bezifferten Grenze, dass Gemeinden eine unterschiedliche Vorteilsziehung aus den mit der Kreisumlage finanzierten Aufgaben zu dulden haben. Die Festsetzung einer Mehr- oder Minderbelastung im Rahmen der Sonderkreisumlage nach § 56 Abs. 4 KrO ist beim gestuften Modell nur für einen kleinen Teil der Aufgaben möglich. Der Einrichtungs-

begriff verlangt eine Verbindung von persönlichen Kräften und sachlichen Mitteln, die bei reinen Verwaltungstätigkeiten nicht vorliegt. (S. 141 ff.)

23. Die Jugendamtsumlage zur Finanzierung des Kreisjugendamtes ist der einzige Anwendungsfall einer nach Aufgaben differenzierten Kreisumlage. Um sicherzustellen, dass 20.000 Einwohner die Mindestgröße für eine Stadt mit eigenem Jugendamt bildet, hat der Gesetzgeber das Modell des additiven Schwellenwerts im zusätzlichen Antragsverfahren für das Jugendamt in § 2 des 1. AG KJHG ausgeschlossen. Ein gesondertes Abrechnungsverfahren zur Berücksichtigung von Über- und Unterdeckungen bei der Jugendamtsumlage ist zulässig, solange es auf den Umlagegrundlagen basiert. (S. 154 ff.)

24. Die Ausgleichsfunktion der Kreisumlage steht einer Ausweitung der Sonderkreisumlage sowie einer nach Aufgaben differenzierenden Umlage entgegen. Zwar ließe sich mit einer Erweiterung des Anwendungsbereichs der Sonderkreisumlage auf alle Aufgaben des gestuften Modells eine finanzielle Doppelbelastung der neuen Aufgabenträger vermeiden, Kreise und die im kleiner werdenden Kreisaufgabenverbund verbleibenden Gemeinden würden aber stets mit dem Risiko von Verschlechterungen beim Aufgabenstandard und relativen Kostensteigerungen belastet. (S. 160 ff.)

25. Ein individueller Anspruch auf Bedarfszuweisungen setzt voraus, dass die prekäre Finanzlage auf gemeindeexterne Einflussfaktoren zurückzuführen ist und sich die Notlage trotz sparsamster Haushaltsführung und Ausschöpfung aller Einnahmequellen nicht vermeiden ließ. Die freiwillige Erweiterung des Pflichtaufgabenbestands schließt die Inanspruchnahme von Bedarfszuweisungen aus, wenn sich die Finanzausstattung durch Hinzutreten weiterer Faktoren verschlechtert. Die Neuerungen im gestuften Modell stellen zudem keine Weiterentwicklung der kommunalen Selbstverwaltung i. S. v. § 19 Abs. 3 GFG dar. (S. 170 ff.)

26. Zur Auflösung der Doppelbelastung im Rahmen einer umfassenden Lösung auch für Aufgaben außerhalb des gestuften Modells bietet sich nicht der Weg über eine ausgabenorientierte Mindestausstattung an. Die auf Durchschnittswerten beruhende ausgabenorientierte Mindestausstattung berücksichtigt in zu geringem Maß die gemeindespezifischen Bedarfe. Hingegen sind Kopfbeträge für Pflichtaufgaben im System einer aufgabenorientierten Mindestausstattung geeignet, eine Doppelbelastung zu vermeiden. Dieses Vergütungssystem für Kopfbeträge müsste aber in das Regelungssystem des Konnexitätsprinzips integriert werden. (S. 177 ff.)

27. Das Modell eines Kommunalisierungsfonds, der eine redistributive Funktion außerhalb des Steuerverbunds verfolgt und über eine Abundanzabgabe finanziert wird, bietet einen Ausgleich negativer Skaleneffekte von Aufgabenverlagerungen. (S. 182 ff.)

28. Die mandatierende öffentlich-rechtliche Vereinbarung führt nicht zu Zuständigkeitsveränderungen bei der Rechts- sowie der Fachaufsicht. Bei einer delegierenden öffentlich-rechtlichen Vereinbarung ist auch bei Mitwirkungsrechten die Rechtsaufsichtsbehörde der Gemeinde zuständig, die die Aufgaben übernimmt. Für die Sonderaufsicht bedarf es bei kreisgebietsübergreifenden delegierenden Vereinbarungen keiner hiervon abweichenden Lösung. (S. 187 ff.)

29. Besteht nach Aufgabenverlagerungen von der Kreisebene auf die kreisangehörigen Gemeinden kein Bedarf mehr für die mit den Aufgaben betrauten Beamten, ist mangels landesrechtlicher Regelung ein Rückgriff auf § 128 Abs. 4 3. Alt. i. V. m. § 128 Abs. 2 und 3 BRRG erforderlich, die keine Überleitung kraft Gesetzes vorsehen, sondern eine Auswahlentscheidung ermöglichen. Verweigert die Aufgaben übernehmende Gemeinde das erforderliche Einvernehmen, führt dies zu einer Ermessensreduzierung auf Null hinsichtlich einer Überleitungsverfügung der Aufsichtsbehörde. Für die Versorgungslasten bedarf es eines gesetzlichen Verweises auf den Versorgungslastenteilungs-Staatsvertrag oder eine entsprechende Anwendung der in § 107 b BeamtVG enthaltenen Regelung. (S. 192 ff.)

30. Die Überleitung von Tarifbeschäftigten kann weder auf die Rechtsfigur der Funktionsnachfolge noch auf § 613 a BGB gestützt werden. Die analoge Anwendung von § 128 BRRG garantiert den beteiligten Kommunen eine Auswahlentscheidung. Das Widerspruchsrecht der Arbeitnehmer nach § 613 a BGB ist auch im Rahmen des § 128 BRRG zu berücksichtigen. Allerdings besteht bei fehlender körperschaftsinterner Umsetzungsmöglichkeit ein ordentliches bzw. außerordentliches Kündigungsrecht zugunsten der Kommune. (S. 200 ff.)

31. Die demografische Entwicklung in Deutschland und in Nordrhein-Westfalen ist geprägt durch einen Bevölkerungsrückgang sowie eine Änderung des Altersaufbaus zulasten der erwerbsfähigen Bevölkerung. Im Verhältnis von Kreisen, die vorwiegend im Münsterland aktuell die jüngste Bevölkerung aufweisen, zu kreisfreien Städten ist bis zum Jahr 2030 ein Reurbanisierungstrend zu verzeichnen. (S. 207 ff.)

32. Abwanderungsbewegungen aus dem kreisangehörigen Raum führen zu einem interkommunalen Wettbewerb um Einwohner. Interkommunale Zusammenarbeit kann vorwiegend im Bereich von freiwilligen Selbstverwaltungsaufgaben Kräfte bündeln. Für Pflichtaufgaben, insbesondere bei Herabzonungen im gestuften Modell, besteht die Gefahr eines gegenteiligen Effekts, indem bestehende effiziente Kreisstrukturen durch gemeindliche, kostenintensive Doppelstrukturen ergänzt werden. Die demografische Entwicklung ist Bestandteil der Genehmigung von Aufgabenverlagerungen. (S. 211 ff.)

Literaturverzeichnis

Aker, Bernd, Die Neufassung der Konnexitätsregelung in der Verfassung des Landes Baden-Württemberg, VBlBW 2008, 258 ff.

Alexy, Robert, Theorie der Grundrechte, 3. Aufl., Frankfurt a. M. 1996.

Allekotte, Thomas/*Schulte,* Franz, Größere Gestaltungsspielräume für die interkommunale Zusammenarbeit, Gemhlt 2009, 276 ff.

Ammermann, Thomas, Das Konnexitätsprinzip im kommunalen Finanzverfassungsrecht, Baden-Baden 2007, zugl. Diss. Univ. Würzburg 2006.

Andriske, Wolfgang, Aufgabenneuverteilung im Kreis – Grundlagen, Methoden und Wege einer Funktionalreform in Nordrhein-Westfalen –, Siegburg 1978.

von Arnim, Hans Herbert, Wirtschaftlichkeit als Rechtsprinzip, Berlin 1988.

von Arnim, Hans Herbert/*Lüder,* Klaus (Hrsg.), Wirtschaftlichkeit in Staat und Verwaltung, Vorträge und Diskussionsbeiträge der 60. Staatswissenschaftlichen Fortbildungstagung 1992 der Hochschule für Verwaltungswissenschaften Speyer, Berlin 1993.

Articus, Stephan/*Schneider,* Bernd Jürgen (Hrsg.), Gemeindeordnung NRW, Kommentar, 3. Aufl., Stuttgart 2009.

Barbey, Günther, Rechtsübertragung und Delegation, Eine Auseinandersetzung mit der Delegationslehre Heinrich TRIEPELs, Diss. Münster 1962.

Bauer, Hartmut, Die Bundestreue, Tübingen 1992.

Bauer, Hartmut/*Brosius-Gersdorf,* Frauke, Die demografische Krise, Verwaltungswissenschaftliche Steuerungsansätze zu Bewältigung des demografischen Wandels in den Kommunen, in: Magiera (Hrsg.), FS Siedentopf, S. 385 ff.

Bauer, Hartmut/*Büchner,* Christiane/*Gründel,* Olaf (Hrsg.), Demografie im Wandel, Herausforderungen für die Kommunen, 2. Aufl., Potsdam 2009.

Becker, Florian, Die Vernetzung der Landesbanken, Berlin 1998, zugl. Diss. Univ. Köln 1997.

Becker, Ernst, Kommentierung zu § 4 GkG, in: Held/ders. u. a., KVR, Stand: 12. Nachlieferung.

Becker, Ernst, Kommentierung zu §§ 120, 127 GO, in: Held/ders. u. a., KVR, Bd. I.

Becker, Ernst/*Winkel,* Johannes, Kommentierung zu § 4 und § 119 GO, in: Held/ders. u. a., KVR, Bd. I.

Beckmann, Martin, Die Wahrnehmung von Ausgleichs- und Ergänzungsaufgaben durch die Kreise und ihre Finanzierung über die Kreisumlage, DVBl. 1990, 1193 ff.

Bednarz, Hendrik, Demographischer Wandel und kommunale Selbstverwaltung, Berlin 2010, zugl. Diss. Univ. Tübingen 2009.

Bennemann, Gerhard/*Beinlich,* Rudolf/*Brodbeck,* Frank/*Daneke,* Uwe/*Faber,* Martina/*Gerhold,* Heinrich/*Meiß,* Ernst/*Simon,* Arnulf/*Steiß,* Alexander/*Teschke,* Sven/*Unger,* Walter/*Zahradnik,* Stefan/*Borchmann,* Michael/*Schön,* Wolfgang/ *Schmidt,* Helmut, Kommunalverfassungsrecht Hessen, Stand: 23. Nachlieferung, November 2010, Wiesbaden.

Berkenhoff, Hans Albert, Kreisumlagen und Amtsumlagen, in: HdbKWP, 1. Aufl., Bd. 3, § 38, S. 357 ff.

Berkenhoff, Albert/*Dahm,* Clemens (Hrsg.), Die Gemeinden und Kreise nach der kommunalen Gebietsreform in Nordrhein-Westfalen, Köln 1975.

Beutling, Alexander, Die Ergänzungs- und Ausgleichsaufgaben der Kreise – Im Spannungsverhältnis gemeindlicher und kreislicher Eigenverantwortlichkeit, Aachen 2002, zugl. Diss. Univ. Bonn 2002.

Beyer, Thomas, Abgabensatzungen der Anstalt des öffentlichen Rechts als demokratisch legitimiertes funktionales Ortsrecht, KStZ 2004, 61 ff.

Bieback, Karl-Jürgen, Fusion öffentlich-rechtlicher Körperschaften und § 613 a BGB, in: Klebe/Wedde/Wolmerath (Hrsg.), FS Däubler, S. 193 ff.

Birk, Dieter/*Inhester,* Michael, Die verfassungsrechtliche Rahmenordnung des kommunalen Finanzausgleichs, dargestellt am Beispiel des Landes Nordrhein-Westfalen, DVBl. 1993, 1280 ff.

Blümel, Willi, Wesensgehalt und Schranken des kommunalen Selbstverwaltungsrechts, in: v. Mutius (Hrsg.), FS v. Unruh, S. 265 ff.

Bodenstaff, Hans J., Die Mehr- oder Minderbelastung kreisangehöriger Gemeinden, Siegburg 1962.

Böckenförde, Ernst-Wolfgang, Demokratie als Verfassungsprinzip, in: Isensee/ Kirchhof (Hrsg.), HdbStR Bd. II, § 24, S. 429 ff.

Böckenförde, Ernst-Wolfgang, Die Organisationsgewalt im Bereich der Regierung, eine Untersuchung zum Staatsrecht der Bundesrepublik Deutschland, Berlin 1964.

Bogner, Wilhelm, Mehrstufige kommunale Organisationseinheiten, in: Mann/ Püttner (Hrsg.), HdbKWP, 3. Aufl., Bd. 1, § 13, S. 245 ff.

Bogner, Wilhelm, Stärkung der Verwaltungs- und Leistungskraft kreisangehöriger Gemeinden durch ergänzende Verbände, ThürVBl. 1992, 217 ff.

Bonk, Heinz Joachim, Kommentierung zu § 58 VwVfG, in: Stelkens/ders./Sachs (Hrsg.), Verwaltungsverfahrensgesetz.

Bovenschulte, Andreas, Gemeindeverbände als Organisationsformen kommunaler Selbstverwaltung, Baden-Baden 2000, zugl. Diss. Univ. Bremen 1999.

Brems, Karen, Die Aufgabenverlagerung des Landes Nordrhein-Westfalen auf die Kommunen und die Frage der Finanzierungsfolgen, Baden-Baden 2006, zugl. Diss. Univ. Düsseldorf 2005.

Brink, Stefan (Hrsg.), Gemeinwohl und Verantwortung, Festschrift für Hans-Herbert v. Arnim zum 65. Geburtstag, Berlin 2004.

Broer, Michael, Finanzausgleichsprobleme einer unsystematischen Berücksichtigung von Aufgabenübertragungen im kreisangehörigen Raum am Beispiel der Sonderstatusstädte in Hessen, HGZ 2001, 51 ff.

Brüning, Christoph/*Vogelgesang,* Klaus, Die Kommunalaufsicht, Aufgaben – Rechtsgrundlagen – Organisation, 2. Aufl., Berlin 2009.

Büchner, Hans, Die Kreistreue – ein Rechtsprinzip analog der Bundestreue?, BWVP 1978, 101 ff.

Bull, Hans Peter, Kommunale Selbstverwaltung heute – Idee, Ideologie und Wirklichkeit. Zugleich eine Anmerkung zur juristischen Methodenlehre, DVBl. 2008, 1 ff.

Bundesministerium der Finanzen, Die Leistungen der Länder an die Gemeinden und Kreise im kommunalen Finanzausgleich, Dokumentation 4/83, in: Hoppe (Hrsg.), Reform des kommunalen Finanzausgleichs, S. 87 ff.

Bundesministerium für Familien, Senioren, Frauen und Jugend/Deutscher Industrie- und Handelskammertag/Prognos AG, Familienatlas 2007, Standortbestimmung, Potentiale, Handlungsfelder, Berlin 2007.

Burg, Thorsten, Zivilrecht bei Rechtsnachfolge unter juristischen Personen des öffentlichen Rechts, Berlin 2004, zugl. Diss. Univ. Düsseldorf 2002/2003.

Burgi, Martin, Der Grundsatz der Wirtschaftlichkeit im Verwaltungsrecht, in: Butzer (Hrsg.), Wirtschaftlichkeit durch Organisations- und Verfahrensrecht, S. 53 ff.

Burgi, Martin, Kommunalrecht, 3. Aufl., München 2010.

Burgi, Martin/*Palmen,* Manfred (Hrsg.), Symposium. Die Verwaltungsstrukturreform des Landes Nordrhein-Westfalen, Düsseldorf 2008.

Burmeister, Günter Cornelius, Herkunft, Inhalt und Stellung des institutionellen Gesetzesvorbehalts. Zugleich ein Beitrag zur Dogmatik des Verwaltungsorganisationsrechts, Berlin 1991, zugl. Diss. Univ. Regensburg 1991.

Burmeister, Joachim (Hrsg.), Verfassungsstaatlichkeit, Festschrift für Klaus Stern zum 65. Geburtstag, München 1977.

Buschmann, Marco/*Freimuth,* Angela, Das Prinzip der strikten Konnexität im neuen Art. 78 Abs. 3 der Landesverfassung von Nordrhein-Westfalen, NWVBl. 2005, 365 ff.

Büttner, Thies/*Holm-Hadulla,* Fédéric/*Parsche,* Rüdiger/*Starbatty,* Christiane, Analyse und Weiterentwicklung des kommunalen Finanzausgleichs in Nordrhein-Westfalen, Gutachten im Auftrag des Innenministeriums des Landes Nordrhein-Westfalen, ifo Institut für Wirtschaftsforschung, 2008.

Butzer, Hermann (Hrsg.), Organisation und Verfahren im sozialen Rechtsstaat, Festschrift für Friedrich E. Schnapp zum 70. Geburtstag, Berlin 2008.

Butzer, Hermann (Hrsg.), Wirtschaftlichkeit durch Organisations- und Verfahrensrecht, Vorträge beim Symposium anlässlich des 65. Geburtstags von Prof. Dr. Friedrich E. Schnapp in Bochum, Berlin 2004.

Chicholas, Ulrich/*Ströker,* Kerstin, Vorausberechnung der Bevölkerung in den kreisfreien Städten und Kreisen Nordrhein-Westfalens 2008 bis 2030/2050, in: IT:NRW (Hrsg.), Statistische Analysen und Studien Nordrhein-Westfalen, Bd. 60, S. 3 ff.

Clemens, Thomas, Kommunale Selbstverwaltungsgarantie und institutionelle Garantie: Neue verfassungsrechtliche Vorgaben durch das BVerfG, NVwZ 1990, 835 ff.

Coing, Helmut, Zur Abwicklung der Reichsschulden, NJW 1954, 817 ff.

Cortrie, Sabrina, Weiche Standortfaktoren als Angelegenheit der kommunalen Wirtschaftsförderung, Hamburg 2009.

Cromme, Franz, Besteht ein Rechtsanspruch von Gemeinden auf Bedarfszuweisungen? – Die einzelne finanzschwache Stadt oder Gemeinde im System des Finanzausgleichs, DVBl. 2000, 459 ff.

Cronauge, Ulrich, Kommentierung zu §§ 102, 113, 114 a, 127 GO, in: Rehn/ders., Bd. II, GO NRW.

Dauber, Gerlinde, Haushaltssicherungskonzept für Landkreise?, Gemhlt 2007, 225 ff.

Dästner, Christian, Die Verfassung des Landes Nordrhein-Westfalen, 2. Aufl., Stuttgart 2002.

Deubel, Ingolf, Der kommunale Finanzausgleich in Nordrhein-Westfalen. Eine ökonomische und statistische Analyse, Köln u. a. 1984, Bd. 3 der Schriftenreihe des Freiherr-vom-Stein-Instituts.

Dickersbach, Alfred, Kommentierung von Art. 77 LV, in: Geller/Kleinrahm/Fleck, Verfassung NRW, 3. Aufl.

Dietlein, Johannes, Nachfolge im öffentlichen Recht, Staats- und verwaltungsrechtliche Grundfragen, Berlin 1999.

Deutsches Institut für Urbanistik (difu) (Hrsg.), Funktionalreform in Nordrhein-Westfalen, Tagungsbericht, Berlin 1977.

Diemert, Dörte, Das Haushaltssicherungskonzept, Stuttgart 2005, Bd. 54 der Schriftenreihe des Freiherr-vom-Stein-Instituts.

Diemert, Dörte, Politikfeld »Kommunaler Finanzausgleich«, Eildienst Städtetag 2009, 315 ff.

Diemert, Dörte, Politikfeld »Kommunaler Finanzausgleich«, Eildienst Städtetag 2010, Heft 10, 24 ff.

Dierksmeier, Horst Hermann, Nicht-rechtsfähige kommunale Zusammenschlüsse des öffentlichen Rechts zur Förderung der kommunalen Gemeinschaftsarbeit, Diss. Münster 1966.

Dietlein, Johannes/*Burgi,* Martin/*Hellermann,* Johannes (Hrsg.), Öffentliches Recht in Nordrhein-Westfalen, 3. Aufl., München 2009.

Dietlein, Johannes, Verfassungsrechtliche Garantie der kommunalen Selbstverwaltung, in: ders./Burgi/Hellermann (Hrsg.), Öffentliches Recht in NRW, § 1, Abschnitt H, S. 76 ff.

Dillenburger, Anja, Das Beamtenstatusgesetz als neues Beamtenbundesrecht für die Beamtinnen und Beamten der Länder, NJW 2009, 1115 ff.

Dolzer, Rudolf/*Kahl,* Wolfgang/*Waldhoff,* Christian/*Graßhof,* Karin, Bonner Kommentar zum Grundgesetz, Stand: 148. Nachlieferung, Oktober 2010, Heidelberg.

Donhauser, Peter, Formen und Möglichkeiten gemeindlicher Zusammenarbeit zur Stärkung der Verwaltungskraft, Diss. Regensburg 1971.

Dreher, Olaf, Steuereinnahmen für die Kreise, Verfassungsrechtliche Maßgaben für eine die autonome Aufgabenwahrnehmung stützende Finanzausstattung, 1991, zugl. Diss. Univ. Kiel 1990

Dreier, Horst (Hrsg.), Grundgesetz, Kommentar, 2. Aufl., Bd. II, Art. 20 – 82, Tübingen 2006.

Dreier, Horst, Kommentierung zu Art. 20 und 28 II GG, in: ders. (Hrsg.), GG.

Droste, Herbert, Gemeinden und Kreisfinanzen, in: Wagener (Hrsg.), Kreisfinanzen, S. 47 ff.

Dünchheim, Thomas, Kommunalrecht Nordrhein-Westfalen, Kurzkommentar zur GO-Reform mit umfangreichem Vorschriftenanhang, Dresden 2008.

Dünchheim, Thomas, Die Zuständigkeitsordnung im kreisangehörigen Raum nach dem Gemeindeordnungsreformgesetz NRW 2007, 192 ff.

Dünchheim, Thomas/*Schöne,* Franz-Josef, Privat vor Staat? – Die Novellierung des kommunalen Wirtschaftsrechts in NRW, DVBl. 2009, 146 ff.

Ehlers, Dirk, Die Ergänzungs- und Ausgleichsaufgaben der Kreise und ihre Finanzierung, DVBl. 1997, 225 ff.

Ehlers, Dirk, Die Rechtsprechung zum nordrhein-westfälischen Kommunalrecht der Jahre 1984 – 1989, Teil II, NWVBl. 1990, 80 ff.

Ehlers, Dirk, Die verfassungsrechtliche Garantie der kommunalen Selbstverwaltung, in: ders./Krebs (Hrsg.), Grundfragen des Verwaltungsrechts und des Kommunalrechts, S. 59 ff.

Ehlers, Dirk, Die verfassungsrechtliche Garantie der kommunalen Selbstverwaltung, DVBl. 2000, 1301 ff.

Ehlers, Dirk/*Krebs,* Walter (Hrsg.), Grundfragen des Verwaltungsrechts und des Kommunalrechts, Symposium aus Anlaß der Emeritierung von Prof. Dr. Hans-Uwe Erichsen am 5. Mai 2000 in Münster, Berlin u. a. 2000.

Ehlers, Dirk, Urteilsanmerkung zu BVerwG, Urt. v. 27.5.2009 – 8 C 10/08 –, DVBl. 2009, 1456 f.

Ehlers, Dirk, Urteilsanmerkung zu VerfGH NRW, Urt. v. 26.6.2001 – VerfGH 28/00 –, DVBl. 2001, 1601 ff.

Eidenmüller, Horst, Effizienz als Rechtsprinzip, 2. Aufl., Tübingen 1998, zugl. Diss. Univ. München 1994.

Emde, Ernst Thomas, Die demokratische Legitimation der funktionalen Selbstverwaltung. Eine verfassungsrechtliche Studie anhand der Kammern, der Sozialversicherungsträger und der Bundesanstalt für Arbeit, Berlin 1991, zugl. Diss. Univ. Freiburg 1986.

Engelken, Klaas, Das Konnexitätsprinzip im Landesverfassungsrecht. Die Kommunen und Aufgabenübertragungen durch die Länder, zugleich Kommentierung des neugefassten Art. 71 Abs. 3 der Verfassung des Landes Baden-Württemberg, Baden-Baden 2009.

Erichsen, Hans-Uwe, Kommunalrecht des Landes Nordrhein-Westfalen, 2. Aufl., Siegburg 1997.

Erichsen, Hans-Uwe, Die Landschaftsverbände – Regionale Selbstverwaltung im Wandel der Zeit –, NWVBl. 1995, 1 ff.

Erichsen, Hans-Uwe (Hrsg.), Kommunale Verwaltung im Wandel, Symposium aus Anlaß des 60jährigen Bestehens des Kommunalwissenschaftlichen Instituts der Westfälischen Wilhelms-Universität zu Münster, Köln u. a. 1999.

Erichsen, Hans-Uwe, Verfassungs- und verwaltungsrechtliche Möglichkeiten und Grenzen der Einbeziehung anderer Träger öffentlicher Verwaltung in die Erfüllung von Verwaltungsaufgaben, in: v. Mutius/Schmidt-Jortzig (Hrsg.), Probleme mehrstufiger Erfüllung von Verwaltungsaufgaben, S. 3 ff.

Erichsen, Hans-Uwe/*Büdenbender,* Martin, Verfassungsrechtliche Probleme staatlich-kommunaler Mischverwaltung, NWVBl. 2001, 161 ff.

Ernst, Werner/*Zinkhahn,* Willy/*Bielenberg,* Walter/*Krautzberger,* Michael, Baugesetzbuch, Stand: 94. Nachlieferung, Januar 2010, München

Faber, Angela, Haushaltsausgleich und Haushaltssicherungskonzept, in: Henneke/Pünder/Waldhoff (Hrsg.), Recht der Kommunalfinanzen, § 34, S. 661 ff.

Faber, Angela, Zur Absenkung der Einwohnerschwellenwerte und der Erweiterung der interkommunalen Zusammenarbeit durch das GO-Reformgesetz, NWVBl. 2008, 54 ff.

Falk, Matthias, Die kommunalen Aufgaben unter dem Grundgesetz. Eine Untersuchung der rechtlichen Stellung der kommunalen Körperschaften in der Staatsorganisation der Bundesrepublik Deutschland, Baden-Baden 2006, zugl. Diss. Univ. Frankfurt (Oder) 2006.

Falken, Christiane, Demografischer Wandel und der Bereich Finanzen, in: Bauer/Büchner/Gründel (Hrsg.), Demografie im Wandel, S. 71 ff.

Fischer, Meinolf, Auswirkungen auf die Kinder- und Jugendhilfe am Beispiel Lippstadt, in: Städte- und Gemeindebund Nordrhein-Westfalen (Hrsg.), Leitfaden demografischer Wandel, S. 45 ff.

Flasnöcker, Jürgen, Typische Rechtsformen der interkommunalen Zusammenarbeit nach BayKommZG und EStärkG, Diss. München 1974.

Fleck, Hans-Joachim, Kommentierung zu Art. 78 LV, in: Geller/Kleinrahm/ders., Landesverfassung NRW, 2. Aufl.

Flöthmann, E.-Jürgen, Regionale Auswirkungen der demographischen Alterung – Kleinräumige Analysen am Beispiel der Kreise und kreisfreien Städte Nordrhein-Westfalens, Zeitschrift für Bevölkerungswissenschaft 2007, 137 ff.

Franßen, Everhardt/*Redeker,* Konrad/*Schlichter,* Otto/*Wilke,* Dieter (Hrsg.), Festschrift für Horst Sendler zum Abschied aus seinem Amt, München 1991.

Franzke, Hans-Georg, Rechtsfragen der Kreisumlage, in: Erichsen (Hrsg.), Kommunale Verwaltung im Wandel, S. 177 ff.

Freisburger, Anke, Kommunale Hebesätze – Rechtliche und tatsächliche Grenzen, KStZ 2000, 41 ff.

Frenz, Walter, Aktuelle europarechtliche Grenzen des Vergaberechts, NVwZ 2010, 609 ff.

Frenz, Walter, Gemeindliche Selbstverwaltungsgarantie und Verhältnismäßigkeit, Verw. 28 (1995), 33 ff.

Friauf, Karl Heinrich/*Wendt,* Rudolf, Rechtsfragen der Kreisumlage, Köln 1980, Bd. 1 der Schriftenreihe des Landkreistages Nordrhein-Westfalen.

Fruhner, Frank-Michael, Konnexitätsprinzip und Funktionalreform in Sachsen-Anhalt, LKV 2005, 200 f.

Fürst, Dietrich, Die Ausgleichsfunktion der Kreisumlage, Diss. Köln 1969.

Gahlen, Hans Georg, Die öffentlich-rechtliche Vereinbarung als Rechtsform übergemeindlicher Zusammenarbeit, Diss. Münster 1965.

Gebhardt, Ihno, Das kommunale Selbstverwaltungsrecht. Verfassungsrechtliche Maßstäbe und verfassungsgerichtliche Maßstabsbildung für kommunale Gebietsreformen, staatliche Aufgabenverlagerungen und Ausgestaltungen des kommunalen Finanzausgleichs, Baden-Baden 2007, zugl. Diss. Univ. Potsdam 2005/2006.

Geller, Gregor/*Kleinrahm,* Kurt/*Fleck,* Hans-Joachim (Hrsg.), Die Verfassung des Landes Nordrhein-Westfalen, Kommentar, 2. Aufl., Göttingen 1963.

Geller, Gregor/*Kleinrahm,* Kurt/*Fleck,* Hans-Joachim (Hrsg.), Die Verfassung des Landes Nordrhein-Westfalen, Kommentar, 3. Aufl., Stand: 2. Nachlieferung Februar 1994, Göttingen.

Gern, Alfons, Deutsches Kommunalrecht, 3. Aufl., Baden-Baden 2003.

Gersdorf, Hubertus, Öffentliche Unternehmen im Spannungsfeld zwischen Demokratie- und Wirtschaftlichkeitsprinzip. Eine Studie zur verfassungsrechtlichen Legitimation der wirtschaftlichen Betätigung der öffentlichen Hand, Berlin 2000.

Gollan, Lutz, Individuelle Akteneinsicht nach § 55 Abs 5 Gemeindeordnung NRW. Informationsfreiheitsrechtliche Aspekte nach der GO-Reform 2007, VR 2008, 78 ff.

Gönnenwein, Otto, Gemeinderecht, Tübingen 1963.

Görisch, Christoph, Landschaftsverbandliche Aufgaben(wahrnehmung) im Lichte des kommunalen Selbstverwaltungsrechts, NWVBl. 2001, S. 418 ff.

Grafe, Walter, Das nordrhein-westfälische Gesetz über die kommunale Gemeinschaftsarbeit, DÖV 1961, 521 ff.

Grawert, Rolf, Kommunale Finanzhoheit und Steuerhoheit, in: v. Mutius (Hrsg.), FS v. Unruh, S. 587 ff.

Grawert, Rolf, Verwaltungsabkommen zwischen Bund und Ländern in der Bundesrepublik Deutschland. Eine kritische Untersuchung der gegenwärtigen Staatspraxis mit einer Zusammenstellung der zwischen Bund und Ländern abgeschlossenen Abkommen, Berlin 1967, zugl. Diss. Univ. Heidelberg 1966.

Gröpl, Christoph, Ökonomisierung von Verwaltung und Verwaltungsrecht, VerwArch 93 (2002), 459 ff.

Gröschner, Rolf, Kommentierung zu Art. 20 GG (Sozialstaat), in: Dreier (Hrsg.), GG, Bd. II.

Grote, Rainer, Empfehlen sich Maßnahmen, um in der Finanzverfassung Aufgaben- und Ausgabenverantwortung von Bund, Ländern und Gemeinden stärker zusammenzuführen?, JZ 1996, 832 ff.

Grünewald, Klaus, Die Bemessung der Kreisumlage unter der Geltung des Gesetzes zur Einführung des NKF in NRW, Gemhlt 2009, 199 ff.

Grzeszick, Bernd, Kommentierung von Art. 20 Abs. 2, in: Maunz/Dürig, GG, Bd. III.

Günther, Albert, Die Kreisumlage, in: Püttner (Hrsg.), HdbKWP, 2. Aufl., § 119, Kap. B, S. 366 ff.

Günther, Albert, Probleme des Kreisfinanzsystems, Berlin 1980.

Hacker, Horst, Die Mehr- oder Minderbelastung bei der Kreisumlage, DÖV 1953, 741 ff.

Hamacher, Claus, GO-Reform in NRW und wirtschaftliche Betätigung, NWVBl. 2008, 81 ff.

Hamacher, Claus/*Wohland,* Andreas, Finanzen. Trügerische Ruhe vor dem Absturz, StuGR 2009, Heft 6, S. 20 ff.

Hanau, Peter, Die arbeitsrechtliche Bedeutung der öffentlich-rechtlichen Funktionsnachfolge, ein Rechtsgutachten erstattet für die Gewerkschaft ÖTV, Stuttgart 1979.

Hartmann, Florian, Kommentierung zu § 4 GO, in: Articus/Schneider (Hrsg.), Gemeindeordnung NRW.

Hartmann, Nina, Arbeitsrechtliche Gestaltungsmöglichkeiten bei Privatisierungen, unter Berücksichtigung des TVöD, Baden-Baden 2008, zugl. Diss. Univ. Köln 2007.

Hassel, Volker, Auswirkungen von Funktional- und Kommunalreform auf Laufbahnbeamte, VR 1979, 41 ff.

Held, Friedrich Wilhelm, Kommentierung zu § 114 a GO, in: ders./Becker, u. a., KVR, Bd. II.

Held, Friedrich Wilhelm, Steuerung kommunaler Aufgabenerfüllung durch Haushaltssicherungskonzepte und staatliche Genehmigungsvorbehalte bei Umlageerhebungen, in: Henneke (Hrsg.), Steuerung der kommunalen Aufgabenerfüllung durch Haushaltsrecht, S. 63 ff.

Held, Friedrich Wilhelm/*Becker,* Ernst/*Decker,* Heinrich/*Kirchhof,* Roland/*Krämer,* Franz/*Wansleben,* Rudolf/*Winkel,* Johannes, Kommunalverfassungsrecht Nordrhein-Westfalen, Bd. I und II, Stand: 24. Nachlieferung, Juni 2010, Wiesbaden.

Held, Friedrich Wilhelm/*Becker,* Ernst/*Decker,* Heinrich/*Kirchhof,* Roland/*Krämer,* Franz/*Wansleben,* Rudolf/*Winkel,* Johannes, Kommunalverfassungsrecht Nordrhein-Westfalen, Stand: 12. Nachlieferung, August 2003, Wiesbaden.

Hendler, Reinhard, Das Prinzip Selbstverwaltung, in: Isensee/Kirchhof (Hrsg.), HdbStR, Bd. IV, § 106, S. 1133 ff.

Henkel, Jörg, Die Kommunalisierung von Staatsaufgaben, Eine Herausforderung für die kommunale Selbstverwaltung und ihre Dogmatik, Stuttgart 2010, zugl. Diss. Univ. Bochum 2010.

Henneke, Hans-Günter, Aufgabenzuständigkeit im kreisangehörigen Raum, Zur Frage der Wahrnehmungsbefugnis von Ausgleichs- und Ergänzungsaufgaben durch die Kreise nach dem Rastede-Beschluß, Heidelberg 1992.

Henneke, Hans-Günter, Begrenzt die finanzielle Leistungsfähigkeit des Landes den Anspruch der Kommunen auf eine aufgabenangemessene Finanzausstattung?, Eine Dauerfrage im Lichte neuer Entwicklungen, DÖV 2008, 857 ff.

Henneke, Hans-Günter, Die Kommunen in der Finanzverfassung des Bundes und der Länder, 4. Aufl., Wiesbaden 2008.

Henneke, Hans-Günter, Die Kreisumlage – steuerähnliche gestaltbare Einnahmequelle der Landkreise für alle Aufgabenarten, Der Landkreis 2006, 382 ff.

Henneke, Hans-Günter, Die kommunalindividuell aufgabenangemessene Finanzausstattung auf dem Prüfstand der Landesverfassungsgerichte – Mindestausstattung, interkommunale Verteilungsgerechtigkeit, prozeduraler Schutz und Darlegungslasten, Der Landkreis 2008, 450 ff.

Henneke, Hans-Günter, Gebiets- und Verwaltungsreformen in den Ländern der Bundesrepublik Deutschland, S. 213 ff.

Henneke, Hans-Günter, Kommentierung zu Art. 28 GG, in: Schmidt-Bleibtreu/Hofmann/Hopfauf, GG.

Henneke, Hans-Günter (Hrsg.), Kommunen in der Föderalismusreform I und II, Stuttgart u. a. 2008.

Henneke, Hans-Günter, Landesverfassungsrechtliche Finanzgarantien der Kommunen zwischen normativen Neuregelungen und verfassungsrechtlicher Ausformung, Der Landkreis 2003, 190 ff.

Henneke, Hans-Günter, Landesverfassungsrechtliche Konnexität – Rechtspolitische Entwicklung und verfassungsrechtliche Ausformung, Der Landkreis 2008, 390 ff.

Henneke, Hans-Günter, Neue Entwicklungen bei der Kreisumlage, Der Landkreis 2008, 509 ff.

Henneke, Hans-Günter (Hrsg.), Optimale Aufgabenerfüllung im Kreisgebiet?, Stuttgart u. a. 1999.

Henneke, Hans-Günter, Schutz von Ländern und Kommunen vor Bundesgesetzen mit Kostenfolgen – Das Herzstück der Föderalismusreform I, Der Landkreis 2007, 171 ff.

Henneke, Hans-Günter (Hrsg.), Steuerung der kommunalen Aufgabenerfüllung durch Finanz- und Haushaltsrecht, Stuttgart u. a. 1996.

Henneke, Hans-Günter, Verfassungsrechtlicher Schutz der Gemeindeverbände vor gesetzlichem Aufgabenentzug im dualistischen und monistischen Aufgabenmodell. Zur Entscheidung des Verfassungsgerichtshofs Nordrhein-Westfalen vom 26. Juni 2001, ZG 2002, 72 ff.

Henneke, Hans-Günter/*Maurer,* Hartmut/*Schoch,* Friedrich, Die Kreise im Bundesstaat. Zum Standort der Kreise im Verhältnis zu Bund, Ländern und Gemeinden, Baden-Baden 1994.

Henneke, Hans-Günter/*Pünder,* Hermann/*Waldhoff,* Christian (Hrsg.), Recht der Kommunalfinanzen – Abgaben, Haushalt, Finanzausgleich, München 2006.

Hermes, Nadim, Maßstab und Grenzen der Übertragung staatlicher Aufgaben auf die Gemeinden und Landkreise, Hamburg 2007, zugl. Diss. Univ. Jena 2006.

Heun, Werner, Kommentierung zu Art. 106 GG, in: Dreier (Hrsg.), GG, Bd. III.

Heusch, Andreas/*Schönenbroicher,* Klaus (Hrsg.), Die Landesverfassung Nordrhein-Westfalen, Kommentar, Siegburg 2010.

Hillgruber, Christian, Die Herrschaft der Mehrheit, Grundlagen und Grenzen des demokratischen Majoritätsprinzips, AöR 127 (2002), 460 ff.

Hobe, Stephan/*Biehl,* Dirk/*Schroeter,* Nicolai, Europarechtliche Einflüsse auf das Recht der deutschen kommunalen Selbstverwaltung, Stuttgart u. a. 2004.

Höfling, Wolfgang/*Engels,* Andreas, Verwaltungsstrukturreformen und Beamtenstatusrechte. Überlegungen zur legislativen Kompetenzordnung im Beamtenrecht am Beispiel der Kommunalisierung der Versorgungs- und Umweltverwaltung in Nordrhein-Westfalen, NVwZ 2008, 1168 ff.

Hofmann, Harald/*Theisen,* Rolf-Dieter/*Bätge,* Frank, Kommunalrecht in Nordrhein-Westfalen, 14. Aufl., Witten 2010

Hoffmann-Riem, Wolfgang, Effizienz als Herausforderung an das Verwaltungsrecht. Einleitende Problemskizze, in: ders./Schmidt-Aßmann (Hrsg.), Effizienz als Herausforderung an das Verwaltungsrecht, S. 11 ff.

Hoffmann-Riem, Wolfgang/*Schmidt-Aßmann,* Eberhard (Hrsg.), Effizienz als Herausforderung an das Verwaltungsrecht, Baden-Baden 1998.

Holtschneider, Rainer/*Schön,* Walter (Hrsg.), Die Reform des Bundesstaates. Beiträge zur Arbeit der Kommission zur Modernisierung der bundesstaatlichen Ordnung 2003/2004 und bis zum Abschluss des Gesetzgebungsverfahrens 2006, Baden-Baden 2007.

Hoppe, Werner, Der Anspruch der Kommunen auf aufgabengerechte Finanzausstattung – Dargestellt am Beispiel der Stadt-Umland-Problematik, DVBl. 1992, 117 ff.

Hoppe, Werner, Die Begriffe Gebietskörperschaft und Gemeindeverband und der Rechtscharakter der nordrhein-westfälischen Landschaftsverbände, Stuttgart 1958.

Hoppe, Werner (Hrsg.), Reform des kommunalen Finanzausgleichs, Köln 1985, Bd. 4 der Schriftenreihe des Landkreistages Nordrhein-Westfalen.

Hoppe, Werner, Zur Diskussion um den Haftungszuschlag für die kommunalen Sparkassen, DVBl. 1982, 45 ff.

Hoppe, Werner/*Stüer,* Bernhard, Die kommunale Gebietsreform in den östlichen Bundesländern, DVBl. 1992, 641 ff.

Horn, Thomas J., Das organisationsrechtliche Mandat, NVwZ 1986, 808 ff.

Hornfischer, Felix, Die Insolvenzfähigkeit von Kommunen, Stuttgart 2010, zugl. Diss. Univ. Freiburg 2009.

Hörster, Ansgar, Die Wahrnehmung der Sozialhilfeaufgaben im kreisangehörigen Raum in Nordrhein-Westfalen, Stuttgart 2002, Bd. 42 der Schriftenreihe des Freiherr-vom-Stein-Instituts, zugl. Diss. Univ. Münster 2002.

Hubatsch, Walther (Hrsg.), Freiherr Vom Stein, Briefe und Amtliche Schriften, Bd. VII, Stuttgart u. a. 1969.

Humpert, Paul-Peter, Die Zulässigkeitsanforderungen an staatliche Genehmigungsvorbehalte im Recht der kommunalen Selbstverwaltungsträger, DVBl. 1990, 804 ff.

Information und Technik Nordrhein-Westfalen (IT.NRW) (Hrsg.), Statistische Analysen und Studien Nordrhein-Westfalen, Bd. 60, Düsseldorf 2009.

Inhester, Michael, Kommunaler Finanzausgleich im Rahmen der Staatsverfassung, Berlin 1998, zugl. Diss. Univ. Münster 1996.

Innenministerium des Landes Nordrhein-Westfalen (Hrsg.), Analyse und Weiterentwicklung des kommunalen Finanzausgleichs Nordrhein-Westfalen, Düsseldorf 2010.

Innenministerium des Landes Nordrhein-Westfalen, Gemeinsame Rechnungsprüfungsämter, Erlass III A 1 – 10.10 – 871 II/93, Mitt. StGB NRW 1993 Nr. 357.

Innenministerium des Landes Nordrhein-Westfalen, Maßnahmen und Verfahren zur Haushaltssicherung, in: Held/Becker u. a., KVR. Bd. I, Anhang zu § 76 GO.

Institut für Landes- und Stadtentwicklungsforschung (Hrsg.), Demographischer Wandel in Nordrhein-Westfalen, 2. Aufl., Dortmund 2010.

Ipsen, Jörn, Schutzbereich der Selbstverwaltungsgarantie und Einwirkungsmöglichkeiten des Gesetzgebers, ZG 1994, 194 ff.

Isensee, Josef/*Kirchhof,* Paul (Hrsg.), Handbuch des Staatsrechts, Bd. II, Verfassungsstaat, 3. Aufl., Heidelberg 2004.

Isensee, Josef/*Kirchhof,* Paul (Hrsg.), Handbuch des Staatsrechts, Bd. IV, Aufgaben des Staates, 3. Aufl., Heidelberg 2006.

Jarass, Hans D./*Pieroth,* Bodo, Grundgesetz für die Bundesrepublik Deutschland, 11. Aufl., München 2011.

Jestaedt, Bernhard, Kommunale Gemeinschaftsarbeit im Spannungsfeld der Gemeinden und Gemeindeverbände, Diss. Marburg 1966.

Jestaedt, Matthias, Demokratieprinzip und Kondominialverwaltung. Entscheidungsteilhabe Privater an der öffentlichen Verwaltung auf dem Prüfstand des Verfassungsprinzips Demokratie, Berlin, 1993, zugl. Diss. Univ. Bonn 1992.

Jungkamp, Thomas, Rechtsschutz privater Konkurrenz gegen die wirtschaftliche Betätigung der Gemeinden, Eine Untersuchung des Drittschutzes der Schrankentrias in den verschiedenen Bundesländern, NVwZ 2010, 546 ff.

Junk, Oliver, Das Konnexitätsprinzip in der Bayerischen Verfassung, Bayreuth 2006, zugl. Diss. Univ. Bayreuth 2006.

Jurkschat, Horst, Die Finanzordnung im kreisangehörigen Raum – Rechtliche Grenzen der Kreisumlage, Kiel 1995, zugl. Diss. Univ. Kiel 1995

Kahl, Wolfgang, Die Staatsaufsicht. Entstehung, Wandel und Neubestimmung unter besonderer Berücksichtigung der Aufsicht über die Gemeinden, Tübingen 2000.

Katz, Alfred, Der kommunale Finanzausgleich, in: Püttner (Hrsg.), HdbKWP, 2. Aufl., Bd. 6, § 118, S. 303 ff.

Katz, Alfred/*Ritgen,* Klaus, Bedeutung und Gewicht der kommunalen Selbstverwaltungsgarantie – Ist das Recht auf Selbstverwaltung verfassungsrechtlich »wegwägbar«?, DVBl. 2008, 1525 ff.

von Kempis, Friedrich Karl, Die Treuepflicht zwischen Gemeinden und Staat und der Gemeinden untereinander, Diss. Köln 1970.

Kenntner, Markus, Zehn Jahre nach »Rastede« – Zur dogmatischen Konzeption der kommunalen Selbstverwaltung im Grundgesetz, DÖV 1998, 701 ff.

Kersten, Jens, Demographie als Verwaltungsaufgabe, Verw. 40 (2007), 309 ff.

Kirchhof, Ferdinand, Empfehlen sich Maßnahmen, um in der Finanzverfassung Aufgaben- und Ausgabenverantwortung von Bund, Ländern und Gemeinden stärker zusammenzuführen, Gutachten D zum 61. Deutschen Juristentag, München 1996.

Kirchhof, Ferdinand, Die Rechtsmaßstäbe der Kreisumlage. Zu den Aufgaben der Kreise und den Wirkungen rechtswidriger Aufgabenwahrnehmung auf die Festsetzung von Kreisumlagen, 1. Aufl., Baden-Baden 1995.

Kirchhof, Paul, Die kommunale Finanzhoheit, in: Püttner (Hrsg.), HdbKWP, 2. Aufl., Bd. 6, § 112, S. 3 ff.

Kirchhof, Roland, Kreisordnung für das Land Nordrhein-Westfalen, Kommentar, 2. Aufl., Wiesbaden 1989.

Kirchhof, Roland/*Plückhahn,* Detlev, Kommentierung zu § 58 KrO, in: Held/Becker, KVR, Bd. II.

Klaes, Stefanie, Selbsteintritt und kommunale Selbstverwaltung – § 102 Nds. SOG im länderübergreifenden Rechtsvergleich unter besonderer Berücksichtigung von Haftungs- und Kostenfolgen, Frankfurt 2009, zugl. Diss. Univ. Osnabrück 2008.

Klebe, Thomas/*Wedde,* Peter/*Wolmerath,* Martin (Hrsg.), Recht der sozialen Arbeitswelt, Festschrift für Wolfgang Däubler zum 60. Geburtstag, Frankfurt a. M. 1999.

Kleerbaum, Klaus-Viktor/*Palmen,* Manfred (Hrsg.), Gemeindeordnung Nordrhein-Westfalen, Kommentar für die kommunale Praxis, 1. Aufl., Recklinghausen 2008.

Kleerbaum, Klaus-Viktor/*Palmen,* Manfred (Hrsg.), Kreisordnung Nordrhein-Westfalen, 1. Aufl., Recklinghausen 2009.

Klieve, Lars Martin, Kommentierung zu §§ 75, 76, 77 GO, §§ 56, 56 a KrO, in: Held/Becker u. a., KVR, Bd. I.

Klümper, Bernd/*Möllers,* Heribert/*Zimmermann,* Ewald, Kommunale Kosten- und Wirtschaftlichkeitsrechnung, Witten 2008.

Kluth, Winfried, Art. 104a, b, GG – Stärkung der Finanzverantwortung der Ebenen oder Eröffnung von Umgehungsstrategien?, in: Henneke (Hrsg.), Kommunen in der Föderalismusreform I und II, S. 20 ff.

Kluth, Winfried, Das Recht der kommunalen Gemeinschaftsarbeit, in: Wolff/Bachof/Stober, u. a., VerwR, Bd. II., § 98, S. 770 ff.

Kluth, Winfried, Der grundgesetzliche Schutz der Landkreise vor Aufgabenübertragung und Aufgabenentzug, ZG 2008, 292 ff.

Kluth, Winfried, Die kommunale Selbstverwaltung und ihre verfassungsrechtliche Garantie, in: Wolff/Bachof/Stober u. a., VerwR, Bd. II, § 96, S. 682 ff.

Knemeyer, Franz-Ludwig/*Wehr,* Matthias, Die Garantie der kommunalen Selbstverwaltung nach Art. 28 Abs. 2 GG in der Rechtsprechung des Bundesverfassungsgerichts, VerwArch 92 (2001), 317 ff.

Knemeyer, Franz-Ludwig, Die verfassungsrechtliche Gewährleistung des Selbstverwaltungsrechts der Gemeinden und Landkreise, in: v. Mutius (Hrsg.), FS v. Unruh, S. 209 ff.

Knitter, Janna, Möglichkeiten der Kommunen, sich gegen eine gem. Art. 84 Abs. 1 Satz 7 GG unzulässige Aufgabenübertragung zur Wehr zu setzen, NdsVBl. 2009, 73 ff.

Koch, Thorsten, Das neue niedersächsische Recht der kommunalen Zusammenarbeit, NdsVBl. 2004, 150 ff.

Koch, Thorsten, Einkreisung kreisfreier Städte. Eine verwaltungswissenschaftliche und verfassungsrechtliche Untersuchung am Beispiel niedersächsischer Städte, Diss. Osnabrück 2006.

Köhler, Heinz/*Held,* Friedrich Wilhelm, Kommentierung zu §§ 1, 2, 23, 24, 26 GkG, in: Held/Becker u. a. (Hrsg.), KVR, Bd. 2.

Kohout, Sonja Johanna, Kartellvergaberecht und interkommunale Zusammenarbeit, Stuttgart 2008, zugl. Diss. Univ. Freiburg 2008.

Kommission zur Beratung der Empfehlungen des Instituts für Wirtschaftsforschung an der Universität München, Abschlussbericht, in: Innenministerium NRW (Hrsg.), Analyse und Weiterentwicklung des kommunalen Finanzausgleichs Nordrhein-Westfalen, S. 7 ff.

Kommunale Gemeinschaftsstelle (KGSt), Aufbauorganisation in der Jugendhilfe, Köln 1995.

Köppen, Bernhard, Reurbanisierung als Hoffnung der Städte im demografischen Wandel?, in: Maretzke (Hrsg.), Städte im demografischen Wandel, S. 31 ff.

Korthals, Gernot, Wirtschaftlichkeitskontrollen unter besonderer Berücksichtigung von Erfolgskontrollen, in: v. Arnim/Lüder (Hrsg.), Wirtschaftlichkeit in Staat und Verwaltung, S. 87 ff.

Kothe, Wolfhard, Betriebsübergang im öffentlichen Dienst, Anmerkung zu den Urteilen EuGH, 15.10.1996 – Rs C-298/94 (Henke) und BAG, 20.03.1997 – 8 AZR 856/95, BB 1997, 1738 ff.

Köstering, Heinz, Das gestufte Aufgabenmodell für kreisangehörige Gemeinden in Nordrhein-Westfalen nach dem Entwurf des 1. Gesetzes zur Funktionalreform, VR 1978, 117 ff.

Köstering, Heinz, Das Konzept der Funktionalreform in Nordrhein-Westfalen, in: difu (Hrsg.), Funktionalreform in Nordrhein-Westfalen, Berlin 1977.

Köstering, Heinz, Die Kreise in Nordrhein-Westfalen und ihre Aufgaben nach den Reformen, DÖV 1986, 767 ff.

Köstering, Heinz, Kommunale Gebietsreform in Nordrhein-Westfalen 1967 – 1975, S. 1 ff., in: Berkenhoff/Dahm (Hrsg.), Gemeinden und Kreise nach der kommunalen Gebietsreform.

Krause, Andreas, Wirkungen von Rücknahme und Widerruf kommunalaufsichtlicher Vertragsgenehmigungen, Hamburg 2010, zugl. Diss. Univ. Kiel 2010.

Krüger, Hartmut, Die Aufgabenallzuständigkeit der Gemeinden – ein verfassungsrechtliches Hindernis für eine leistungsfähige Verwaltungsorganisation?, NWVBl. 1987, 97 ff.

Kruse, Wilfried, Die kommunale Funktionalreform in Nordrhein-Westfalen, Köln u. a. 1978.

Kronawitter, Martin, Besiegelt das »Gemeinsame Kommunalunternehmen« das Ende der Zweckverbände?, KommJur 2008, 401 ff.

Kronisch, Joachim, Aufgabenverlagerung und gemeindliche Aufgabengarantie, Baden-Baden 1993, zugl. Diss. Univ. Osnabrück 1992.

Küchenhoff, Benjamin, Die verfassungsrechtlichen Grenzen der Mischverwaltung, Baden-Baden 2010, zugl. Diss. Univ. Frankfurt/Oder 2009.

Kulartz, Hans-Peter, Die Sonderstellung »Mittlerer kreisangehöriger Städte« nach der Funktionalreform in Nordrhein-Westfalen, StT 1980, 591 ff.

Landkreistag Nordrhein-Westfalen, Änderungen der Vorschriften über die Kreisumlage, EILDIENST LKT NRW 1994, 107 ff.

Landkreistag Nordrhein-Westfalen, Reform des Gemeindefinanzierungssystems in NRW – Position des Landkreistages, EILDIENST LKT NRW 2010, 170 ff.

Landkreistag Nordrhein-Westfalen, Verwaltung – einfach, leistungsfähig und bürgernah; Grundsätze einer Funktionalreform in Nordrhein-Westfalen, EILDIENST LKT NRW 1977, 199 f.

Lauscher, Carl Wilhelm, Die Delegation von Hoheitsrechten durch Gemeinden auf Gemeinden und Gemeindeverbände, Diss. Münster 1968.

Leidinger, Adalbert, Das Kreisfinanzsystem, in: Püttner (Hrsg.), HdbKWP, 2. Aufl., Bd. 6, § 119 Kap. A, S. 331 ff.

Leidinger, Adalbert, Gebiets- und Verwaltungsreform in Nordrhein-Westfalen, Der Landkreis 1981, S. 35.

Leidinger, Adalbert, Region und Selbstverwaltung, NWVBl. 1991, 325 ff.

von Lennep, Hans Gerd, Organisationsformen interkommunaler Zusammenarbeit, in: Schneider (Hrsg.), Handbuch Interkommunale Zusammenarbeit, S. 19 ff.

Lindt, Peter, Gemeinsame Kommunalunternehmen als neue Gestaltungsform interkommunaler Zusammenarbeit, KommP spezial 2008, 76 ff.

Lohse, Frank, Kommunale Aufgaben, kommunaler Finanzausgleich und Konnexitätsprinzip, Baden-Baden 2006, zugl. Diss. Univ. Leipzig 2005.

Loschelder, Wolfgang, Selbstverwaltung durch mehrstufige Aufgabenerfüllung auf kommunaler Ebene – zum organisatorischen und verfassungsrechtlichen Stellenwert kommunaler Verbundverwaltung, in: v. Mutius (Hrsg.), FS v. Unruh, S. 381 ff.

Löwer, Wolfgang, Kommentierung zu Art. 28 GG, in: v. Münch/Kunig, GG.

Löwer, Wolfgang/*Tettinger,* Peter J., Kommentar zur Verfassung des Landes Nordrhein-Westfalen, Stuttgart u. a. 2002

Lübbecke, Barbara, Das Kommunalunternehmen. Neue Organisationsformen im kommunalen Wirtschaftsrecht von Nordrhein-Westfalen, Stuttgart 2004, Bd. 49 der Schriftenreihe des Freiherr-vom-Stein-Instituts, zugl. Diss. Univ. Münster 2003.

Luppert, Jürgen, Der Kommunale Zweckverband – Eine Form interkommunaler Zusammenarbeit, Diss. Heidelberg 2000.

Lusche, Ute, Die Selbstverwaltungsaufgaben der Landkreise, Stuttgart u. a. 1998, zugl. Diss. Univ. Freiburg 1998.

Macher, Ludwig, Der Grundsatz des gemeindefreundlichen Verhaltens. Zur Aktualisierung der Garantie der kommunalen Selbstverwaltung (Art. 28 II GG), Berlin 1971, zugl. Diss. Univ. München 1970.

Macht, Günther/*Scharrer,* André, Landesverfassungsrechtliche Konnexitätsprinzipien und Föderalismusreform, DVBl. 2008, 1150 ff.

Mäding, Heinrich, Herausforderungen und Konsequenzen des demografischen Wandels für die Kommunalpolitik und -verwaltung, in: Bauer/Büchner/Gründel (Hrsg.), Demografie im Wandel, S. 33 ff.

Magiera, Siegfried (Hrsg.), Verwaltungswissenschaft und Verwaltungspraxis in nationaler und transnationaler Perspektive, Festschrift für Heinrich Siedentopf zum 70. Geburtstag, Berlin 2008.

Makswit, Jürgen, Finanzierung kommunaler Fremdverwaltung, unter besonderer Berücksichtigung des finanzverfassungsrechtlichen Konnexitätsprinzips, Frankfurt a. M. 1984.

Makswit, Jürgen, Finanzierung weisungsgebundener Aufgaben auf der Kommunalebene, DVBl. 1984, 1044 ff.

von Mangoldt, Hermann/*Klein,* Friedrich/*Starck,* Christian, Kommentar zum Grundgesetz, Bd. 2: Art. 20 – 82, 6. Aufl., München 2010.

Maretzke, Steffen (Hrsg.), Städte im demographischen Wandel. Wesentliche Strukturen und Trends des demografischen Wandels in den Städten Deutschlands, Wiesbaden 2008.

Maunz, Theodor/*Dürig,* Günter, Grundgesetz, Kommentar, Stand: 59. Nachlieferung, Juli 2010, München.

Maunz, Theodor/*Scholz,* Rupert, Kommentierung zu Art. 28 GG, in: ders./Dürig, GG.

Maurer, Hartmut, Allgemeines Verwaltungsrecht, 17. Aufl., München 2009.

Maurer, Hartmut, Verfassungsrechtliche Grundlagen der kommunalen Selbstverwaltung, S. 1 ff., in: Schoch (Hrsg.), Selbstverwaltung der Kreise in Deutschland, S. 1 ff.

Mecking, Sabine/*Oebbecke,* Janbernd (Hrsg.), Zwischen Effizienz und Legitimität, Kommunale Gebiets- und Funktionalreformen in der Bundesrepublik Deutschland in historischer und aktueller Perspektive, Paderborn 2009.

Mehde, Veith, Aktuelle Entwicklungen im Kommunalrecht der Bundesländer – Vom Ende zum Anfang der Geschichte, DVBl. 2010, 465 ff.

Mehde, Veith, Neues Steuerungsmodell und Demokratieprinzip, Berlin 2000, zugl. Diss. Univ. Hamburg 1999.

Mehlich, Harald/*Postler,* Jürgen, Die virtuelle Kommunalverwaltung, Neue Kooperationsformen durch eGovernment, Baden-Baden 2007.

Meier, Norbert, Das Gebot der stetigen Aufgabenerfüllung gemäß § 75 Abs. 1 GO NRW im Spannungsverhältnis zum Überschuldungsverbot gemäß § 75 Abs. 7 GO NRW in Zeiten defizitärer kommunaler Haushalte, Gemhlt 2008, 158 ff.

Meier, Norbert/*Greiner,* Stefan, Rechtliche Handlungsmöglichkeiten der Kommunen bei finanzieller Überforderung durch landes- und bundesgesetzliche Aufgabenzuweisungen und gleichzeitiger Verpflichtung zum Haushaltsausgleich, VerwArch 97 (2006), 293 ff.

Menzel, Matthias/*Hornig,* Marion, Die Anstalt des öffentlichen Rechts – Eine neue Rechtsform für gemeindliche Betriebe in Nordrhein-Westfalen, ZKF 2000, 178 ff.

Merten, Detlef, Bürgerverantwortung im demokratischen Verfassungsstaat, VVDStRL 55 (1996), 7 ff.

Meyer, Hubert, Finanzierung fremdbestimmter kommunaler Aufgaben – Harmonie und Dissonanzen in der neueren Rechtsprechung der Landesverfassungsgerichte, NVwZ 1999, 843 ff.

Möller, Maik, Subsidiaritätsprinzip und kommunale Selbstverwaltung, Baden-Baden 2009, zugl. Diss. Univ. Osnabrück 2008.

Mückl, Stefan, Kommunale Selbstverwaltung und aufgabengerechte Finanzausstattung – Das Konnexitätsprinzip in der Rechtsprechung der Landesverfassungsgerichte, DÖV 1999, 841 ff.

Mückl, Stefan, Konnexitätsprinzip in der Verfassungsordnung von Bund und Ländern, in: Henneke/Pünder/Waldhoff (Hrsg.), Recht der Kommunalfinanzen, § 3, S. 33 ff.

Müller, Michael, Die Ausgleichsrücklage bei Zweckverbänden, Gemhlt 2009, 131 ff.

Müller, Walter/*Meffert,* Horst, Der kommunale Finanzausgleich in Rheinland-Pfalz – Viertes Änderungsgesetz zur Änderung des Landesfinanzausgleichsgesetzes, LKRZ 2009, 290 ff.

Müller-Glöge, Rudi, Kommentierung zu § 613 a BGB, in: Rebmann/Säcker/Rixecker (Hrsg.), Münchener Kommentar.

Müller-Glöge, Rudi/*Preis,* Ulrich/*Schmidt,* Ingrid (Hrsg.), Erfurter Kommentar zum Arbeitsrecht, 11. Aufl., München 2011.

von Münch, Ingo/*Kunig,* Philip, Grundgesetz-Kommentar, 4./5. Aufl., Bd. 2, München 2001.

Münder, Johannes/*Meysen,* Thomas/*Trenczek,* Thomas (Hrsg.), Frankfurter Kommentar zum SGB VIII, Kinder- und Jugendhilfe, 6. Aufl., Baden-Baden 2009.

von Mutius, Albert, Kommunalrechtliche und verwaltungswissenschaftliche Determinanten mehrstufiger kommunaler Aufgabenerfüllung, in: ders./Schmidt-Jortzig (Hrsg.), Probleme mehrstufiger Erfüllung von Verwaltungsaufgaben, S. 19 ff.

von Mutius, Albert, Örtliche Aufgabenerfüllung, traditionelles funktionales oder neues Selbstverwaltungsverständnis? in: ders. (Hrsg.), FS v. Unruh, S. 227 ff.

von Mutius, Albert (Hrsg.), Selbstverwaltung im Staat der Industriegesellschaft, Festgabe zum 70. Geburtstag von Georg Christoph von Unruh, Heidelberg 1983.

von Mutius, Albert, Sind weitere rechtliche Maßnahmen zu empfehlen, um den notwendigen Handlungs- und Entfaltungsspielraum der kommunalen Selbstverwaltung zu gewährleisten?, Gutachten E zum 53. Deutschen Juristentag, München 1980.

von Mutius, Albert/*Dreher,* Olaf, Reform der Kreisfinanzen. Verfassungsrechtliche Determinanten eigener Steuereinnahmen für die Kreise, Baden-Baden 1990.

von Mutius, Albert/*Schmidt-Jortzig,* Edzard (Hrsg.), Probleme mehrstufiger Erfüllung von Verwaltungsaufgaben auf kommunaler Ebene, Siegburg 1982.

Nierhaus, Michael, Kommentierung zu Art. 28 GG, in: Sachs (Hrsg.), GG.

Nordholtz, Christian, Das Niedersächsische Gesetz über die kommunale Gemeinschaftsarbeit, Hamburg 2008, zugl. Diss. Univ. Osnabrück 2008.

Obermayer, Klaus, Die Übertragung von Hoheitsbefugnissen im Bereich der Verwaltungsbehörden, JZ 1956, 625.

Oebbecke, Janbernd, Die unterfinanzierte Kommunalverwaltung, Verw. 29 (1996), 323 ff.

Oebbecke, Janbernd, Gemeindeverbandsrecht Nordrhein-Westfalen, Köln u. a. 1984, Bd. 4 der Schriftenreihe des Freiherr-vom-Stein Instituts.

Oebbecke, Janbernd, Kommunale Gemeinschaftsarbeit, in: Mann/Püttner (Hrsg.), HdbKWP, 3. Aufl., Bd. 1, § 29, S. 843 ff.

Oebbecke, Janbernd, Rechtliche Vorgaben für den Haushaltsausgleich und ihre Durchsetzung – Rechtliche und rechtspolitische Überlegungen zur Sanierung der kommunalen Haushalte, Gemhlt 2009, 241 ff.

Oebbecke, Janbernd, Rechtsprechungsanalyse – Kommunale Umlagen, Verw. 42 (2009), 247 ff.

Oebbecke, Janbernd, Überlegungen zur Größe von Verwaltungseinheiten – Eine Skizze, in: Henneke (Hrsg.), Optimale Aufgabenerfüllung im Kreisgebiet, S. 47 ff.

Oebbecke, Janbernd, Weisungs- und unterrichtungsfreie Räume in der Verwaltung, Köln u. a. 1986, Bd. 7 der Schriftenreihe des Freiherr-vom-Stein-Instituts.

Oebbecke, Janbernd, Überlegungen zur Verwaltungsreform in Nordrhein-Westfalen, in: ders./Ehlers/Schink u. a. (Hrsg.), Kommunalverwaltung in der Reform, S. 42 ff.

Oebbecke, Janbernd, Zweckverbandsbildung und Selbstverwaltungsgarantie, Köln u. a. 1982, Bd. 1 der Schriftenreihe des Freiherr-vom-Stein-Instituts.

Oebbecke, Janbernd/*Ehlers,* Dirk/*Schink,* Alexander/*Diemert,* Dörte (Hrsg.), Kommunalverwaltung in der Reform, Wissenschaftliche Fachtagung des Freiherr-vom-Stein-Instituts am 2. Juli 2004 in Münster, Stuttgart 2004, Bd. 51 der Schriftenreihe des Freiherr-vom-Stein-Instituts.

Oebbecke, Janbernd/*Ehlers,* Dirk/*Klein,* Martin/*Diemert,* Dörte (Hrsg.), Zwischen kommunaler Kooperation und Verwaltungsreform, Fachtagung aus Anlass des 25-jährigen Bestehens des Freiherr-vom-Stein-Instituts am 12. Mai 2006 in Münster, Stuttgart 2006, Bd. 58 der Schriftenreihe des Freiherr-vom-Stein-Instituts.

Oebbecke, Janbernd/*Ehlers,* Dirk/*Schink,* Alexander/*Pünder,* Hermann (Hrsg.), Kommunalfinanzen, Symposium aus Anlaß des 75. Geburtstages von Adalbert Leidinger am 8. März 2001 in Münster, Köln u. a. 2001, Bd. 38 der Schriftenreihe des Freiherr-vom-Stein-Instituts.

Oeter, Stefan, Kommentierung zu Art. 72 GG, in: v. Mangoldt/Klein/Starck, GG, Bd. 2.

Osterhage, Frank, Reurbanisierung in Nordrhein-Westfalen: Von der Stadtflucht zur Renaissance der Städte?, in: Institut für Landes- und Stadtentwicklungsforschung (Hrsg.), Demographischer Wandel in Nordrhein-Westfalen, S. 75 ff.

Padel, Sören, Einführung in die Demographie. Ein Überblick, Helgum u. a. 2010.

Pagenkopf, Hans, Kommunalrecht, Bd. 1, Verfassungsrecht, 2. Aufl., Köln u. a. 1975.

Palmen, Manfred/*Schönenbroicher,* Klaus, Die Verwaltungsstrukturreform in Nordrhein-Westfalen, in: Burgi/Palmen (Hrsg.), Verwaltungsstrukturreform NRW, S. 9 ff.

Pappermann, Ernst, Zur beamtenrechtlichen Auswirkung des Übergangs von Verwaltungsaufgaben von einer Körperschaft auf eine andere und zur Zulässigkeit einer entsprechenden Feststellungsklage, Anmerkung zu BVerwG, Urt. v. 27.10.1970 – VI C 8/69 –, JR 1971, 346 ff.

Pappermann, Ernst/*Roters,* Wolfgang/*Vesper,* Emil, Maßstäbe für die Funktionalreform im Kreis, Exemplarische Erläuterung am Beispiel Nordrhein-Westfalens, Köln u. a. 1976.

Peters, Hans, Handbuch der Kommunalen Wissenschaft und Praxis, 1. Aufl., Bd. 3, Berlin 1959.

Pieroth, Bodo, Kommentierung zu Art. 28 GG, in: Jarass/Pieroth, GG.

Pinski, Monika, Der Gemeindeausschuss im »Gemeindeverband Landkreis«. Eine Untersuchung in rechtsdogmatischer und rechtspolitischer Hinsicht, Münster u. a. 2001, zugl. Diss. Univ. Hannover 2001.

Plückhahn, Detlef, Kommentierung zu § 10 GkG, in: Held/Becker u. a., KVR, Bd. 2.

Prahl, Albert, Verfassungswidrige Abgabensatzungen der Anstalt des öffentlichen Rechts, KStZ 2002, 81 ff.

Preis, Ulrich, Kommentierung zu § 613 a BGB, in: Müller-Glöge/ders./Schmidt (Hrsg.), Erfurter Kommentar zum Arbeitsrecht.

Pünder, Hermann, Haushaltsrecht im Umbruch – eine Untersuchung am Beispiel der Kommunalverwaltung, Stuttgart 2003, Bd. 43 der Schriftenreihe des Freiherr-vom-Stein-Instituts.

Püttner, Günter, Anmerkung zu VerfGH NRW, Urt. v. 4.3.1983 – VerfGH 22/81 –, DVBl. 1983, 715 ff.

Püttner, Günter (Hrsg.), Handbuch der kommunalen Wissenschaft und Praxis, Bd. 2: Kommunalverfassung, 2. Aufl., Berlin u. a. 1982; Bd. 6: Kommunale Finanzen, Berlin u. a. 1985.

Püttner, Günter, Das System der kommunalen Aufgaben, in: ders. (Hrsg.), HdbKWP, 2. Aufl., Bd. 3, § 48, S. 3 ff.

Rasch, Ernst, Die Festlegung und Veränderung staatlicher Zuständigkeiten, DÖV 1957, 337 ff.

Rauball, Johannes, Kommentierung zu § 3 a GO, in: Rauball/Pappermann/Roters, GO NRW.

Rauball, Johannes/*Rauball,* Reinhard/*Rauball,* Werner/*Pappermann,* Ernst/*Roters,* Wolfgang, Gemeindeordnung für Nordrhein-Westfalen, 3. Aufl., München 1981.

Rebmann, Kurt/*Säcker,* Franz Jürgen/*Rixecker,* Roland (Hrsg.), Münchener Kommentar zum Bürgerlichen Gesetzbuch, Bd. IV, 5. Aufl., München 2009.

Rehm, Hannes/*Matern-Rehm,* Sigrid, Kommunalfinanzen, 1. Aufl., Wiesbaden 2010.

Rehn, Erich, Funktionalreform in Nordrhein-Westfalen – Eine Bilanz aus der Sicht der Gemeinden –, StuGR 1981, S. 35.

Rehn, Erich/*Cronauge,* Ulrich/*v. Lennep,* Hans Gerd/*Knirsch,* Hanspeter, Gemeindeordnung für das Land Nordrhein-Westfalen, Bd. I und II, Stand: 34. Nachlieferung, November 2009, Siegburg.

Reichel, Susanne, Gleichwertigkeit der Lebensverhältnisse. Verfassungsauftrag und Raumordnungsrecht, München 2009, zugl. Diss. Univ. München 2009.

Reinhardt, Rudolf, Identität und Rechtsnachfolge. Ein Beitrag zur Haftung der Bundesrepublik Deutschland und ihrer Gebietskörperschaften für Verbindlichkeiten des Reiches und seiner Gebietskörperschaften, NJW 1952, 441 ff.

Reinhardt, Thorsten, Delegation und Mandat im öffentlichen Recht, Eine Untersuchung zur rechtlichen Zulässigkeit von Kompetenzübertragungen, Berlin 2006, zugl. Diss. Univ. Mannheim 2005.

Rengeling, Hans-Werner, Formen interkommunaler Zusammenarbeit, in: Püttner (Hrsg.), HdbKWP, 2. Aufl., Bd. 2, § 38, S. 385 ff.

Riotte, Wolfgang/*Waldecker,* K., Zur Einordnung der Pflichtaufgaben zur Erfüllung nach Weisung in den Zuständigkeitskatalog des § 73 Abs. 1 VwGO, NWVBl. 1995, 401 ff.

Rohlfs, Thilo, Die Gleichwertigkeit der Lebensverhältnisse – ein Verfassungsprinzip des Grundgesetzes?, Frankfurt a. M. 2008, zugl. Diss. Univ. Kiel 2008.

Roßmüller, Dietrich, Schutz der kommunalen Finanzausstattung durch Verfahren. Verfassungsrechtliche Anforderungen an das Gesetzgebungsverfahren zum kommunalen Finanzausgleich, Baden-Baden 2009, zugl. Diss. Univ. München 2008.

Roters, Wolfgang, Kommentierung zu § 55 GO in: Rauball/Pappermann/ders., GO NRW.

Rothe, Björn, Kreisgebietsreform und ihre verfassungsrechtlichen Grenzen, Baden-Baden 2004, zugl. Diss. Univ. Osnabrück 2004.

Rothe, Karl-Heinz, Das Recht der interkommunalen Zusammenarbeit in der Bundesrepublik Deutschland, Göttingen 1965.

Rothe, Karl-Heinz, Zur Neuordnung der kommunalen Gemeinschaftsarbeit in Nordrhein-Westfalen, DÖV 1960, 921 ff.

Rühl, Christiane, Kommentierung zu § 56 KrO, in: Kleerbaum/Palmen (Hrsg.), KrO NRW.

Sachs, Michael (Hrsg.), Grundgesetz, Kommentar, 5. Aufl. München 2009.
Sachs, Michael, Kommentierung zu Art. 20 GG, in: ders. (Hrsg.), GG.
Sarcinelli, Ulrich/*Stopper,* Jochen, Demographischer Wandel und Kommunalpolitik, APuZ 21-22/2006, 3 ff.
Schäfer, Peter, Zentralisation und Dezentralisation. Eine verwaltungswissenschaftliche Studie zur Kompetenzverteilung im politisch-administrativen System der Bundesrepublik Deutschland, empirisch illustriert am Beispiel der Funktionalreform in Nordrhein-Westfalen, Berlin 1982.
Schaffarzik, Bert, Handbuch der Europäischen Charta der kommunalen Selbstverwaltung, Stuttgart u. a. 2002, zugl. Diss. Univ. Kiel 2000.
Schenke, Wolf-Rüdiger, Delegation und Mandat im Öffentlichen Recht, VerwArch 68 (1977), 118 ff.
Scheps, Carolina, Das Örtlichkeitsprinzip im kommunalen Wirtschaftsrecht. Rechtliche Determinanten des räumlichen Wirkungskreises kommunaler Unternehmen, Berlin 2006, zugl. Diss. Univ. Göttingen 2005.
Schink, Alexander, Die Kreisumlage, DVBl. 2009, 417 ff.
Schink, Alexander, Die Kreisumlage, in: Oebbecke/Ehlers/ders. u. a., Kommunalfinanzen, S. 76 ff.
Schink, Alexander, Formen und Grenzen interkommunaler Zusammenarbeit durch öffentlich-rechtliche Vereinbarungen, DVBl. 1982, 769 ff.
Schink, Alexander, Gesetzliche Kreiszuständigkeiten und Subsidiaritätsprinzip, in: Schmidt-Jortzig/ders., Subsidiaritätsprinzip und Kommunalordnung, S. 25 ff.
Schink, Alexander, Kommunale Selbstverwaltung im kreisangehörigen Raum – Verfassungsrechtliche Determinanten für die Zuständigkeitsdisposition zwischen Kreisen und kreisangehörigen Gemeinden, VerwArch 81 (1990), 385 ff.
Schink, Alexander, Organisationsmodelle für überörtliche Kooperationen, in: Henneke (Hrsg.), Optimale Aufgabenerfüllung im Kreisgebiet, S. 61 ff.
Schink, Alexander, Rechtsnachfolge bei Zuständigkeitsveränderungen in der öffentlichen Verwaltung, Köln u. a. 1984, Bd. 4 der Schriftenreihe des Freiherr-vom-Stein-Instituts.
Schink, Alexander, Verwaltungsstrukturreform in Nordrhein-Westfalen, in: Oebbecke/Ehlers/ders. u. a. (Hrsg.), Kommunalverwaltung in der Reform, S. 62 ff.
Schink, Alexander, Wer bestellt, bezahlt – Verankerung des Konnexitätsprinzips in der Landesverfassung NRW, NWVBl. 2005, 85 ff.
Schliesky, Utz, Der Grundsatz der Wirtschaftlichkeit – vom Organisations- zum Verfahrensmaßstab, DVBl. 2007, 1453 ff.
Schliesky, Utz, Stadt-Umland-Verbände, in: Mann/Püttner (Hrsg.), HdbKWP, 3. Aufl., Bd. 1, § 30, S. 873 ff.
Schmidt, Kerstin/*Große Starmann,* Carsten, Kommunen im demographischen Wandel, APuZ 21-22/2006, 10 ff.
Schmidt, Thorsten Ingo, Kommunale Kooperation, Der Zweckverband als Nukleus des öffentlich-rechtlichen Gesellschaftsrechts, Tübingen 2005.
Schmidt-Aßmann, Eberhard, Der Rechtsstaat, in: Isensee/Kirchhof (Hrsg.), HdbStR Bd. II, § 26, S. 541 ff.

Schmidt-Aßmann, Eberhard, Kommunale Selbstverwaltung »nach Rastede«, in: Franßen/Redeker/Schlichter/Wilke (Hrsg.), FS Sendler, S. 121 ff.

Schmidt-Aßmann, Eberhard, Verwaltungslegitimation als Rechtsbegriff, AöR 116 (1991), 329 ff.

Schmidt-Aßmann, Eberhard, Verwaltungsorganisation zwischen parlamentarischer Steuerung und exekutivischer Organisationsgewalt, in: Stödter/Thieme, FS Ipsen, S. 333 ff.

Schmidt-Aßmann, Eberhard/*Röhl,* Hans Christian, Kommunalrecht, in: ders./Schoch (Hrsg.), Besonderes Verwaltungsrecht, S. 16 ff.

Schmidt-Aßmann, Eberhard/*Schoch,* Friedrich (Hrsg.), Besonderes Verwaltungsrecht 14. Aufl., Berlin 2008

Schmidt-Bleibtreu, Bruno/*Hofmann,* Hans/*Hopfauf,* Axel, Grundgesetz, Kommentar, 12. Aufl., Köln u. a. 2011.

Schmidt-Eichstaedt, Gerd, Die Rechtsqualität der Kommunalaufgaben, in: Püttner (Hrsg.), HdbKWP, 2. Aufl., Bd. 3, § 48 B., S. 9 ff.

Schmidt-Eichstaedt, Gerd, Kommunale Selbstverwaltung in der Europäischen Union: Wie kann die Position der Kommunen in der EU gestärkt werden?, KommJur 2009, 249 ff.

Schmidt-Jortzig, Edzard, Der Grundsatz der Wirtschaftlichkeit – Verfassungsrechtliche Determinanten, in: Butzer (Hrsg.), Wirtschaftlichkeit durch Organisations- und Verfahrensrecht, S. 17 ff.

Schmidt-Jortzig, Edzard, Kooperationshoheit der Gemeinden und Gemeindeverbände bei Erfüllung ihrer Aufgaben. Organisationshoheit und Entscheidung für eine gemeinschaftliche Kompetenzwahrnehmung, in: v. Mutius (Hrsg.), FS v. Unruh, S. 525 ff.

Schmidt-Jortzig, Edzard, Gemeinde- und Kreisaufgaben. Funktionsordnung des Kommunalbereiches nach »Rastede«, DÖV 1993, 973 ff.

Schmidt-Jortzig, Edzard, Subsidiaritätsprinzip und Grundgesetz, in: ders./Schink, Subsidiaritätsprinzip und Kommunalordnung, S. 1 ff.

*Schmidt-*Jortzig, Edzard, Zur Verfassungsmäßigkeit von Kreisumlagesätzen, Göttingen 1977.

Schmidt-Jortzig, Edzard/*Schink,* Alexander, Subsidiaritätsprinzip und Kommunalordnung, Köln u. a. 1982, Bd. 2 der Schriftenreihe des Freiherr-vom-Stein-Instituts.

Schmidt-Jortzig, Edzard/*Markswit,* Jürgen, Verfassungsrechtliche Vorgaben für die Finanzierung kommunaler Fremdverwaltung – RhPfVerfGH, DÖV 1978, 763, JuS 1980, 641 ff.

Schmitt-Kammler, Arnulf, Selbstverwaltung und staatliches Weisungsrecht – Die Pflichtaufgaben zur Erfüllung nach Weisung im nordrhein-westfälischen Gemeinderecht, in: Burmeister (Hrsg.), FS Stern, S. 763 ff.

Schmölders, Günter, Finanzpolitik, 3. Aufl., Berlin 1970 (Reprint 2007).

Schnapp, Friedrich E., Kommentierung zu Art. 20 GG, in: v. Münch/Kunig, GG.

Schnapp, Friedrich E., Zuständigkeitsverteilung zwischen Kreis und kreisangehörigen Gemeinden, Frankfurt a. M. 1973.

Schneider, Bernd Jürgen (Hrsg.), Handbuch Interkommunale Zusammenarbeit Nordrhein-Westfalen, Stuttgart 2005.

Schneider, Bernd Jürgen, Formen interkommunaler Zusammenarbeit, in: Schneider (Hrsg.), Handbuch Interkommunale Zusammenarbeit, S. 9 ff.

Schneider, Otmar, Rechtsfragen der Umlagefinanzierung der Kreise, NWVBl. 2003, 121.

Schoch, Friedrich, Aufgaben und Funktionen der Landkreise – Funktionsgefährdungen im kreisangehörigen Raum und Aufgabenverlust in der Region, DVBl. 1995, 1047 ff.

Schoch, Friedrich, Das gemeindliche Selbstverwaltungsrecht gem. Art. 28 Abs. 2 S. 1 GG als Privatisierungsverbot?, DVBl. 2009, 1533 ff.

Schoch, Friedrich, Der verfassungsrechtliche Schutz der kommunalen Selbstverwaltung, Jura 2001, 121.

Schoch, Friedrich, Die aufsichtsbehördliche Genehmigung der Kreisumlage, Köln u. a. 1995, Bd. 7 der Schriftenreihe des Landkreistages Nordrhein-Westfalen.

Schoch, Friedrich, Die finanzverfassungsrechtlichen Grundlagen der kommunalen Selbstverwaltung, in: Ehlers/Krebs (Hrsg.), Grundfragen des Verwaltungsrechts und des Kommunalrechts, S. 93 ff.

Schoch, Friedrich, Schutz der kommunalen Selbstverwaltung durch das finanzverfassungsrechtliche Konnexitätsprinzip, in: Brink (Hrsg.), FS v. Arnim, S. 411 ff.

Schoch, Friedrich (Hrsg.), Selbstverwaltung der Kreise in Deutschland, Köln u. a. 1996.

Schoch, Friedrich, Verfassungsrechtlicher Schutz der kommunalen Finanzautonomie, Darstellung am Beispiel saarländischer Kommunen, Stuttgart u. a. 1997.

Schoch, Friedrich, Zur Situation der kommunalen Selbstverwaltung nach der Rastede-Entscheidung des Bundesverfassungsgerichts, VerwArch 81 (1990), S. 18 ff.

Schoch, Friedrich/*Wieland,* Joachim, Finanzierungsverantwortung für gesetzgeberisch veranlaßte kommunale Aufgaben, Baden-Baden 1995.

Schön, Walter, Kostenfolgen von Bundesgesetzen, in: Holtschneider/ders. (Hrsg.), Die Reform des Bundesstaates, S. 73 ff.

Schön, Wolfgang, Erläuterung zu § 25 KGG, in: Bennemann/Beinlich/Brodbeck (Hrsg.), Kommunalverfassungsrecht Hessen, Bd. IV.

Schönenbroicher, Klaus, Kommentierung zu Art. 78, in: Heusch/ders. (Hrsg.), Landesverfassung NRW.

Schrapper, Ludger, Kommunale Selbstverwaltungsgarantie und staatliches Genehmigungsrecht, Zur zulässigen Kontrolldichte bei der staatlichen Genehmigung kommunalen Verwaltungshandelns nach Maßgabe der Genehmigungsvorbehalte der nordrhein-westfälischen Gemeindeordnung, Köln u. a. 1992, zugl. Diss. Univ. Münster 1991.

Schultze-Fielitz, Helmut, Kommentierung zu Art. 20 GG (Rechtsstaat), in: Dreier (Hrsg.), GG, Bd. II.

Schwabe, Jürgen, Zum Organisationsrechtlichen Mandat, DVBl. 1974, 69 ff.

Schwarz, Kyrill-Alexander, Kommunale Aufgaben und Formenmißbrauch bei Aufgabenübertragung, NVwZ 1997, 237 ff.

Selmer, Peter, Empfehlen sich Maßnahmen, um in der Finanzverfassung Aufgaben- und Ausgabenverantwortung von Bund, Ländern und Gemeinden stärker zusammenzuführen?, NJW 1996, 2062 ff.

Sennewald, Jörg, Kommentierung zu §§ 102, 103 GO, in: Held/Becker u. a., KVR, Bd. I.

Siedentopf, Heinrich, Anforderungen an Funktionalreformen, in: difu (Hrsg.), Funktionalreform in NRW, S. 7 ff.

Siekmann, Helmut, Kommentierung zu Art. 107 GG, in: Sachs (Hrsg.), GG.

Simnacher, Georg, Das "Benehmen" im Verhältnis Staat – Gemeinde, eine Frage nicht nur nach Knigge, BayVBl. 1983, 103 ff.

Smith, Stephan, Kommentierung zu § 58 KrO, in: Kleerbaum/Palmen (Hrsg.), Kreisordnung NRW.

Söbbeke, Markus, Kommentierung zu Art. 79 LV, in: Heusch/Schönenbroicher (Hrsg.), Landesverfassung NRW.

Söfker, Wilhelm, Kommentierung zu § 2 und § 36 BauGB, in: Ernst/Zinkahn/Bielenberg u. a., BauGB.

Sommer, Christof, Kommentierung zu § 4 GO, in: Kleerbaum/Palmen (Hrsg.), GO NRW.

Sommermann, Karl-Peter, Kommentierung zu Art. 20 GG, in: v. Mangoldt/Klein/Starck, GG, Bd. 2.

Städte- und Gemeindebund Nordrhein-Westfalen (Hrsg.), Demografischer Wandel, Leitfaden, Düsseldorf 2004.

Städte- und Gemeindebund Nordrhein-Westfalen, Erstes genehmigtes HSK für einen Kreis, Mitt. StGB NRW, 256/2003.

Städte- und Gemeindebund Nordrhein-Westfalen, Interkommunale Zusammenarbeit bei Pflichtaufgaben zur Erfüllung nach Weisung, Mitt. StGB NRW, 318/2004.

Städte- und Gemeindebund Nordrhein-Westfalen, Zwischenbilanz zur Funktionalreform, StuGR 1978, 309 ff.

Stähler, Franz-Gerd, Landesorganisationsgesetz Nordrhein-Westfalen, Kommentar, Stuttgart 2004.

Stein, Frank, Ewiger Streit um die Kreisumlage, StuGR 1999, 14 ff.

Steiner, Udo, Die deutschen Gemeinden in Europa, DVP 2010, 2 ff.

Stelkens, Paul/*Bonk,* Heinz Joachim/*Sachs,* Michael (Hrsg.), Verwaltungsverfahrensgesetz, 7. Aufl., München 2008.

Stern, Klaus, Kommentierung zu Art. 28 GG in: BK, GG, Bd. 6.

Stern, Klaus, Kommunale Selbstverwaltung in europäischer Perspektive, NdsVBl. 2010, 1 ff.

Stern, Klaus, Das Staatsrecht der Bundesrepublik Deutschland, Bd. I, Grundbegriffe und Grundlagen des Staatsrechts, Strukturprinzipien der Verfassung, 2. Aufl., München 1984.

Stettner, Rupert, Grundfragen einer Kompetenzlehre, Berlin 1983, zugl. Diss. Univ. Augsburg 1981.

Stober, Rolf, Bundesverfassungsrechtliche Grundentscheidungen für die Verwaltung, in: Wolff/Bachof/ders. u. a., VerwR Bd. I, § 18, S. 138 ff.

Stober, Rolf, Die öffentlich-rechtlichen Körperschaften, in: Wolff/Bachof/ders. u. a., VerwR, Bd. II, § 85, S. 450 ff.

Stober, Rolf, Kommunalrecht in der Bundesrepublik Deutschland, 3. Aufl., Stuttgart 1996.

Stockel-Veltmann, Christoph, Abwendung einer (drohenden) bilanziellen Überschuldung – Rechtliche und ökonomische Beurteilung aufsichtsrechtlicher Maßnahmen, Gemhlt 2010, 34 ff.

Stödter, Rolf/*Thieme,* Werner (Hrsg.), Hamburg, Deutschland, Europa: Beiträge zum deutschen und europäischen Verfassungs-, Verwaltungs- und Wirtschaftsrecht, Festschrift für Hans Peter Ipsen zum siebzigsten Geburtstag, Tübingen 1977.

Stork, Matthias, Private in Zweckverbänden und Demokratieprinzip, DVBl. 2011, 69 ff.

Strotmeier, Rainer, Der kommunale Finanzausgleich NW im Spannungsfeld von allokativer und redistributiver Funktion – Plädoyer für die Einführung einer Abundanzabgabe, Gemhlt 2009, 169 ff.

Stüer, Bernhard, Funktionalreform und kommunale Selbstverwaltung, Göttingen 1980, zugl. Diss. Univ. Münster 1978.

Stüer, Bernhard, Teilkreisumlage in der Jugendhilfe als Verfassungsproblem, EILDIENST LKT NRW 1981, 133 ff.

Suerbaum, Joachim, Verfassungsrechtliche Grundlagen kommunaler Kooperation, in: Oebbecke/Ehlers/Klein/Diemert (Hrsg.), Zwischen kommunaler Kooperation und Verwaltungsreform, S. 49 ff.

Sundermann, Welf, Gesetz zur Stärkung der kommunalen Selbstverwaltung – GO-Reformgesetz NRW vom 9.10.2007, DVP 2007, 494 ff.

Sundermann, Welf, Kommunalverfassung in Nordrhein-Westfalen, 7. Aufl., Hamburg 2009.

Tepe, Linus, Verfassungsrechtliche Vorgaben für Zuständigkeitsverlagerungen zwischen Gemeindeverbandsebenen, Stuttgart 2009, Bd. 61 der Schriftenreihe des Freiherr-vom-Stein-Instituts, zugl. Diss. Univ. Münster 2009.

Tettinger, Peter J., Die Verfassungsgarantie der kommunalen Selbstverwaltung, in: Mann/Püttner (Hrsg.), HdbKWP, 3. Aufl., Bd. 1, § 11, S. 187 ff.

Tettinger, Peter J., Kommentierung zu Art. 78 LV, in: Löwer/ders., Verfassung NRW.

Tettinger, Peter J./*Mann,* Thomas, Zur demokratischen Legitimation in sondergesetzlichen Wasserverbänden, in: dies./Salzwedel (Hrsg.), Wasserverbände und demokratische Legitimation, S. 1 ff.

Tettinger, Peter J./*Mann,* Thomas/*Salzwedel,* Jürgen (Hrsg.), Wasserverbände und demokratische Legitimation, München 2000.

Tettinger, Peter J./*Schwarz,* Kyrill-Alexander, Kommentierung zu Art. 28 GG, in: Mangoldt/Klein/Starck, GG, Bd. 2.

Theisen, Rolf Dieter, Formen kommunaler Zusammenarbeit, in: Hofmann/ders./Bätge, Kommunalrecht NRW, Kap. 6, S. 575 ff.

Theobald, Wolfram, Probleme des Zweckverbandsrechts als Grundlage kommunaler Gemeinschaftsarbeit, Diss. Köln 1968.

Thieme, Werner, Die Grenzen der Umlagehoheit der Landkreise, DVBl. 1983, 965

Thieme, Werner/*Prillwitz,* Günther, Durchführung und Ergebnisse der kommunalen Gebietsreform, 1. Aufl., Baden-Baden 1981.

Thode, Bernd/*Peres,* Holger, Die Rechtsform Anstalt nach dem kommunalen Wirtschaftsrecht des Freistaates Bayern, BayVBl. 1999, 6 ff.

Tiedeken, Hans, Selbstverwaltung im Kreis: Nur Ausgleichs- und Ergänzungsfunktion?, in: v. Mutius (Hrsg.), FS v. Unruh, S. 341 ff.

Tomerius, Stephan/*Breitkreuz,* Tilman, Selbstverwaltungsrecht und »Selbstverwaltungspflicht« – Verfassungsrechtliche Überlegungen zur Rolle von Art. 28 Abs. 2 S. 1 GG bei der Privatisierung kommunaler Aufgaben, DVBl. 2003, 426 ff.

Tomerius, Stephan/*Huber,* Josef, Die Qual der Wahl – Anstalt des öffentlichen Rechts oder kommunale GmbH?, Gemhlt 2009, 126 ff.

Triepel, Heinrich, Delegation und Mandat im Öffentlichen Recht, Eine kritische Studie, Stuttgart u. a. 1942.

Vietmeier, Hans, Die staatlichen Aufgaben der Kommunen und ihrer Organe, Köln u. a. 1992, Bd. 18 der Schriftenreihe des Freiherr-vom-Stein-Instituts, zugl. Diss. Univ. Münster 1992.

Volkmann, Uwe, Der Anspruch der Kommunen auf finanzielle Mindestausstattung, DÖV 2001, 497 ff.

Voßkuhle, Andreas/*Kaiser,* Anna-Bettina, Grundwissen – Öffentliches Recht: Demokratische Legitimation, JuS 2009, 803 ff.

Waechter, Kay, Kommunalrecht, 3. Aufl., Köln u. a. 1997.

Wagener, Frido, Gemeindeverbandsrecht in Nordrhein-Westfalen, Köln u. a. 1967.

Wagener, Frido (Hrsg.), Kreisfinanzen, Göttingen 1982.

Wagner, Christean/*Rechenbach,* Dagmar, Konnexitätsprinzip ins Grundgesetz!, ZRP 2003, 308 ff.

Waldhoff, Christian, Kommunale Einnahmen im Überblick, in: Henneke/Pünder/ders. (Hrsg.), Recht der Kommunalfinanzen, § 7, S. 108 ff.

Wallerath, Maximilian, Selbstverwaltungsgarantie und Kreisgebietsreform, in: Butzer (Hrsg.), FS Schnapp, S. 695 ff.

Wambach, Martin (Hrsg.), Die AöR, das Kommunalunternehmen: Ein Praxishandbuch, 1. Aufl., Nürnberg 2004.

Wambach, Martin, Die AöR – ein Erfolgsmodell für die Rechtsform der Zukunft, in: ders. (Hrsg.), Die AöR, S. 41 ff.

Wandhoff, Rolf, Staat und Kreisfinanzen, in: Wagener (Hrsg.), Kreisfinanzen, S. 71 ff.

Wansleben, Rudolf, Kommentierung zu §§ 1 und 2 KrO, § 3 GO in: Held/Becker u. a., KVR, Bd. II.

Weber, Werner, Staats- und Selbstverwaltung in der Gegenwart, 2. Aufl., Göttingen 1967.

Weidemann, Holger, Die Mitwirkung mehrerer Behörden am Zustandekommen eines Verwaltungsaktes – der sog mehrstufige Verwaltungsakt –, VR 2000, 95 ff.

Wendt, Rudolf/*Elicker,* Michael, Darf ein Land seine Kommunen in die Verschuldung zwingen? – Grundsätzliche Anmerkungen aus Anlass des erneuten Verfassungsstreits um die Finanzierung des öffentlichen Personennahverkehrs in Sachsen-Anhalt, VerwArch 93 (2002), 187 ff.

Willingmann, Armin/*Madaus,* Stephan, Funktionsnachfolge – ein zeitgeschichtlicher Vergleich. Zur Haftung der Bundesrepublik für Verbindlichkeiten staatlicher Institutionen der DDR, NJ 1996, 505 ff.

Wimmer, Raimund, Kommunale Haushaltssicherung zwischen Selbstverwaltung und Staatsaufsicht, NWVBl. 1998, 377 ff.

Winkel, Rainer, Der demographische Wandel, heimatliche Region als Zukunftsperspektiven für die Jugend im ländlichen Raum – Bildungsangebot und Lebensraum, Politische Studien 410, November /Dezember 2006, 55 ff.

Winkler, Markus, Urteilsanmerkung zu BVerwG, Urt. v. 27.5.2009 – 8 C 10/08 –, JZ 2009, 1169 ff.

Winkler, Markus, Verwaltungsträger im Kompetenzverbund, Die gemeinsame Erfüllung einheitlicher Verwaltungsaufgaben durch verschiedene juristische Personen des öffentlichen Rechts, Tübingen 2009.

Winter, Gerd, Vom Nutzen der Effizienz im öffentlichen Recht, KJ 34 (2001), 300 ff.

Witte-Wegmann, Gertrud, Abberufung aus Zweckverband, KopoBl. 1981, 651.

Wohltmann, Matthias, Der kommunale Finanzausgleich 2008/2009 unter besonderer Berücksichtigung der Landkreise: Rechtliche Grundlagen, Der Landkreis 2009, 291 ff.

Wohltmann, Matthias, Der kommunale Finanzausgleich 2009/2010 unter besonderer Berücksichtigung der Landkreise: Rechtliche Grundlagen, Der Landkreis 2010, 464 ff.

Wohltmann, Matthias, Die Kreisumlage 2008/2009: Rechtliche Grundlagen und finanzielle Entwicklung, Der Landkreis 2009, 274.

Wohltmann, Matthias, Die Kreisumlage 2009/2010: Rechtliche Grundlagen und finanzielle Entwicklung, Der Landkreis 2010, 441 ff.

Wohltmann, Matthias, Kreisfinanzen 2009/2010 – Kreishaushalte gehen mit schweren Lasten in die Haushaltskrise, Der Landkreis 2010, 406 ff.

Wolff, Hans J., Zuständigkeit, in: ders./Bachof/Stober, VerwR II, 4. Aufl., § 72, S. 13 ff.

Wolff, Hans J., Organisationsgewalt, in: ders./Bachof/Stober, VerwR II, 4. Aufl., § 78, S. 127 ff.

Wolff, Hans J./*Bachof,* Otto/*Stober,* Rolf, Verwaltungsrecht, Bd. II, 4. Aufl., München 1976.

Wolff, Hans J./*Bachof,* Otto/*Stober,* Rolf/*Kluth,* Winfried, Verwaltungsrecht, Bd. I, 12. Aufl., München 2007.

Wolff, Hans J./*Bachof,* Otto/*Stober,* Rolf/*Kluth,* Winfried, Verwaltungsrecht, Bd. II, 7. Aufl. München 2010.

Wolff, Heinrich Amadeus, Beamtenrechtliche Fragen der Kommunalisierung, in: Burgi/Palmen (Hrsg.), Verwaltungsstrukturreform NRW, S. 99 ff.

Wolff, Heinrich Amadeus, Noch einmal: Verwaltungsstrukturreformen und Beamtenstatusrechte, NVwZ 2009, 632 ff.

Wolff, H. Jürgen, Bedarfsgerechte Struktur der Kreiseinnahmen, Köln u. a. 1990, Bd. 13 der Schriftenreihe des Freiherr-vom-Stein-Instituts, zugl. Diss. Univ. Köln 1989.

Wolffgang, Hans-Michael, Interkommunales Zusammenwirken durch Einbeziehung kreisangehöriger Gemeinden in den Vollzug von Kreisaufgaben, Frankfurt a. M. 1987.

Worms, Christoph, Die landesverfassungsrechtlichen Konnexitätsregelungen am Beispiel des Art. 49 Abs. 5 der Verfassung für Rheinland-Pfalz, DÖV 2008, 353 ff.

Zacharias, Diana, Die Entwicklung der kommunalen Aufgaben seit 1975, DÖV 2000, 56 ff.

Zieglmeier, Christian, Das strikte Konnexitätsprinzip am Beispiel der Bayerischen Verfassung, NVwZ 2008, 270 ff.

Sachverzeichnis

Abundanz
– abgabe 184, 225
– umlage 182 f.
Additiver Schwellenwert 48, 220
AG KJHG 131, 156 ff., 224
Allzuständigkeit 58, 61, 64, 75 ff., **78 ff.**, 106, 111, 221
– siehe auch: Kooperationshoheit
Angelegenheiten der örtlichen Gemeinschaft
– siehe: Selbstverwaltungsgarantie
Aufgaben des gestuften Modells 35 ff.
Aufgabenträgerbindung 5, 42, 112
Aufgabenträgerunabhängige Zusammenarbeit 6, 42, 47, 102 ff., 113 ff., 122, 129, 131, 176, 183, 192, 213 f., 217, 220, 222
Aufgabenverlagerung 7, 34, 38, 47, 51 f., 62, 70, 78 f., 87, 92 ff., 110 ff., 119, 223 ff.
– Aufsicht 188 ff., 193 ff.
– Finanzierung 123 ff.
– horizontale **42 ff.**
– und Demografieauswirkungen 212 ff.
– vertikale **42 ff.**, 103, 116
– zwischenbehördliche 202 f.
Aufsicht
– Gemeinsames Kommunalunternehmen 31
– öffentlich-rechtliche Vereinbarung 17 ff., **20 f.**, **187 ff.**, 225
– Zweckverbände 13
– siehe auch: Aufgabenverlagerung
Auftragsangelegenheiten 33, 66, 179, 189 f.
Ausgleichs- und Ergänzungsaufgaben 73 ff.

Bedarfszuweisungen 170 ff., 224
Benehmen **50 f.**, 132, 220

Delegation
– siehe: öffentlich-rechtliche Vereinbarung
Demografische Entwicklung 207 ff.
– Reurbanisierung 210, 213, 225
– Total fertility Rate (TFR) 207
Demokratische Legitimation **17**, 44, 62, 65, **80 ff.**, 107, 110, 112, 114, 117 f., 164, 188, 217
Dezentralisierung **92 f.**, 104, 130, 137, 161, 167, 184, 217
Dezentralisierungsabgabe 184
Duale Finanzgarantie 123 f.

Effektivität 77
– Begriff 88 ff., 93, 96, 104 ff., 164 f., 222
– siehe auch: Wirtschaftlichkeit
Effizienz 77, 93, 96, 104 ff., 164 f., 222
– Begriff 88 ff.
– steigerung **51 ff.**
– siehe auch: Wirtschaftlichkeit
Eigenverantwortlichkeit **57 f.**, 67, 70, 74, 78 f., 123, 215
Einvernehmen 19, 50, 55, 87, 132, 159, 195, 197, 200 f., 222, 225
Einvernehmenserfordernis
– siehe: Einvernehmen
Einwohnerschwellenwerte 5, 32, 37, 110, 129, 131, 156 ff., 180 ff., 219 f.
– Begriff 33 f.
EU-Reform-Vertrag von Lissabon 53
Europäische Charta (EKC) 54
Existenzaufgabe 73, 117, 133

Fachaufsicht
– siehe: Aufsicht
Finanzausstattungsanspruch 165 ff.
Finanzielle Mindestausstattung
– siehe: Finanzausstattungsanspruch
Freiherr vom Stein 1
Funktionalreform 3, 6, 32 ff., 40 ff., 69 f., 106, 116, 131, 175 ff.
– Gesetz 33 f., 156, 217 ff.
Funktionsnachfolge 201 ff., 225

Gebietskörperschaft 2 f., 23 ff., 43, 50, 54, 65, 83, 125 ff., 140, 150, 174, 201, 205, 220
Gebietsreform 32 f., 69 f., 91, 171, 176 f., 216, 221
Gemeindefinanzierungsgesetz 119, 128, 141, 155, 179, 180, 182 f., 211, 215
Gemeindeordnungsreform
– 2004 114, 220
– 2007 4 ff., 53, 137, 156, 197, 219
Gemeindeverband
– als Beteiligter 26 ff.
– Begriff 22 ff.
– Selbstverwaltungsgarantie 55 ff.
Gemeinsames Kommunalunternehmen 27 ff., 116, 219
Genehmigung
– Gemeinsames Kommunalunternehmen 31
– Haushalt und Haushaltssicherungskonzept 119 f.
– Kreisumlage 146
– öffentlich-rechtliche Vereinbarung 17, 21 f.
– Zweckverband 12
– von Aufgabenverlagerungen im gestuften Aufgabenmodell, siehe: Genehmigungsvorbehalt
Genehmigungsvorbehalt 22, 39, 70, 107 ff., 132, 216 f., 223, 226

Haushaltsausgleich 52, **119 ff.**, 144, 149
– siehe auch: Haushaltssicherungskonzept
Haushaltssicherungskonzept 79, 97, **119 ff.**, 223
– bei Kreisen 145 ff.

Ifo-Gutachten 214 f.
Institutionelle Garantie
– siehe: Selbstverwaltungsgarantie

Jugendamt 36, 52, 104, 151, **153 ff.**, 212 f., 224
– siehe auch: Jugendamtsumlage
Jugendamtsumlage 154 ff., 224

Kommunalaufsicht
– siehe: Aufsicht
Kommunale Arbeitsgemeinschaft 9, **10 ff.**, 22, 87, 219
Kommunale Gebietsreform
– siehe: Gebietsreform
Kommunaler Finanzausgleich 138, 144, **168 ff.**
Kommunales Selbstverwaltungsrecht
– siehe: Selbstverwaltungsrecht
Kommunalisierungsfonds 182 ff.
Kommunalverfassung 4, 34, 53 ff., 66, 128, 141
Kompetenz-Kompetenz 48
Konnexitätsprinzip 7, **126 ff.**, 181 f., 223 f.
– Begriff 124 f.
– relatives 127
– striktes 7, 127 ff., 181
Kooperationshoheit 22, 54, 58, **70 ff.**, 81 ff., 91, 101, 103, 111, 221
– negative 12, **71 f.**, 161
– positive **72 ff.**
– siehe auch: demokratische Legitimierung

Kreisangehörige Stadt
- Große kreisangehörige Stadt 1 ff., 5 f., **34 ff.**, 48 f., 53, 70, 88, 103 ff., 116, 120 ff., 132, 137, 141 f., 150 ff., 161 ff., 174, 176, 183 f., 187, 190 ff., 197 f., 219 f., 223
- Mittlere kreisangehörige Stadt 1 ff., **34 ff.**, 48 f., 52 f., 88, 92, 103 ff., 116, 120 ff., 129 ff., 137, 141 f., 150 ff., 161 ff., 174, 176, 182 ff., 190 ff., 197 f., 213, 217, 219 f., 222 f.

Kreisfreie Städte 3, 131, 183, 222
Kreistreue 97 ff., 222
Kreisumlage 7, 49, 74, 100, 134, **138 ff.**, 174, 182, 223
- Sonderkreisumlage 150 ff.

Kündigung
- einer öffentlich-rechtlichen Vereinbarung **21 f.**, 44, 86 ff., 131, 159
- Personalüberleitung 200, 206 f., 225

Landesverfassung 4, 23 ff., 62 ff., 70, 126 f., 166, 181
Landschaftsverband 25, 27, 35, 135

Mandat
- siehe: öffentlich-rechtliche Vereinbarung

Mehrstufigkeit 2
Mischverwaltung 101 ff.
Mitwirkungsrecht 17, **19 ff.**, 48, 55, 79, 85 ff., 92 f., 108, 114, 117, 188 f., 222, 225
Monistische Aufgabenordnung 64 ff., 124, 127, 141, 221
Monistisches Finanzierungsmodell 180, 184

Negative Skaleneffekte 137, 142, 164, 184, 223

Öffentlich-rechtliche Vereinbarung 2, 5, **14 ff.**, 29, 32, 40, 46, 70 ff., 93, 113 ff., 132, 136, 141, 159, 219
- delegierende 17, 55, 85 f., 110 f., 114
- horizontale 41 ff.
- mandatierende 84 f., 111 f., 223, 225

Öffentlich-rechtlicher Vertrag 14, 121
Öffentliches Wohl 2, 12, 20, 22, 41, 51, 93, 95, **118 ff.**

Personalüberleitung
- Beamte 193 ff.
- Tarifbeschäftigte 200 ff.

Pflichtaufgaben 12, 20, 32 f., 65, 77 f., 103, 127, 130, 141, 165 ff., 174 f., 178 f., 181 ff., 213, 217, 219, 222, 224, 226
- zur Erfüllung nach Weisung 32, 40, 43, 51 f., **64 ff.**, 105, 113 ff., 119 ff., 129, 145, 147, 180, 189, 221
- siehe auch: Selbstverwaltungsrecht

Pflichtregelung **20 ff.,** 49, 159

Rastede-Entscheidung 56, 60, 64, 73 f., 91
Rechnungsprüfung 30, 36, **116 ff.**
Rechtsetzungshoheit 13, **20,** 57
Rechtsnachfolge 192 ff.
Rechtsstaatsprinzip 94, 112
Redistributive Funktion 139, 150, 162, 168, 180, 184, 225
- siehe auch: Kreisumlage

Restzuständigkeit 38, 49, 52, 134, **158 ff.**, 93, 106

Satzungsrecht 17, 28, 86 f.
Schlüsselzuweisungen 141, 169 ff., 214
Schwellenwert
- siehe: Einwohnerschwellenwert
Selbstverwaltungsaufgaben 3, 6, 72, 105, 108, 180
- freiwillige 17, 69, 72 ff., 128, 141 ff., 167, 175, 226
- pflichtige 32, 68 f., 129, 145, 147, 189, 221
- siehe auch: Pflichtaufgaben zur Erfüllung nach Weisung
Selbstverwaltungsgarantie 6, 26, 53, **55 ff.**, 91, 108, 124, 166, 171, 220
- der Gemeinden **56 ff.**, 142
- der Kreise **59 ff.**
- siehe auch: Selbstverwaltungsrecht
Selbstverwaltungsrecht 20, **53 ff.**, 67, 78, 101 ff., 110, 112, 166 f., 171, 176, 179, 197 f.
- der Gemeinden 12, 16, 19, 60, 142 ff.
- der Kreise 62, 72, 158
- siehe auch: Selbstverwaltungsgarantie
Sonderaufsicht
- siehe: Aufsicht
Sonderstatus 1, 34, 219
Sonderstatusstädte 1, 182, 220
Sozialstaatsprinzip **95 ff.**, 202, 216
Stadt-Umland-Problematik 41, 211
Synergieeffekte 45, 49, 134, 137, 141, 157, 183

Teilaufgaben **45 ff.**, 142, 150
Transparenz 30, 76, 115, 134, 181, 217

Verfassung
- siehe: Kommunalverfassung
Vergaberecht 113
Vetorecht
- des Kreises 51, 53, 132, 220
- der übertragenden Gemeinde 87, 222

Weinheimer Entwurf 65 ff., 221
Wirtschaftlichkeit 122, 142, 156 f., 216, 222
- Begriff 88 ff.
- siehe auch: Effizienz und Effektivität

Zusammenarbeitsform 6, 27, 30, 39 f., 41, 82, 87, 113 ff., 130, 219 f.
Zusammenarbeitsmodell
siehe: Zusammenarbeitsform
Zweckverband 2, 9, **11 ff.**, 20, 22, 25 ff., 46, 72 ff., 192, 219
- demokratische Legitimation 82 ff.
- bei Pflichtaufgaben zur Erfüllung nach Weisung 113 ff.

Schriftenreihe des Freiherr-vom-Stein-Instituts im Deutschen Gemeindeverlag, Verlag W. Kohlhammer

Band 1 Janbernd *Oebbecke,* Zweckverbandsbildung und Selbstverwaltungsgarantie, 1982, 104 Seiten, kartoniert, € 10,50.
ISBN 3-555-00530-8

Band 2 Edzard *Schmidt-Jortzig* / Alexander *Schink,* Subsidiaritätsprinzip und Kommunalordnung, 1982, 168 Seiten, kartoniert, € 14,50.
ISBN 3-555-00535-9

Band 3 Ingolf *Deubel,* Der kommunale Finanzausgleich in Nordrhein-Westfalen, 1984, 264 Seiten, kartoniert, € 17,90.
ISBN 3-555-00592-8

Band 4 Alexander *Schink,* Rechtsnachfolge bei Zuständigkeitsveränderungen in der öffentlichen Verwaltung, 1984, 340 Seiten, kartoniert, € 18,40.
ISBN 3-555-00593-6

Band 5 Janbernd *Oebbecke,* Gemeindeverbandsrecht Nordrhein-Westfalen, Eine systematische Darstellung, 1984, 168 Seiten, kartoniert, € 15,50.
ISBN 3-555-00623-1

Band 6 Hans-Jürgen *Fischedick,* Die Wahl der Benutzungsform kommunaler Einrichtungen, 1986, 121 Seiten, kartoniert, € 15,50.
ISBN 3-555-00689-4

Band 7 Janbernd *Oebbecke,* Weisungs- und unterrichtungsfreie Räume in der Verwaltung, 1986, 324 Seiten, kartoniert, € 19,50.
ISBN 3-555-00693-2

Band 8 Werner *Hauser,* Die Wahl der Organisationsform kommunaler Einrichtungen, Kriterien für die Entscheidung zwischen möglichen Organisationsformen, 1987, 300 Seiten, kartoniert (vergriffen).

Band 9 Elke *Bartels,* Abfallrecht – Eine systematische Darstellung, 1987, 224 Seiten, kartoniert (vergriffen).

Band 10 Ansgar *Müller,* Schulorganisationsrecht Nordrhein-Westfalen – Eine systematische Darstellung, 1988, 174 Seiten, kartoniert, € 23,00.
ISBN 3-555-00766-1

Band 11 Hans-Uwe *Erichsen* / Werner *Hoppe* / Adalbert *Leidinger* (Hrsg.), Kommunalverfassungen in Europa, 1988, 182 Seiten, kartoniert, € 25,50.
ISBN 3-555-00780-7

Band 12 Alexander *Schink,* Naturschutz- und Landschaftspflegerecht Nordrhein-Westfalen, 1989, 563 Seiten, kartoniert (vergriffen).

Band 13 H. Jürgen *Wolff,* Bedarfsgerechte Struktur der Kreiseinnahmen, 1990, 388 Seiten, kartoniert, € 20,35.
ISBN 3-555-00799-8

Band 14 Hans-Uwe *Erichsen,* Die Vertretung der Kommunen in den Mitgliederorganen von juristischen Personen des Privatrechts, 1990, 184 Seiten, kartoniert, € 20,35.
ISBN 3-555-00832-3

Band 15 Paul-Peter *Humpert,* Genehmigungsvorbehalte im Kommunalverfassungsrecht, 1990, 276 Seiten, kartoniert, € 22,90.
ISBN 3-555-00833-1

Band 16 Werner *Hoppe* / Alexander *Schink* (Hrsg.), Kommunale Selbstverwaltung und europäische Integration, 1990, 145 Seiten, kartoniert, € 20,35.
ISBN 3-555-00857-9

Band 17 Werner *Hoppe* / Hans-Uwe *Erichsen* / Adalbert *Leidinger* (Hrsg.), Aktuelle Probleme der kommunalen Selbstverwaltung – 10 Jahre Freiherr-vom-Stein-Institut, 1991, 210 Seiten, kartoniert, € 20,35.
ISBN 3-555-00910-9

Band 18 Hans *Vietmeier,* Die staatlichen Aufgaben der Kommunen und ihrer Organe – Auftragsverwaltung und Organleihe in Nordrhein-Westfalen, 1992, 378 Seiten, kartoniert, € 25,50.
ISBN 3-555-00913-3

Band 19 Angela *Faber,* Europarechtliche Grenzen kommunaler Wirtschaftsförderung – Die Bedeutung der Art. 92-94 EWGV für die kommunale Selbstverwaltung, 1992, 260 Seiten, kartoniert (vergriffen)

Band 20 Werner *Hoppe* / Martin *Schulte,* Rechtsschutz der Länder in Planfeststellungsverfahren des Bundes – Dargestellt am Beispiel des Denkmalschutzes in Nordrhein-Westfalen, 1993, 101 Seiten, kartoniert, € 12,70.
ISBN 3-555-00994-X

Band 21 Jan *Bodanowitz,* Organisationsformen für die kommunale Abwasserbeseitigung, 1993, 196 Seiten, kartoniert, € 20,35.
ISBN 3-555-00995-8

Band 22 Jürgen *Brügge,* Bodendenkmalrecht unter besonderer Berücksichtigung der Paläontologie, 1993, 222 Seiten, kartoniert, € 22,50.
ISBN 3-555-01015-8

Band 23 Ute *Adam,* Veterinärrecht – Eine systematische Darstellung unter besonderer Berücksichtigung der Rechtslage in Nordrhein-Westfalen, 1993, 284 Seiten, kartoniert, € 23,00.
ISBN 3-555-01024-7

Band 24 Werner *Hoppe* / Joachim *Bauer* / Angela *Faber* / Alexander *Schink* (Hrsg.), Rechts- und Anwendungsprobleme der neuen Bauordnung NW, 1996, 170 Seiten, kartoniert, € 15,30.
ISBN 3-555-01095-6

Band 25 Andrea *Krebs,* Rechtliche Grundlagen und Grenzen kommunaler Elektrizitätsversorgung, 1996, 370 Seiten, kartoniert, € 25,50.
ISBN 3-555-01102-2

Band 26 Margit *Twehues,* Rechtsfragen kommunaler Stiftungen, 1996, 366 Seiten, kartoniert, € 23,60.
ISBN 3-555-01107-3

Band 27 Werner *Hoppe* / Joachim *Bauer* / Angela *Faber* / Alexander *Schink* (Hrsg.), Auswirkungen des Kreislaufwirtschafts- und Abfallgesetzes auf die öffentlich-rechtlichen Entsorgungsträger, 1996, 220 Seiten, kartoniert, € 18,00.
ISBN 3-555-01120-0

Band 28 Olaf *Otting,* Neues Steuerungsmodell und rechtliche Betätigungsspielräume der Kommunen, 1997, 333 Seiten, kartoniert, € 22,50.
ISBN 3-555-01134-0

Band 29 Heidrun *Schnell,* Freie Meinungsäußerung und Rederecht der kommunalen Mandatsträger unter verfassungsrechtlichen, kommunalrechtlichen und haftungsrechtlichen Aspekten, 1997, 250 Seiten, kartoniert, € 20,35.
ISBN 3-555-01159-6

Band 30 Janbernd *Oebbecke* / Joachim *Bauer* / Angela *Faber* (Hrsg.), Umweltrecht und Kommunalrecht – Kolloquium aus Anlaß des Ausscheidens von Werner Hoppe als Geschäftsführender Direktor des Freiherr-vom-Stein-Instituts, 1998, 161 Seiten, kartoniert, € 10,20.
ISBN 3-555-01166-9

Band 31 Anke *Freisburger,* Public Private Partnership in der kommunalen Museumsarbeit, 2000, 296 Seiten, kartoniert, € 20,35.
ISBN 3-555-01210-X

Band 32 Janbernd *Oebbecke* / Joachim *Bauer* / Hermann *Pünder* (Hrsg.), Perspektiven der kommunalen Sparkassen – Symposium des Freiherr-vom-Stein-Instituts und des Westfälisch-Lippischen Sparkassen- und Giroverbandes am 24. Februar 2000, 2000, 121 Seiten, kartoniert, € 10,20.
ISBN 3-555-01228-2

Band 33 Holger *Obermann,* Die kommunale Bindung der Sparkassen – Verfassungsrechtliche Möglichkeiten und Grenzen ihrer Ausgestaltung, 2000, 224 Seiten, kartoniert, € 19,40.
ISBN 3-555-01229-0

Band 34 Raphael *Lohmiller,* Kapitalbeteiligungsgesellschaften der Sparkassen – Eine Untersuchung über die Rechtsgrundlagen der Beteiligungsfinanzierung durch kommunale Sparkassen, 2000, 318 Seiten, kartoniert, € 20,20.
ISBN 3-555-01231-2

Band 35 Olaf *Schefzyk,* Der kommunale Beteiligungsbericht – Ein Instrument zur verbesserten Berichterstattung über die Unternehmenstätigkeit der Kommunen, 2000, 391 Seiten, kartoniert, € 21,45.
ISBN 3-555-01234-7

Band 36 Angela *Faber,* Gesellschaftliche Selbstregulierungssysteme im Umweltrecht – unter besonderer Berücksichtigung der Selbstverpflichtungen, 2001, 501 Seiten, kartoniert, € 29,65.
ISBN 3-555-01240-1

Band 37 Klaus *Schulenburg,* Die Kommunalpolitik in den Kreisen Nordrhein-Westfalens: Eine empirische Bestandsaufnahme, 2001, 484 Seiten, kartoniert, € 25,10.
ISBN 3-555-01250-9

Band 38 Janbernd *Oebbecke* / Dirk *Ehlers* / Alexander *Schink* / Hermann *Pünder* (Hrsg.), Kommunalfinanzen – Symposium aus Anlaß des 75. Geburtstages von Adalbert Leidinger am 8. März 2001 in Münster, 2001, 155 Seiten, kartoniert, € 13,75.
ISBN 3-555-01251-7

Band 39 Janbernd *Oebbecke* / Dirk *Ehlers* / Alexander *Schink* / Hermann *Pünder* (Hrsg.), Die nordrhein-westfälische Gemeindeprüfung in der Diskussion – Kolloquium des Freiherr-vom-Stein-Instituts und des Innenministeriums Nordrhein-Westfalen am 2. Februar 2001, 2001, 79 Seiten, kartoniert, € 11,22.
ISBN 3-555-01252-5

Band 40 Peter *Lüttmann,* Aufgaben und Zusammensetzung der Verwaltungsräte der kommunalen Sparkassen, 2002, 407 Seiten, kartoniert, € 24,85.
ISBN 3-555-01274-6

Band 41 Janbernd *Oebbecke* / Dirk *Ehlers* / Alexander *Schink* / Hermann *Pünder* (Hrsg.), Aktuelle Fragen der Sparkassenpolitik – Wissenschaftliches Kolloquium des Freiherr-vom-Stein-Instituts am 8. März 2002 zu Ehren von Herrn Dr. Kuhr anlässlich seines Ausscheidens als Vorsitzender des Kuratoriums des Freiherr-vom-Stein-Instituts, 2002, 70 Seiten, kartoniert, € 7,85.
ISBN 3-555-01278-9

Band 42 Ansgar *Hörster,* Die Wahrnehmung der Sozialhilfeaufgaben im kreisangehörigen Raum in Nordrhein-Westfalen, 2002, 342 Seiten, kartoniert, € 23,85.
ISBN 3-555-01279-7

Band 43 Hermann *Pünder,* Haushaltsrecht im Umbruch – eine Untersuchung der Erfordernisse einer sowohl demokratisch legitimierten als auch effektiven und effizienten Haushaltswirtschaft am Beispiel der Kommunalverwaltung, 2003, 665 Seiten, kartoniert, € 29,85.
ISBN 3-555-01289-4

Band 44 Thomas *Harks*, Kommunale Arbeitsmarktpolitik – Rechtliche Vorgaben und Grenzen, 2003, 295 Seiten, kartoniert, € 19,80.
ISBN 3-555-01302-5

Band 45 Volker *Schepers,* Internet-Banking und sparkassenrechtliches Regionalprinzip, 2003, 275 Seiten, kartoniert, € 19,80.
ISBN 3-555-01308-4

Band 46 Marco *Kulosa,* Die Steuerung wirtschaftlicher Aktivitäten von Kommunen – eine betriebswirtschaftliche Analyse, 2003, 290 Seiten, kartoniert, € 20,20.
ISBN 3-555-01316-5

Band 47 Frank *Placke,* Interkommunale Produktvergleiche als Basis für den kommunalen Finanzausgleich, 2003, 433 Seiten, kartoniert, € 24,60.
ISBN 3-555-01321-1

Band 48 Antje *Wittmann,* Der Sparkassenverbund, 2004, 294 Seiten, kartoniert, € 22,00.
ISBN 3-555-01328-9

Band 49 Barbara *Lübbecke,* Das Kommunalunternehmen – neue Organisationsform im kommunalen Wirtschaftsrecht von Nordrhein-Westfalen, 2004, 343 Seiten, kartoniert, € 24,80.
ISBN 3-555-01329-7

Band 50 Sven Oliver *Hoffmann,* Gewässerschutzrecht Nordrhein-Westfalen – eine systematische Darstellung unter besonderer Berücksichtigung der europarechtlichen und bundesrechtlichen Vorgaben, 2004, 500 Seiten, kartoniert, € 26,80.
ISBN 3-555-01330-0

Band 51 Janbernd *Oebbecke* / Dirk *Ehlers* / Alexander *Schink* / Dörte *Diemert* (Hrsg.), Kommunalverwaltung in der Reform – Wissenschaftliche Fachtagung des Freiherr-vom-Stein-Instituts am 2. Juli 2004 in Münster, 2004, 165 Seiten, kartoniert, € 14,20.
ISBN 3-555-01339-4

Band 52 Hans *Lühmann,* Die Zusammenführung von Arbeitslosen- und Sozialhilfe im Sozialgesetzbuch II (SGB II) – Sozial- und organisationsrechtliche Aspekte des Hartz IV-Gesetzes für die kommunale Sozialpolitik, 2005, 223 Seiten, kartoniert, € 17,80.
ISBN 3-555-01349-1

Band 53 Jörg *Niggemeyer,* Zulässigkeit und Grenzen von Sparkassenfusionen – eine Untersuchung am Beispiel von Zusammenschlüssen nordrhein-westfälischer Sparkassen, 2005, 476 Seiten, kartoniert, € 26,80.
ISBN 3-555-01350-5

Band 54 Dörte *Diemert,* Das Haushaltssicherungskonzept – Verfassungs- und haushaltsrechtliche Grundlagen in NRW unter Berücksichtigung des Neuen Kommunalen Finanzmanagements, 2005, 555 Seiten, kartoniert, € 28,80.
ISBN 3-555-01370-X

Band 55 Andrea *Becker,* Die Entwicklung des Personalvertretungsrechts in Nordrhein-Westfalen – eine Untersuchung der wesentlichen Einflussfaktoren auf die Gesetzgebung am Beispiel des LPVG NRW, 2006, 495 Seiten, kartoniert, € 29,00.
ISBN 3-555-01371-8

Band 56 Janbernd *Oebbecke* / Dirk *Ehlers* / Martin *Klein* / Theresia *Theurl* / Dörte *Diemert* (Hrsg.), Perspektiven für Sparkassen und Genossenschaftsbanken – Wissenschaftliche Fachtagung des Freiherr-vom-Stein-Instituts und des Instituts für Genossenschaftswesen der Universität Münster am 17. Oktober 2005 in Münster, 2006, 128 Seiten, kartoniert, € 10,20.
ISBN 3-555-01385-5

Band 57 Inken *Pehla,* Der Haftungsverbund der Sparkassen-Finanzgruppe – eine Untersuchung der Institutssicherung der Sparkassen und Landesbanken unter besonderer Berücksichtigung des Einlagensicherungs- und Anlegerentschädigungsgesetzes, 2006, 240 Seiten, kartoniert, € 20,80.
ISBN 3-555-01372-6

Band 58 Janbernd *Oebbecke* / Dirk *Ehlers* / Martin *Klein* / Dörte *Diemert* (Hrsg.), Zwischen kommunaler Kooperation und Verwaltungsreform – Fachtagung aus Anlass des 25-jährigen Bestehens des Freiherr- vom-Stein-Instituts am 12. Mai 2006 in Münster, 2006, 127 Seiten, kartoniert, € 12,80.
ISBN 3-555-01391-2

Band 59 Simone *Schütte-Leifels,* Die Grundsätze der Sozialhilfe nach der Reform, 2007, 345 Seiten, kartoniert, € 24,80.
ISBN 978-3-555-01399-2

Band 60 Christian *Thiemann,* Rechtsprobleme der Marke Sparkasse, 2008, 314 Seiten, kartoniert, € 24,00.
ISBN 978-3-555-01451-7

Band 61 Linus *Tepe,* Verfassungsrechtliche Vorgaben für Zuständigkeitsverlagerungen zwischen Gemeindeverbandsebenen, 2009, 235 Seiten, kartoniert, € 20,00.
ISBN 978-3-555-01459-3

Band 62 Anna *Roth,* Die allgemeine Lebensmittelüberwachung als Instrument des Verbraucherschutzes – eine systematische Darstellung unter besonderer Berücksichtigung der Rechtslage und der Organisationsstrukturen in Nordrhein-Westfalen, 2009, 336 Seiten, kartoniert, € 26,00.
ISBN 978-3-555-01474-6

Band 63 Jan Stefan *Lüdde,* Sparkassenrecht der Länder – Bestand und Entwicklung seit 1949, 2010, 232 Seiten, kartoniert, € 20,80.
ISBN 978-3-555-01504-0

Band 64 Carsten *Lund,* Private in der Sparkassen-Finanzgruppe? – Zum Verbleib materiell voll- und teilprivatisierter Landesbanken im Haftungsverbund, 2010, 181 Seiten, kartoniert, € 18,80.
ISBN 978-3-555-01511-8

Band 65 Katharina *Kallerhoff,* Öffentlich-rechtliche Entsorgungsträger contra private Abfallwirtschaft – Aktuelle rechtliche Entwicklungen unter besonderer Berücksichtigung der gewerblichen Sammlungen von verwertbaren Sekundärrohstoffen, 2011, 310 Seiten, kartoniert, € 24,60.
ISBN 978-3-555-01547-7

Band 66 Thomas *Jungkamp,* Das Recht der regionalen Sparkassen- und Giroverbände – Eine systematische Darstellung, 2011, 309 Seiten, kartoniert, € 24,60.
ISBN 978-3-555-01558-3

Band 67 Matthias *Stork,* Interkommunale Zusammenarbeit und mehrstufige Aufgabenwahrnehmung – Eine Analyse von Organisationsmodellen für Pflichtaufgaben im kreisangehörigen Raum, 2012, 278 Seiten, kartoniert, € 24,00.
ISBN 978-3-555-01568-2